Elemente der Mathematik

EdM

Berlin/Brandenburg
6. Schuljahr

Herausgegeben von
Heinz Griesel
Helmut Postel
Friedrich Suhr
Werner Ladenthin
Matthias Lösche

Schroedel
westermann

Elemente der Mathematik

EdM

Berlin/Brandenburg 6

Herausgegeben von
Prof. Dr. Heinz Griesel, Prof. Helmut Postel, Friedrich Suhr, Werner Ladenthin, Matthias Lösche

Bearbeitet von
Lutz Breidert, Gabriele Dybowski, Dr. Beate Goetz, Reinhard Kind, Werner Ladenthin, Matthias Lösche, Kerstin Schäfer, Thomas Sperlich, Friedrich Suhr, Prof. Dr. Hans-Georg Weigand, Ulrike Willms

Für Berlin und Brandenburg bearbeitet von
Matthias Berndt, Robert Fröhlich, Carmen Kück, Werner Ladenthin, Matthias Lösche, Birgit Mielke, Friedrich Suhr, Daniel Winter

Der Schülerband ist auch als digitales Schulbuch erhältlich: Best.-Nr. 66970
Für dieses Unterrichtswerk sind umfangreiche Unterrichtsmaterialien entwickelt worden:
Lösungen: Best.-Nr. 88300
Arbeitsheft: Best.-Nr. 88301
BiBox: Best.-Nr. 88303

westermann GRUPPE

Druck A[1] / Jahr 2017
Alle Drucke der Serie A sind im Unterricht parallel verwendbar.

Redaktion: Lena Schenk, Claus Peter Witt
Umschlagentwurf: LIO Design GmbH, Braunschweig
Innenlayout: JANSSEN KAHLERT Design & Kommunikation GmbH, Hannover
Illustrationen: Dietmar Griese, Laatzen
Zeichnungen: Schlierf, Type & Design, Lachendorf; Langner & Partner, Hemmingen
Druck und Bindung: westermann druck GmbH, Braunschweig

ISBN 978-3-507-**88298**-0

Auf den Punkt gebracht   Im Blickpunkt

3. Multiplizieren und Dividieren von gebrochenen Zahlen ... 119

4. Statistische Daten ... 189

Auf den Punkt gebracht   Im Blickpunkt

Auf den Punkt gebracht   Im Blickpunkt

Über dieses Buch

Elemente der Mathematik ist auf der Basis des Rahmenlehrplans für die Jahrgangsstufen 1–10 für die Länder Berlin und Brandenburg konzipiert. Die zentralen Kompetenzen, die die Schülerinnen und Schüler erwerben sollen, werden deutlich herausgestellt, aber auch vielfältige Erweiterungsmöglichkeiten für thematische Profilbildungen angegeben.

Die über den Rahmenlehrplan hinausgehenden Anforderungen werden durch blaue Überschriften gekennzeichnet, die auch schon im Inhaltsverzeichnis erkennbar sind; dasselbe gilt auch für die dazugehörigen Aufgaben.

Bei der Darstellung der Lerninhalte werden im Rahmen der **inhaltsbezogenen Kompetenzen** alle Aspekte von Mathematik (als Anwendung, als Struktur sowie als kreatives und intellektuelles Handlungsfeld) ausgewogen berücksichtigt. Insbesondere wurden auch Ergebnisse und Schlussfolgerungen aus der TIMS- und der PISA-Studie angemessen eingearbeitet.

Zum Erwerb der **prozessbezogenen Kompetenzen** ermöglicht **Elemente der Mathematik** eine breite Palette unterschiedlichster schülerorientierter Unterrichtsformen: Beim gemeinsamen Entdecken, Erforschen, Beschreiben und Erklären erfahren die Schüler, dass nicht nur die Lösung eines Problems, sondern auch der Lösungsweg wichtig ist und dass dabei insbesondere die Analyse von Fehlern hilfreich ist. Argumentieren, Kommunizieren, Problemlösen und Modellieren gelangen so in den Vordergrund des unterrichtlichen Geschehens. Stets werden den Unterrichtenden konkrete Hilfen an die Hand gegeben, um solche problem- und handlungsorientierte Lernsituationen zu schaffen, in denen die Schülerinnen und Schüler altersangemessen ihr mathematisches Wissen möglichst eigenständig entwickeln und strukturieren können.

Zu den Lerninhalten

Kapitel 1 Gebrochene Zahlen – Addieren und Subtrahieren – Themenbereich „Zahlen und Operationen"
Die aus Klasse 5 bekannten Brüche werden zur Beschreibung von Anteilen verwendet, verglichen sowie addiert und subtrahiert. Dezimalzahlen werden aus Alltagserfahrungen gewonnen und beim Vergleichen, Addieren und Subtrahieren systematisch in die Bruchrechnung eingeordnet.

Kapitel 2 Geometrische Abbildungen - Themenbereiche „Größen und Messen", „Raum und Form"
Verschiebungen, Achsen- und Punktspiegelungen sowie Drehungen werden in engem Zusammenhang mit symmetrischen Figuren und Mustern behandelt. Dann werden Winkel an Geradenkreuzungen und in Vielecken betrachtet. Den Abschluss bilden symmetrische Dreiecke und Vierecke sowie kongruente Figuren.

Kapitel 3 Multiplizieren und Dividieren von gebrochenen Zahlen- Themenbereich „Zahlen und Operationen"
Das Multiplizieren und Dividieren wird über das Vervielfachen und Teilen anschaulich bei Brüchen begründet und dann auf Dezimalzahlen übertragen. Besonderer Wert wird auch auf Terme gelegt, in denen gebrochene Zahlen in beiden Schreibweisen vorkommen. Die Behandlung von Rechengesetzen und eine Reflexion zur Zahlbereichserweiterung bilden den Kapitelschluss.

Kapitel 4 Statistische Daten- Themenbereich „Daten und Zufall"
Im ersten Teil des Kapitels werden Häufigkeiten statistischer Daten bestimmt und in Diagrammen sachgerecht dargestellt. Im zweiten Teil werden kombinatorische Fragestellungen durch systematisches Durcharbeiten gelöst und Chancen bei der Durchführung von Zufallsexperimenten ermittelt.

Kapitel 5 Direkt proportionale Zuordnungen – Themenbereich „Gleichungen und Funktionen"
Ausgehend von Alltagssituationen werden direkt proportionale Zuordnungen durch Tabellen, Graphen und auch Wortvorschriften beschrieben und unter Nutzung des Dreisatzes berechnet.

Zum methodischen Aufbau

1. Jedes Kapitel beginnt mit einer **Einstiegsseite**, die an die Erfahrungen der Schülerinnen und Schüler anknüpft und erste Aktivitäten zur Thematik ermöglicht. Diese Seite eignet sich für einen offenen Einstieg und gibt einen Ausblick auf das Thema des Kapitels.
An die Einstiegsseite schließt sich ein **fakultatives Lernfeld** mit verschiedenen offenen und reichhaltigen Lerngelegenheiten an: In unterschiedlichen Problemsituationen können die Schülerinnen und Schüler zentrale Inhalte und Verfahren auf eigenen Lernwegen durch Anknüpfen an Alltags- und Vorerfahrungen selbstständig und häufig handlungsorientiert entdecken. Der Aufbau eigener Vorstellungen und die Bearbeitung einer Vielfalt von Lösungsansätzen werden gefördert durch die Anregung, diese Lernfelder in der Regel in Partner- und Gruppenarbeit zu bearbeiten. Der Austausch über das Problem mit dem Partner bzw. in der Gruppe sowie der Bericht über die Erfahrungen in der ganzen Klasse fördern insbesondere prozessbezogene Kompetenzen wie Problemlösen sowie Argumentieren und Kommunizieren.

2. Die folgenden **Lerneinheiten** bieten eine Möglichkeit zur systematischen Behandlung der Kapitelinhalte – je nach Vorgehen in der Lerngruppe können Teile davon auch in die Bearbeitung der Lernfelder integriert werden. Jede Lerneinheit beginnt mit einem offenen Einstieg (ohne Lösung im Buch), der die Schüler(innen) zu einer eigenständigen Problembearbeitung und -lösung anregt. Es kann sich eine Aufgabe mit Lösung oder eine Einführung anschließen, die alternativ oder ergänzend die Thematik bearbeiten. Durch ihre sorgfältige, schülergerechte Darstellung eignen sie sich sowohl zum eigenständigen Erarbeiten als auch zum Herausstellen von Problemlösestrategien. Der übersichtlichen Darstellung wegen folgen hier schon weiterführende Aufgaben, die im Unterricht in aller Regel erst nach einer erfolgten Festigung der zuerst behandelten Inhalte an einigen Übungsaufgaben thematisiert werden sollten. Sie dienen der Abrundung und Weiterführung der Theorie. Ihr Thema wird den Unterrichtenden in einer Überschrift genannt. In aller Regel sollten weiterführende Aufgaben im Unterricht bearbeitet werden und nicht als Hausaufgaben gestellt werden.
Die im Lernprozess erarbeiteten Ergebnisse werden häufig in einer Information zusammengefasst. In ihr werden auch Begriffe eingeführt und Ausblicke gegeben. Wesentliche Inhalte werden dabei optisch deutlich in einem Kasten mit einem roten Rahmen hervorgehoben. Hier wird großer Wert auf prägnante, altersgemäße Formulierungen gelegt, die auch beispielgebunden sein können.
Die folgenden Übungsaufgaben sind unter besonderer Berücksichtigung des Erwerbs sowohl der inhaltsbezogenen als auch der prozessbezogenen Kompetenzen konzipiert worden. Sie dienen zur Festigung des Gelernten, der operativen Durcharbeitung und der Vernetzung der Lerninhalte mit denen früherer Themen; dabei sind überall offene Aufgaben integriert. Zur soliden Durcharbeitung wird konsequent das Analysieren typischer Schülerfehler und entsprechendes Argumentieren und Kommunizieren gefordert. Auch die Übungsaufgaben ermöglichen Unterricht in vielfältigen schülerbezogenen Aktivitäten, bis hin zu Partnerarbeit und Teamarbeit sowie Spielen.

Einige Aufgaben enthalten in einem blauen Fond Musterbeispiele für Schreibweisen und Lösungswege. Manche Aufgaben enthalten Selbstkontroll-Möglichkeiten für die Schüler(innen). Aufgaben, die die Selbstständigkeit und Problemlösefähigkeit in besonderer Weise herausfordern, sind durch eine rote Aufgabennummer gekennzeichnet.

3. Abschnitte mit der Überschrift **Vermischte Übungen** finden sich an den Stellen eines Kapitels, an denen eine besonders starke Vernetzung der bisher erworbenen Kompetenzen angebracht ist.

4. Eingestreut in die Übungsaufgaben finden sich in regelmäßigen Abständen Fragestellungen unter der Überschrift **Das kann ich noch!** zum Reaktivieren des bisher erworbenen Grundwissens.

5. Am Kapitelende folgt dann der fakultative Abschnitt **Aufgaben zur Vertiefung**, der neben einer Vernetzung auch eine Ergänzung des Lehrstoffes auf einem erhöhten Niveau zum Ziel hat.

6. Den Kapitelabschluss bilden die Abschnitte **Das Wichtigste auf einen Blick** und **Bist du fit?**, in denen in besonderer Weise die erworbenen Grundqualifikationen zusammengestellt und getestet werden. Die Lösungen dieser Aufgaben sind im Anhang des Buches angegeben, sodass sie von den Schülerinnen und Schülern gut zum eigenständigen Üben für eine Klassenarbeit verwendet werden können.

7. Unter der Überschrift **Im Blickpunkt** () werden innermathematische, aber insbesondere auch fachübergreifende, komplexere Themen, die von besonderem Interesse sind und in engem Zusammenhang mit dem Lerninhalt des Kapitels stehen, als Ganzes behandelt. Zur Förderung der fachlichen Kompetenz des Problemlösens sind einige dieser Abschnitte als Forschungsaufträge formuliert. Die Blickpunkte gehen über die obligatorischen Inhalte des Rahmenlehrplans hinaus; sie eignen sich auch zur Differenzierung und Förderung von eigenständigen Schüleraktivitäten.

8. Um Schüler und Schülerinnen im eigenständigen Erarbeiten mathematischer Themen zu schulen, enthalten die Kapitel Lerneinheiten **Zum Selbstlernen**, in denen das Thema so aufbereitet ist, dass es von den Lernenden ganz selbstständig bearbeitet werden kann.

9. An geeigneten Stellen werden unter der Überschrift **Auf den Punkt gebracht** () die für diese Klassenstufe vorgesehenen allgemeinen Kompetenzen akzentuiert zusammengefasst.

Symbole

1. Dieser Arbeitsauftrag ist für die Bearbeitung in Partnerarbeit konzipiert.
2. Dieser Arbeitsauftrag ist für die Bearbeitung durch eine Gruppe aus mehreren Schülerinnen und Schülern konzipiert.
3. Rote Aufgabennummern kennzeichnen Aufgaben, die die Selbstständigkeit und Problemlösefähigkeit der Schülerinnen und Schüler in besonderer Weise herausfordern.
4. Blaue Aufgabennummern (und Überschriften) kennzeichnen Zusatzstoffe.

In den Einheiten zum Selbstlernen kennzeichnet dieses Symbol einen Auftrag.

Bleib fit im …
Umgang mit Brüchen

Zum Aufwärmen

1. Unten siehst du Kuchenreste, z.B. $\frac{1}{2}$ Käse-Sahne-Torte. Beschreibe die Reste mit Brüchen.

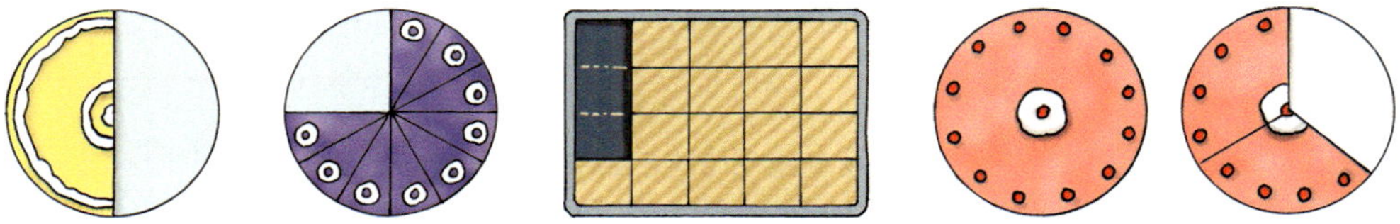

2. a) Eine neu geplante Ortsumgehung ist 12 km lang.
$\frac{2}{3}$ der Strecke sind schon fertig gestellt. Wie viel km sind das?
b) Jan erhielt bei der Klassensprecherwahl 24 von 30 abgegebenen Stimmen.
Welchen Anteil der abgegebenen Stimmen erhielt er?
c) Ein Landwirt hat 32 ha Wiesen. Das sind $\frac{4}{5}$ seines ganzen Landes.
Wie viel Land besitzt er?

Zum Erinnern

$\frac{99}{100}$ echt
$\frac{101}{100}$ unecht

(1) Brüche zur Angabe von Teilen eines Ganzen

$\frac{1}{2}, \frac{1}{4}, \frac{3}{4}, \frac{1}{8}, \frac{3}{8}, \frac{5}{8}, \frac{2}{3}, \ldots$ sind *Brüche.*

$\frac{3}{4}$ ⟵ Zähler, ⟵ Bruchstrich, ⟵ Nenner

Der *Nenner* eines Bruches gibt an, in wie viele gleich große Teile ein Ganzes zerlegt wird. Der *Zähler* gibt an, wie viele solcher Teile dann genommen werden.
Ist bei einem Bruch der Zähler kleiner als der Nenner, so nennt man ihn einen **echten Bruch**.
Bei Brüchen kann der Zähler auch größer als der Nenner oder gleich dem Nenner sein. Solche Brüche heißen **unechte Brüche**.

Beispiele: echte Brüche: $\frac{1}{2}$; $\frac{3}{4}$; $\frac{3}{5}$; $\frac{2}{7}$ *unechte Brüche:* $\frac{3}{2}$; $\frac{11}{4}$; $\frac{17}{8}$; $\frac{4}{4}$; $\frac{6}{3}$

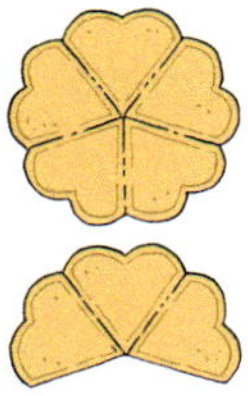

$1\frac{3}{5}$ Waffeln

Manche unechte Brüche geben die Anzahl von Ganzen, also natürliche Zahlen an.
Andere unechte Brüche geben keine natürlichen Zahlen an. Solche Brüche kann man auch in der **gemischten Schreibweise** notieren. Sie ist eine kurze Schreibweise für eine Summe aus einer natürlichen Zahl und einem echten Bruch.

Beispiele: $\frac{4}{4} = 1$; $\frac{8}{4} = 2$; $\frac{12}{4} = 3$; $\frac{3}{2} = 1 + \frac{1}{2} = 1\frac{1}{2}$; $\frac{11}{4} = 2 + \frac{3}{4} = 2\frac{3}{4}$

(2) Erweitern und Kürzen von Brüchen

Man kann ein- und denselben Anteil durch verschiedene Brüche angeben.

$\frac{4}{5} = \frac{4 \cdot 2}{5 \cdot 2} = \frac{8}{10}$

Erweitern eines Bruches heißt, seinen Zähler und Nenner mit derselben Zahl (nicht 0 oder 1) zu multiplizieren.

$\frac{6}{9} = \frac{6 : 3}{9 : 3} = \frac{2}{3}$

Kürzen eines Bruches heißt, seinen Zähler und Nenner durch dieselbe Zahl (nicht 0 oder 1) zu dividieren.

Anteile in Prozent (%)
$1\,\% = \frac{1}{100}$

(3) Grundaufgaben der Bruchrechnung

Beschreibt man Anteile an einem Ganzen mit Brüchen, so gibt es drei Typen von Aufgaben.

Der Teil ist gesucht.	Das Ganze ist gesucht.	Der Anteil ist gesucht.
$\frac{3}{4}$ von 8 €	$\frac{2}{3}$ des Ganzen sind 80 l.	2 kg von 9 kg
Ansatz: $8\,€ \xrightarrow{\text{davon } \frac{3}{4}} \square$	*Ansatz:* $\square \xrightarrow{\text{davon } \frac{2}{3}} 80\,l$	*Ansatz:* $9\,kg \xrightarrow{\text{davon } \square} 2\,kg$
Rechnung: $(8\,€ : 4) \cdot 3 = 6\,€$	*Rechnung:* $(80\,l : 2) \cdot 3 = 120\,l$	*Rechnung:* $2\,kg : 9\,kg = \frac{2}{9}$

Zum Trainieren

3. Gib verschiedene Brüche für den gefärbten Teil an.

a) b) c) d)

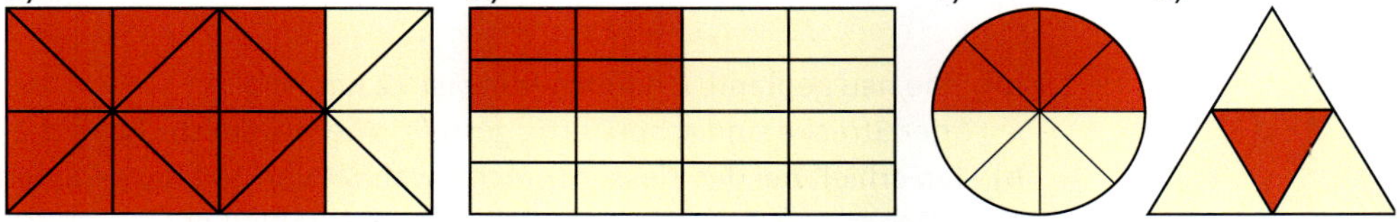

4. Skizziere

a) $\frac{3}{4}$ einer Pizza; **b)** $\frac{5}{8}$ einer Schokolade; **c)** $\frac{1}{4}$ eines Blechkuchens; **d)** $3\frac{1}{2}$ Orangen.

5. a) Gib als unechten Bruch an: $2\frac{1}{2}$; $4\frac{1}{3}$; $1\frac{3}{4}$; $5\frac{1}{6}$; $3\frac{2}{5}$; $1\frac{3}{8}$; $2\frac{1}{4}$

b) Gib in gemischter Schreibweise an: $\frac{7}{2}$; $\frac{5}{3}$; $\frac{9}{4}$; $\frac{6}{5}$; $\frac{21}{5}$; $\frac{25}{3}$; $\frac{31}{7}$

$1\frac{3}{4} = 1 + \frac{3}{4} = \frac{7}{4}$

$\frac{13}{5} = \frac{10}{5} + \frac{3}{5} = 2\frac{3}{5}$

6. a) Erweitere mit 2 [4; 5]: $\frac{1}{2}$, $\frac{4}{5}$, $\frac{2}{7}$, $\frac{3}{2}$, $\frac{5}{3}$ **b)** Erweitere auf den Nenner 36: $\frac{3}{4}$, $\frac{1}{9}$, $\frac{5}{12}$, $\frac{1}{6}$, $\frac{3}{2}$

7. Kürze so weit wie möglich: $\frac{6}{8}$, $\frac{12}{15}$, $\frac{18}{24}$, $\frac{5}{20}$, $\frac{12}{4}$, $\frac{14}{21}$, $\frac{12}{20}$, $\frac{6}{30}$, $\frac{30}{18}$, $\frac{12}{32}$, $\frac{6}{24}$, $\frac{8}{28}$

8. a) Anna, Betty, Clara und Doro teilen sich sechs Muffins. Welchen Anteil bekommt jede? Zeichne und rechne.

b) Wie viel bekommt jeder?

(1) Drei Jungen teilen sich zwei Tafeln Schokolade.

(2) Sechs Bananen werden an fünf Freunde verteilt.

9. Notiere als Bruch. Gib das Ergebnis – falls möglich – auch als natürliche Zahl oder in der gemischten Schreibweise an.

a) 5 : 8 **b)** 8 : 5 **c)** 6 : 3 **d)** 7 : 1 **e)** 0 : 4 **f)** 4 : 7

10. Eine neu geplante Brücke über ein Tal soll 600 m lang werden. $\frac{3}{8}$ ist schon fertig. Wie viel Meter sind fertig? Wie viel Meter müssen noch gebaut werden?

11. 20 von 30 Kindern einer Klasse spielen Fußball. Wie groß ist der Anteil?

12. Luis hat 8 DVDs mit Actionfilmen. Das sind $\frac{4}{7}$ seiner DVDs. Wie viele hat er insgesamt?

13. a) In der Klasse 6 a sind 16 von 28 Schülern Mädchen. Bestimme deren Anteil.

b) In der Klasse 6 b sind $\frac{3}{4}$ der 28 Schüler Mädchen. Wie viele sind das?

c) Die 6 c hat 20 Mädchen, das sind $\frac{2}{3}$ aller Schüler. Wie viele Schüler hat die Klasse?

1. Gebrochene Zahlen – Addieren und Subtrahieren

Im Alltag reicht es nicht immer, Größen mit natürlichen Zahlen anzugeben.
Oft findest du Zahlenangaben der folgenden Art:

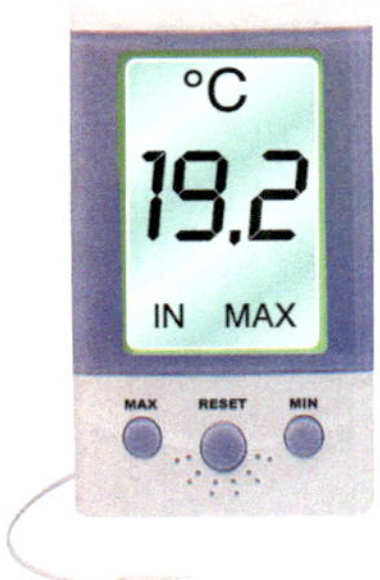

➔ Erkläre, was die Zahlenangaben bedeuten.

➔ Findest du weitere solcher Angaben im Alltag?

➔ Wie viel Liter Mischgetränk sind im Krug oben?

In diesem Kapitel …
lernst du, dass man Teile eines Ganzen nicht nur mit Brüchen,
sondern auch in der Kommaschreibweise angeben kann.
Weiter erarbeitest du, wie man solche Zahlen addiert und subtrahiert.

Lernfeld: Mehr oder weniger Bruch?

Brüche bei Schokoladentafeln

Schokoladentafeln haben je nach Sorte verschiedene Bruchstellen, damit man sie leichter aufteilen kann. Damit kannst du unterschiedliche Brüche herstellen und auch experimentieren, rechnen und Aufgaben erfinden.

- → Teile eine Schokoladentafel an den vorgesehenen Bruchstellen in drei unterschiedlich große Teile. Gib die Größen der Bruchteile an und schreibe eine Additionsaufgabe mit dem Ergebnis 1. Kannst du andere solche Aufgaben mit der Schokolade darstellen?

Verwende jetzt zwei gleich große Tafeln mit unterschiedlichen Teilungen.

- → Welche Teile ergeben zusammen jeweils eine halbe oder eine viertel Tafel? Formuliere passende Aufgaben mit Brüchen.
- → Nimm von jeder der beiden Tafeln ein Stückchen Schokolade. Welchen Bruchteil hast du insgesamt? Gibt es eine besonders günstige Einteilung für jede der beiden Tafeln, um möglichst viele verschiedene Bruchteile erzeugen zu können?
- → Erfindet mit den Schokoladentafeln verschiedene Additions- und Subtraktionsaufgaben und stellt sie zeichnerisch dar.

Bruchmessbecher

Stellt aus zwei 15 cm langen Papierstreifen zwei Skalen mit Brüchen her. Der gesamte Streifen soll ein Ganzes sein. Bringt auf ihnen Markierungen für $\frac{1}{2}$, $\frac{1}{4}$, $\frac{3}{4}$, $\frac{1}{5}$, $\frac{2}{5}$, usw. und $\frac{1}{10}$, $\frac{2}{10}$, usw. durch Falten oder Abmessen an.
Klebt beide Streifen auf zwei identische Messzylinder aus der Schulsammlung.
Bringt die Null-Markierung unten an.

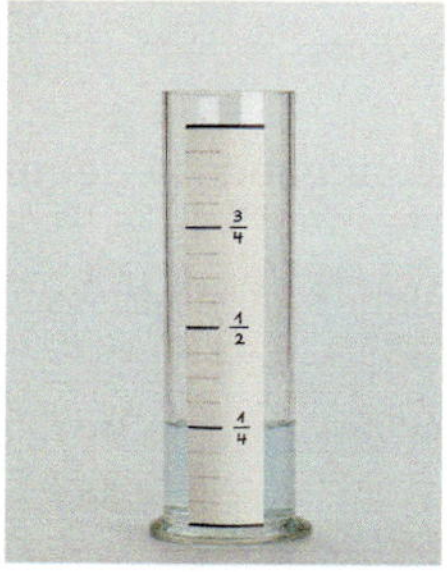

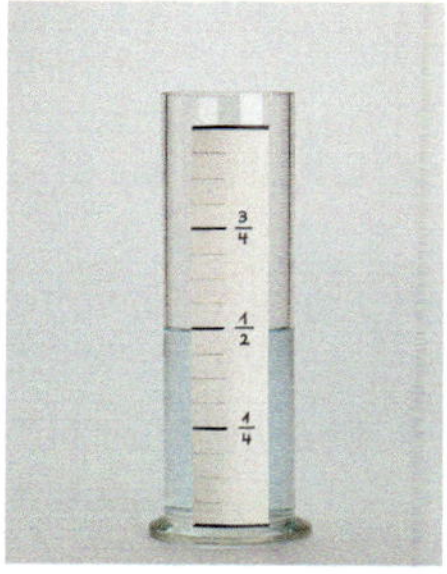

- → Füllt in beide Zylinder Wasser, z. B. bis zur Höhe $\frac{2}{5}$ bzw. $\frac{1}{2}$. Kippt das Wasser des einen Zylinders in den anderen und lest den neuen Füllstand ab. Notiert dazu eine Additionsaufgabe mit dem Ergebnis.
- → Bildet weitere Beispiele und versucht, eine Additionsregel für Brüche zu entdecken. Eventuell sind für manche Additionsaufgaben weitere Markierungen notwendig.

Rechnen beim Wintersport

Nicht einmal ein Wimpernschlag liegt zwischen Gold und Bronze.

Alpine Ski-Weltmeisterschaften
Super G der Damen (3.2.2015)

1.	Anna Fenninger (AUT)	1:10,29
2.	Tina Maze (SLO)	1:10,32
3.	Lindsey Vonn (USA)	1:10,44
4.	Cornelia Hülter (AUT)	1:10,55
5.	Viktoria Rebensburg (GER)	1:11,07
6.	Tina Weirather (LIE)	1:11,32

Das war die Überschrift zu einem Artikel über den Ausgang des Super G der Damen bei den 43. Alpinen Ski-Weltmeisterschaften in Vail/Beaver Creek in den USA am 3.2.2015. Kannst du dir denken, was der Schreiber damit ausdrücken wollte? Der Wimpernschlag wird oft als Vergleich genommen, wenn wir eine kurze Zeitspanne beschreiben wollen. Das Zwinkern, das ist ja mit dem Wimpernschlag gemeint, ist eine der schnellsten Bewegungen, zu der wir fähig sind.

→ Wie viel schneller war Fenninger als Maze, Fenninger als Vonn und Maze als Vonn?

→ Versuche einmal, mit der Stoppuhr das Zwinkern deines Nachbarn zu messen.
Du kannst dein Ergebnis mit genauen Messungen vergleichen, bei denen man das Zwinkern gemessen hat. Der ganze Vorgang dauert 0,4 Sekunden.
In der Abbildung kannst du ablesen, wie lange die einzelnen Phasen des Zwinkerns dauern.

→ Welches ist die kürzeste Zeitspanne, die du persönlich mit der Stoppuhr messen kannst?
Du musst zum Messen Start- und Stopptaste so schnell wie möglich hintereinander drücken.
Bist du schneller als ein Wimpernschlag?

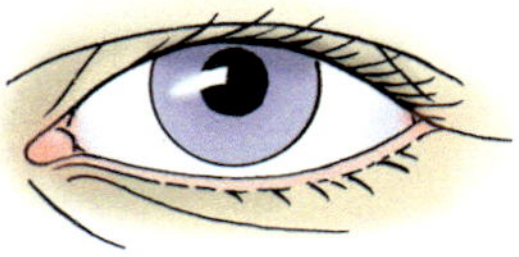

senken 0,08 s

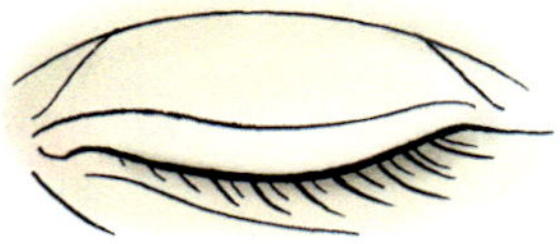

geschlossen 0,15 s

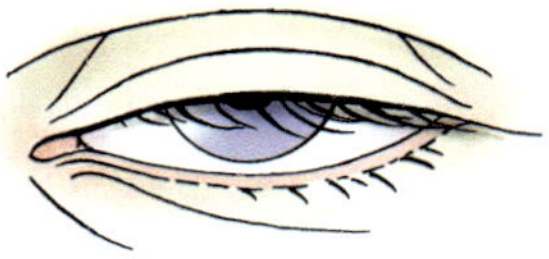

öffnen 0,17 s

1.1 Zahlenstrahl – Gebrochene Zahlen

Einstieg

Auf dem Messbecher rechts siehst du eine Skala mit Brüchen. Zeichne selbst eine Skala in dein Heft, auf der man Achtel, Viertel und Halbe ablesen kann.

Aufgabe 1

Eintragen von Brüchen auf dem Zahlenstrahl

Rechts siehst du einen Zahlenstrahl für natürliche Zahlen. Zeichne den Abschnitt von 0 bis 3 vergrößert; wähle dazu 12 Kästchen für die (Einheits-)Strecke von 0 bis 1.

Trage vom Anfangspunkt 0 aus ab:

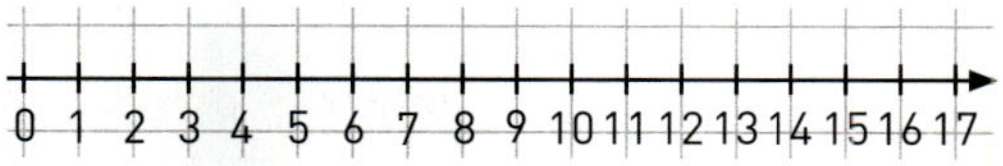

(1) $\frac{1}{2}$; $\frac{2}{2}$; $\frac{3}{2}$; $\frac{4}{2}$; $\frac{5}{2}$; $\frac{6}{2}$ (2) $\frac{1}{4}$; $\frac{2}{4}$; $\frac{3}{4}$; $\frac{4}{4}$; $\frac{5}{4}$; …; $\frac{11}{4}$; $\frac{12}{4}$ (3) $\frac{1}{8}$; $\frac{2}{8}$; $\frac{3}{8}$; $\frac{4}{8}$; …; $\frac{23}{8}$; $\frac{24}{8}$

Lösung

Zunächst unterteilst du die (Einheits-)Strecke von 0 bis 1 in zwei gleich lange Teile. Dann setzt du 1, 2, 3, 4, 5 bzw. 6 solcher Teilstrecken aneinander; diese trägst du von 0 aus ab. Entsprechend verfährst du mit den Vierteln und Achteln.

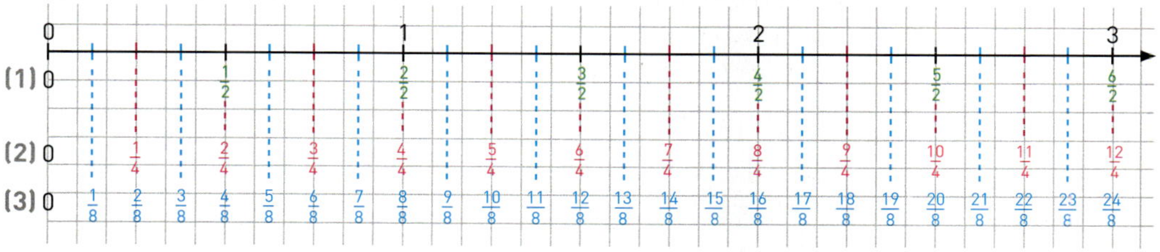

Weiterführende Aufgabe

Abtragen auf dem Zahlenstrahl auch bei gemischter Schreibweise

2. Zeichne einen Zahlenstrahl und trage ein:

a) $\frac{1}{3}$; $\frac{2}{3}$; $1\frac{1}{3}$; $2\frac{1}{3}$; $2\frac{2}{3}$ b) $\frac{1}{6}$; $\frac{2}{6}$; $\frac{3}{6}$; $\frac{4}{6}$; $\frac{5}{6}$; $1\frac{5}{6}$; $2\frac{1}{6}$

Information

Du weißt: Natürliche Zahlen wie 0, 1, 2, 3, … beschreiben Punkte auf einem Zahlenstrahl. Auch Brüche wie $\frac{1}{2}$; $\frac{3}{4}$; $\frac{5}{8}$; $\frac{4}{3}$ legen Punkte auf dem Zahlenstrahl fest. Verschiedene Brüche können denselben Punkt festlegen.

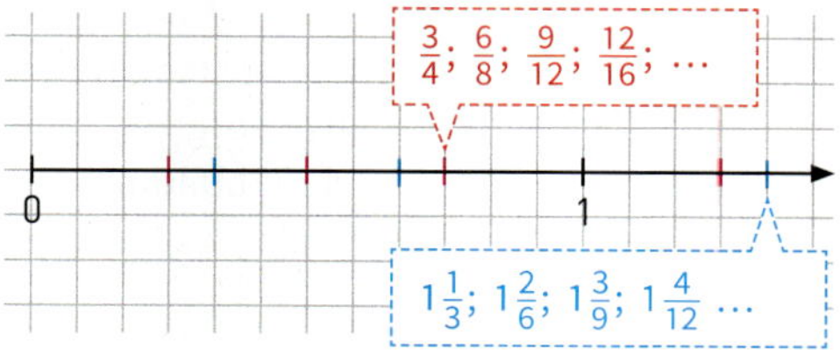

Beispiel: $\frac{3}{4}$; $\frac{6}{8}$; $\frac{9}{12}$; $\frac{12}{16}$ gehören zu *demselben* Punkt: $\frac{3}{4} = \frac{6}{8} = \frac{9}{12} = \frac{12}{16}$

Wir sagen: $\frac{3}{4}$; $\frac{6}{8}$; $\frac{9}{12}$ und $\frac{12}{16}$ sind verschiedene Schreibweisen für dieselbe **gebrochene Zahl**, oder auch: *die verschiedenen Brüche* $\frac{3}{4}$; $\frac{6}{8}$; $\frac{9}{12}$ *und* $\frac{12}{16}$ *haben denselben Wert.*

Beachte: Die natürlichen Zahlen sind besondere gebrochene Zahlen, da man sie als Bruch schreiben kann, z.B. $2 = \frac{2}{1} = \frac{4}{2} = \frac{6}{3} = \frac{8}{4} = …$

Übungsaufgaben

3. Zeichne einen Zahlenstrahl; wähle 10 Kästchen für die Strecke von 0 bis 1.
Trage die Punkte ein für: a) $\frac{1}{5}$; $\frac{2}{5}$; $\frac{3}{5}$; $\frac{4}{5}$; $\frac{5}{5}$; $\frac{6}{5}$; $1\frac{4}{5}$; $2\frac{2}{5}$ b) $\frac{1}{10}$; $\frac{2}{10}$; $\frac{3}{10}$; $\frac{7}{10}$; $1\frac{5}{10}$; $2\frac{3}{10}$; $\frac{0}{10}$

4. Zeichne einen Zahlenstrahl; wähle für die Strecke von 0 bis 1 die in Klammern angegebene Länge. Trage die Punkte ein für:

a) $\frac{3}{2}$; $\frac{3}{4}$; $\frac{2}{3}$; $1\frac{2}{3}$; $2\frac{1}{6}$ (6 cm)
b) $\frac{5}{4}$; $\frac{7}{8}$; $\frac{19}{8}$; $2\frac{7}{8}$; $2\frac{11}{16}$; $3\frac{1}{16}$ (4 cm)
c) $\frac{7}{5}$; $\frac{9}{10}$; $1\frac{7}{10}$; $2\frac{1}{5}$; $2\frac{1}{10}$; $2\frac{1}{4}$; $\frac{21}{10}$ (5 cm)
d) $\frac{5}{12}$; $\frac{2}{3}$; $\frac{7}{6}$; $\frac{3}{4}$; $\frac{7}{12}$; $\frac{4}{6}$; $\frac{11}{24}$ (12 cm)

5. Auch im Alltag findet ihr Skalen mit gebrochenen Zahlen (siehe Bild links).
Was fällt euch auf? Findet ihr weitere Beispiele?

6. Notiere zu den angegebenen Punkten die gebrochenen Zahlen im Heft.

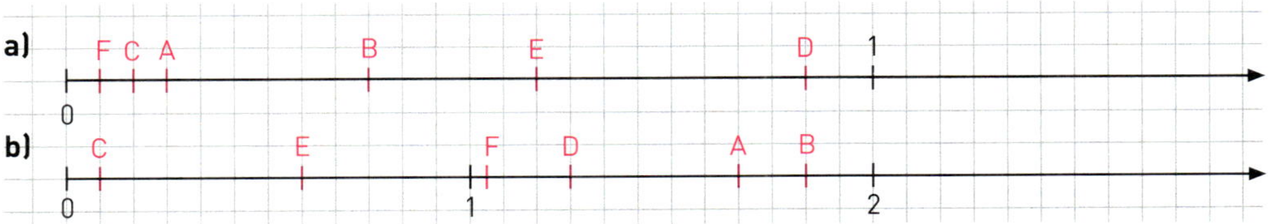

7. Übertrage den Zahlenstrahl in dein Heft.

a) Gib zu den Punkten des Zahlenstrahls rechts die gebrochenen Zahlen an.
b) Trage die Punkte für die gebrochenen Zahlen $\frac{1}{6}$; $\frac{5}{6}$; $\frac{11}{12}$; $\frac{1}{8}$ und $1\frac{5}{12}$ ein.
c) Gib für jeden der Punkte von Teilaufgabe a) noch zwei weitere Brüche an.

8. Zeichne einen Zahlenstrahl.
Trage einige Punkte ein und lass deinen Nachbarn zugehörige Brüche angeben.

9. Zum Punkt P in Abbildung (1) gehört die gebrochene Zahl $\frac{2}{3}$.
a) Lies aus den Abbildungen (2) und (3) andere Brüche ab, die auch zum Punkt P gehören.
b) Denke dir den Zahlenstrahl noch weiter unterteilt. Welche Brüche gehören dann z. B. auch zum Punkt P?

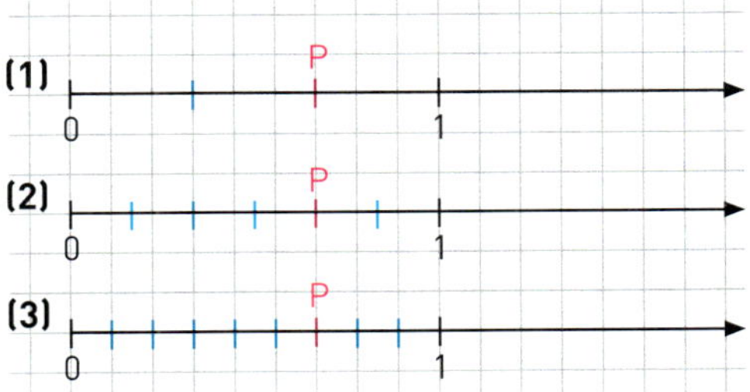

10. Zu welchen der Brüche $\frac{1}{4}$; $\frac{10}{6}$; $\frac{8}{12}$; $\frac{4}{3}$; $\frac{2}{3}$; $\frac{2}{8}$; $\frac{15}{12}$; $\frac{5}{3}$; $\frac{9}{12}$; $\frac{4}{6}$; $\frac{3}{12}$ gehört derselbe Punkt des Zahlenstrahls? Entscheide ohne zu zeichnen.

11. Welche Brüche kann man als natürliche Zahlen schreiben: $\frac{12}{6}$; $\frac{4}{8}$; $\frac{0}{10}$; $\frac{13}{1}$; $\frac{14}{2}$; $\frac{15}{3}$; $\frac{16}{4}$; $\frac{17}{5}$; $\frac{18}{6}$?

12. Mit welcher gebrochenen Zahl kannst du den Punkt angeben, der genau in der Mitte der angegebenen Zahlen liegt? Erläutere deine Überlegungen.

a) $2\frac{1}{2}$ und 3 b) $3\frac{2}{9}$ und $4\frac{5}{9}$ c) $\frac{2}{5}$ und $\frac{3}{5}$ d) $2\frac{1}{2}$ und $2\frac{1}{4}$ e) $2\frac{1}{2}$ und $2\frac{1}{3}$

Erweitern und Kürzen mithilfe der Primfaktorzerlegung erforschen

1. Zerlege die Zahlen 2940 und 4950 in Primfaktoren und wende diese Zerlegung zum Kürzen des Bruches $\frac{2940}{4950}$ an. Wie lautet der gekürzte Bruch?
Welche Primfaktorzerlegung haben Zähler und Nenner nach dem Kürzen?
Vergleiche und formuliere eine Regel. Prüfe die Regel an weiteren Beispielen.

2. Welcher der Brüche $\frac{91}{360}$ und $\frac{38}{150}$ ist kleiner?
Bei diesen großen Nennern sieht man nicht sofort, dass man auf den gemeinsamen Nenner 1 800 erweitern kann.
Bestimme die Primfaktorzerlegung der beiden Nenner. Bestimme anschließend gemeinsame Vielfache beider Nenner und das kleinste gemeinsame Vielfache (kgV).

Kleinstes gemeinsames Vielfaches
Das **kleinste gemeinsame Vielfache (kgV)** ist ein mathematischer Begriff, der unter anderem in der Bruchrechnung eine Rolle spielt.

Das *kleinste gemeinsame Vielfache* zweier natürlicher Zahlen m und n ist die kleinste natürliche Zahl, die sowohl Vielfaches von m als auch Vielfaches von n ist.

Beispiel:
- Die Vielfachen von 12 sind: 12, 24, 36, 48, 60, 72, 84, …
- Die Vielfachen von 18 sind: 18, 36, 54, 72, 90, 108, …
- Die gemeinsamen Vielfachen sind also 36, 72, 108, …
- und das kleinste von diesen ist 36; in Zeichen: kgV (12; 18) = 36

3. Das kleinste gemeinsame Vielfache zweier Zahlen kann man mithilfe ihrer Primfaktorzerlegungen bestimmen. Entwickle dazu aus dem Beispiel von Aufgabe 2 eine Vermutung und überprüfe diese an weiteren selbstgewählten Beispielen.

Pendant (franz.)
Gegenstück

4. Übertrage deine Regel zur Bestimmung des kgV auf ein Verfahren zur Bestimmung des größten gemeinsamen Teilers (ggT).
Prüfe deine Überlegungen an verschiedenen Beispielen.

Größter gemeinsamer Teiler
Der **größte gemeinsame Teiler (ggT)** ist ein mathematischer Begriff. Sein Pendant ist das *kleinste gemeinsame Vielfache (kgV).* Beide spielen unter anderem in der Bruchrechnung und der Zahlentheorie eine Rolle.

Der *größte gemeinsame Teiler* zweier ganzer Zahlen m und n ist die größte natürliche Zahl, durch die sowohl m als auch n ohne Rest teilbar sind. Für m = n = 0 ist der größte gemeinsame Teiler nicht definiert.

Beispiel:
- 12 ist durch 1, 2, 3, 4, 6, 12 ohne Rest teilbar.
- 18 hat diese Teiler: 1, 2, 3, 6, 9, 18.
- Die gemeinsamen Teiler von 12 und 18 sind also 1, 2, 3, 6; der größte von diesen Teilern ist 6; in Zeichen: ggT (12; 18) = 6

1.2 Ordnen von gebrochenen Zahlen

Einstieg

Sophie, Max und Juan haben gleich große Tafeln Schokolade gleicher Form geschenkt bekommen und davon schon gegessen.
Wer hat noch am meisten übrig?

Aufgabe 1

Kleiner und größer bei gebrochenen Zahlen

Zu Annes Geburtstag gibt es Torten.

a) Von der Himbeertorte bleiben $\frac{7}{12}$ übrig, von der Ananastorte $\frac{5}{12}$ und von der Kiwitorte $\frac{2}{3}$.
Von welcher Torte bleibt am wenigsten übrig, von welcher am meisten?

b) Markiere $\frac{7}{12}$, $\frac{5}{12}$ und $\frac{2}{3}$ am Zahlenstrahl. Erkläre das Ergebnis von Teilaufgabe a) daran.

Lösung

a) Am einfachsten lassen sich die Reste der Himbeer- und Ananastorte vergleichen, da beide in 12 gleichgroße Stücke unterteilt wurden. 5 Zwölftel sind weniger als 7 Zwölftel, also $\frac{5}{12} < \frac{7}{12}$.

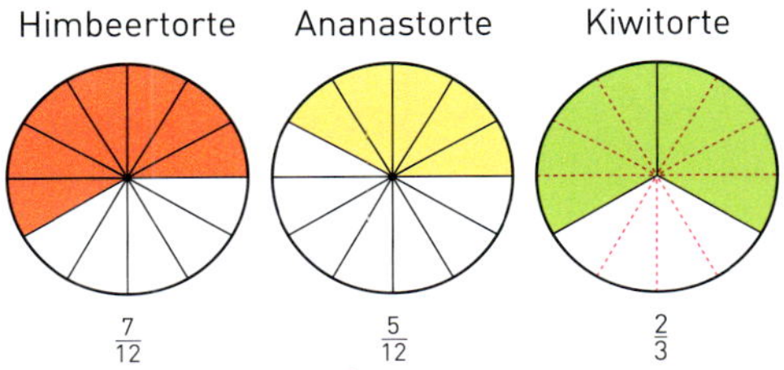

Mit dem Rest der Kiwitorte lässt es sich nicht so gut vergleichen. Wir können aber die Einteilung der Kiwitorte so verfeinern, dass auch hier jedes Teilstück $\frac{1}{12}$ der Torte ist. Das bedeutet:
Wir erweitern den Bruch $\frac{2}{3}$ mit 4 und erhalten $\frac{2}{3} = \frac{8}{12}$. Wir erkennen: $\frac{7}{12} < \frac{8}{12}$. Hauptnenner 12
Ergebnis: Von der Ananastorte bleibt am wenigsten übrig, von der Kiwitorte am meisten.

b) Da die Lösung von Teilaufgabe a) mithilfe von Zwölfteln erfolgte, unterteilen wir auch den Zahlenstrahl in Zwölftel:

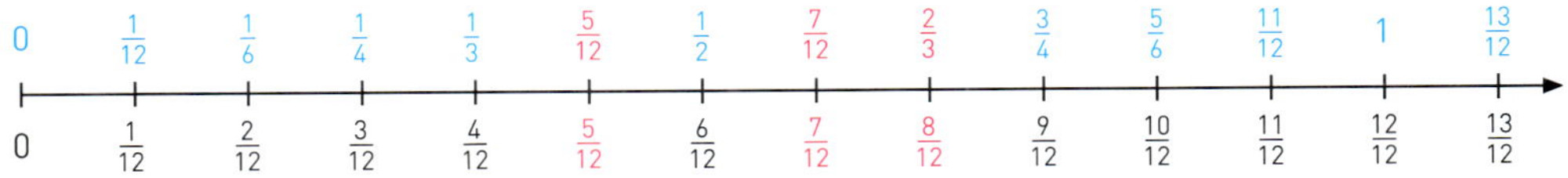

Der Punkt für die kleinste dieser gebrochene Zahlen liegt am weitesten links, der für die größte am weitesten rechts.

Information

(1) *Kleiner* und *größer* bei gebrochenen Zahlen

Gebrochene Zahlen lassen sich vergleichen und der Größe nach ordnen.
Sind die gebrochenen Zahlen als Brüche mit gleichem Nenner geschrieben, so braucht man nur die Zähler zu vergleichen.
Beispiel: $\frac{5}{12} < \frac{7}{12}$, denn $5 < 7$; man kann auch schreiben: $\frac{7}{12} > \frac{5}{12}$
Sind die gebrochenen Zahlen als Brüche mit verschiedenen Nennern geschrieben, so kann man durch Erweitern zu Brüchen mit gleichem Nenner übergehen.
Beispiel: $\frac{3}{4} < \frac{5}{6}$, da $\frac{9}{12} < \frac{10}{12}$; man kann auch schreiben: $\frac{5}{6} > \frac{3}{4}$
Brüche mit dem gleichen Nenner nennen wir **gleichnamig**.
Der kleinste gemeinsame Nenner heißt auch **Hauptnenner**.

Information

(2) *Kleiner* und *größer* am Zahlenstrahl

Gebrochene Zahlen lassen sich auch am Zahlenstrahl vergleichen.

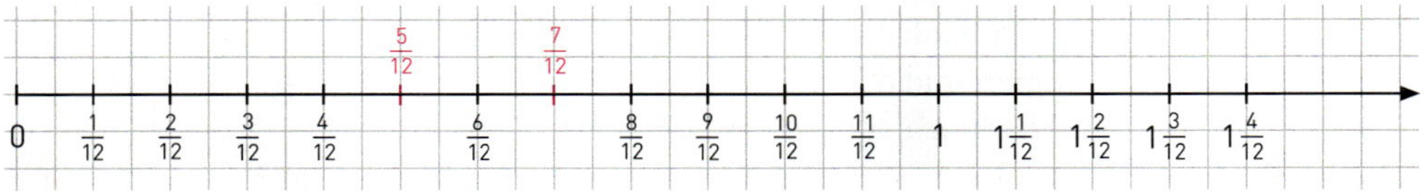

Auf dem Zahlenstrahl liegt der Punkt für die kleinere gebrochene Zahl links von dem für die größere gebrochene Zahl: $\frac{5}{12}$ liegt links von $\frac{7}{12}$, also $\frac{5}{12} < \frac{7}{12}$; $\frac{7}{12}$ liegt rechts von $\frac{5}{12}$, also $\frac{7}{12} > \frac{5}{12}$.

Weiterführende Aufgabe

Dichtliegen von gebrochenen Zahlen auf dem Zahlenstrahl

2. Erweitere die Brüche $\frac{6}{10}$ und $\frac{7}{10}$ so, dass du zwischen $\frac{6}{10}$ und $\frac{7}{10}$ mindestens eine [mindestens 9; mindestens 1000] gebrochene Zahlen leicht angeben kannst.

Zwischen zwei natürlichen Zahlen liegt *nicht immer* eine natürliche Zahl, z. B. zwischen 6 und 7. Zwischen zwei verschiedenen gebrochenen Zahlen findet man aber *immer* beliebig viele weitere gebrochene Zahlen.
Man sagt: Die gebrochenen Zahlen liegen auf dem Zahlenstrahl *dicht*.

Übungsaufgaben

3. Betrachte die Zutaten zur Herstellung eines Milchshakes im Rezept rechts. Wovon muss man am meisten nehmen, wovon am wenigsten?

4. Zeichne ein Rechteck mit den Seitenlängen 12 und 10 Karolängen. Schraffiere von der Fläche die angegebenen Anteile. Welches farbige Gebiet ist größer?

a) $\frac{4}{5}$ rot und $\frac{2}{3}$ blau, b) $\frac{5}{6}$ rot und $\frac{4}{5}$ blau, c) $\frac{3}{4}$ rot und $\frac{7}{10}$ blau.

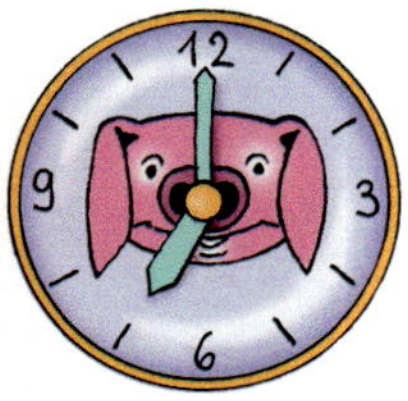

5. Welche Zeitspanne ist länger? Betrachte dazu ein Zifferblatt.

a) $\frac{3}{4}$ h oder $\frac{7}{12}$ h b) $\frac{2}{3}$ h oder $\frac{3}{4}$ h c) $\frac{5}{6}$ h oder $\frac{9}{10}$ h d) $\frac{9}{10}$ h oder $\frac{11}{12}$ h

6. Vergleiche durch Erweitern. Überprüfe durch Umwandeln in eine kleinere Einheit.

a) $\frac{5}{8}$ kg und $\frac{11}{10}$ kg b) $\frac{7}{20}$ h und $\frac{5}{12}$ h c) $\frac{3}{4}$ m; $\frac{2}{5}$ m und $\frac{6}{25}$ m d) $\frac{3}{10}$ h; $\frac{1}{6}$ h und $\frac{5}{12}$ h

Das kann ich noch!

A) Du weißt, Prozent bedeutet Hundertstel: $21\,\% = \frac{21}{100}$.
Gib als gekürzten Bruch an:
19 %, 10 %, 5 %, 3 %, 50 %, 100 %

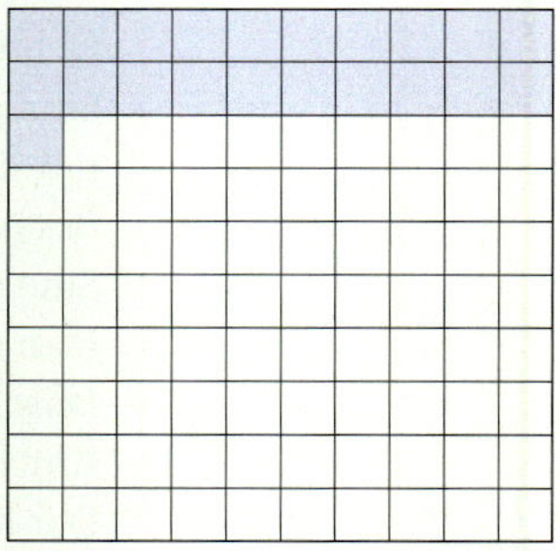

B) Gib den Anteil in der Prozentschreibweise an:
$\frac{23}{100}$, $\frac{7}{100}$, $\frac{1}{50}$, $\frac{7}{20}$, $\frac{4}{25}$, $\frac{9}{10}$, $\frac{3}{4}$, $\frac{2}{5}$

7. a) Von einer Kirschtorte bleiben $\frac{7}{8}$ übrig. Vergleiche mit der Kiwitorte, von der $\frac{7}{12}$ übrig bleiben. Von welcher der beiden Torten bleibt weniger übrig?

b) Ordne nach der Größe:
(1) $\frac{1}{3}; \frac{1}{5}; \frac{1}{9}; \frac{1}{4}$ (2) $\frac{7}{8}; \frac{7}{5}; \frac{7}{10}$

8. Formuliere eine Regel, wie man zwei Brüche mit gleichem Zähler schnell vergleichen kann. Begründe sie.

9. Setze im Heft das passende Zeichen <, > bzw. = ein; mache zunächst gleichnamig.

a) $\frac{3}{5} \;\square\; \frac{8}{15}$ e) $\frac{7}{10} \;\square\; \frac{11}{20}$ i) $\frac{3}{4} \;\square\; \frac{5}{6}$ m) $\frac{7}{20} \;\square\; \frac{5}{8}$ q) $\frac{5}{6} \;\square\; \frac{7}{8}$

b) $\frac{1}{24} \;\square\; \frac{5}{8}$ f) $\frac{10}{15} \;\square\; \frac{2}{3}$ j) $\frac{7}{10} \;\square\; \frac{11}{15}$ n) $\frac{11}{6} \;\square\; \frac{21}{8}$ r) $1\frac{3}{5} \;\square\; 1\frac{8}{15}$

c) $\frac{2}{3} \;\square\; \frac{4}{7}$ g) $\frac{5}{6} \;\square\; \frac{7}{10}$ k) $\frac{7}{12} \;\square\; \frac{5}{8}$ o) $3\frac{4}{5} \;\square\; 1\frac{5}{6}$ s) $2\frac{4}{7} \;\square\; 2\frac{10}{21}$

d) $\frac{9}{11} \;\square\; \frac{5}{6}$ h) $\frac{11}{6} \;\square\; \frac{7}{4}$ l) $\frac{9}{12} \;\square\; \frac{15}{20}$ p) $4\frac{2}{3} \;\square\; 4\frac{4}{5}$ t) $5\frac{7}{12} \;\square\; 5\frac{5}{9}$

10. Setze im Heft das Zeichen <, > bzw. = ein.

a) $\frac{4}{10} \;\square\; \frac{2}{5}$ c) $\frac{2}{3} \;\square\; \frac{3}{5}$ e) $\frac{3}{4} \;\square\; \frac{2}{5}$ g) $\frac{11}{6} \;\square\; \frac{13}{8}$ i) $75\,\% \;\square\; \frac{3}{5}$

b) $\frac{5}{6} \;\square\; \frac{11}{12}$ d) $\frac{6}{5} \;\square\; \frac{8}{7}$ f) $\frac{4}{5} \;\square\; \frac{5}{6}$ h) $\frac{7}{10} \;\square\; \frac{11}{12}$ j) $\frac{40}{99} \;\square\; 40\,\%$

11. Ordne die gebrochenen Zahlen.

a) $\frac{7}{12}; \frac{5}{6}; \frac{3}{4}$ c) $\frac{7}{8}; \frac{3}{4}; \frac{5}{6}$ e) $\frac{5}{9}; \frac{7}{12}; \frac{8}{15}$

b) $\frac{13}{20}; \frac{4}{5}; \frac{7}{10}$ d) $\frac{3}{10}; \frac{7}{15}; \frac{5}{12}$ f) $\frac{6}{7}; \frac{13}{14}; \frac{2}{3}$

$\frac{5}{3} = \frac{30}{18}$ $\frac{26}{18} < \frac{30}{18} < \frac{33}{18}$
$\frac{11}{6} = \frac{33}{18}$ $\frac{13}{9} < \frac{5}{3} < \frac{11}{6}$
$\frac{13}{9} = \frac{26}{18}$

12. Auf welcher der beiden Obstschalen ist der Anteil der Orangen größer? Erkläre.

13. Tim und Maria wollen $\frac{20}{7}$ und $\frac{53}{13}$ nach der Größe ordnen. Vervollständige ihre Lösungswege und vergleiche sie.

14. Ordne nach der Größe. Verwandle zunächst in die gemischte Schreibweise.

a) 4 und $\frac{17}{4}$ c) $\frac{9}{2}$ und $\frac{7}{5}$ e) $\frac{52}{5}, \frac{45}{4}$ und $\frac{68}{7}$

b) $\frac{19}{3}$ und $\frac{23}{5}$ d) $\frac{51}{8}$ und $\frac{52}{9}$ f) $\frac{62}{7}, \frac{89}{10}$ und $\frac{71}{8}$

$\frac{13}{5}$ $\frac{22}{7}$
$2\frac{3}{5} < 3\frac{1}{7}$
also $\frac{13}{5} < \frac{22}{7}$

15. Zum Vergleichen von zwei gebrochenen Zahlen kann man verschieden vorgehen. Schreibe eine Zusammenfassung mit mehreren Möglichkeiten.

16. Ordne. Überlege zunächst, ob du das Ergebnis unmittelbar erkennen kannst.

a) $\frac{1}{3}; \frac{1}{4}; \frac{1}{5}$ c) $\frac{2}{3}; \frac{3}{4}; \frac{4}{5}$ e) $\frac{10}{7}; \frac{7}{10}; \frac{2}{9}$ g) $\frac{5}{4}; \frac{7}{6}; \frac{8}{7}; \frac{6}{5}$ i) $\frac{19}{20}; \frac{9}{4}; \frac{12}{25}; \frac{13}{10}$

b) $\frac{4}{3}; \frac{5}{4}; \frac{6}{5}$ d) $\frac{3}{8}; \frac{9}{4}; \frac{7}{5}$ f) $\frac{11}{4}; \frac{7}{5}; \frac{25}{8}$ h) $\frac{9}{10}; \frac{10}{9}; \frac{14}{15}; \frac{15}{14}$ j) $\frac{17}{36}; \frac{41}{35}; \frac{71}{45}; \frac{13}{24}$

17. Jeder notiert vier Brüche und lässt sie von seinem Partner ordnen.

18. Gib eine kleinere und eine größere gebrochene Zahl an. Ändere nur
(1) den Zähler des Bruches, (2) den Nenner des Bruches.

$\frac{2}{9} < \frac{4}{9} < \frac{5}{9}$; $\frac{4}{11} < \frac{4}{9} < \frac{4}{7}$

a) $\frac{7}{20}$ b) $\frac{13}{40}$ c) $\frac{3}{4}$ d) $\frac{17}{8}$

19. Welche Zahl kannst du für $\square$ setzen? Notiere im Heft:

a) $\frac{5}{8} < \frac{\square}{8} < \frac{7}{8}$ b) $\frac{3}{10} < \frac{\square}{10} < \frac{7}{10}$ c) $\frac{3}{10} < \frac{3}{\square} < \frac{3}{8}$ d) $\frac{2}{3} > \frac{2}{\square} > \frac{2}{7}$

20. Suche eine gebrochene Zahl zwischen:

a) $\frac{3}{8}$ und $\frac{7}{8}$ b) $\frac{2}{9}$ und $\frac{5}{9}$ c) $\frac{1}{5}$ und $\frac{1}{3}$ d) $\frac{1}{15}$ und $\frac{2}{15}$

21. Welche der gebrochenen Zahlen $\frac{5}{8}; \frac{7}{4}; \frac{3}{7}; \frac{5}{9}; \frac{12}{5}; \frac{5}{12}; \frac{7}{5}; \frac{9}{8}; \frac{7}{20}; \frac{11}{9}; \frac{7}{15}; \frac{13}{8}; \frac{5}{3}; \frac{4}{9}$ sind

a) größer als 1; b) kleiner als 1; c) kleiner als $\frac{1}{2}$; d) größer als $1\frac{1}{2}$?

22. Gib fünf gebrochene Zahlen an, die

a) kleiner als 1; b) größer als 1; c) kleiner als $\frac{1}{2}$; d) größer als $\frac{1}{2}$; e) größer als 2

sind.

23. Beim Schießen auf eine Torwand erzielt Tanja bei 20 Schüssen 7 Treffer, Tim bei 30 Schüssen 11 Treffer und Maria bei 40 Schüssen 17 Treffer.
Den Anteil der Treffer an der Gesamtzahl der Schüsse nennt man auch *Trefferquote*.
Stelle die Daten in einer geeigneten Tabelle zusammen. Wer hat die beste, wer hat die schlechteste Trefferquote?

24. Tim erzählt seinem Freund Tobias: „Wir waren 14 Tage im Urlaub und hatten 4 Regentage.“
„Wir hatten aber nur 3 Regentage bei 10 Urlaubstagen“, erwidert Tobias.
Wer hatte das bessere Wetter?

25. Max trägt auf dem Zahlenstrahl zwei verschiedene gebrochene Zahlen ein.
Dann bestimmt er die Zahl, die genau in der Mitte dieser beiden gebrochenen Zahlen liegt. Danach bestimmt er die Zahl, die in der Mitte zwischen der kleineren Zahl und der mittleren Zahl liegt. Ebenso bestimmt er die Zahl in der Mitte zwischen der zuerst bestimmten Mitte und der größeren Zahl.

a) Führe das Verfahren durch für (1) $\frac{2}{7}$ und $\frac{4}{7}$, (2) $\frac{3}{4}$ und $\frac{3}{5}$.

b) Welche Zahl liegt in der Mitte zwischen der zweitkleinsten und der zweitgrößten Zahl?

1.3 Addieren und Subtrahieren von gebrochenen Zahlen

Einstieg

Auf dem Schulfest sind an den Kuchenständen einige Stücke vom Blechkuchen übrig geblieben.

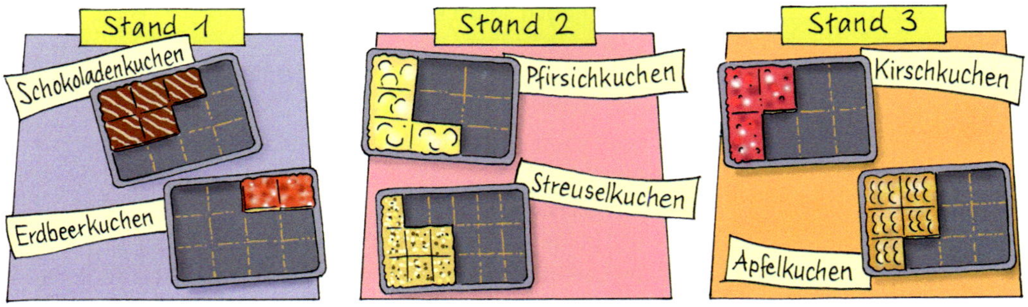

a) Wie viel Kuchen ist an jedem Stand insgesamt nicht verkauft worden?
b) An welchem Stand ist am wenigsten, an welchem am meisten übriggeblieben?
c) Wie viel Kuchen ist an einem Stand mehr verkauft worden als an jedem der beiden anderen?

Aufgabe 1

Addieren von gebrochenen Zahlen

Auf dem Schulfest gibt es einen Pizza-Stand. Hier kann man verschiedene Sorten Pizza aussuchen. Die Pizzas sind in unterschiedlicher Art aufgeschnitten. Claudio, Sören und Mario kaufen verschiedene Stücke Pizza.

(1) Claudio kauft $\frac{2}{6}$ Pizza mit Salami und $\frac{3}{6}$ Pizza mit Spinat.
(2) Sören kauft $\frac{3}{8}$ Pizza mit Champignons und $\frac{1}{4}$ Pizza mit Peperoni.
(3) Mario kauft $\frac{2}{3}$ Pizza mit Thunfisch und $\frac{1}{4}$ Pizza mit Peperoni.

a) Wie viel Pizza nimmt jeder der drei Jungen insgesamt?
b) Welcher der drei Jungen kauft insgesamt am wenigsten Pizza, welcher kauft am meisten?

Lösung

a) (1) Claudio

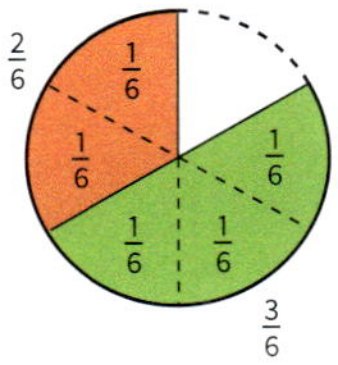

(2) Sören

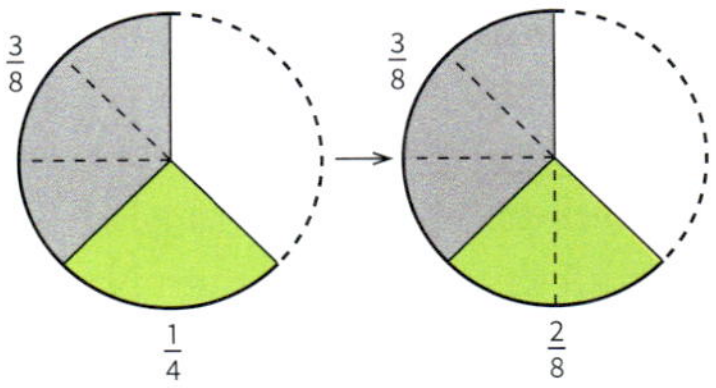

(3) Mario

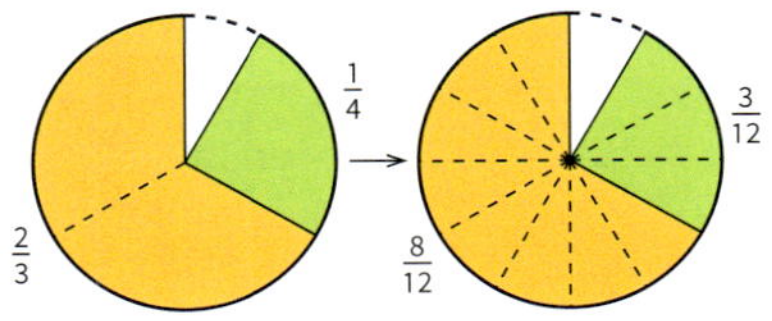

Brüche addieren

$\frac{2}{6} + \frac{3}{6} = \frac{5}{6}$

Ergebnis:
Claudio nimmt insgesamt $\frac{5}{6}$ Pizza.

Brüche gleichnamig machen, dann addieren

$\frac{3}{8} + \frac{1}{4} = \frac{3}{8} + \frac{2}{8} = \frac{5}{8}$

Ergebnis:
Sören nimmt insgesamt $\frac{5}{8}$ Pizza.

$\frac{2}{3} + \frac{1}{4} = \frac{8}{12} + \frac{3}{12} = \frac{11}{12}$

Ergebnis:
Mario nimmt insgesamt $\frac{11}{12}$ Pizza.

b) Die gebrochenen Zahlen $\frac{5}{6}$; $\frac{5}{8}$ und $\frac{11}{12}$ müssen der Größe nach geordnet werden.
Man kann die Brüche gleichnamig machen und dann die Zähler vergleichen:
Claudio: $\frac{5}{6} = \frac{20}{24}$; Sören: $\frac{5}{8} = \frac{15}{24}$; Mario: $\frac{11}{12} = \frac{22}{24}$
Anschaulich ist jedoch sofort klar: $\frac{5}{8} < \frac{5}{6}$ sowie $\frac{5}{6} < \frac{11}{12}$

Achtel sind kleiner als Sechstel.

Hier fehlt nur ein Zwölftel zum Ganzen.

Ergebnis: Sören kauft am wenigsten, Mario am meisten Pizza.

Aufgabe 2

Subtrahieren von gebrochenen Zahlen

Lauras Mutter will beim Bäcker Torten für ein Fest kaufen.
In der Auslage im Laden befinden sich $\frac{3}{4}$ einer ganzen Schokoladentorte, $\frac{7}{12}$ einer ganzen Ananastorte und $\frac{2}{3}$ einer ganzen Pfirsichtorte. Lauras Mutter kauft $\frac{1}{4}$ einer ganzen Schokoladentorte, $\frac{1}{2}$ einer ganzen Ananastorte und $\frac{1}{2}$ einer ganzen Pfirsichtorte.
Welcher Anteil an einer ganzen Torte bleibt beim Bäcker jeweils übrig?
Notiere dies jeweils als Term und berechne seinen Wert.

Lösung

Schokoladentorte

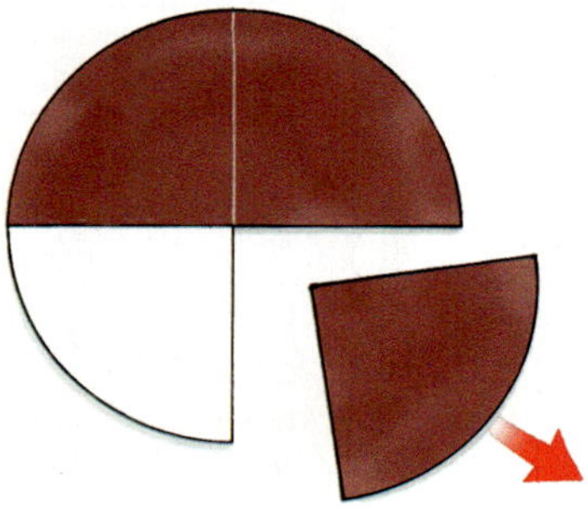

$\frac{3}{4} - \frac{1}{4} = \frac{2}{4} = \frac{1}{2}$

Ergebnis:
Von der Schokoladentorte bleibt $\frac{1}{2}$ Torte übrig.

Ananastorte

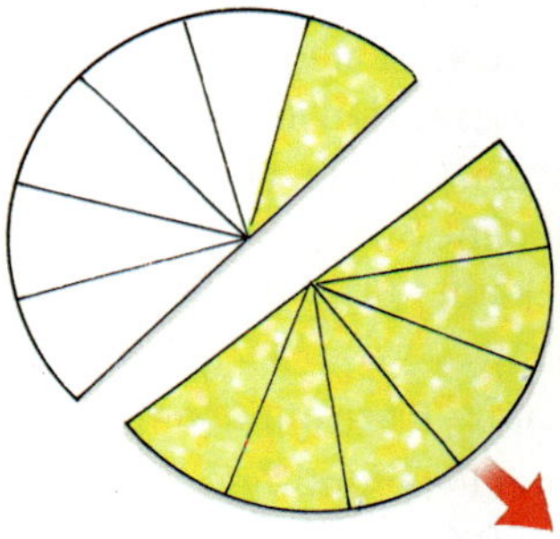

$\frac{7}{12} - \frac{1}{2} = \frac{7}{12} - \frac{6}{12} = \frac{1}{12}$

Ergebnis:
Von der Ananastorte bleibt $\frac{1}{12}$ übrig.

Pfirsichtorte

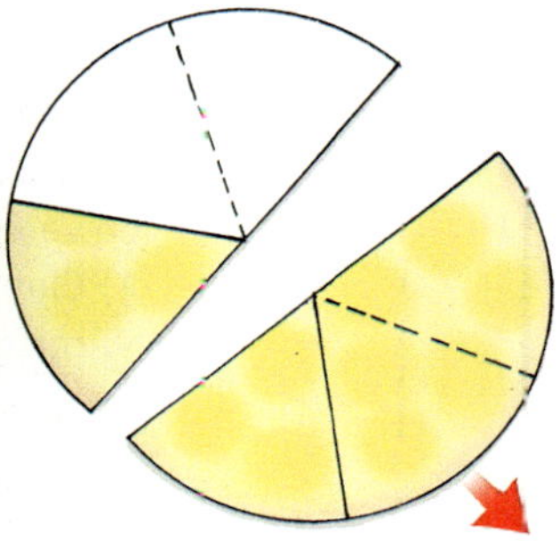

$\frac{2}{3} - \frac{1}{2} = \frac{4}{6} - \frac{3}{6} = \frac{1}{6}$

Ergebnis:
Von der Pfirsichtorte bleibt $\frac{1}{6}$ übrig.

Information

(1) Additions- und Subtraktionsregel für gebrochene Zahlen

Man addiert (subtrahiert) gebrochene Zahlen so:
Sind die gebrochenen Zahlen als *gleichnamige Brüche* geschrieben, so addiert (subtrahiert) man die Zähler und behält den gemeinsamen Nenner bei.
Beispiele: $\frac{3}{7} + \frac{2}{7} = \frac{5}{7}$ $\frac{8}{11} - \frac{5}{11} = \frac{3}{11}$
Sind die gebrochenen Zahlen als *ungleichnamige Brüche* geschrieben, so werden diese zuerst gleichnamig gemacht und dann addiert (subtrahiert).
Beispiele: $\frac{3}{4} + \frac{1}{6} = \frac{9}{12} + \frac{2}{12} = \frac{11}{12}$ $\frac{4}{5} - \frac{3}{20} = \frac{16}{20} - \frac{3}{20} = \frac{13}{20}$
Beachte: Du kannst wie bei natürlichen Zahlen nur subtrahieren, wenn der Minuend größer ist als der Subtrahend oder gleich.

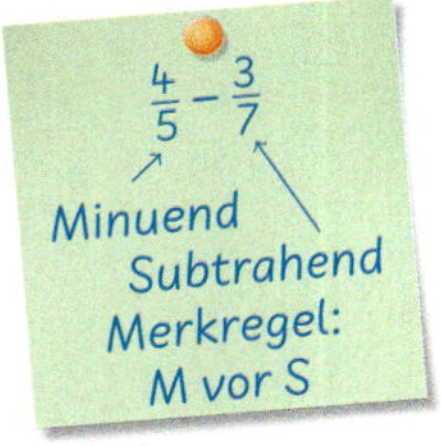

(2) Darstellung der Addition und Subtraktion am Zahlenstrahl

Addition und Subtraktion von gebrochenen Zahlen kann man wie bei natürlichen Zahlen darstellen.

Beispiel: $\frac{1}{8} + \frac{5}{8} = \frac{6}{8}$ *Beispiel:* $\frac{19}{20} - \frac{6}{20} = \frac{13}{20}$

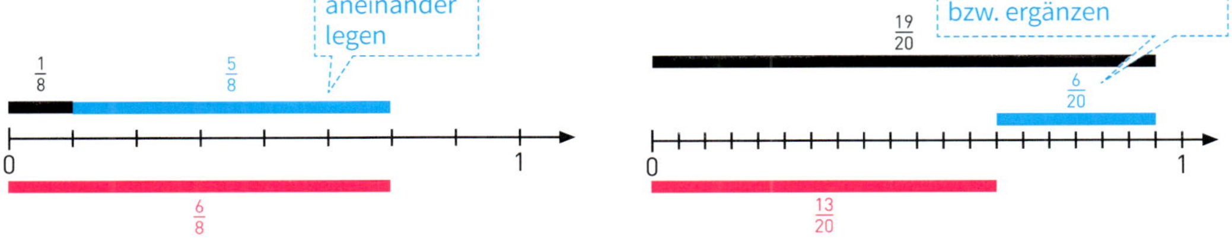

Weiterführende Aufgaben

Addieren und Subtrahieren von gebrochenen Zahlen in der gemischten Schreibweise

3. Erkläre die Rechnungen. Zeichne auch.

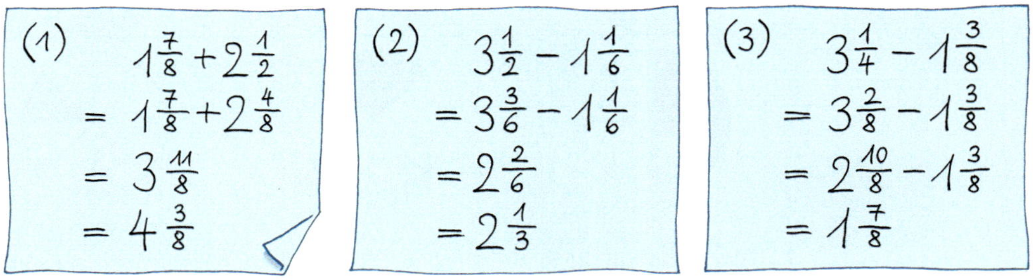

Rückgängigmachen von Addition bzw. Subtraktion einer gebrochenen Zahl

4. Anne stellt gerne Zahlenrätsel. An welche Zahl hat sie jeweils gedacht?

a) Rechts siehst du, wie Luc Annes Zahlenrätsel gelöst hat. Erläutere seine Überlegung.

b) Löse folgendes Zahlenrätsel.

(1) Wenn ich von meiner Zahl $\frac{4}{15}$ subtrahiere, erhalte ich $\frac{9}{15}$.

(2) Die Differenz aus meiner Zahl und $\frac{4}{7}$ ist $\frac{3}{14}$.

(3) Die Summe aus $\frac{3}{8}$ und meiner Zahl ist $\frac{7}{12}$.

Das *Addieren* einer gebrochenen Zahl wird durch das *Subtrahieren* dieser gebrochenen Zahl rückgängig gemacht. Das *Subtrahieren* einer gebrochenen Zahl wird durch das *Addieren* dieser gebrochenen Zahl rückgängig gemacht.

Beispiel:

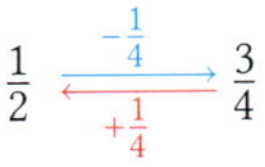

Übungsaufgaben

5. Im Bild sind zwei Brüche durch verschiedene Farben dargestellt. Addiere sie.

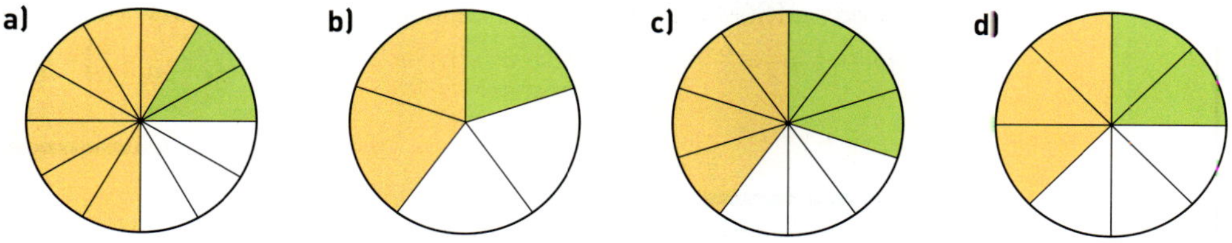

6. Hier siehst du die Reste von zwei Torten. Wie viel ist insgesamt übrig geblieben?

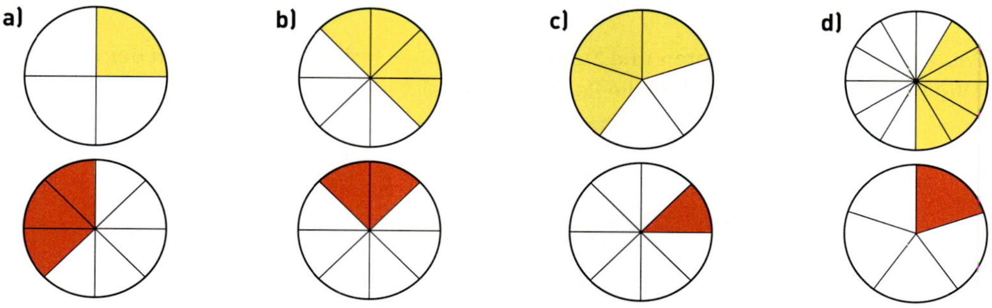

7. Hier siehst du die Reste von zwei Blechkuchen. Wie viel ist insgesamt übrig geblieben?

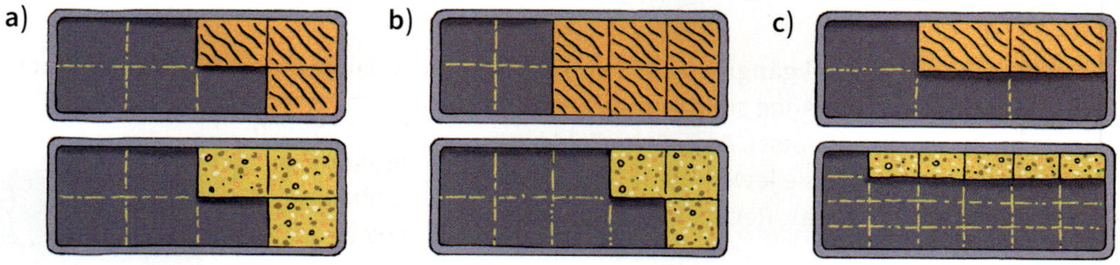

8. Schreibe als Subtraktionsaufgabe und rechne.

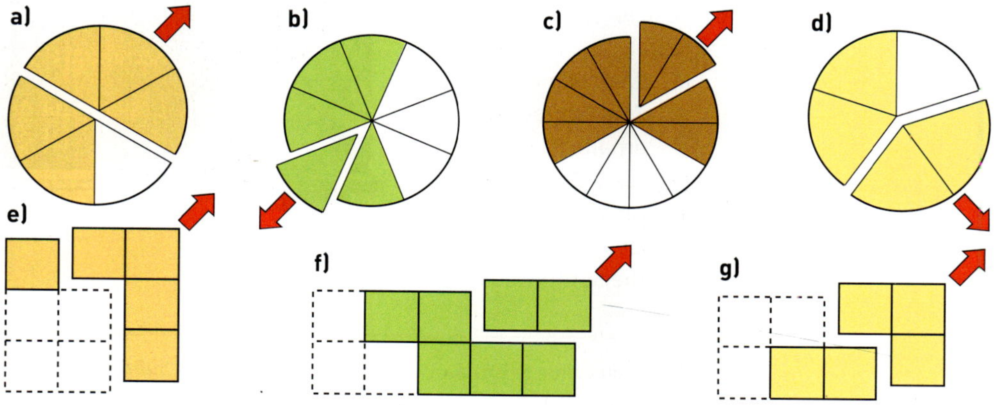

9. Berechne im Kopf. Kürze das Ergebnis, falls möglich.

a) $\frac{4}{10} + \frac{5}{10}$
c) $\frac{8}{25} + \frac{12}{25}$
e) $\frac{11}{17} + \frac{9}{17}$
g) $\frac{3}{20} + \frac{9}{20} + \frac{3}{20}$
i) $\frac{41}{100} + \frac{7}{100} + \frac{32}{100}$

b) $\frac{11}{12} - \frac{5}{12}$
d) $\frac{37}{40} - \frac{14}{40}$
f) $\frac{51}{60} - \frac{43}{60}$
h) $\frac{17}{33} - \frac{13}{33} - \frac{4}{33}$
j) $\frac{55}{90} - \frac{17}{90} - \frac{7}{90}$

10. Links stehen die Ergebnisse der folgenden Aufgaben. Zunächst soll nicht gerechnet werden, sondern jeder versucht mithilfe anderer Überlegungen, den Aufgaben die richtigen Ergebnisse zuzuordnen. Dann wird getauscht und der Partner kontrolliert die Ergebnisse durch Rechnung.

a) $\frac{3}{8}+\frac{1}{2}$ c) $\frac{3}{4}-\frac{3}{40}$ e) $\frac{10}{11}-\frac{8}{33}$ g) $\frac{1}{6}+\frac{3}{12}+\frac{5}{12}$ i) $\frac{13}{20}+\frac{1}{10}-\frac{1}{2}$

b) $\frac{7}{15}-\frac{2}{5}$ d) $\frac{5}{21}+\frac{3}{7}$ f) $\frac{6}{7}+\frac{1}{42}$ h) $\frac{5}{18}+\frac{2}{9}+\frac{1}{3}$ j) $\frac{14}{15}+\frac{1}{3}-\frac{2}{5}$

11. Tanja und Tim erben das Vermögen ihres Onkels. Was meinst du zu dem Testament?

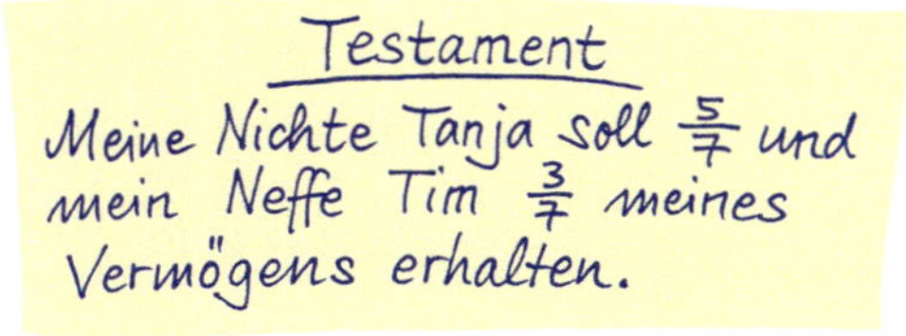

12. $\frac{3}{8}$ l Saft soll so verdünnt werden, dass man insgesamt $\frac{7}{10}$ l erhält. Wie viel Wasser muss zugegossen werden?

13. Berechne.

a) $\frac{4}{5}-\frac{1}{3}$ c) $\frac{1}{6}+\frac{5}{13}$ e) $\frac{2}{9}+\frac{4}{7}$ g) $\frac{1}{2}+\frac{1}{4}+\frac{2}{5}$ i) $\frac{5}{8}+\frac{1}{4}-\frac{2}{3}$

b) $\frac{6}{7}+\frac{1}{10}$ d) $\frac{6}{11}-\frac{1}{3}$ f) $\frac{15}{21}-\frac{3}{5}$ h) $\frac{2}{3}+\frac{1}{6}+\frac{4}{9}$ j) $\frac{11}{12}-\frac{1}{8}-\frac{1}{2}$

14. Kontrolliere Leons Hausaufgaben. Wo stecken Fehler? Erkläre.

a) $\frac{2}{5}+\frac{1}{2}=\frac{3}{7}$ *b)* $\frac{5}{6}-\frac{3}{5}=\frac{2}{30}$ *c)* $\frac{3}{8}-\frac{1}{3}=\frac{2}{5}$ *d)* $\frac{3}{8}+\frac{1}{2}=\frac{14}{16}$

15. Veranschauliche die Aufgabe durch eine Zeichnung.

a) $\frac{1}{6}+\frac{2}{6}$ b) $\frac{1}{4}+\frac{3}{8}$ c) $\frac{4}{10}+\frac{1}{5}$ d) $\frac{5}{9}-\frac{2}{9}$ e) $\frac{5}{6}-\frac{2}{6}$ f) $\frac{7}{10}-\frac{2}{5}$

16. Setze im Heft das passende Zeichen <, > bzw. = ein.

a) $\frac{4}{5}+\frac{30}{20}\quad 1$ c) $\frac{1}{5}+\frac{1}{9}\quad \frac{1}{3}$ e) $\frac{3}{8}+\frac{1}{6}\quad \frac{13}{24}$ g) $\frac{17}{19}-\frac{16}{21}\quad 0$

b) $2\frac{1}{8}-1\frac{1}{2}\quad \frac{10}{16}$ d) $\frac{1}{4}-\frac{1}{5}\quad \frac{1}{40}+\frac{1}{50}$ f) $\frac{3}{8}-\frac{1}{6}\quad \frac{1}{6}$ h) $\frac{1}{12}-\frac{1}{13}\quad \frac{1}{12}+\frac{1}{13}$

17. Ein Naturschutzgebiet besteht aus einem $\frac{7}{8}$ km² großen See und einem angrenzenden Gelände, das $\frac{3}{4}$ km² groß ist.
Wie groß ist das gesamte Naturschutzgebiet?

18. Julia kommt beim Fahrradrennen $\frac{3}{10}$ Sekunden später ins Ziel als die Siegerin.
Sarah kommt $\frac{1}{2}$ Sekunde später ins Ziel als ihre Freundin Julia.
Um wie viel Sekunden ist Sarah langsamer als die Siegerin?

19. Ein Gasbehälter für den Campingkocher wiegt voll $\frac{9}{10}$ kg und leer $\frac{1}{4}$ kg.
Wie viel kg wiegt die Füllung?

20. Eine Werbesendung im Fernsehen besteht aus zwei Teilen.
Der erste Teil dauert $\frac{5}{12}$ Minuten, der zweite Teil $\frac{1}{4}$ Minute.

a) Welcher Teil dauert länger? Um wie viele Minuten dauert dieser Teil länger?

b) Wie lange dauert die gesamte Werbesendung?
Gib das Ergebnis (1) in Minuten; (2) in Sekunden an.

21. Die Bundesstraße B 1275 von Taldorf nach Obergrün ist $6\frac{1}{2}$ km lang. Eine Kreisstraße K und ein Waldweg W verlaufen durch den Wald.
Fährt man die Kreisstraße, so spart man $1\frac{1}{4}$ km ein, fährt man den Waldweg, spart man sogar $1\frac{3}{4}$ km.
Stelle selbst geeignete Aufgaben und löse sie.

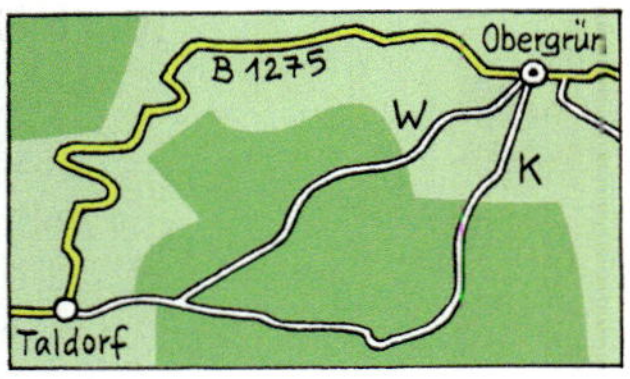

22. Berechne im Kopf.

a) $1\frac{2}{7}+\frac{3}{7}$ d) $8\frac{7}{9}-8\frac{4}{9}$ g) $2-\frac{1}{8}$ j) $3+\frac{21}{3}$ m) $6\frac{7}{12}+\frac{11}{12}$ p) $3\frac{4}{7}-1\frac{6}{7}$

b) $3\frac{4}{5}-\frac{3}{5}$ e) $1\frac{4}{9}+\frac{5}{9}$ h) $7-\frac{9}{14}$ k) $11+\frac{14}{8}$ n) $3\frac{3}{5}-\frac{4}{5}$ q) $4\frac{5}{8}+3\frac{7}{8}$

c) $2\frac{7}{10}+1\frac{2}{10}$ f) $3\frac{9}{10}-1\frac{9}{10}$ i) $6+\frac{11}{7}$ l) $10-\frac{19}{6}$ o) $9\frac{5}{12}+3\frac{7}{12}$ r) $6\frac{2}{5}-3\frac{4}{5}$

FAQ (engl. frequently asked questions) Informationen zu besonders häufig gestellten Fragen.

23. Auf einem Schülerforum im Internet findest du die FAQ rechts. Schreibe eine Antwort.

> *Hilfe!*
> *Ich kann es immer noch nicht.*
> *Wie addiert und subtrahiert man eigentlich Brüche ?*

24. Mache die Brüche zunächst gleichnamig; addiere dann. Kürze das Ergebnis, falls möglich.

a) $5\frac{1}{2}+\frac{1}{6}$ c) $8\frac{2}{3}-\frac{4}{9}$ e) $2\frac{1}{2}+\frac{1}{4}$ g) $5\frac{9}{10}-3\frac{1}{2}$ i) $7\frac{5}{8}+2\frac{91}{96}$ k) $9\frac{4}{9}-7\frac{37}{54}$

b) $1\frac{3}{4}+\frac{5}{8}$ d) $6\frac{1}{2}-\frac{3}{4}$ f) $\frac{3}{8}+4\frac{1}{4}$ h) $7\frac{7}{8}-1\frac{3}{4}$ j) $7\frac{28}{45}-3\frac{7}{15}$ l) $1\frac{2}{13}+5\frac{17}{78}$

25. An einem Pizza-Verkaufsstand sind noch $1\frac{5}{8}$ Spinatpizza, $2\frac{1}{2}$ Thunfischpizza, $\frac{2}{3}$ Mozzarellapizza, $2\frac{1}{2}$ Salamipizza und $\frac{3}{8}$ Schinkenpizza vorhanden.
Wie viel Pizza ist noch vorhanden? Schätze, bevor du genau rechnest.

26. Ordne die Summen der Größe nach.

$8\frac{1}{3}+5\frac{2}{3}$ $4\frac{9}{11}+9\frac{13}{15}$ $6\frac{8}{25}+8\frac{3}{20}$ $10\frac{19}{21}+3\frac{11}{14}$ $5\frac{5}{12}+8\frac{1}{18}$

27. Auf dem Wochenmarkt kauft Frau Ude bei einem Händler $2\frac{1}{2}$ kg Kartoffeln, $\frac{3}{4}$ kg Äpfel und $1\frac{1}{4}$ kg Weintrauben. Herr Wagner kauft bei demselben Händler $3\frac{1}{4}$ kg Kartoffeln, $1\frac{1}{2}$ kg Äpfel und $2\frac{1}{8}$ kg Weintrauben. Stellt einander geeignete Aufgaben und löst sie.

28. Berechne und kontrolliere durch die entgegengesetzte Rechenart.

a) $\frac{5}{4}-\frac{1}{2}$ b) $\frac{17}{30}-\frac{4}{15}$ c) $\frac{15}{16}-\frac{4}{8}$ d) $\frac{59}{72}-\frac{4}{9}$

Rechnung: $\frac{22}{15}-\frac{2}{3}=\frac{4}{5}$ *Kontrolle:* $\frac{4}{5}+\frac{2}{3}=\frac{22}{15}$

29. Bestimme die gesuchte Zahl.

a) $\square-3\frac{2}{5}=4$ d) $3\frac{1}{2}-\square=\frac{3}{5}$ g) $\square+\frac{3}{8}=\frac{8}{3}$

b) $\square+2\frac{1}{3}=5\frac{1}{2}$ e) $\square+4\frac{1}{5}=7$ h) $\square-\frac{3}{8}=\frac{8}{3}$

c) $4\frac{5}{6}-\square=1\frac{1}{4}$ f) $\square-4\frac{1}{5}=7$ i) $\frac{7}{4}+\square=\frac{9}{4}$

Aufgabe: $\square-\frac{1}{2}=\frac{1}{4}$

Pfeilbild: $\square \xrightarrow{-\frac{1}{2}} \frac{1}{4}$, $\frac{1}{4} \xrightarrow{+\frac{1}{2}} \square$

Rechnung: $\frac{1}{4}+\frac{1}{2}=\frac{3}{4}$

gesuchte Zahl: $\frac{3}{4}$

30. a) Schreibe $\frac{5}{6}$ $\left[\frac{2}{9};\ \frac{1}{3}\right]$ auf drei verschiedene Weisen als Summe.

b) Schreibe $\frac{4}{9}$ $\left[\frac{9}{17};\ \frac{2}{5}\right]$ auf drei verschiedene Weisen als Differenz.

31. Auffallende Ergebnisse.

a) $\frac{5}{6}+\frac{4}{9}+\frac{3}{20}+\frac{7}{30}+\frac{2}{15}+\frac{1}{45}+\frac{11}{60}$

b) $\frac{71}{80}-\frac{13}{60}+\frac{19}{48}-\frac{5}{16}+\frac{14}{15}-\frac{1}{2}-\frac{3}{16}$

32. Julia erzählt ihrer Freundin: „Von meinem Taschengeld gebe ich $\frac{1}{3}$ fürs Kino und $\frac{1}{5}$ für Eis aus. Das ist weniger als 50 %.“ Stimmt das?

Edelmetalle sind sehr beständig. Dazu gehören u. a. Gold, Silber und Platin.

33. Weißgold besteht zu $\frac{3}{4}$ aus reinem Gold, zu $\frac{3}{20}$ aus reinem Silber und zum restlichen Teil aus Kupfer.

a) Wie groß ist der Edelmetallanteil im Weißgold? Gib den Anteil auch in Prozent an.

b) Wie groß ist der Kupferanteil?

c) Eine Kette aus Weißgold wiegt 180 g, ein Ring 12 g. Lege eine Tabelle an mit den einzelnen Bestandteilen (in g). Wie viel g Edelmetall [Kupfer] enthält die Kette, wie viel der Ring?

34. Bei den folgenden Rechenmauern steht über zwei benachbarten Steinen die Summe der beiden Zahlen. Ergänze die Mauern in deinem Heft.

a)

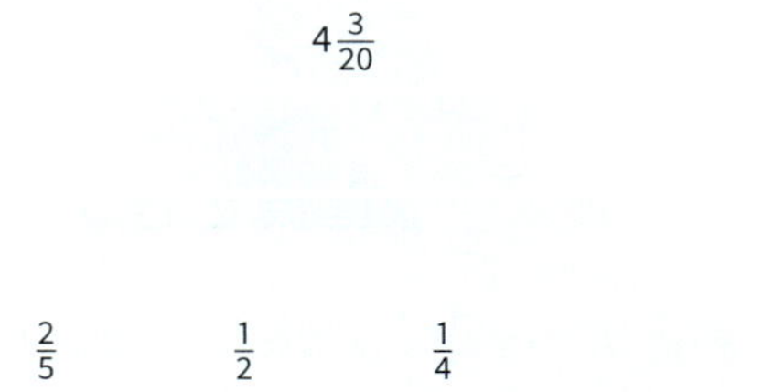

b)

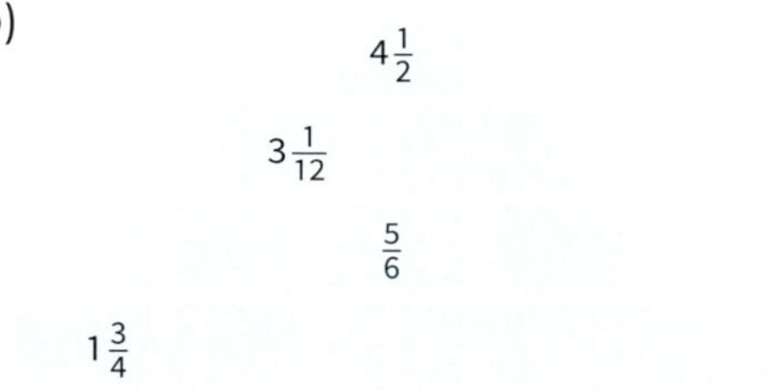

35. Berechne die Differenz [Summe] aus $\frac{1}{2}$ und $\frac{1}{3}$, aus $\frac{1}{3}$ und $\frac{1}{4}$, aus $\frac{1}{4}$ und $\frac{1}{5}$, aus $\frac{1}{5}$ und $\frac{1}{6}$.
Was stellst du fest? Überprüfe deine Vermutung an weiteren Beispielen.
Vielleicht kannst du auch eine Erklärung finden.

36. 6 Glaskugeln sind unterschiedlich schwer:
$3\frac{5}{6}$ kg, $3\frac{7}{12}$ kg, $4\frac{1}{8}$ kg, $3\frac{3}{4}$ kg, $4\frac{1}{4}$ kg und $4\frac{3}{8}$ kg
Wie kann man diese Kugeln so auf die beiden Waagschalen einer Waage verteilen, dass sie genau im Gleichgewicht ist?

Das kann ich noch!

A) Ordne der Größe nach.

1) 36 km; 400 cm; 3 m 60 cm; 300 m 700 mm; 2 m 50 cm; 234 m
2) 3 000 g; 75 mg; 750 kg; 25 kg; 3 t 785 kg; 800 mg; 1 115 g
3) 5 min; 480 s; 2 h; 5 d; 3 120 s; 246 h; 1 min 23 s; 4 213 min

B) Berechne.

1) 3 m + 117 cm
2) 4 kg – 230 g
3) 3 min – 40 s
4) 5 m – 7 dm
5) 2 t – 400 g
6) 20 cm · 15
7) 1 kg : 4
8) 3 min : 5

Führen von Merkheften und Lerntagebüchern

Lernen, Ordnen und Behalten

Du hast im letzten Schuljahr und in den letzten Monaten sehr viel Neues gelernt. Kannst du dich noch an alles erinnern:

Was ist eine Primzahl? Wie rechnet man mit Brüchen? Was ist eine Raute?
Sicherlich hast du vieles in deinen Mathematik-Heften aufgeschrieben. Wenn du etwas suchst, wird es aber schwierig, das richtige Heft und den passenden Eintrag auf Anhieb – zwischen den Hausaufgaben und Mitschriften aus dem Unterricht – zu finden.

Wie kann man besser mit wichtigen Informationen umgehen? Hierüber haben sich schon viele Menschen Gedanken gemacht. Auf den Bildern siehst du einige „Wissensspeicher“, die sie sich hierzu ausgedacht haben.

1. Schlage mehrere Begriffe (wie z. B. Primzahl, gebrochene Zahl, Raute) in den verschiedenen Wissensspeichern nach. Nenne dann deren Vor- und Nachteile.

2. Unten siehst du Merkheft-Seiten von zwei verschiedenen Schülern. Vergleiche sie miteinander: Was ist besonders gut gelungen? Wo könnte man noch Verbesserungen vornehmen?

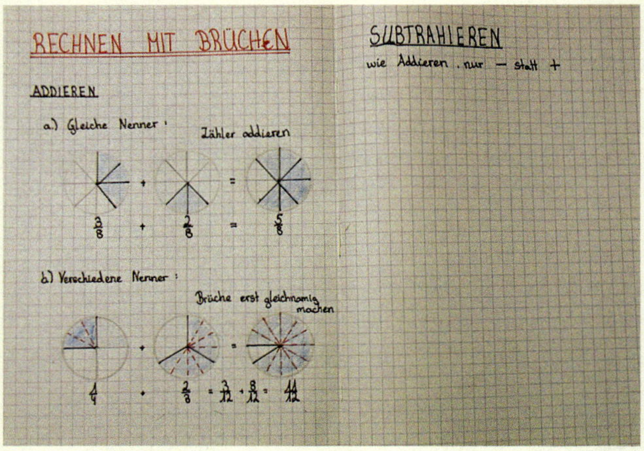

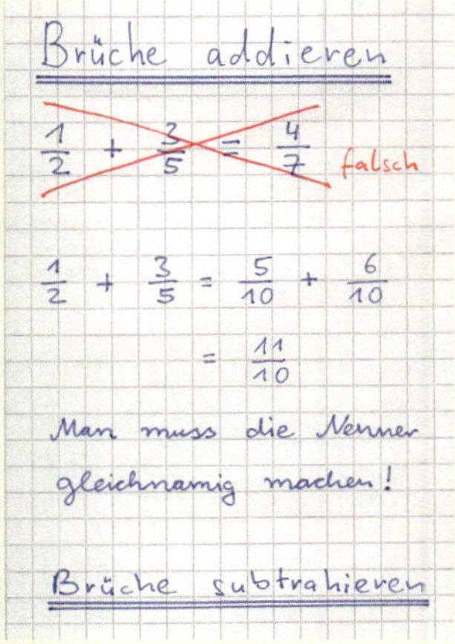

Gründe dafür, sich ein eigenes Merkheft (oder eine Merkkartei) anzulegen:

- Die Schreibweisen der verschiedenen Wissensspeicher stimmen oft nicht mit den Schreibweisen in deinem Schulbuch oder aus deinem Unterricht überein – da musst du erst nachdenken, was gemeint sein könnte. Darüber hinaus wenden sich manche Wissensspeicher eher an Erwachsene mit entsprechend schwierigen Formulierungen.
- An etwas, was man selbst aufgeschrieben hat, kann man sich oft besser erinnern.
- Wenn du dir selbst etwas in ein Merkheft schreibst, so kannst du Anmerkungen dazu schreiben, z. B.
  - Warnhinweise zu Fehlern, die dir bei dem Thema oft unterlaufen
  - Merkhilfen (Eselsbrücken) und einprägsame Beispiele
  - Hervorhebungen (Unterstreichen, farbige Markierungen, Einrahmen), um deutlich zu machen, was dir persönlich besonders wichtig ist.

Lerntagebuch

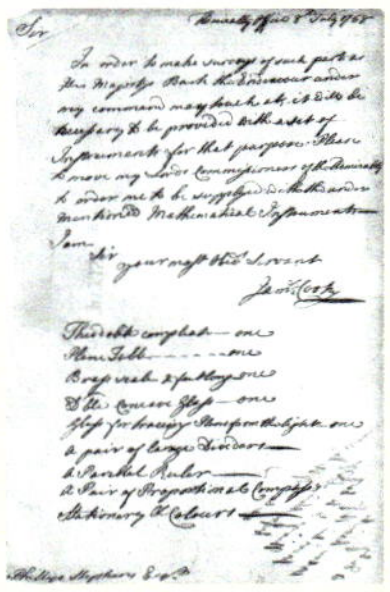

1772 brach James Cook zu seiner zweiten großen Expedition auf. Er beabsichtigte, Terra Australis zu finden, einen nach damaliger Vorstellung riesigen Südkontinent, der angeblich die Erdteile auf der Nordhalbkugel ausbalancieren sollte. Auf dieser Fahrt durchquerte er dreimal den südlichen Polarkreis, ohne auf jenen sagenumwobenen Kontinent zu stoßen. Links siehst du einen Eintrag in seinem **Logbuch** aus dem Jahr 1773. Auch heute noch gibt es auf Schiffen Logbücher. In einem Logbuch werden nicht nur Startpunkt und Ziel einer Reise eingetragen, sondern auch alle besonderen, unvorhergesehenen und widrigen Vorkommnisse notiert.
Ganz entsprechend notiert man in einem Lerntagebuch nicht nur das neu Gelernte, sondern den eigenen Lernweg mit allen seinen Verzweigungen, Irrtümern, Stimmungen und auch Erfolgen. Dazu muss man bei der Arbeit immer wieder eine kleine Pause machen und das Augenmerk darauf richten.

Folgende Fragen liefern Beispiele für mögliche Einträge in das Lerntagebuch:
- Was war unsere Ausgangsfrage?
- Welche Beispielaufgaben haben wir besprochen?
- Was war besonders wichtig?
- Welche Schwierigkeiten sind beim Verstehen des Stoffes aufgetreten?
- Welche Aufgaben muss ich noch besonders trainieren?
- Welche Fragestellungen kann ich jetzt selbstständig bearbeiten?
- Welche Fragestellungen sind noch offen?

Ein Lerntagebuch zu führen, ist manchmal anstrengend und lästig. Trotzdem kann es hilfreich für dich sein. Der wohl wichtigste Vorteil besteht darin, dass du lernst, dich selbst beim Lernen zu beobachten. Dies kann dir helfen, dein Lernverhalten zu verbessern. Um solche Vorteile zu erzielen, musst du aber mit deiner Lehrerin oder deinem Lehrer zusammenarbeiten, damit diese(r) dir dann auf Grundlage deines Lerntagebuches sinnvolle Hinweise gibt.

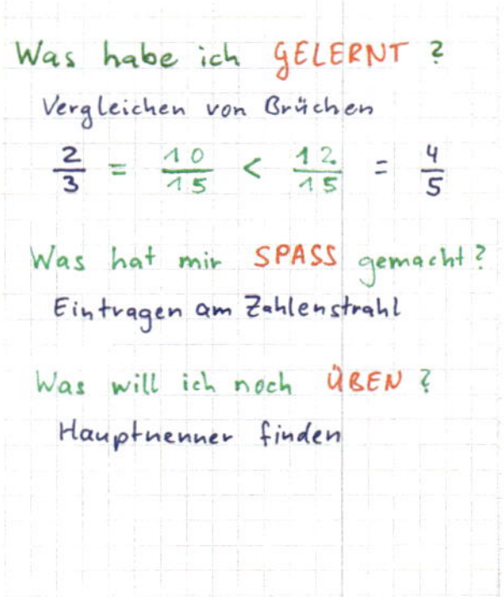

3. Rechts siehst du eine Seite aus dem Lerntagebuch einer Schülerin. Betrachte ihre Gestaltung und vergleiche sie mit der eines Merkhefts.

Brüche in der Musik

- ganze Note
- halbe Note
- Viertelnote
- Achtelnote
- Sechzehntelnote
- Zweiunddreißigstelnote

Verlängerung um einen halben Wert:
- Dreiviertelnote
- Dreiachtelnote
- Dreisechzehntelnote
- wird auch als geschrieben

- Ganze Pause
- Halbe Pause
- Viertel Pause
- Achtel Pause
- Sechzehntel Pause

1. Noten geben nicht nur die Höhe, sondern auch die Länge eines Tons an.
a) Betrachte die Tabelle der Notenwerte links und beschreibe das System der Notenwerte.
b) Mit welchen Noten kann man einen $\frac{4}{4}$- oder einen $\frac{6}{8}$-Takt füllen? Finde Beispiele.

2. Suche dir fünf verschiedene Takte aus und schreibe dazu jeweils eine Additionsaufgabe mit Brüchen.

Ausschnitt aus den Noten zur Zauberflöte von W. A. Mozart

3. Sucht selbst weitere Notenbeispiele. Welche Takte kommen vor?

1.4 Dezimale Schreibweise für gebrochene Zahlen

1.4.1 Schreibweise und Aufbau von Dezimalzahlen

Einstieg

Sucht Beispiele, wo im Alltag Zahlenangaben mit Komma vorkommen. Was bedeuten sie?
Gestaltet ein Plakat, das ihr im Klassenraum aushängt.

Aufgabe 1

Dezimalzahlen bei Größenangaben

a) Längenangaben werden häufig mit einem Komma geschrieben:
- Ein großes Grundstück ist 127,2 m lang.
- Eine Garage ist 7,13 m lang.
- Ein Auto ist 4,352 m lang.

Was bedeuten diese Längenangaben?
Trage die Angaben dazu auch in eine Einheitentabelle ein.

b) Bei sportlichen Wettkämpfen werden die Leistungen der Teilnehmer möglichst genau gemessen, damit man Unterschiede feststellen kann.
Bei manchen Disziplinen liegen die Leistungen der Sportler so nahe beieinander, dass man auch Bruchteile von Sekunden messen muss.
Was bedeuten die Zeitangaben in den Textausschnitten?

Lösung

a)

m			dm	cm	mm	Schreibweisen
H	Z	E				
1	2	7	2			127,2 m = 127 m 2 dm = 1 272 dm
		7	1	3		7,13 m = 7 m 1 dm 3 cm = 7 m 13 cm = 713 cm
		4	3	5	2	4,352 m = 4 m 3 dm 5 cm 2 mm = 4 m 352 mm = 4 352 mm

Bei den Längenangaben in m werden an der ersten Stelle nach dem Komma Dezimeter angegeben, an der zweiten Zentimeter und an der dritten Millimeter.
Ein Meter ist in zehn Dezimeter unterteilt: 1 m = 10 dm.
Also gilt: Ein Dezimeter ist ein zehntel Meter.
Ein Meter ist in hundert Zentimeter unterteilt: 1 m = 100 cm.
Also gilt: Ein Zentimeter ist ein hundertstel Meter.
Ein Meter ist in tausend Millimeter unterteilt: 1 m = 1 000 mm.
Also gilt: Ein Millimeter ist ein tausendstel Meter.

$0{,}1\,\text{m} = 1\,\text{dm} = \frac{1}{10}\,\text{m}$

$0{,}01\,\text{m} = 1\,\text{cm} = \frac{1}{100}\,\text{m}$

$0{,}001\,\text{m} = 1\,\text{mm} = \frac{1}{1000}\,\text{m}$

b) *400 m – Männer*
1 Sekunde wird in 10 gleich große Teile zerlegt; jeder Teil ist 1 zehntel Sekunde.
Schreibweise: $\frac{1}{10}$ s = 0,1 s

$$54{,}2\,\text{s} = 54\,\text{s} + \frac{2}{10}\,\text{s} = 54\tfrac{2}{10}\,\text{s}$$

100 m Schmetterling – Frauen
1 zehntel Sekunde wird in 10 gleich große Teile zerlegt; jeder Teil ist also 1 hundertstel Sekunde.
Schreibweise: $\frac{1}{100}$ s = 0,01 s

$$55{,}48\,\text{s} = 55\,\text{s} + \frac{4}{10}\,\text{s} + \frac{8}{100}\,\text{s} = 55\,\text{s} + \frac{40}{100}\,\text{s} + \frac{8}{100}\,\text{s} = 55\frac{48}{100}\,\text{s}$$

Erweitern: $\frac{4}{10} = \frac{40}{100}$
Addieren: 40 Hundertstel
+8 Hundertstel
= 48 Hunderstel

Shorttrack – Männer, 500 m
1 hundertstel Sekunde wird in 10 gleich große Teile zerlegt; jeder Teil ist also 1 tausendstel Sekunde.
Schreibweise: $\frac{1}{1\,000}$ s = 0,001 s

$$42{,}063\,\text{s} = 42\,\text{s} + \frac{0}{10}\,\text{s} + \frac{6}{100}\,\text{s} + \frac{3}{1\,000}\,\text{s} \quad \text{Erweitern}$$
$$= 42\,\text{s} + \frac{0}{1\,000}\,\text{s} + \frac{60}{1\,000}\,\text{s} + \frac{3}{1\,000}\,\text{s} \quad \text{Addieren}$$
$$= 42\frac{63}{1\,000}\,\text{s}$$

Information

Dezimalzahlen und Stellenwerttafel
54,2; 55,48; 42,063 sind **Dezimalzahlen**.
Das Komma bei Dezimalzahlen trennt die Ganzen von den Teilen eines Ganzen.
Die Ziffern rechts vom Komma bedeuten:
die erste Ziffer – *Zehntel* (z)
die zweite Ziffer – *Hundertstel* (h)
die dritte Ziffer – *Tausendstel* (t)
49,715 wird gelesen: *neunundvierzig Komma sieben eins fünf.*
Zum Darstellen von Dezimalzahlen in einer Stellenwerttafel wird diese nach rechts erweitert, sodass sie nach rechts wie auch nach links unbegrenzt ist.

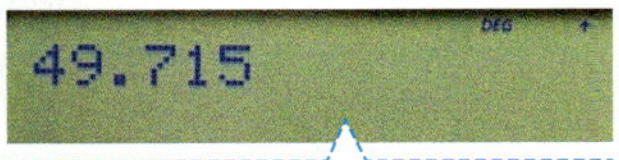

In englischsprachigen Ländern und in der Taschenrechneranzeige steht statt des Kommas ein Punkt.

Hunderter, Zehner, Einer, Zehntel, Hundertstel, Tausendstel, Zehntausendstel
:10 :10 :10 :10 :10 :10

H	Z	E	z	h	t	zt	
	4	8	7				$48{,}7 = 48 + \frac{7}{10}$
		2	0	9			$2{,}09 = 2 + \frac{0}{10} + \frac{9}{100}$
		6	0	0	7		$6{,}007 = 6 + \frac{0}{10} + \frac{0}{100} + \frac{7}{1000}$
		0	3	7	1	3	$0{,}3713 = 0 + \frac{3}{10} + \frac{7}{100} + \frac{1}{1000} + \frac{3}{10\,000}$

Gebrochene Zahlen haben wir bisher als Brüche mit Zähler und Nenner geschrieben. Sie werden auch oft als **Dezimalzahlen** geschrieben. Der Bruch $\frac{6}{10}$ und die Dezimalzahl 0,6 sind *verschiedene* Schreibweisen für *dieselbe* gebrochene Zahl: $0{,}6 = \frac{6}{10}$.

Beachte: Für diese gebrochene Zahl gibt es noch viele andere Schreibweisen; auch $\frac{3}{5}$, $\frac{12}{20}$, $\frac{9}{15}$, $\frac{18}{30}$, … sind Schreibweisen für diese gebrochene Zahl.

Weiterführende Aufgaben

Umwandeln einer Dezimalzahl in einen Bruch mit den Nennern 10; 100; 1 000; ...

2. **a)** Erläutere die Umwandlung von 1,137 in einen Bruch mit dem Nenner 1 000 am Gliedermaßstab (dem sogenannten „Zollstock").

$$1{,}137 = 1 + \frac{1}{10} + \frac{3}{100} + \frac{7}{1\,000} = \frac{1\,000}{1\,000} + \frac{100}{1\,000} + \frac{30}{1\,000} + \frac{7}{1\,000} = \frac{1\,137}{1\,000}$$

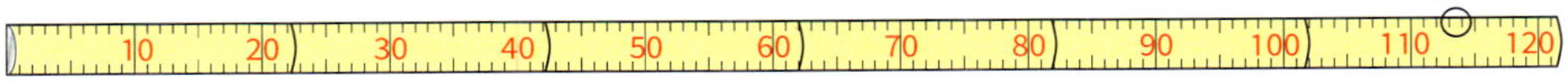

b) Schreibe als Bruch.

(1) 0,6; 0,07; 0,004; 0,0005 **(2)** 0,16; 0,027; 0,307; 0,4087 **(3)** 5,7; 7,26; 4,038; 12,4704

c) Schreibe als Dezimalzahl. Wie erkennst du am Nenner, wie viele Stellen die Dezimalzahl rechts vom Komma hat?

(1) $\frac{3}{10}$; $\frac{5}{100}$; $\frac{1}{100\,000}$; $\frac{6}{1\,000\,000}$ **(3)** $1\frac{5}{10}$; $1\frac{11}{100}$; $2\frac{504}{1\,000}$; $3\frac{1}{100\,000}$

(2) $\frac{15}{100}$; $\frac{123}{1\,000}$; $\frac{765}{10\,000}$; $\frac{201}{1\,000}$ **(4)** $\frac{25}{10}$; $\frac{625}{10}$; $\frac{102}{100}$; $\frac{398}{100}$; $\frac{9\,375}{1\,000}$

$$3\frac{24}{1\,000} = 3 + \frac{24}{1\,000} = 3 + \frac{20}{1\,000} + \frac{4}{1\,000} = 3 + \frac{2}{100} + \frac{4}{1\,000} = 3{,}024$$

Denke dir $\frac{0}{10}$!

Endnullen bei Dezimalzahlen

3. **a)** Schreibe jeweils die beiden Dezimalzahlen als Brüche und vergleiche.

(1) 0,5 und 0,50 **(2)** 0,3 und 0,300 **(3)** 2,1 und 2,1000

b) Hänge an die Dezimalzahl 0,8 [1,020] jeweils eine, zwei, drei ... Nullen an. Vergleiche die Zahlen. Begründe.

c) Schreibe mit möglichst wenig Nullen. Begründe.

(1) 4,320 **(2)** 08,30 **(3)** 3,805 **(4)** 760,32000 **(5)** 300,001000

d) Erläutere: Das Anhängen oder Weglassen von Endnullen bei Dezimalzahlen entspricht dem Erweitern oder Kürzen bei Brüchen.

> Wenn man bei einer Dezimalzahl Endnullen anhängt oder weglässt, dann bleibt der Wert unverändert.
> *Beispiel:* 0,4 = 0,40 = 0,400 = 0,4000 = ...

Dezimalzahlen bei Flächen- und Volumeneinheiten

$1\,cm^2 = \frac{1}{100}\,dm^2$

$1\,cm^3 = \frac{1}{1000}\,dm^3$

$46\,cm^2 = \frac{46}{100}\,dm^2 = 0{,}46\,dm^2$

$73\,cm^3 = \frac{73}{1\,000}\,dm^3 = 0{,}073\,dm^3$

4. Trage die Angaben in eine Einheitentabelle ein. Schreibe sie dann als Bruch und anschließend mit einem Komma.

a) $35\,cm^2$; $359\,cm^2$; $3\,m^2\,17\,dm^2$; $559\,cm^2$; $9\,m^2\,4\,dm^2$; $85\,dm^2$; $850\,dm^2$; $7\,mm^2$

b) $751\,cm^3$; $6842\,cm^3$; $3\,dm^3\,725\,cm^3$; $7\,m^3\,54\,dm^3$; $3\,cm^3\,2\,mm^3$; $97\,dm^3$; $295\,mm^3$

Das kann ich noch!

A) Berechne schriftlich.

1) 2 710 + 1 922 **2)** 6 752 + 82 + 8 203 **3)** 58 072 + 947 + 41 675

4) 872 − 493 **5)** 3 217 − 573 **6)** 53 412 − 5 876

7) 219 · 23 **8)** 1 270 · 400 **9)** 2 347 · 48

10) 391 : 23 **11)** 4 692 : 12 **12)** 16 065 : 45

Übungsaufgaben

5. Zerlege die Zeitspannen in ganze, zehntel, hundertstel, tausendstel Sekunden. Gib sie dann mit einem Bruch (in gemischter Schreibweise) an.

a) Olympische Spiele Amsterdam 1928 – Leichtathletik
(Hier durften zum ersten Mal Frauen teilnehmen.)
100 m-Frauen: E. Robinson (USA) 12,2 s
4 × 100 m-Frauen: Kanada 48,4 s

b) Olympische Spiele Rio de Janeiro 2016
100 m-Frauen: E. Thompson (JAM) 10,88 s
4 × 100 m-Frauen: USA 41,01 s

c) Olympische Winterspiele Sotschi 2014
Rennrodeln/Einzel – Männer: Felix Loch (GER)
1. Lauf: 52,185 s 2. Lauf: 51,964 s 3. Lauf: 51,613 s 4. Lauf: 51,764 s

6. Notiere die Dezimalzahl. Schreibe die Zahlen dann als Bruch.

a)

Z	E	z	h	t
1	2	3	4	5
	7	6	4	
	3	0	8	
	7	2		
1	3	3	0	3

b)

Z	E	z	h	t	zt	ht
	8	7	6	5	4	3
	0	6	1	3	5	
	0	7	8			
	0	0	3	8	7	1
1	1	3	0	0	5	2

c)

Z	E	z	h	t	zt	ht
	3	0	2	0	1	
6	0	4	2	1	8	
3	8	0	0	0	0	2
	0	2	3	0	1	
2	3	0	4	0	0	5

7. Welchen Stellenwert hat jeweils die Ziffer 7?
(1) 7,4 **(2)** 4,07 **(3)** 43,718 **(4)** 16,1671 **(5)** 51,00070

8. Die Ziffer 1 soll den angegebenen Stellenwert haben.
Setze das Komma an die richtige Stelle.
a) 3215 (z) **b)** 782415 (h) **c)** 43517 (t) **d)** 135 (z) **e)** 21435 (H)

9. Nimm Stellung zu folgenden Behauptungen.
Sophie: Die Stellenwerttafel ist regelmäßig aufgebaut: Links von den Hundertern stehen die Tausender, also stehen die Tausendstel links von den Hundertsteln.
Patrick: Rechts vom Komma stehen die Eintel, Zehntel, Hundertstel, usw.
Lea: Die Stellenwerttafel ist symmetrisch zu den Einern aufgebaut.

10. Mit Dezimalzahlen kann man sehr kleine Zahlen schreiben. Trage die Dezimalzahlen in eine Stellenwerttafel ein. Schreibe auch als Brüche.

Spinnwebfaden
0,005 mm dick

Ölfleck
0,000001 mm dick

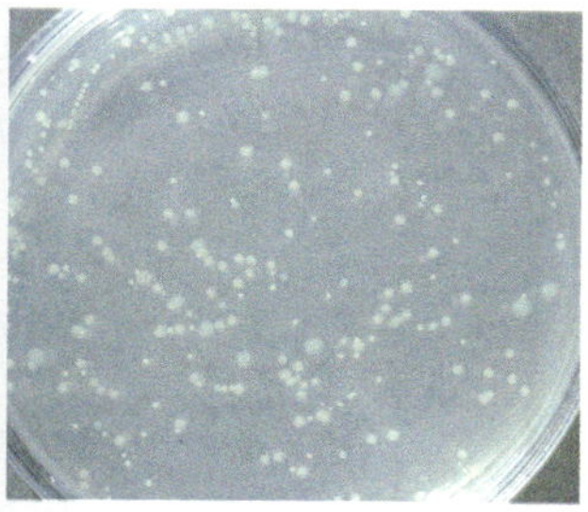

Bakterien
ca. 0,0005 mm groß

11. Zerlege in Ganze, Zehntel, Hundertstel, Tausendstel, …

a) 17,856 c) 0,069 e) 13,005 g) 0,0704
b) 6,078 d) 0,8472 f) 7,51203 h) 3,0015

$13{,}14 = 13 + \frac{1}{10} + \frac{4}{100}$

12. Schreibe als Bruch. Kürze, falls möglich.

a) 0,75 c) 0,6 e) 0,625 g) 0,125 i) 0,505 k) 0,0003
b) 0,25 d) 4,88 f) 1,0481 h) 1,701 j) 0,5005 l) 3,8200

13. Gib die zugehörigen Dezimalzahlen an. Du kannst sie in eine Stellenwerttafel eintragen.

a) $\frac{2}{10}$; $\frac{19}{100}$; $\frac{4}{100}$; $\frac{49}{1\,000}$; $\frac{26}{10\,000}$; $\frac{3}{10\,000}$ b) $2\frac{7}{1\,000}$; $5\frac{250}{1\,000}$; $\frac{7\,850}{1\,000}$; $\frac{1\,004}{100}$

14. Wo steckt der Fehler?

a) $\frac{27}{10} = 0{,}27$ b) $5{,}41 = \frac{5}{41}$ c) $0{,}58 = \frac{58}{10}$ d) $7{,}20 = \frac{720}{10}$

15. Lass überflüssige Nullen weg.

a) 0,600; 0,2500; 0,0302; 0,0002; 1,5000
b) 2,00500; 5,002001; 0,0060; 04,04040
c) 0,300200; 30,000; 10,04; 02,20
d) 180,400; 70,00; 1,02103; 0; 0,004

16. Was bedeuten die Angaben mit Komma? Hänge so viele Endnullen an, dass man die kleinere Einheit ablesen kann. Schreibe dann in der kleineren Einheit.

a)

b)

c)
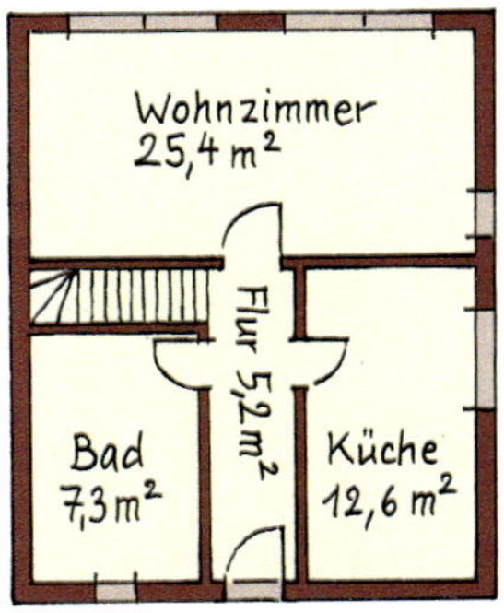

1 l = 1000 ml
1 ha = 100 a
1 a = 100 m²
1 h = 60 min

17. Gib in zwei Einheiten an. Verwandle dann in die kleinere Einheit.

a) 2,3 km d) 6,08 t g) 19,3 m² j) 3,4 m³ m) 0,8 l p) 0,5 h
b) 4,75 km e) 4,85 kg h) 0,80 dm² k) 0,8 cm³ n) 0,33 l q) 0,1 h
c) 0,4 m f) 0,001 g i) 0,5 ha l) 0,4 dm³ o) 1,05 l r) 2,5 h

$1\,\% = \frac{1}{100}$

18. a) Gib als Dezimalzahl an:
6 %; 25 %; 80 %; 61 %; 150 %; 2 %; 79 %; 131 %; 1000 %

b) Gib in Prozent an:
0,5; 0,05; 0,25; 1; 0,6; 0,31; 0,1; 1,6; 0,03; 0,95; 2,75; 10,6

$7\,\% = \frac{7}{100} = 0{,}07$

19. Schreibe wie im Beispiel rechts.

a) 2,5 Tsd. c) 10,5 Mrd. e) $3\frac{1}{2}$ Mio. g) $\frac{1}{2}$ Billion
b) 3,04 Mio. d) 0,6 Mrd. f) 3,52 Mio. h) 7,23 Mrd.

4,3 Mio. = 4,300000 Mio.
= 4300000

20. Schreibe die Zahlenangaben in den Zeitungsartikeln ohne Komma.

Rekord: 34,65 Mio. Zuschauer sahen den deutschen WM-Sieg 2014.	In diesem Jahr sank der Umsatz der Firma Innowap von 10,7 Mrd. € auf 9,25 Mrd. €.	2015 wurden in Deutschland 436,2 Mio. Gästeübernachtungen gezählt.	Im Dezember 2016 hatte Deutschland 2,75 Billionen € Schulden.

21. Suche drei Zeitungsartikel wie in Aufgabe 20, klebe sie in dein Heft und schreibe die Zahlenangaben ohne Komma.

1.4.2 Umformen durch Erweitern oder Kürzen

Einstieg

Lukas benötigt für ein Erfrischungsgetränk neben anderen Zutaten $\frac{1}{4}$ l Orangensaft und $\frac{1}{4}$ l Ananassaft. In einem Getränkehandel gibt es Packungen mit 0,33 l Orangensaft und Packungen mit 0,2 l Ananassaft.

Aufgabe 1

a) In welche der beiden Flaschen passt mehr Flüssigkeit? Wandle dazu $\frac{3}{4}$ in eine Dezimalzahl um.

b) Forme in eine Dezimalzahl um:
(1) $\frac{2}{5}$ (2) $1\frac{1}{4}$ (3) $\frac{1}{8}$ (4) $\frac{36}{40}$

c) Versuche, den Bruch $\frac{1}{3}$ durch passendes Erweitern in eine Dezimalzahl umzuformen.

Lösung

a) Erweitere $\frac{3}{4}$ auf Hundertstel; schreibe dann als Dezimalzahl: $\frac{3}{4} = \frac{3 \cdot 25}{4 \cdot 25} = \frac{75}{100} = 0{,}75$

Vergleiche nun die Maßzahlen: $\frac{3}{4} > 0{,}7$; denn $\frac{75}{100} > \frac{70}{100}$.

Ergebnis: In die $\frac{3}{4}$-l-Flasche passt mehr als in die 0,7-l-Flasche.

b) Erweitere oder kürze zunächst passend

(1) auf Zehntel: $\frac{2}{5} = \frac{4}{10} = 0{,}4$

(2) auf Hundertstel: $1\frac{1}{4} = 1\frac{25}{100} = 1{,}25$

(3) auf Tausendstel: $\frac{1}{8} = \frac{125}{1\,000} = 0{,}125$

(4) auf Zehntel: $\frac{36}{40} = \frac{9}{10} = 0{,}9$

c) $\frac{1}{3}$ kann man nicht auf Zehntel, Hundertstel, Tausendstel, … erweitern, denn: 10, 100, 1000, … sind keine Vielfachen von 3.
Den Bruch $\frac{1}{3}$ kann man daher nicht durch Erweitern in eine Dezimalzahl umformen.

Information

Merke:
$\frac{1}{2} = 0{,}5$ $\frac{1}{4} = 0{,}25$
$\frac{1}{5} = 0{,}2$ $\frac{3}{4} = 0{,}75$
$\frac{2}{5} = 0{,}4$ $\frac{1}{8} = 0{,}125$

Umformen von Brüchen in Dezimalzahlen

Manche Brüche kann man folgendermaßen leicht in Dezimalzahlen umformen:
Man erweitert oder kürzt den Bruch auf Zehntel, Hundertstel, Tausendstel, … und schreibt dann die Dezimalzahl.
Aber nicht jeden Bruch kann man auf diese Weise in eine Dezimalzahl umformen.

Übungsaufgaben

2. Verwandle jeweils in eine Dezimalzahl. Erweitere oder kürze passend.

a) $\frac{2}{5}$; $\frac{3}{4}$; $\frac{3}{8}$; $2\frac{1}{2}$; $3\frac{1}{8}$; $2\frac{3}{4}$; $1\frac{1}{5}$; $\frac{7}{2}$ **b)** $\frac{12}{40}$; $\frac{12}{30}$; $\frac{36}{60}$; $\frac{49}{70}$; $\frac{36}{400}$; $\frac{60}{300}$; $\frac{8}{200}$.

3. Schreibe die Größenangaben mit einem Komma.

4. Welche Zahlen sind gleich?

a) $\frac{6}{10}$ 0,3 $\frac{8}{10}$ 0,6 $\frac{3}{10}$ $\frac{4}{5}$ $\frac{3}{5}$ 0,8

b) $\frac{1}{5}$ 0,5 $\frac{3}{15}$ 0,1 0,2 $\frac{10}{100}$ $\frac{7}{35}$ $\frac{3}{6}$ 20%

5. Arbeite mit einem Partner zusammen. Jeder notiert am linken Rand seines Heftes 15 Dezimalzahlen oder Brüche untereinander und am rechten Rand in anderer Reihenfolge die zugehörigen umgewandelten Brüche oder Dezimalzahlen – ebenfalls untereinander. Tauscht die Hefte aus und ordnet durch Pfeile die Dezimalzahlen den Brüchen mit demselben Wert zu. Wer schafft es fehlerfrei?

6. Kontrolliere Toms Hausaufgaben.

a) $\frac{3}{4} = 0{,}75$ b) $4\frac{1}{5} = 4{,}15$ c) $\frac{2}{5} = \frac{40}{100}$ d) $\frac{8}{5} = 8{,}5$

7. Forme in eine Dezimalzahl um. Bei welchen Brüchen gelingt das nicht? Begründe.

a) $\frac{5}{8}$; $\frac{13}{125}$; $\frac{2}{3}$; $\frac{1}{6}$ **b)** $\frac{3}{25}$; $\frac{1}{40}$; $\frac{5}{6}$; $\frac{1}{9}$ **c)** $\frac{3}{5}$; $\frac{3}{15}$; $\frac{5}{15}$; $\frac{8}{12}$ **d)** $3\frac{2}{5}$; $5\frac{5}{6}$; $1\frac{11}{20}$ $7\frac{7}{8}$

Spiel

8. *Bruch-Memory*:
Schreibt auf 12 Karten je eine Dezimalzahl und auf 12 weitere Karten die Brüche, die denselben Wert haben. Legt die 24 Karten verdeckt auf den Tisch.
Jeder Spieler darf 2 Karten aufdecken. Hat er zwei wertgleiche, darf er das Paar behalten. Sind die Brüche nicht wertgleich, werden sie an derselben Stelle wieder verdeckt abgelegt.
Wer die meisten Paare besitzt, hat gewonnen.

1.5 Vergleichen und Ordnen von Dezimalzahlen

Einstieg

Beim Trampolinspringen erzielten die Frauen bei den Olympischen Spielen 2016 in Rio de Janeiro die angegebene Punktzahlen. Wer gewann die Goldmedaille, die Silbermedaille, die Bronzemedaille?

Hanna Hartschonak	BLR	5,700 P.
Luba Golowina	GEO	51,010 P.
Rosannagh Maclennan	CAN	56,465 P.
Tatjana Pijatrenija	BLR	54,650 P.
Bryony Page	GBR	56,040 P.
Katherine Driscoll	GBR	53,645 P.
He Wenna	CHN	55,570 P.
Dan Li	CHN	55,885 P.

Aufgabe 1

Vergleichen und Ordnen

a) Bei den Olympischen Spielen 2016 in Rio de Janeiro erzielten die Männer im 100-m-Lauf die rechts angegebenen Zeiten. Wer erreichte den ersten, zweiten, dritten Platz usw.?

b) Ordne die mit Dezimalzahlen geschriebenen Zahlen nach ihrer Größe. Beginne mit der kleinsten Zahl.
3,17; 2,71; 3,364; 3,304; 3,369

Trayvon Bromell	USA	10,06 s
Akani Simbine	RSA	9,94 s
Justin Gatlin	USA	9,89 s
Jimmy Vicaut	FRA	10,04 s
Usain Bolt	JAM	9,81 s
Andre de Grasse	CAN	9,91 s
Ben Youssef Meite	CIV	9,96 s
Yohan Blake	JAM	9,93 s

Lösung

a) Wir vergleichen zuerst die Ganzen links vom Komma. Die Zahlen 9,94; 9,89; 9,81; 9,91; 9,96 und 9,93 stimmen in den Ganzen überein.
Wir vergleichen daher die Stellen nach dem Komma und beginnen mit den Zehnteln: 8 Zehntel ist kleiner als 9 Zehntel. Wir erhalten also die beiden kleinsten Zahlen 9,89 und 9,81. Da diese Zahlen nicht nur in den Ganzen, sondern auch in den Zehnteln übereinstimmen, vergleichen wir nun die Hundertstel:
1 Hundertstel ist kleiner als 9 Hundertstel, also 9,81 < 9,89.
Ebenso verfahren wir mit den anderen Zahlen. Wir erhalten:
9,81 < 9,89 < 9,91 < 9,93 < 9,94 < 9,96 < 10,04 < 10,06
Ergebnis: Reihenfolge der Läufer

1. Gold	U. Bolt	9,81 s	4.	Y. Blake	9,93 s	7.	J. Vicaut	10,04 s
2. Silber	J. Gatlin	9,89 s	5.	A. Simbine	9,94 s	8.	T. Bromell	10,06 s
3. Bronze	A. de Grasse	9,91 s	6.	B. Y. Meite	9,96 s			

b) Wie bei den Zeitspannen vergleichen wir zuerst die Ganzen. Sind die Ganzen gleich, vergleichen wir die Zehntel. Sind diese auch gleich, vergleichen wir die Hundertstel usw.:

2,71 < 3,17 < 3,304 < 3,364 < 3,369

2 E < 3 E; 1 z < 3 z; 0 h < 6 h; 4 t < 9 t

Vergleichen von Dezimalzahlen

Man vergleicht zuerst die Ganzen.	3,25 < 7,5	denn	3 < 7
Sind die Ganzen gleich, vergleicht man die Zehntel.	8,36 < 8,59	denn	3z < 5z
Sind auch die Zehntel gleich, vergleicht man die Hundertstel; usw.	0,6758 < 0,691	denn	7h < 9h

Weiterführende Aufgabe

Darstellen und Vergleichen von Dezimalzahlen am Zahlenstrahl

2. a) Welche Zahlen werden durch die roten Striche markiert?

b) Wie kann man am Zahlenstrahl erkennen, welcher von zwei Dezimalzahlen der kleinere ist?

Übungsaufgaben

3. Setze im Heft das passende Zeichen (< oder >) ein.

a) 1,63 ▢ 1,36	d) 3,756 ▢ 3,765	g) 0,7 ▢ 0,75	j) 1,007 ▢ 1,07
b) 0,645 ▢ 0,654	e) 0,457 ▢ 0,547	h) 0,66 ▢ 0,6	k) 7,55 ▢ 7,545
c) 0,989 ▢ 0,998	f) 0,787 ▢ 0,778	i) 0,14 ▢ 0,104	l) 1,335 ▢ 1,3305

4. Setze im Heft das passende Zeichen (=, < oder >) ein.

a) 0,3 ▢ 0,03	b) 1,1 ▢ 1,10	c) 1,04 ▢ 1,040	d) 0,25 ▢ 0,205
0,3 ▢ 0,300	1,1 ▢ 1,01	1,04 ▢ 1,004	0,25 ▢ 0,025
0,3 ▢ 0,33	1,1 ▢ 1,11	1,04 ▢ 1,4	0,25 ▢ 0,2500

5. Wo steckt der Fehler?

a) 0,35 < 0,278   b) 3,43 < 3,234   c) 0,4 < 0,04   d) 0,9 < 0,90

6. Sarahs Mutter will sich ein Auto kaufen. Sie vergleicht drei Modelle nach dem Benzinverbrauch pro 100 km. Ordne die Autos nach dem Benzinverbrauch.

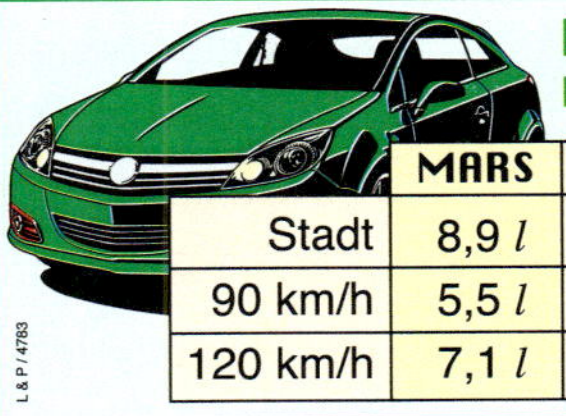

Verbrauchswerte

	MARS	VENUS	PLUTO
Stadt	8,9 l	9,3 l	9,7 l
90 km/h	5,5 l	5,4 l	5,6 l
120 km/h	7,1 l	6,9 l	7,0 l

L & P / 4783

7. Gebt für jede Sportart an, welcher Schüler den 1. Platz, welcher den 2. Platz, welcher den 3. Platz usw. erreicht hat.
Könnt ihr aus den Ergebnissen einen Gesamtsieger ermitteln?

Name	Andreas	Christian	Felix	Michael	Tim	Philipp	Florian
Weitsprung	3,24 m	3,95 m	4,05 m	2,98 m	3,45 m	3,68 m	3,60 m
100-m-Lauf	15,1 s	15,9 s	15,7 s	17,1 s	16,4 s	15,6 s	15,0 s
Hochsprung	1,15 m	1,20 m	1,45 m	0,97 m	1,43 m	1,09 m	1,51 m

8. Setze im Heft das passende Zeichen (=, < oder >) ein.

a) $\frac{3}{4}$ ▢ 0,75 **c)** $\frac{1}{10}$ ▢ 0,09 **e)** 0,95 ▢ $\frac{9}{10}$ **g)** $\frac{1}{3}$ ▢ 0,3

b) 0,59 ▢ $\frac{3}{5}$ **d)** $3\frac{1}{2}$ ▢ 3,45 **f)** 2,6 ▢ $2\frac{2}{3}$ **h)** $\frac{1}{6}$ ▢ 0,16

9. Gib die rot markierten Zahlen als Dezimalzahl und als Bruch an.

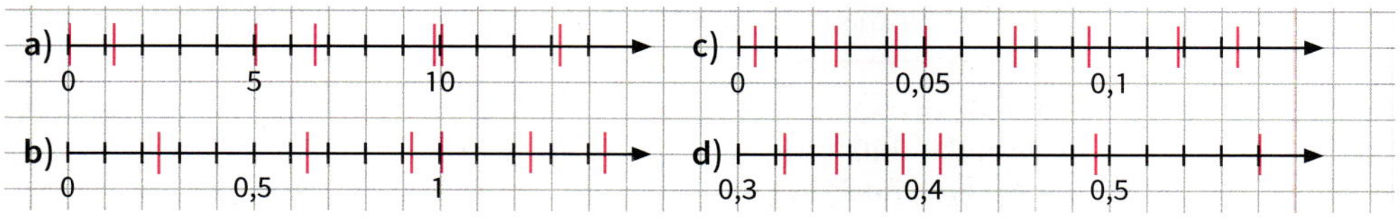

10. Zeichne einen Zahlenstrahl von 0 bis 1,5. Wähle 1 dm von 0 bis 1. Trage die Striche für die Zehntel ein. Markiere die folgenden Zahlen mit blauen Strichen.

a) 0,8; 0,55; 0,93; 1,05; 1,25

b) 0,73; 1,1; 0,61; 1,46; 0,23; 0,04

c) $\frac{3}{10}$; $\frac{5}{10}$; $\frac{35}{100}$; $\frac{1}{10}$; $\frac{53}{100}$; $\frac{31}{100}$

d) $\frac{1}{10}$; $\frac{1}{5}$; $\frac{3}{5}$; $\frac{2}{5}$; $\frac{4}{4}$; $1\frac{1}{10}$; $1\frac{1}{4}$

11. a) Rechts siehst du einen Ausschnitt des Zahlenstrahls. Welche Zahlen werden durch die roten Striche markiert?

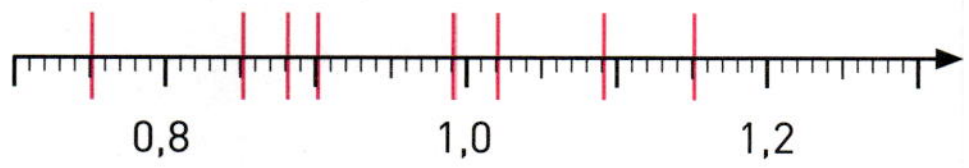

b) Zeichne den Ausschnitt des Zahlenstrahls ab. Markiere darauf die Zahlen 0,93; 1,05; 0,83; 1,17; 1,1; 1,01; 0,98. Ordne zunächst die Zahlen nach der Größe.

12. Gib jeweils 5 Dezimalzahlen an, die zwischen den beiden genannten liegen. Welche Zahl liegt genau in der Mitte?

a) 5 und 6 **b)** 1,6 und 1,7 **c)** 3,81 und 3,82 **d)** 0,09 und 0,1

13. Mit einem Messzylinder kann man das Volumen von Flüssigkeiten bestimmen.

a) Wie viel Liter sind im Messzylinder? Schreibe mit einer Dezimalzahl.

b) Zeichne die Skalen von Messzylindern und trage ein: $\frac{1}{4}$ l; $\frac{3}{4}$ l; $\frac{3}{8}$ l; 0,8 l; 0,2 l.

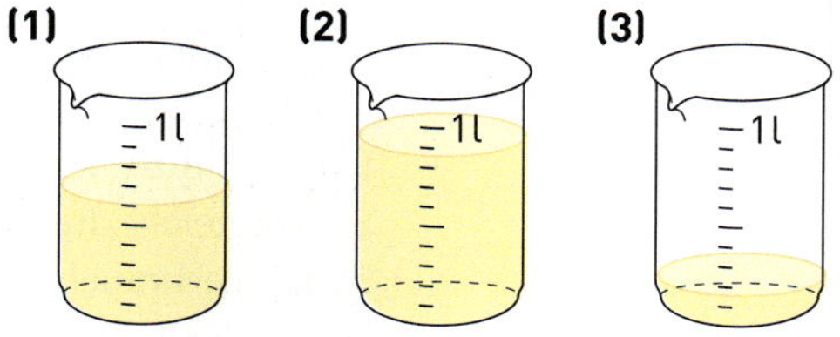

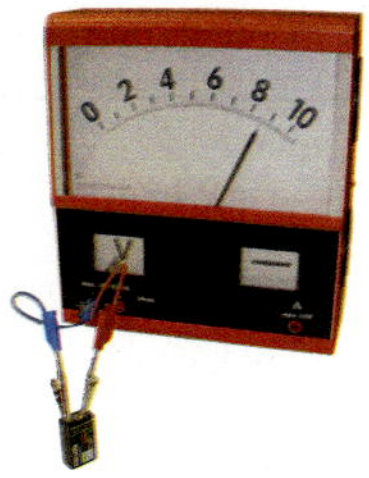

14. Lies die angezeigte Spannung im Bild links ab. Schreibe sie als Dezimalzahl und als Bruch auf.

15. a) Lies die Koordinaten der eingezeichneten Punkte ab.

b) Zeichne ein Koordinatensystem und trage die Punkte ein.
A (1,5 | 3), B (3,5 | 1,5), C (2,4 | 3,8), D (0 | 5,7), E (7,3 | 8,4), F (8,7 | 0)

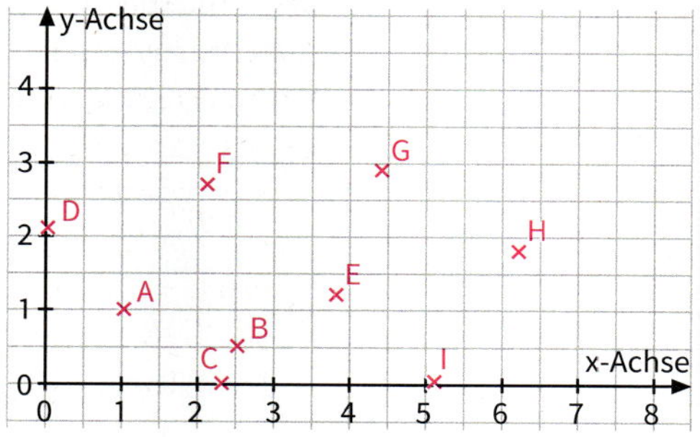

1.6 Runden von Dezimalzahlen – Säulendiagramme

Einstieg

In einer Umfrage wurde ermittelt, wie viel jede Woche in einem Vier-Personen-Haushalt durchschnittlich ausgegeben wird: Fleischwaren 30,81 €; Brot, Backwaren 29,47 €; Obst, Gemüse 24,14 €; Milch, Molkereiprodukte, Eier 20,11 €; Zucker, Süßwaren 13,39 €; Getränke 37,85 €; Gaststätten, Cafés, Kantinen 65,31 €; Sonstiges 38,73 €. Veranschaulicht die Ergebnisse in einem Säulendiagramm.

Aufgabe 1

Runden von Dezimalzahlen

a) Runde die Längenangaben aus dem Auto-Prospekt rechts auf zwei Nachkommastellen – so wie Längen im Alltag meistens angegeben werden.

b) Runde 2,141 und 4,867 auf Zehntel.

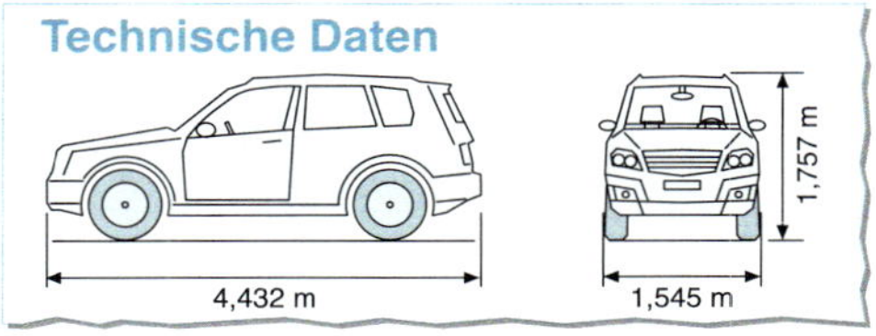

Lösung

a) Die Länge 4,432 m liegt zwischen 4,43 m und 4,44 m, jedoch näher an 4,43 m.
Also runden wir ab: 4,432 m ≈ 4,43 m
Die Höhe 1,757 m liegt zwischen 1,75 m und 1,76, jedoch näher an 1,76 m. Also runden wir auf: 1,757 m ≈ 1,76 m
Die Breite 1,545 m liegt zwischen 1,54 m und 1,55 m, und zwar genau in der Mitte. Wie bei den natürlichen Zahlen runden wir auch hier auf: 1,545 m ≈ 1,55 m

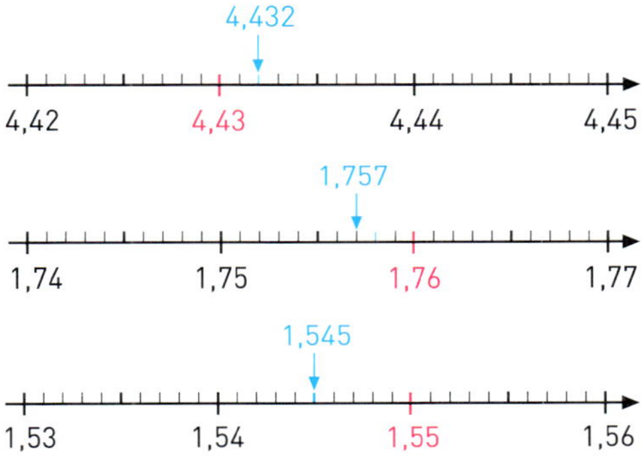

b) 2,141 liegt zwischen 2,1 und 2,2, aber näher an 2,1. Also runden wir ab: 2,141 ≈ 2,1.
4,867 liegt zwischen 4,8 und 4,9, aber näher an 4,9. Also runden wir auf: 4,867 ≈ 4,9.

Information

Oft ist es nicht erforderlich, eine Zahl genau anzugeben. Dann kann man runden.
Beim **Runden** richtet man sich stets nach der Ziffer rechts von der Rundungsstelle.

Wenn die Ziffer rechts von der Rundungsstelle 0, 1, 2, 3, 4 ist, wird abgerundet.
Wenn die Ziffer rechts von der Rundungsstelle 5, 6, 7, 8, 9 ist, wird aufgerundet.

Runden auf Einer:	6,8512 ≈ 7
Zehntel:	6,8512 ≈ 6,9
Hundertstel:	6,8512 ≈ 6,85
Tausendstel:	6,8512 ≈ 6,851

Weiterführende Aufgaben

Weglassen von Endnullen

2. Die Dezimalzahlen 2,5 und 2,50 stellen dieselbe Zahl dar. Begründe das.
Bei Messergebnissen ist jedoch vereinbart, dass die Angaben 2,5 m und 2,50 m etwas Verschiedenes bedeuten: 2,5 m ist eine Länge, die so genau gemessen wurde, dass sie auf zehntel Meter gerundet angegeben wurde. 2,50 m ist dagegen eine Länge, die so genau gemessen wurde, dass sie auf hundertstel Meter gerundet angegeben wurde.

a) Wie lang kann eine Länge sein, die mit
(1) 7,6 m, (2) 7,60 m angegeben wurde?

b) Gib jeweils den kleinsten bzw. größten zur Angabe passenden Messwert an:
(1) 3,9 km; 3,90 km; 3,900 km
(2) 5,1 kg; 5,10 kg; 5,100 kg
(3) 2,7 m²; 2,70 m²; 2,700 m²
(4) 1,3 l; 1,30 l; 1,300 l

Zeichnen von Säulendiagrammen mit Dezimalzahlen

3. Die Klasse 6a behandelt im Geographieunterricht die Inseln der Nordsee. Tanjas Gruppe befasst sich mit den Ostfriesischen Inseln. Die Größe der Inseln sollen in einem Säulendiagramm veranschaulicht werden. Zeichne ein solches Säulendiagramm.

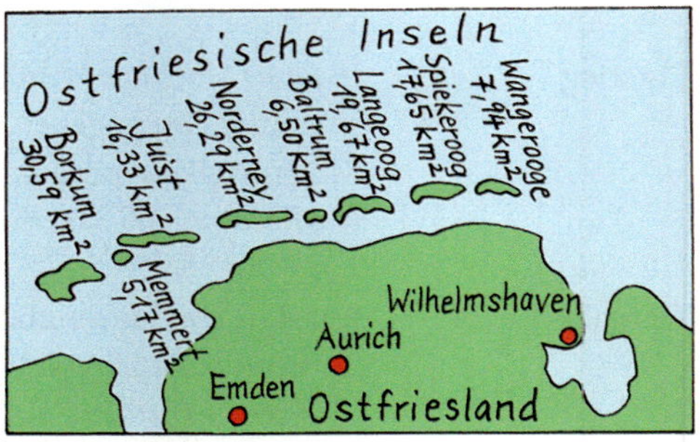

Übungsaufgaben

4. Eine Waage zeigt das Gewicht auf 0,1 kg genau. Runde 48,2 kg [59,7 kg; 71,5 kg] auf volle kg.

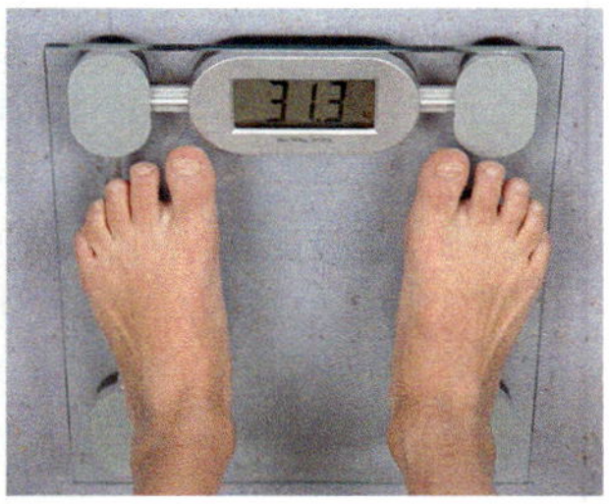

5. Runde **a)** auf Hundertstel; **b)** auf Zehntel; **c)** auf Einer; **d)** auf Tausendstel.
(1) 10,1473 **(2)** 12,8476 **(3)** 9,96784 **(4)** 2,43504 **(5)** 4,2999 **(6)** 0,77777

6. Runde so, dass nur eine von 0 verschiedene Ziffer bleibt.
a) 215,6 **c)** 0,94 **e)** 0,00975
b) 7,51 **d)** 0,098 **f)** 0,094

$12{,}3 \approx 10;\ 0{,}075 \approx 0{,}08$

7. Runde
a) auf €: 3,75 €; 2,13 €; 19,45 €;
b) auf m: 5,6 m; 3,48 m; 9,5 m;
c) auf kg: 4,8 kg; 0,65 kg; 14,49 kg;
d) auf m²: 34,605 m²; 99,099 m²; 6,58 m².

8. Runde so, dass du die Angabe in zwei Einheiten ohne Komma schreiben kannst.
a) 6,4506 km **c)** 13,0609 t **e)** 17,09 cm
b) 2,4085 kg **d)** 14,533 € **f)** 4,2531 g

4,7535 km ≈ 4,754 km
= 4 km 754 m

9. Nenne sechs Zahlen, die auf Einer gerundet 14 [auf Zehntel gerundet 0,6; auf Hundertstel gerundet 7,13] ergeben.

10. Gib die Einwohnerzahlen in Millionen mit einer Stelle nach dem Komma an.

Chicago	2 719 000	Moskau	11 504 000	Rom	2 865 000
Hamburg	1 787 000	New York	8 491 000	Sydney	4 627 000
Kairo	10 230 000	Paris	2 230 000	Tokio	9 375 000
London	8 539 000	Peking	11 510 000	Wien	1 841 000

11. Gib jeweils den kleinsten bzw. den größten zur Angabe passenden Messwert an.
a) 2,7 kg; 2,70 kg; 2,700 kg **b)** 0,4 m; 0,40 m; 0,400 m **c)** 6,9 l; 6,90 l; 6,900 l

12. Fasse die Informationen in einer Tabelle zusammen und zeichne ein Säulendiagramm.

Bedeutende Weltrekord-Halter im Stabhochsprung

Den ersten Weltrekord, seit mit Kunststoffstäben gesprungen wird, errang im Jahr 1961 der US-Amerikaner George Davies mit 4,83 m. Sein Landsmann John Pennel hielt insgesamt 8-mal den Weltrekord, zuletzt 1969 mit 5,44 m. Der Schwede Kjell Isaksson schaffte dies nur 3-mal, verbesserte aber den Weltrekord auf 5,59 m im Mai 1972. Thierry Vigneron aus Frankreich konnte 5-mal den Weltrekord halten, zuletzt im Jahr 1984 mit 5,94 m. Die prägendste Gestalt des Stabhochsprungs der Männer ist aber der Ukrainer Sergej Bubka. Bubka überquerte als Erster am 3. Juli 1985 in Paris die magische Sechs-Meter-Marke.
Mit seinem lange unübertroffenen Weltrekord von 6,14 m am 31. Juli 1994 setzte der „Himmelsstürmer" neue Maßstäbe und gewann alles, was es zu gewinnen gab. 35 Mal verbesserte Bubka meist zentimeterweise den Weltrekord. Sechsmal in Folge wurde der Stabartist Weltmeister (1983 bis 1997), jedoch nur einmal Olympiasieger.
Erst am 15.2.2014 gelang es dem französischen Leichtathleten Renaud Lavillenie einen neuen Weltrekord von 6,16 m aufzustellen.

13. In 1 kg Früchten sind jeweils folgende Mengen an Vitamin E enthalten.
Ordne sie nach dem Gehalt an Vitamin E und zeichne ein Säulendiagramm.

Das kann ich noch!

A) In welchen Fällen liegt ein Quadernetz vor?

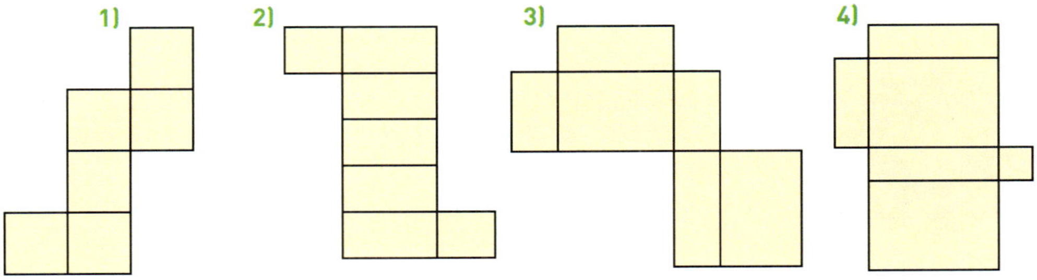

B) Das Schrägbild zeigt einen teilweise gefärbten Quader. Zeichne ein dazu passendes Netz.

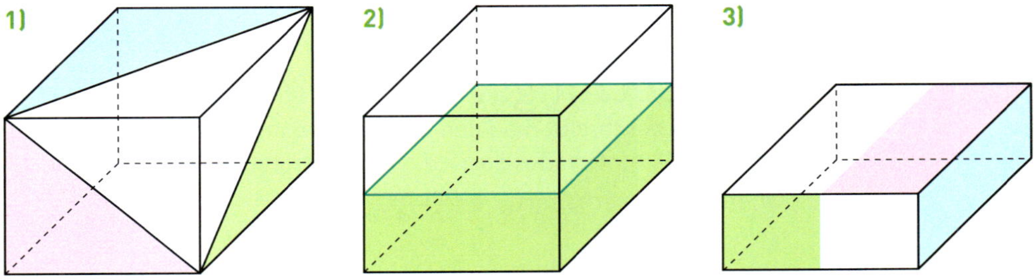

Gangschaltung beim Fahrrad

Niklas' Freund Markus hat ein neues Fahrrad mit 21 Gängen bekommen. Niklas wünscht sich zum Geburtstag auch ein solches Fahrrad. Seine Mutter hat Bedenken:
„Bei einer 21-Gang-Kettenschaltung gibt es keine Rücktrittbremse wie bei einer Nabenschaltung. Brauchst du denn wirklich so viele Gänge? Reichen die 7 Gänge einer Nabenschaltung nicht aus?“
Zur Klärung solcher Fragen wollen wir die Leistung verschiedener Gangschaltungen untersuchen.

1. Bei einer 21-Gang-Schaltung sind vorne bei den Pedalen 3 Zahnräder (Kettenblätter) und am Hinterrad 7 Zahnräder (Ritzel).
In jedem Gang läuft die Kette über ein Kettenblatt und ein Ritzel. Wir bezeichnen die Kettenblätter mit A, B und C sowie die Ritzel mit a, b, c, d, e, f und g.
Schreibe die verschiedenen Kombinationsmöglichkeiten für den Lauf der Kette auf, z. B. A – a.
Wie viele Kombinationen gibt es?

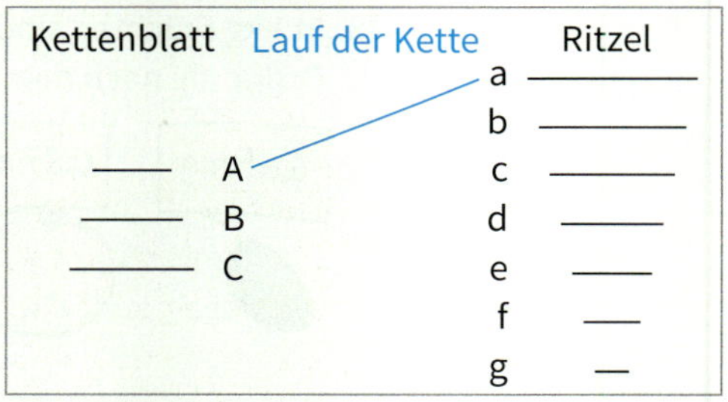

2. Je nach Größe dieser Zahnräder ergibt sich eine andere Übersetzung. Markus' Fahrrad hat Kettenblätter mit 24, 36 und 48 Zähnen und Ritzel mit 12, 14, 16, 18, 21, 24 und 28 Zähnen. Läuft die Kette z.B. über das Kettenblatt mit 24 Zähnen und das Ritzel mit 24 Zähnen, so bewirkt eine Pedaldrehung eine volle Umdrehung des Hinterrades. Läuft die Kette dagegen über das Kettenblatt mit 24 Zähnen und das Ritzel mit 12 Zähnen, so bewirkt eine Pedaldrehung sogar 2 volle Umdrehungen des Hinterrades. Man muss dann entsprechend schwerer treten. Läuft die Kette aber über das Kettenblatt mit 24 Zähnen und das Ritzel mit 28 Zähnen, so bewirkt eine volle Pedaldrehung weniger als eine volle Drehung des Hinterrades. Das Treten fällt nun sehr leicht.

Übersetzungsverhältnis

Allgemein beschreibt man den Zusammenhang zwischen den Pedaldrehungen und den Drehungen des Hinterrades durch das Übersetzungsverhältnis. Es gilt:

$$\text{Übersetzungsverhältnis} = \frac{\text{Zahl der Zähne des Kettenblattes}}{\text{Zahl der Zähne des Ritzels}}$$

a) Lege im Heft eine Tabelle an, in der du für jeden Gang, d. h. jede Kombinationsmöglichkeit der Zahnräder, das Übersetzungsverhältnis als gekürzten Bruch einträgst.

	a	b	c	d	e	f	g
A							
B							
C							

b) Wie viele verschiedene Gänge bleiben noch, wenn du mehrfach vorkommende Übersetzungsverhältnisse nicht mehrfach zählst?

3. a) Erweitere alle Übersetzungsverhältnisse auf den Hauptnenner und ordne sie nach zunehmender Größe.

b) Welche Übersetzungsverhältnisse unterscheiden sich nur wenig?
Wie viele Gänge bleiben dann noch übrig, wenn du nicht mehr zwischen wenig voneinander abweichenden Übersetzungsverhältnissen unterscheidest?

4. Beim Schalten kann man entweder die Kette von einem Kettenblatt auf ein benachbartes wechseln oder von einem Ritzel auf ein benachbartes wechseln.
Betrachte den Gang B – d.
In welche Gänge kann man umschalten?
Wie ändert sich jeweils das Übersetzungsverhältnis?

5. Nabenschaltungen haben ein schwierig aufgebautes Getriebe.
Bei ihnen lässt sich das Übersetzungsverhältnis nicht so einfach berechnen.
Für eine 7-Gang-Nabenschaltung (mit 46er-Kettenblatt und 24er-Ritzel) hat der Hersteller für die einzelnen Gänge die Gangabwicklung angegeben. Das ist die Strecke, die das Fahrrad bei einer Pedaldrehung zurücklegt. Die in der Tabelle angegebenen Gangabwicklungen gelten für ein 28“-Rad mit dem Umfang 2250 mm.

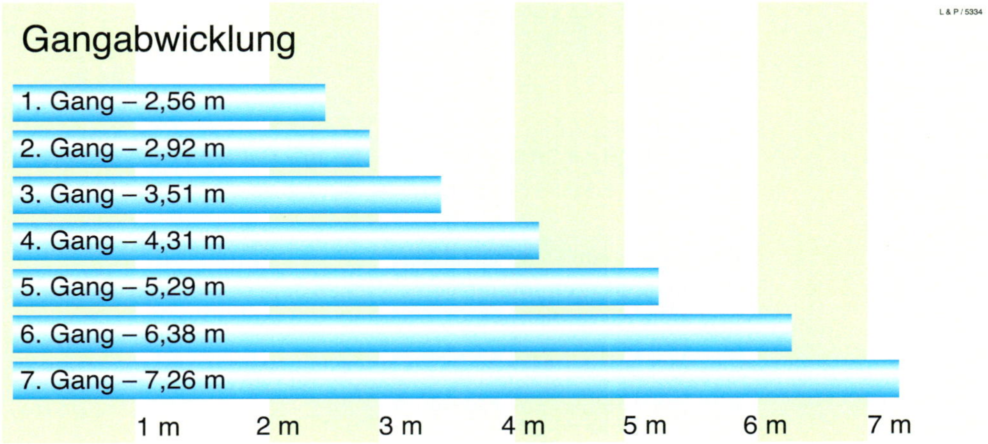

Berechne für die Gänge von Markus' Rad aus dem Übersetzungsverhältnis die Gangabwicklung auf mm gerundet. Zeichne zum Vergleich ein entsprechendes Balkendiagramm.
Vergleiche damit das 21-Gang-Rad mit dem 7-Gang-Rad. Berücksichtige auch, dass man nicht von jedem Gang direkt in jeden anderen schalten kann.
Welchen Rat würdest du Niklas und seiner Mutter geben?

1.7 Addieren und Subtrahieren von Dezimalzahlen

Ziel

Hier lernst du, wie man Dezimalzahlen addiert und subtrahiert.

Zum Erarbeiten

Addieren von Dezimalzahlen

Bei den Olympischen Winterspielen 2014 in Sotschi gewann Natalie Geisenberger aus Deutschland die Goldmedaille beim Rodeln im Einsitzer. Die Gesamtzeit von vier Läufen entscheidet über die Platzierung.
Berechne die Gesamtzeit von Natalie Geisenberger.

Natalie Geisenberger

1. Lauf	49,891 s	3. Lauf	49,765 s
2. Lauf	49,923 s	4. Lauf	50,189 s

→ Die Zeiten der vier Läufe müssen addiert werden. Man kann ähnlich vorgehen wie beim Addieren natürlicher Zahlen.

1. Schritt: Man schreibt die Zahlen (ohne die Einheit s) stellengerecht untereinander.

2. Schritt: Man addiert zunächst die *Tausendstel* und achtet auf die Überträge:

$\frac{9}{1\,000} + \frac{5}{1\,000} + \frac{3}{1\,000} + \frac{1}{1\,000} = \frac{18}{1\,000} = \frac{1}{100} + \frac{8}{1\,000}$

Dann addiert man die *Hundertstel*:

$\frac{1}{100} + \frac{8}{100} + \frac{6}{100} + \frac{2}{100} + \frac{9}{100} = \frac{26}{100} = \frac{2}{10} + \frac{6}{100}$

die *Zehntel*:

$\frac{2}{10} + \frac{1}{10} + \frac{7}{10} + \frac{9}{10} + \frac{8}{10} = \frac{27}{10} = 2 + \frac{7}{10}$

die *Einer*:

$2 + 0 + 9 + 9 + 9 = 29 = 2 \cdot 10 + 9$

die *Zehner*:

$2 \cdot 10 + 5 \cdot 10 + 4 \cdot 10 + 4 \cdot 10 + 4 \cdot 10 = 19 \cdot 10 = 1 \cdot 100 + 9 \cdot 10$

H	Z	E	z	h	t
	4	9	8	9	1
	4	9	9	2	3
	4	9	7	6	5
	5	0	1	8	9
	2	2	2	1	
1	9	9	7	6	8

		4	9,	8	9	1
+		4	9,	9	2	3
+		4	9,	7	6	5
+		5	0,	1	8	9
		2	2	2	1	
	1	9	9,	7	6	8

Komma unter Komma

Ergebnis: Natalie Geisenberger erzielte die Gesamtzeit 199,768 s, das sind 3 min 19,768 s.

Subtrahieren von Dezimalzahlen

Wie groß ist der Zeitunterschied zwischen dem schnellsten und dem langsamsten Lauf von Natalie Geisenberger?

→ Der 3. Lauf war der schnellste, der 4. Lauf der langsamste. Subtrahiere die Zeiten.

1. Schritt: Man schreibt die Zahlen (ohne die Einheit s) stellengerecht untereinander.

2. Schritt: Man subtrahiert nacheinander die Tausendstel, Hundertstel, Zehntel, Einer, Zehner und achtet auf die Überträge.

Ergebnis: Der Zeitunterschied beträgt 0,424 s.

Kontrolliere durch Addieren

Z	E	z	h	t
5	0	1	8	9
4	9	7	6	5
1	1			
0	0	4	2	4

	5	0,	1	8	9
–	4	9,	7	6	5
	1	1			
		0,	4	2	4

Komma unter Komma

Addieren und Subtrahieren von Dezimalzahlen

Wie bei natürlichen Zahlen werden Dezimalzahlen stellenweise addiert und subtrahiert. Dabei muss Komma unter Komma stehen.

Beispiele:

78,432	136,35
+ 10,0897	− 84,275
11	1 11
88,5217	52,075

Zum Üben

1. Erläutere die Aufgabe 0,2 + 0,9 + 0,3 am Bild rechts.

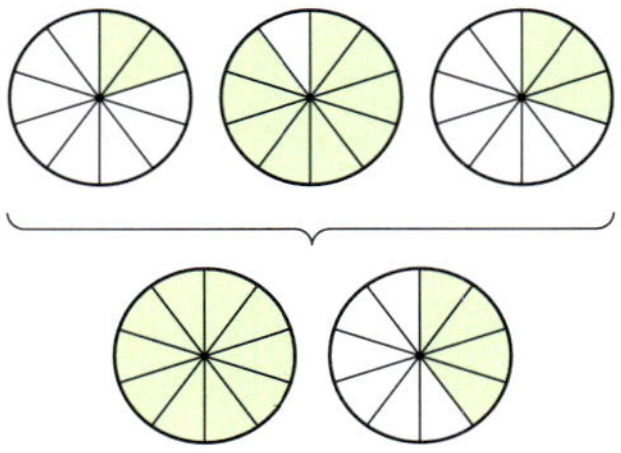

2. Rechne im Kopf.

a) 1,2 + 0,6	e) 4,8 + 3,91	i) 2,8 − 0,9	m) 3,4 − 0,6
b) 2,5 + 0,8	f) 0,54 + 0,27	j) 3,8 − 0,4	n) 6,49 − 2
c) 3,8 + 1,3	g) 0,7 + 0,19	k) 9,6 − 1,3	o) 1,43 − 0,7
d) 2 + 3,49	h) 9,99 + 0,1	l) 7,4 − 0,8	p) 5,96 − 1,2

3. Julia hat zum Geburtstag Inlineskater und einen Helm bekommen. Damit bei einem Sturz die Verletzungsgefahr nicht so groß ist, braucht sie wenigstens noch Handschuhe, Ellenbogenschützer und Knieschützer. Ein Sportgeschäft hat ein Sonderangebot.

a) Wie viel Euro muss sie für die Ausrüstung noch ausgeben?

b) Julia hat in ihrer Spardose 62,45 €. Wie viel bleibt noch übrig?

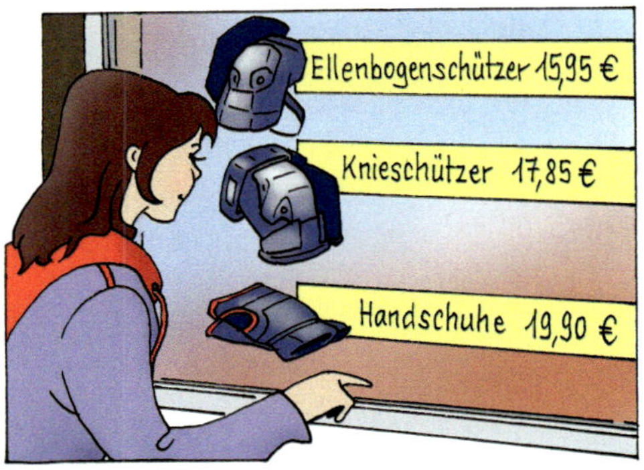

4. Welche Fehler wurden gemacht? Berichtige.

a) 5,43 + 3,8 = 8,51	c) 12,59 + 2,8 = 12,87	e) 7,8 − 5 = 7,3
b) 0,4 + 3 = 0,7	d) 3,64 − 1,3 = 2,61	f) 9,58 − 1,4 = 9,44

5. Gib die nächsten sechs Zahlen an.

a) Zähle in Zehntelschritten bei 0,6 [1,75] beginnend weiter.

b) Zähle in Hundertstelschritten bei 0,95 [2,957] beginnend weiter.

c) Zähle in Zehntelschritten bei 2,4 [5,24] beginnend rückwärts.

d) Zähle in Hundertstelschritten bei 1,05 [3,022] beginnend rückwärts.

6. Rechne schriftlich. Führe zuerst einen Überschlag durch.

a)	b)	c)	d)	e)	f)
11,634	16,38	36,51	17,683	156,6301	438,347
+ 3,8931	− 9,87	+ 59,7284	− 1,085	+ 46,123	− 251,0896
+ 2,14		+ 7,653		+ 29,18	

7.

a) 27,246 + 10,031	e) 26,66 + 14,7	i) 26,39 + 18,376
b) 4,603 + 11,046	f) 3,6571 + 0,9	j) 38,79 + 0,804 + 4,378
c) 49,002 + 50,719	g) 27,035 + 125,96	k) 4,865 + 0,95 + 10,6
d) 1,6843 + 5,0090	h) 0,7607 + 0,40681	l) 16,15 + 7,387 + 31,9

8. Berechne.

a) 38,246 – 10,031 c) 59,002 – 50,997 e) 29,09 – 12,7 g) 0,7806 – 0,40681
b) 11,608 – 5,304 d) 3,8642 – 1,0090 f) 143,96 – 27,053 h) 6,7859 – 0,9

9. Du erhältst auffallende Ergebnisse.

a) 1,2745 + 2,0588 c) 6,20873 + 3,66781 e) 3,6842 – 1,462 g) 14,3765 – 4,5
b) 0,5326 + 0,7019 d) 63,403 + 2,2332 f) 1,7671 – 0,5326 h) 62,403 – 0,7767

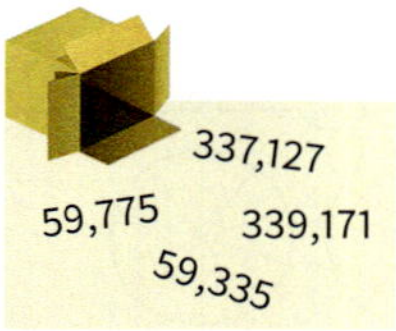

10. Rechne wie im Beispiel rechts.

a)
463,747
– 106,052
– 18,524

c)
80,675
– 7,24
– 14,1

b)
92,549
– 7,851
– 24,923

d)
479,9
– 38,423
– 104,35

43,75
– 7,28
– 12,54
1 1 1
23,93

Zuerst die Hundertstel:
4 + 8 = 12; 12 + 3 = 15
3 hinschreiben, 1 Übertrag

Dann die Zehntel:
1 + 5 + 2 = 8 8 + 9 = 17
9 hinschreiben, 1 Übertrag

11. a) 214,6 – 37,98 – 2,40 c) 93,55 – 14,003 – 22,1 e) 34,075 – 0,081 – 7,4
b) 176,5 – 8,91 – 3 d) 200 – 18,75 – 44,557 f) 3,4032 – 0,48 – 1,00245

12. Janas Vater hat auf seiner Geldkarte noch ein Guthaben von 178,32 €. An der Tankstelle lässt er für Benzin 35,86 € abbuchen. Welches neue Guthaben hat die Geldkarte noch?

13. Ein Anhänger mit der Leermasse 0,75 t wurde mit Rüben beladen. Er wiegt jetzt 3,46 t. Wie viel wiegt die Ladung?

14. Frau Weise liest jeden Monat den Stand ihrer Wasseruhr ab.

a) Wie viel m^3 Wasser hat sie im Januar, im Februar, im März verbraucht?
b) Wie hoch war der Verbrauch im 1. Vierteljahr?

Datum	Stand der Wasseruhr
1. Januar	1923,225 m^3
1. Februar	1939,164 m^3
1. März	1958,966 m^3
1. April	1976,346 m^3

15. Ein Versandhändler hat für alle Waren notiert, wie schwer sie sind.
Ein Kunde bestellt ein 1,023 kg schweres Buch, ein 0,523 kg schweres Buch, ein 0,196 kg schweres Taschenbuch und eine 0,087 kg schwere CD. Die Verpackung wiegt 0,127 kg.
Sendungen bis zu einem Gewicht von 2 kg sind Päckchen, schwerere sind Pakete.
Stelle geeignete Fragen und beantworte sie.

16. Vervollständige in deinem Heft. Die Summe zweier Zahlen steht im Feld darüber.

a)
100
_ _
_ 24,6 _
_ 14 _ 17,86
3,54 4,8 _ 1,4 16,46

b)
50
_ _
_ 14,979 _
2,454 _ 8,205 _
_ 0,274 _ 1,705 0,904

17. Addiere die Zahlen in jeder Zeile und jeder Spalte. Addiere zuletzt die drei Ergebnisse in den Zeilen sowie die drei Ergebnisse in den Spalten. Was fällt dir auf?

a)

14,8	44,3	0,798	
9,25	0,84	12,9	
10,62	0,413	4,28	

b)

24,15	0,196	0,461	
9,8	42		
1,965		0,97	3,235
		16,501	

18. Berechne den Umfang folgender Grundstücke (Angaben in Meter).

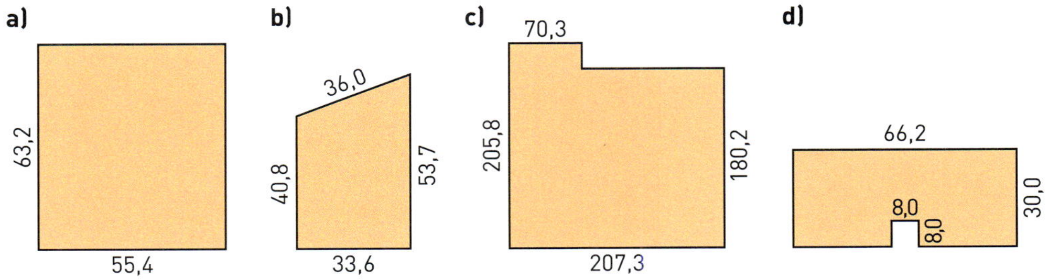

Brachland
Ackerland auf dem nichts geerntet wird.

19. Ein Bauernhof ist 32,95 ha groß. Davon sind 22,4 ha Ackerland, 3,2 ha Wald, 4,85 ha Wiesen und Weiden. Auf Hofraum und Wege entfallen 1100 m². Der Rest ist Brachland.
Wie viel Hektar Brachland sind es? Schätze zunächst.

20. Aus je zwei Zahlen kannst du eine Additionsaufgabe bilden.
- a) Suche die Aufgabe mit dem größten Ergebnis; löse sie.
- b) Suche die Aufgabe mit dem kleinsten Ergebnis; löse sie.
- c) Suche die Aufgaben, bei denen das Ergebnis zwischen 20 und 30 liegt.

21. Zu jedem Ergebnis gehört ein Buchstabe. Die Buchstaben ergeben in der Reihenfolge der Ergebnisse einen Text.

51,6 – 27,44	100 – 5,806	7,39 + 3,805
6,045 + 0,58	33,05 + 13,96	70,02 – 58,9
12,806 + 11,95	50,9 – 31,25	5,008 + 0,996
0,968 + 0,083	1,68 + 34,09	4,17 + 0,856
46,14 – 2,49	78 – 59,66	10 – 8,677
4,06 + 22,38	5,38 – 4,611	12,5 + 6,088
10,5 – 1,048	180 – 31,05	6,013 – 0,847
993,1 – 822,85	12,4 + 41,68	

6,625	A	1,051	H	9,452	O
148,95	A	47,01	H	26,44	S
6,004	A	5,026	L	11,195	S
43,65	E	1,323	L	24,756	T
19,65	E	170,25	L	18,34	T
0,769	E	94,194	L	35,77	U
18,588	E	24,16	M	54,08	U
11,12	F	5,166	N		

22. Übertrage in dein Heft und ergänze fehlende Ziffern.

a)
```
   1 , 8
 +  4,3
 -------
  20,14
```

b)
```
  1 6, 0
+ 4 ,095
--------
 204,8 0
```

c)
```
  98, 4
+ 24,9
-------
 12 ,97
```

d)
```
 156,7 6
+2 6, 05
--------
   7 ,19
```

e)
```
  0, 4 6
+ 0,804
--------
   ,5 31
```

1.8 Aufgaben zur Vertiefung

1. Tim verkaufte CDs auf einem Flohmarkt. Er verkaufte am Vormittag $\frac{1}{4}$ seiner CDs und am Nachmittag $\frac{1}{3}$ der restlichen CDs. Schließlich hatte er noch 12 CDs übrig. Wie viele CDs hatte Tim anfangs?

2. **a)** Wie groß ist bei einem Quadrat der Anteil einer Seitenlänge am Umfang?
b) Wie groß ist bei einem Würfel der Anteil einer Seitenfläche an der Oberfläche?
c) Wie groß ist bei einem Würfel der Anteil einer Kantenlänge an der gesamten Kantenlänge?

3. Das nebenstehende Bild von Camille Graeser trägt den Titel „Blau – Rot 3 : 1, 1/48 Blau bewegt“. Kontrolliere die Zahlenangaben im Titel.

4. In einer Schule spielen $\frac{19}{20}$ aller Schüler mindestens ein Musikinstrument, $\frac{1}{5}$ aller Schüler sogar mehrere Musikinstrumente.
a) Wie groß ist der Anteil an der Anzahl aller Schüler, die kein Instrument spielen?
b) Wie groß ist der Anteil derjenigen, die nur ein Instrument spielen?

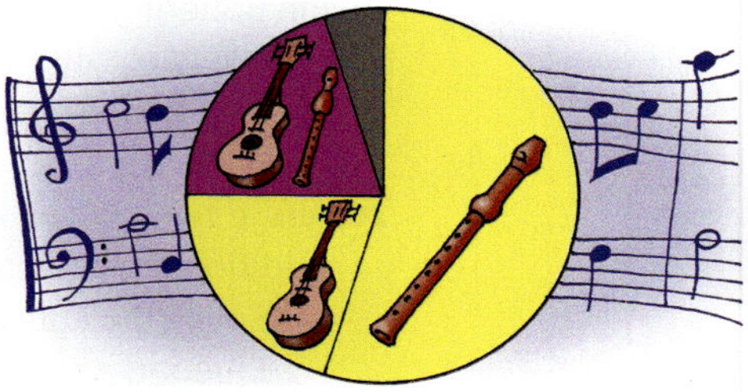

5. Onkel Theodor vererbt sein Vermögen an seine Neffen Kai und Dirk und an seine Nichte Claudia.
Kai erbt $\frac{2}{5}$, Dirk $\frac{1}{3}$ des Vermögens, Claudia erhält den Rest.
a) Welcher Anteil des gesamten Erbes geht an die Neffen?
b) Welchen Anteil erbt die Nichte?
c) Wie groß ist das gesamte Vermögen, wenn Claudias Erbteil 80 000 € beträgt?

6. Ein Scheich vererbte seinen drei Söhnen 17 Kamele. Er hatte bestimmt, dass der älteste die Hälfte, der mittlere ein Drittel und der jüngste ein Neuntel erhalten sollte.
Die Söhne waren ratlos, wie sie auf diese Weise 17 Kamele aufteilen sollten.
Ein guter Freund schenkte ihnen ein Kamel. Danach war das Aufteilen leicht, aber doch überraschend für die Söhne. Erkläre, warum.

Das Wichtigste auf einen Blick

Vergleichen und Ordnen von Brüchen

Brüche lassen sich vergleichen und ordnen. Man kann sie auf den gleichen Nenner erweitern und dann ihre Zähler vergleichen.

Beispiel: $\frac{2}{3} = \frac{16}{24}$; $\frac{3}{4} = \frac{18}{24}$; $\frac{5}{8} = \frac{15}{24}$;
also $\frac{5}{8} < \frac{2}{3} < \frac{3}{4}$

Addition und Subtraktion von Brüchen

Brüche mit gleichem Nenner werden addiert (subtrahiert), indem man ihre Zähler addiert (subtrahiert) und den gemeinsamen Nenner beibehält.
Brüche mit verschiedenen Nennern werden zuerst auf den gleichen Nenner erweitert oder gekürzt und dann addiert (subtrahiert).

Beispiele:
$\frac{2}{9} + \frac{5}{9} = \frac{7}{9}$ $\frac{8}{9} - \frac{3}{9} = \frac{5}{9}$
$\frac{1}{4} + \frac{2}{5} = \frac{5}{20} + \frac{8}{20} = \frac{13}{20}$
$\frac{5}{6} - \frac{3}{4} = \frac{10}{12} - \frac{9}{12} = \frac{1}{12}$

Dezimalzahlen

Eine besondere Schreibweise für gebrochene Zahlen sind *Dezimalzahlen*. Hierbei trennt das Komma die Ganzen von den Teilen eines Ganzen.
Dezimalzahlen wie z. B. 234,9028 sind in einer *Stellenwerttafel* darstellbar.

Beispiele: $0{,}8 = \frac{8}{10} = \frac{4}{5}$

H	Z	E	z	h	t	zt
2	3	4	9	0	2	8

Umformen von Brüchen in Dezimalzahlen

Einige Brüche kann man in Dezimalzahlen umformen, indem man sie auf Zehntel, Hundertstel, *erweitert* oder *kürzt* und dann die entsprechende Dezimalzahl notiert. Das ist aber nicht bei jedem Bruch möglich.

Beispiele:
$\frac{3}{5} = \frac{6}{10} = 0{,}6$; oder $\frac{12}{600} = \frac{2}{100} = 0{,}02$

Runden von Dezimalzahlen

Beim Runden auf Einer musst du die Zehntel betrachten, beim Runden auf Zehntel die Hundertstel, beim Runden auf Hundertstel die Tausendstel, …
Runde ab bei 0, 1, 2, 3, 4. Runde auf bei 5, 6, 7, 8, 9.

Beispiele: 2,745 gerundet auf
Einer: $2{,}745 \approx 3$
Zehntel: $2{,}745 \approx 2{,}7$
Hundertstel: $2{,}745 \approx 2{,}75$

Addition und Subtraktion von Dezimalzahlen

Dezimalzahlen werden stellenweise addiert und subtrahiert.
Merke: Komma unter Komma

Beispiele:

$$\begin{array}{r} 2{,}139 \\ +\ 12{,}41 \\ \hline 14{,}549 \end{array} \qquad \begin{array}{r} 17{,}54 \\ -\ 3{,}6 \\ \hline 13{,}94 \end{array}$$

Bist du fit?

1. Vergleiche. Setze im Heft das passende Zeichen <, > oder = ein.

a) $\frac{7}{12}$ □ $\frac{5}{8}$ b) $\frac{35}{25}$ □ $\frac{21}{15}$ c) $\frac{13}{9}$ □ $\frac{17}{12}$ d) $\frac{5}{7}$ □ $\frac{8}{11}$ e) $\frac{32}{40}$ □ $\frac{48}{60}$ f) $\frac{13}{20}$ □ $\frac{17}{25}$

2. Verwandle zunächst in die gemischte Schreibweise.
Ordne dann nach der Größe.

a) $\frac{37}{8}$; $\frac{52}{9}$; $\frac{17}{6}$; $\frac{55}{12}$; $\frac{19}{6}$ b) $\frac{16}{3}$; $\frac{40}{9}$; $\frac{26}{7}$; $\frac{80}{17}$; $\frac{79}{15}$ c) $\frac{53}{12}$; $\frac{43}{18}$; $\frac{52}{15}$; $\frac{153}{25}$; $\frac{28}{5}$; $\frac{29}{12}$; $\frac{82}{25}$; $\frac{27}{4}$; $\frac{61}{11}$

3. Wer erbt mehr, Adam oder Eva?

4. Bei einer Sammlung werden in den sechsten Klassen Ansichtskarten verkauft.
Die Klasse 6 a hat $\frac{2}{15}$, die 6b $\frac{3}{10}$, die 6c $\frac{5}{12}$ und die 6d $\frac{3}{20}$ der Karten abgenommen.

a) Ordne die Klassen nach dem Anteil der abgenommenen Karten.

b) Die Klasse 6 d hat 45 Karten gekauft.
Wie viele wurden in den anderen Klassen gekauft?

5. Berechne.

a) $\frac{1}{2}+\frac{1}{4}$
b) $\frac{2}{3}-\frac{1}{6}$
c) $\frac{5}{12}+\frac{2}{3}$
d) $\frac{11}{15}-\frac{3}{5}$
e) $\frac{4}{5}+\frac{7}{10}$
f) $\frac{3}{4}-\frac{9}{20}$
g) $\frac{2}{3}+\frac{3}{4}$
h) $\frac{5}{6}-\frac{3}{4}$
i) $\frac{7}{10}+\frac{2}{25}$
j) $\frac{19}{20}-\frac{11}{30}$
k) $\frac{5}{7}+\frac{5}{8}$
l) $\frac{5}{7}-\frac{5}{8}$
m) $\frac{11}{15}+7$
n) $6-\frac{5}{8}$
o) $4\frac{1}{3}+\frac{2}{3}$
p) $9-1\frac{1}{6}$
q) $2\frac{2}{3}+\frac{1}{9}$
r) $6\frac{4}{5}-\frac{7}{10}$
s) $1\frac{1}{2}+\frac{7}{8}$
t) $4\frac{3}{10}-\frac{1}{2}$
u) $\frac{7}{4}+4$
v) $7-\frac{8}{9}$
w) $\frac{3}{5}+5$
x) $\frac{12}{5}-2$

6. Tim hat eingekauft. Wie schwer ist der Inhalt seiner Einkaufstasche?
Mache zunächst einen Überschlag.

7. Welche Zahlen sind gleich:
0,2; 0,02; 0,20; 0,002; 0,020; 0,200; 0,202; 0,02020; 0,2020?

8. Gib die rot markierten Zahlen als Dezimalzahl und als Brüche an.

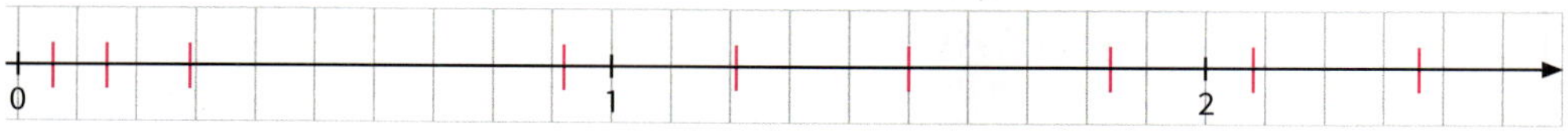

9. Runde

a) 2,7686 auf Tausendstel;
b) 5,7896 auf Hundertstel;
c) 0,0854 auf Hundertstel;
d) 7,7777 auf Zehntel;
e) 4,0193 auf Einer;
f) 7,0707 auf Zehntel.

10. Große Einwohnerzahlen werden häufig in Millionen mithilfe von Dezimalzahlen angegeben. Für die Einwohnerzahl Deutschlands (82 175 684) findest du z. B. die Angabe 82,176 Mio. Runde die Zahlen in der Grafik auf Mio. und zeichne ein Säulendiagramm.

Frankreich	**64,838 Mio.**
Spanien	**46,438 Mio.**
Niederlande	**16,979 Mio.**
Schweden	**9,875 Mio.**
Dänemark	**5,707 Mio.**

11. Ordne nach der Größe.
0,25; 1,03; 1,30; 0,52; 2,75; 1,3; 1,98; 0,07; 1,976; 1,984; 1,0998

12. Berechne im Kopf.

a) 5,7 + 1,8
b) 9,2 – 3,5
c) 0,94 + 0,21
d) 3,7 + 1,24
e) 8,98 – 2,5
f) 2,05 – 0,87

13. Berechne schriftlich.

a) 19,356 + 7,89
b) 0,243 + 0,7785
c) 32,753 – 5,325
d) 95,7 – 39,183

Bleib fit im … Umgang mit Winkeln

Zum Aufwärmen

1. Bestimme die Größe des Winkels.

a)

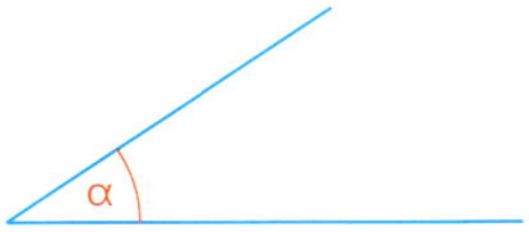

b)

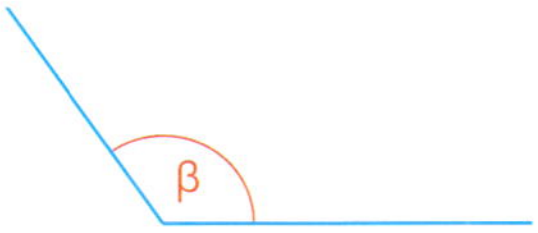

c)

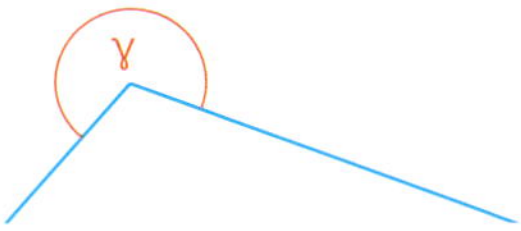

2. Zeichne einen Winkel der Größe:

(1) 45°; (2) 120°; (3) 195°; (4) 295°.

Zum Erinnern

(1) Winkel und ihre Größe

Dreht man einen Strahl um seinen Anfangspunkt S in eine neue Lage, so wird eine Fläche überstrichen. Dieses Gebiet heißt **Winkel**.
Der gemeinsame Punkt S der beiden Strahlen heißt **Scheitel** *(Scheitelpunkt)*, die beiden Strahlen heißen **Schenkel** des Winkels.
Winkel werden üblicherweise mit *kleinen griechischen Buchstaben (α, β, γ, δ, …)* bezeichnet.
Sie werden in der Einheit **Grad** (°) angegeben und gemessen.

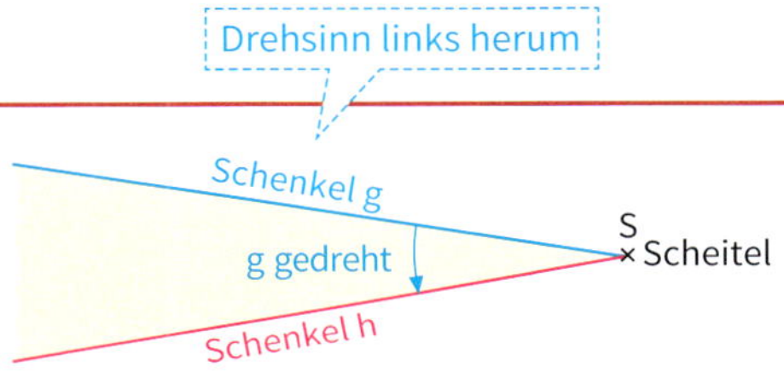

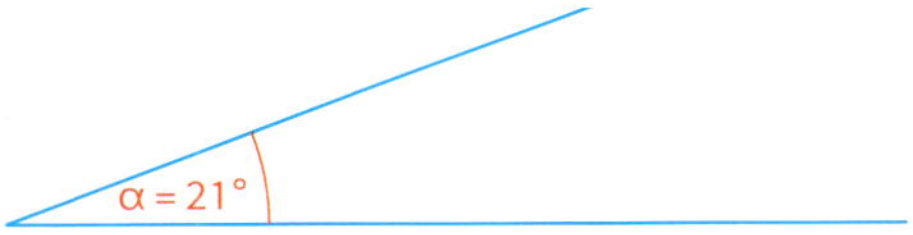

(2) Winkelarten

Die Schenkel sind senkrecht zueinander.

rechter Winkel
$\alpha = 90^\circ$

Die Schenkel liegen auf einer Geraden.

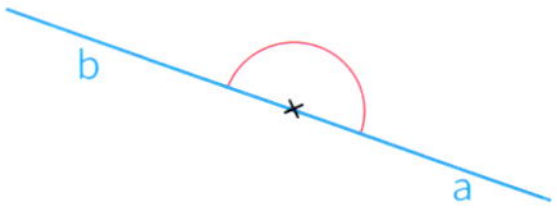

gestreckter Winkel
$\alpha = 180^\circ$

Die Schenkel liegen aufeinander.

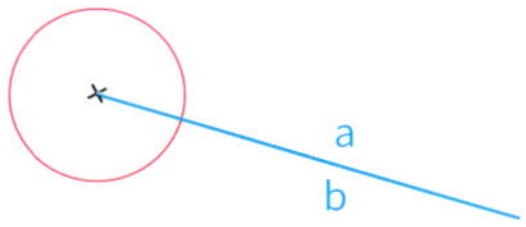

Vollwinkel
$\alpha = 360^\circ$

Der Winkel ist kleiner als ein rechter Winkel.

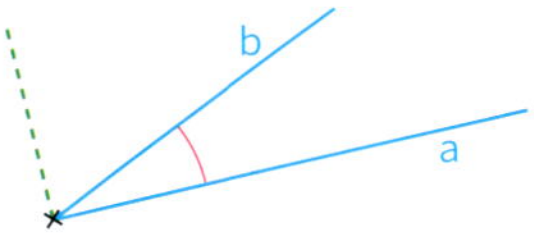

spitzer Winkel
$\alpha < 90^\circ$

Der Winkel ist kleiner als ein gestreckter Winkel, aber größer als ein rechter Winkel.

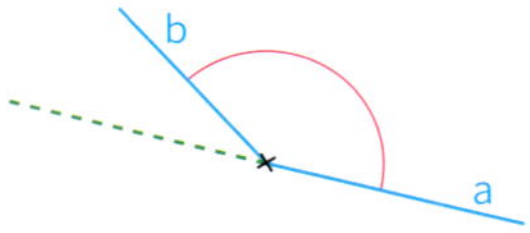

stumpfer Winkel
$90^\circ < \alpha < 180^\circ$

Der Winkel ist größer als ein gestreckter Winkel, aber kleiner als ein Vollwinkel.

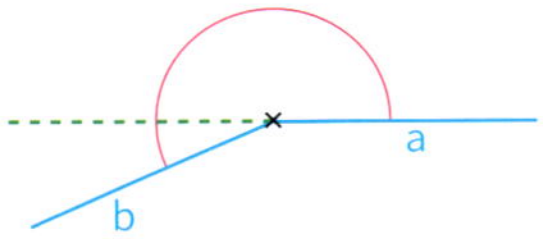

überstumpfer Winkel
$180^\circ < \alpha < 360^\circ$

Zum Trainieren

3. Gib die Art der Winkel im Viereck an. Bestimme auch ihre Größe.

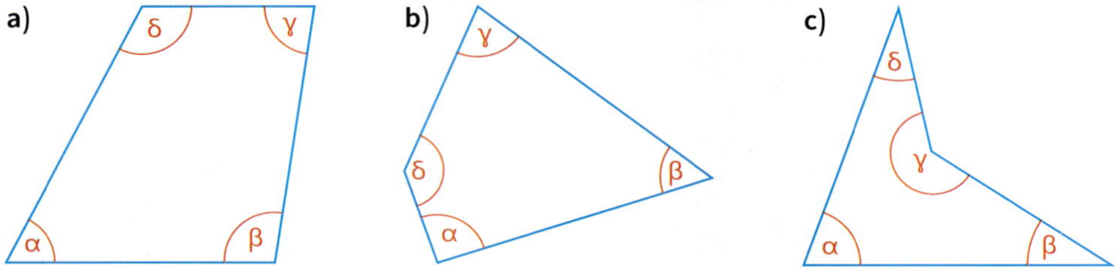

4. Rechts siehst du den Ausschnitt aus einem Fachwerk, wie man es häufig an historischen Häusern findet. Miss die Größen der eingezeichneten Winkel.

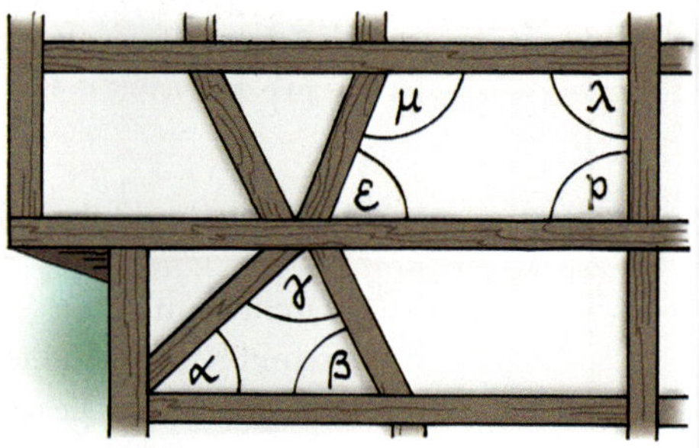

5. Vervollständige die fehlenden Winkelgrößen.

	α	β	γ	δ	ε
a)	80°	50°		20°	
b)	75°	60°	40°		
c)			50°	35°	20°

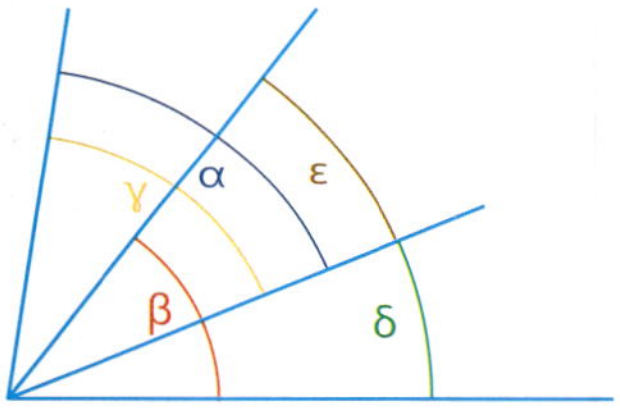

6. Zeichne in ein Koordinatensystem mit der Einheit 1 cm den Strahl $\overrightarrow{SP}$. Trage an dem Strahl $\overrightarrow{SP}$ den Winkel α an.

a) S(2|3), P(4|5), α = 75° **b)** S(1|5), P(4|1), α = 125° **c)** S(2|9), P(3|1), α = 215°

7. Zeichne in ein Koordinatensystem mit der Einheit 1 cm ein Dreieck mit den angegebenen Eckpunkten. Miss die Winkel α, β und γ.

a) A(2|1), B(5|0), C(4|6)
b) A(4|2), B(9|2), C(9|5)
c) A(1|3), B(4|4), C(5|7)
d) A(6|0), B(8|0), C(1|1)

8. Zeichne ein Viereck mit
a) einem spitzen, einem stumpfen und zwei rechten Winkeln.
b) zwei stumpfen und zwei spitzen Winkeln.
c) einem rechten, zwei stumpfen und einen spitzen Winkel.
d) einem überstumpfen Winkel und drei spitzen Winkeln.

9. Zeichne ein Dreieck aus den angegebenen Stücken. Ermittle die Größe des dritten Winkels und die Länge der Strecken $\overline{AC}$ und $\overline{BC}$.
a) α = 45°, β = 30°, $\overline{AB}$ = 4,5 cm
b) α = 90°, β = 25°, $\overline{AB}$ = 7 cm
c) α = 20°, β = 125°, $\overline{AB}$ = 5 cm

Planfigur

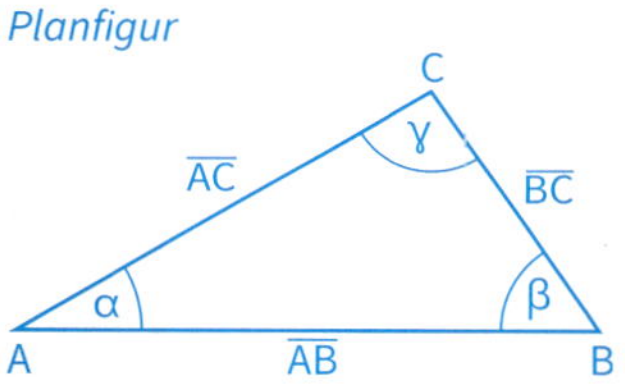

2. Geometrische Abbildungen

Viele Muster und Formen empfinden wir als schön,
weil sie besondere Regelmäßigkeiten aufweisen.

→ Rechts siehst du den Französischen Dom in Berlin. Beschreibe symmetrische Teile des Gebäudes.

→ Recherchiere, wo sich in deiner Nähe Gebäude befinden, die symmetrisch oder zumindest zum Teil symmetrisch sind.

In diesem Kapitel ...
lernst du Begriffe kennen, mit denen du die Gesetzmäßigkeiten besonderer geometrischer Muster und Figuren beschreiben kannst. Weiter wirst du Eigenschaften symmetrischer Figuren untersuchen.

Lernfeld: Schöne Muster

Tapetenmuster

Gemusterte Tapeten weisen besondere Regelmäßigkeiten in ihrer Gestaltung auf.

→ Bringt verschiedene Tapeten mit. Beschreibt und vergleicht die Muster. Wie könnten sie entstanden sein? Welche Muster weisen dieselben Regelmäßigkeiten auf?

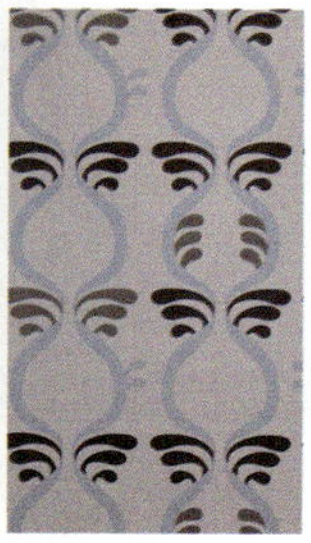

Rapport **(franz.)**
Bericht, dienstliche Mitteilung,
Textiltechnik:
Musterwiederholung

→ Bei Tapeten ist ein so genannter Rapport angegeben. Informiere dich über dessen Bedeutung. Welche Auswirkungen hat ein großer, welche ein kleiner Rapport?

→ Entwerft selbst Tapeten und hängt sie im Klassenraum aus.

Bilder mit Spiegeln

Mit Spiegeln könnt ihr leicht symmetrische Figuren erzeugen. Wenn ihr mehrere Spiegel verwendet, könnt ihr tolle Effekte erzielen.

→ Beschreibt, was ihr seht, wenn ihr mehrere Spiegel verwendet.

Kaleidoskop **(griech.)**
optisches Spielzeug;
lebendig-bunte
(Bilder)folge

→ Ihr könnt aus Spiegeln auch ein Kaleidoskop herstellen. Versucht, die Effekte zu erklären.

Spiel: Lass dich leiten, dreh dich

Stelle dich mit ausreichender Bewegungsfreiheit im Klassenzimmer auf und lass dir von einer Mitschülerin oder einem Mitschüler deines Vertrauens die Augen verbinden und befolge möglichst genau die gesprochenen Anweisungen.
Dabei sollst du Drehungen grundsätzlich linksherum (also gegen den Uhrzeigersinn) ausführen. Nach einer vollen Drehung stehst du wieder genau so da wie zuvor.

Beispiel für die gesprochenen Anweisungen:

- Sechs Schritte,
- eine Dreiviertel-Drehung,
- zwei Schritte,
- eine halbe Drehung,
- fünf Schritte,
- eine viertel Drehung,
- vier Schritte,
- eine viertel Drehung,
- drei Schritte,
- eine Dreiviertel-Drehung,
- zwei Schritte,
- eine halbe Drehung

→ Befolge die Anweisungen. Beantworte vor dem Öffnen der Augenbinde: Wo stehst du jetzt und in welche Richtung zeigt dein Gesicht?

→ Nun ist ein anderer an der Reihe und erhält neue Anweisungen.

2.1 Verschiebungen

Einstieg

Rechts seht ihr eine Verzierung an einem ägyptischen Mumienschrein (ca. 1500 v. Chr.).
Schon zu allen Zeiten hat der Mensch versucht, Gegenstände seiner Umgebung zu verzieren – zu „schmücken". Da „schmücken" im Lateinischen „ornare" heißt, wurde eine bestimmte Form der Verzierung von Gegenständen später Ornament genannt. Von Bandornament spricht man, wenn eine Figur nach einer bestimmten Regelmäßigkeit in einem Streifen (Band) aneinander gereiht wird. Dies kann eine einfache geometrische Figur sein wie ein Viereck oder ein Kreis, sie kann aber auch kompliziertere Formen haben, z.B. verschlungene Ranken.

Entwerft selbst Bandornamente und stellt sie im Klassenraum aus.

Aufgabe 1

Herstellen eines Bandornaments
Die Wand eines Blumenladens soll mit folgendem Blütenornament verschönert werden.

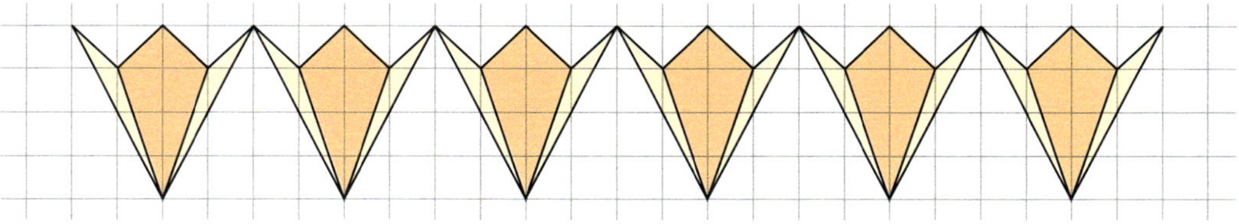

a) Fertige eine Schablone aus Pappe an und zeichne damit das Ornament auf nicht kariertes Papier.

b) Zeichne nun eine solche Blüte auf kariertes Papier. Stelle dann ein schräg verlaufendes Bandornament her: Die untere Ecke einer Blüte soll immer an der rechten oberen Ecke der vorherigen Blüte ansetzen.

c) Zeichne einen Ausschnitt von 2 Blüten aus dem Ornament von Teilaufgabe b).
Verbinde in diesen beiden Blüten einander entsprechende Eckpunkte durch Pfeile.
Welche Aussage kannst du über diese Pfeile machen?

Lösung

a) Jede Blüte muss genau richtig an der vorherigen angesetzt werden. Um das zu erreichen, gibt es zwei Möglichkeiten:

(1) Du kannst die Schablone an einem festgehaltenen Lineal entlangschieben. Meistens nimmt man eine Wasserwaage und spannt einen Faden.

(2) Du kannst zuerst die beiden parallelen Begrenzungsstreifen des Ornaments zeichnen. Dann wird immer eine Blüte gezeichnet und die Schablone so weit verschoben, dass die nächste Blüte genau an der vorherigen ansetzt.

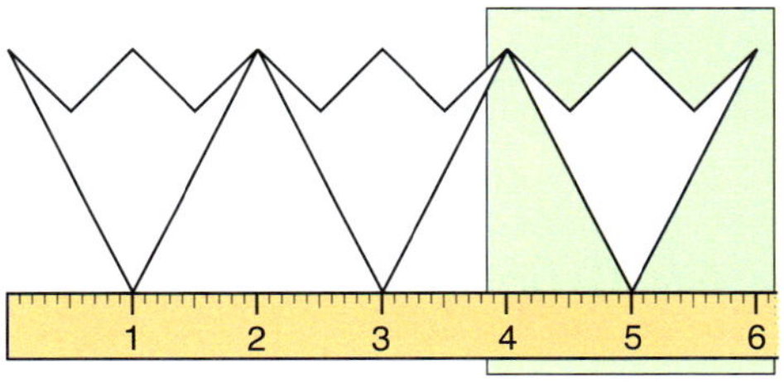

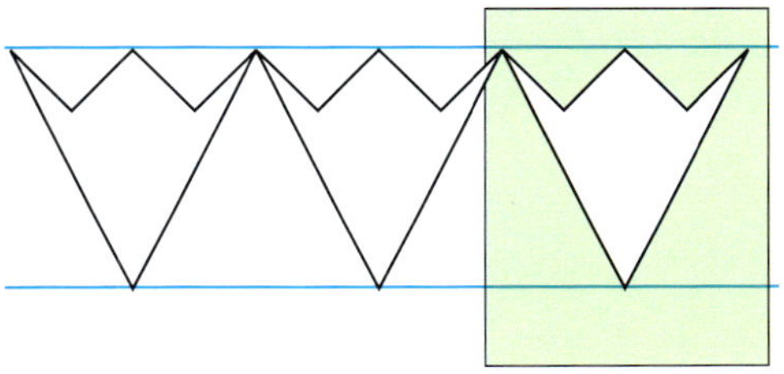

b) Man kann sofort jeden Eckpunkt der Blüte durch Abzählen um 2 Kästchen nach rechts und 4 Kästchen nach oben verschieben. Der Pfeil, der 2 Kästchen nach rechts und 4 Kästchen nach oben verläuft, gibt Richtung und Länge der Verschiebung an.

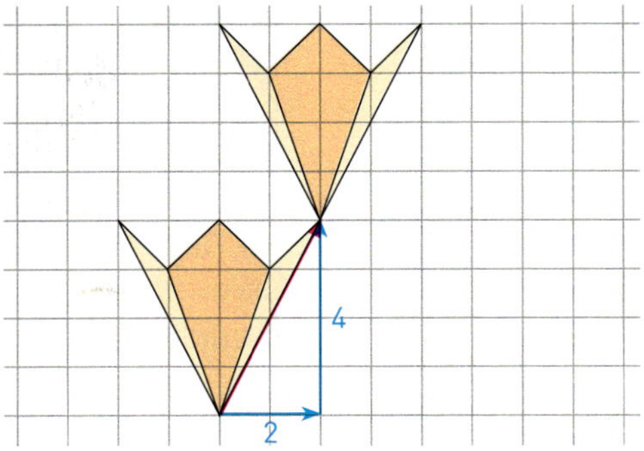

c) Alle diese Pfeile sind parallel zueinander. Alle haben die gleiche Länge. Sie zeigen auch alle in die gleiche Richtung.

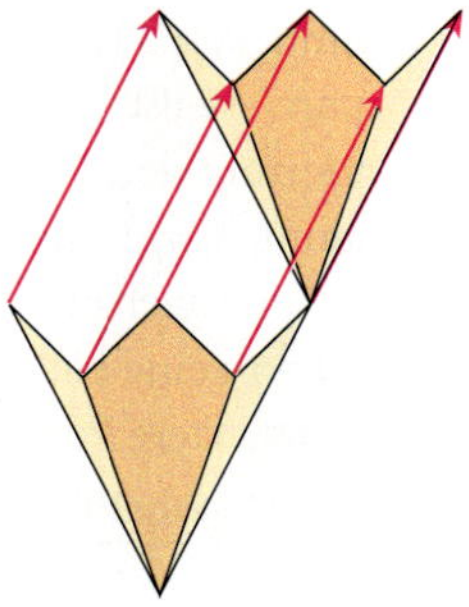

Information

Verschiebung mit dem Verschiebungspfeil $\overrightarrow{RS}$

Zu einem Punkt P erhältst du den Bildpunkt P′ wie folgt:

(1)

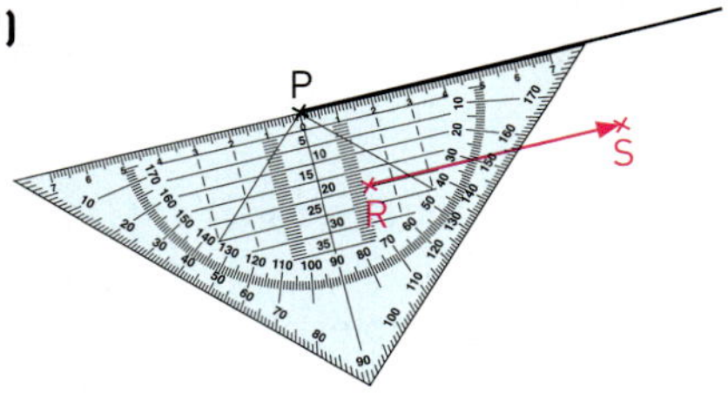

Zeichne den Strahl mit dem Anfangspunkt P, der zum Verschiebungspfeil $\overrightarrow{RS}$ parallel ist und in dieselbe Richtung weist.

(2)

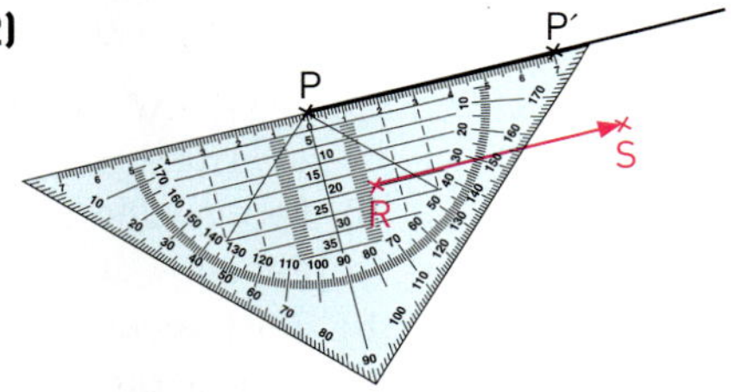

Trage auf dem Strahl von P aus eine Strecke ab, die genauso lang ist wie der Verschiebungspfeil $\overrightarrow{RS}$. Der Endpunkt ist der Bildpunkt P′.

Weiterführende Aufgabe

Eigenschaften der Verschiebung

2. a) Entscheide, ob die grüne Figur das Bild der gelben Figur bei einer Verschiebung sein kann. Begründe.

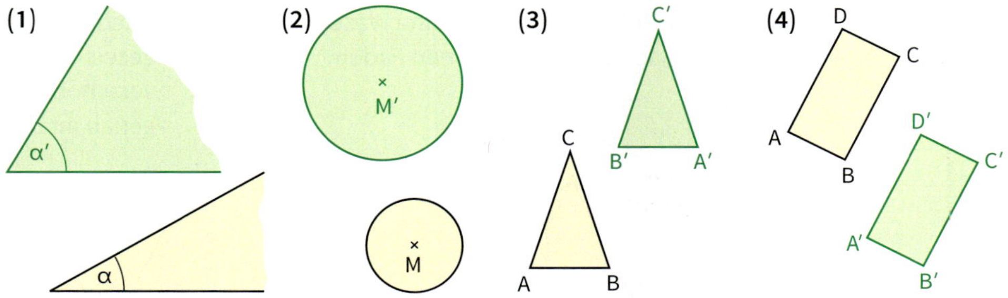

b) Welche Eigenschaften gelten für Figuren, die durch Verschiebung auseinander hervorgegangen sind?

Für jede Verschiebung gilt:
(1) Original und Bild passen genau aufeinander.
(2) Strecke und Bildstrecke sind gleich lang.
(3) Winkel und Bildwinkel sind gleich groß.
(4) Strecke und Bildstrecke sind parallel zueinander.
(5) Original und Bild haben denselben Umlaufsinn.

Übungsaufgaben

3. Zeichne das Bandornament in dein Heft und setze es fort. Wie gehst du vor?

a) 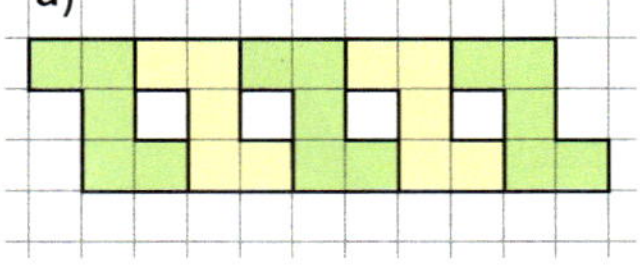

b) 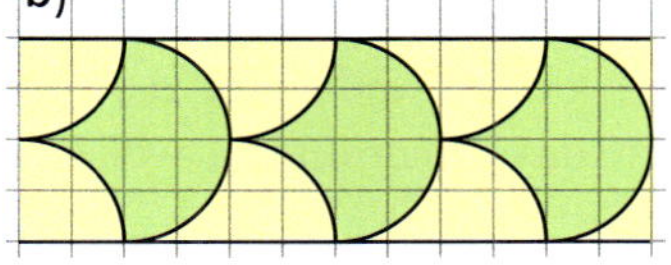

c) 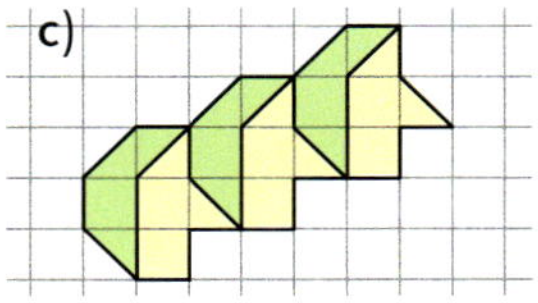

4. Sucht in eurer Umwelt Gegenstände, die mit Bandornamenten verziert sind.
Ihr könnt sie auch fotografieren und ein Plakat damit gestalten.

5. Zeichne in ein Koordinatensystem mit der Einheit 1 cm das Dreieck ABC mit A (3 | 2), B (7 | 3) und C (6 | 6). Zeichne dann sein Bild bei der Verschiebung von R nach S. Gib anschließend die Koordinaten der Eckpunkte des Bilddreiecks an.
a) R (4 | 3); S (1 | 6) **b)** R (3 | 0); S (7 | 3) **c)** R (5 | 4); S (4 | 2)

DGS

6. Zeichne mit einem dynamischen Geometrie-System ein Viereck und einen Verschiebungspfeil. Verschiebe dann das Viereck mit diesem Pfeil.
Verändere die Lage des Vierecks und auch den Pfeil. Was stellst du fest?

7. Zeichne in ein Koordinatensystem das Dreieck ABC mit A (2 | 4), B (6 | 2) und C (1 | 8) sowie den Bildpunkt A′ einer Verschiebung. Zeichne dann das Bilddreieck A′B′C′ und gib auch die Koordinaten von B′ und C′ an.
a) A′ (5 | 4) **b)** A′ (3 | 5) **c)** A′ (6 | 3) **d)** A′ (1 | 2)

8. Zeichne in ein Koordinatensystem mit der Einheit 1 cm die Punkte A (3 | 2), B (6 | 2), C (6 | 5) und D (4 | 5). Gibt es eine Verschiebung, für die gilt:
a) A′ (7 | 3), B′ (10 | 3); **b)** C′ (6 | 5), D′ (6 | 7); **c)** B′ (7 | 2), D′ (9 | 5); **d)** A′ (3 | 4), C′ (4 | 5)?

9. Betrachte die Muster. Bestimme die Grundfiguren, aus denen die Muster aufgebaut sind, und die Verschiebungen.

(1) 

(2) 

2.2 Achsensymmetrie – Spiegeln an einer Geraden

2.2.1 Achsensymmetrie

Ziel

Achsensymmetrische Figuren hast du schon oft im Alltag gesehen. Hier lernst du, solche Figuren herzustellen und mithilfe geometrischer Begriffe zu beschreiben.

Zum Erarbeiten

Herstellen einer achsensymmetrischen Figur durch Falten

Nico entwirft Lenkdrachen. Dabei zeichnet er nur gerade Begrenzungslinien und beginnt mit einer Drachenhälfte.
Zeichne auch einen solchen halben Lenkdrachen und vervollständige ihn dann.
Falte dazu das Papier und verwende eine Nadel.

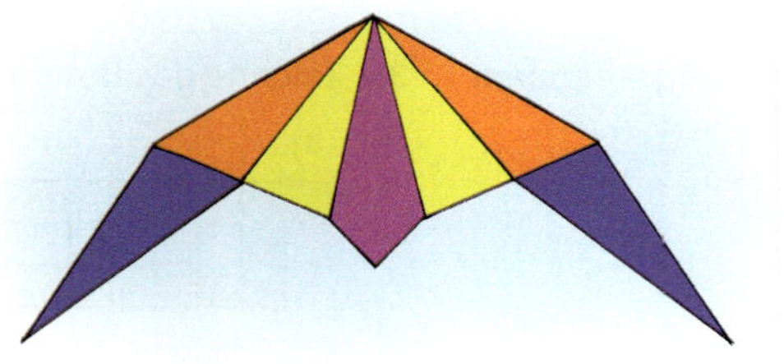

Du kannst dein Vorgehen mit dem folgenden vergleichen:

(1) Zeichne einen halben Lenkdrachen.

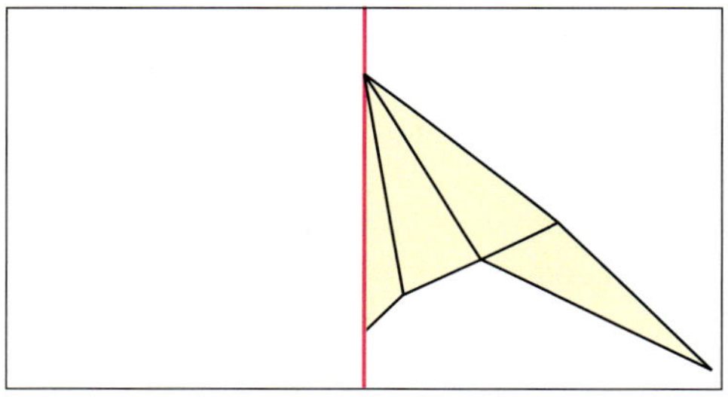

(2) Falte das Blatt an der roten Linie. Durchstich das gefaltete Blatt mit einer Nadel in den Punkten, an denen Linien zusammenstoßen.

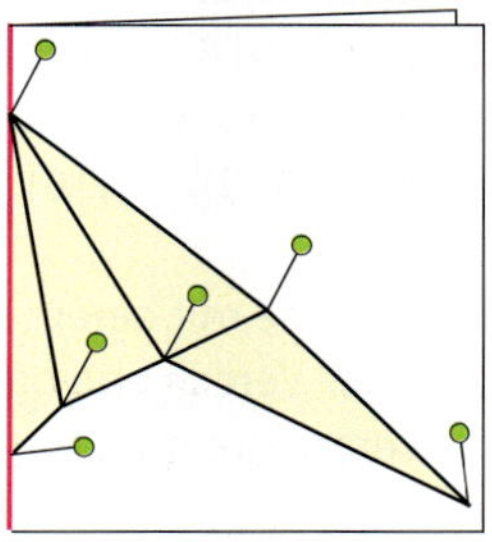

(3) Falte das Blatt auseinander.

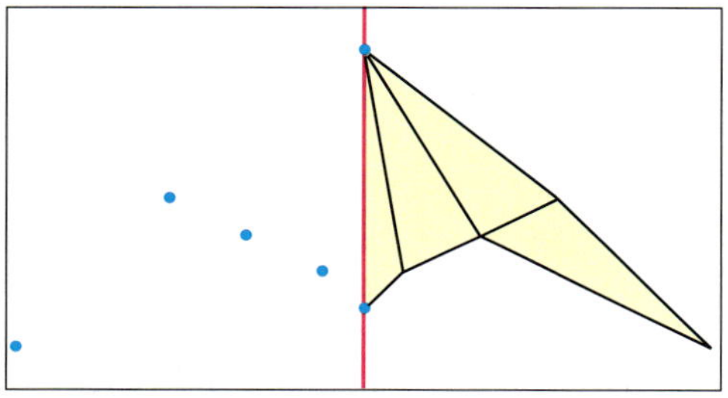

(4) Zeichne die fehlenden Verbindungslinien.

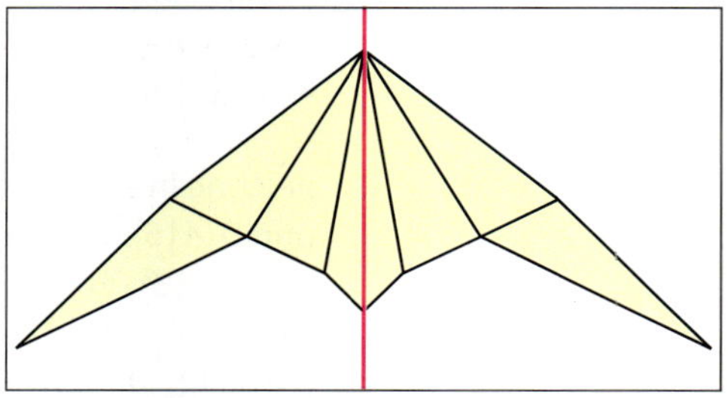

Eine Figur, die man so falten kann, dass die beiden Teile genau aufeinander passen, nennen wir **achsensymmetrisch**.
Die Faltlinie heißt **Symmetrieachse** der Figur.

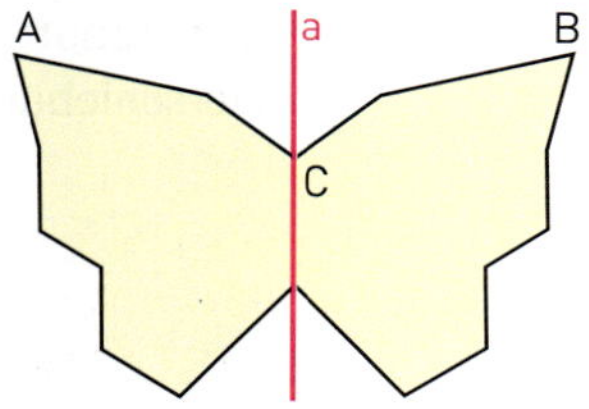

Zeichnen einer achsensymmetrischen Figur mithilfe des Geodreiecks

Zeichne auf ein Blatt weißes Papier eine Hälfte einer Burgansicht wie rechts abgebildet. Ergänze sie dann ohne Falten mithilfe des Geodreiecks zu einer achsensymmetrischen Figur.
Beschreibe auch, wie ein Punkt und sein Symmetriepartner zueinander liegen.

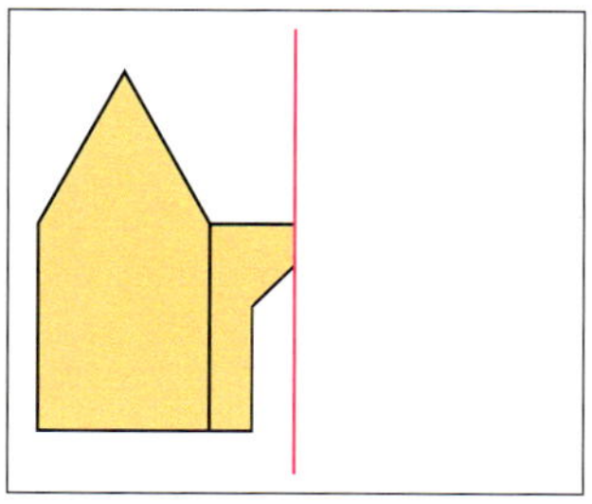

Du kannst dein Vorgehen mit dem folgenden vergleichen:

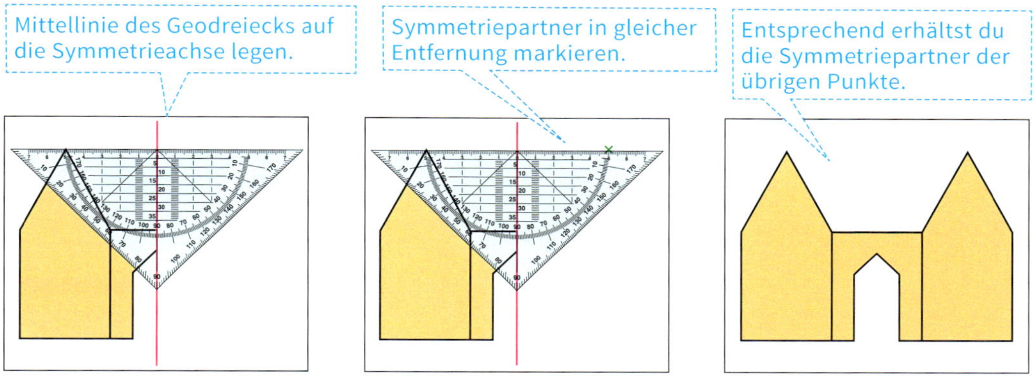

Für jede achsensymmetrische Figur gilt:

(1) Jeder Punkt ist genauso weit von der Symmetrieachse entfernt wie sein Symmetriepartner.

(2) Liegt ein Punkt nicht auf der Symmetrieachse, so ist die Verbindungslinie zu seinem Symmetriepartner senkrecht zur Symmetrieachse.

(3) Jeder Punkt auf der Symmetrieachse ist sein eigener Symmetriepartner.

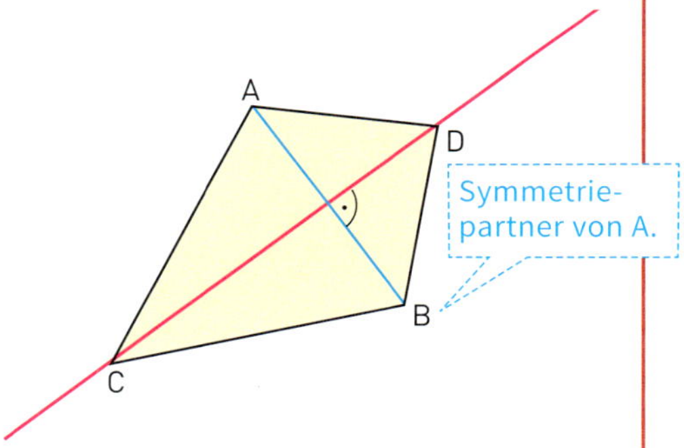

Zum Üben

1. Viele Gegenstände der Natur sind nicht genau achsensymmetrisch.
Bei einem der beiden Fotos wurde die linke Gesichtshälfte achsensymmetrisch ergänzt.
Um welches Foto handelt es sich?

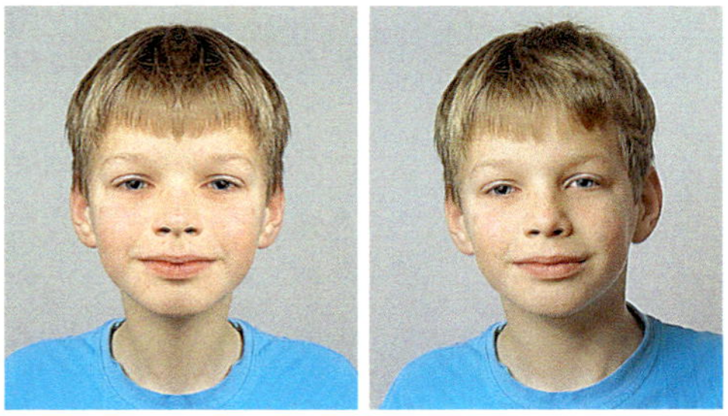

2. Erkunde, wo du im Alltag achsensymmetrische Figuren findest. Sammle Material und bringe es in die Schule mit.

3. Benutze die Bilder als Anregung und zeichne eine genau achsensymmetrische

a) Blüte; **b)** Blume; **c)** Tanne; **d)** Blattform.

4. **a)** Welche der abgebildeten Verkehrszeichen sind achsensymmetrisch?
Untersuche weitere Verkehrszeichen darauf, ob sie achsensymmetrisch sind.

b) Welche Flaggen sind achsensymmetrisch? Wie viele Symmetrieachsen gibt es?

5. **a)** Untersuche, welche Großbuchstaben der Druckschrift achsensymmetrisch sind.
b) Finde Wörter, die achsensymmetrisch geschrieben sind.
c) Finde auch Wörter, die mehrere Symmetrieachsen aufweisen.

6. Ergänze das durch seine Eckpunkte angegebene Vieleck zu einer achsensymmetrischen Figur mit der angegebenen Symmetrieachse.

a)	A (2 | 8);	B (2 | 4);	C (4 | 5);	D (4 | 2);	E (6 | 4);	F (8 | 2);	G (12 | 2)	Symmetrieachse AG
b)	A (2 | 4);	B (2 | 2);	C (10 | 2);	D (14 | 4);	E (18 | 4);	F (18 | 8)		Symmetrieachse AF
c)	A (6 | 16);	B (6 | 12);	C (4 | 12);	D (2 | 6);	E (6 | 6);	F (8 | 2);	G (12 | 2)	Symmetrieachse AG
d)	A (7 | 2);	B (12 | 2);	C (14 | 4);	D (10 | 8);	E (12 | 12);	F (8 | 16)		Symmetrieachse AF
e)	A (1 | 6);	B (0 | 4);	C (2 | 4);	D (2 | 2);	E (1 | 1);	F (4 | 1);	G (9 | 0)	Symmetrieachse AG
f)	A (0 | 0);	B (4 | 4);	C (4 | 8);	D (6 | 10);	E (5 | 12);	F (12 | 12);	G (14 | 10)	Symmetrieachse AG

7. Untersuche, ob die Figur achsensymmetrisch ist. Gib die Symmetrieachse durch Punkte an, die auf ihr liegen. Gib dann zu jedem Eckpunkt seinen Symmetriepartner an.

a)

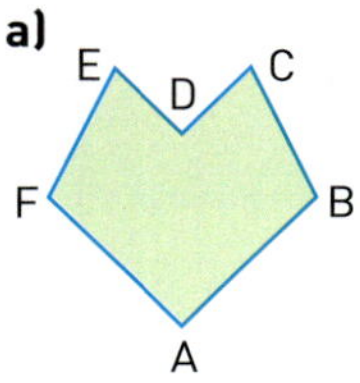

b)

c)

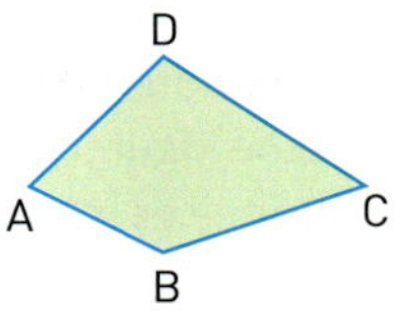

d)

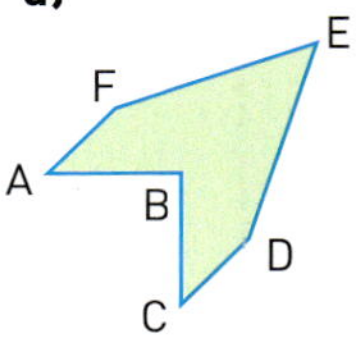

DGS

Dynamisches Geometrie-System

Wenn du dich bei einer Zeichnung im Heft vertan hast, musst du radieren, und das bleibt nicht spurenlos. Auch Änderungen einer Zeichnung sind nicht einfach möglich. Dies beides ist anders beim Arbeiten mit dynamischen Geometrie-Systemen (DGS), die es für Computer und Tablets gibt. Du kannst hier problemlos Konstruktionsschritte zurücknehmen und auch die Form einer konstruierten Figur nachträglich ändern.

1. Mit den meisten Programmen kannst du Punkte, Strecken, Geraden, Kreise und Vielecke zeichnen. Oben am Bildschirmrand findest du ein Menü zur Auswahl und unten am Bildschirmrand Hilfen zur Eingabe. Probiere das aus und versuche, ein schönes Bild zu zeichnen. Mit der rechten Maustaste findest du Möglichkeiten, Farben zu ändern. Du kannst angezeigte Punktnamen auch verstecken lassen.

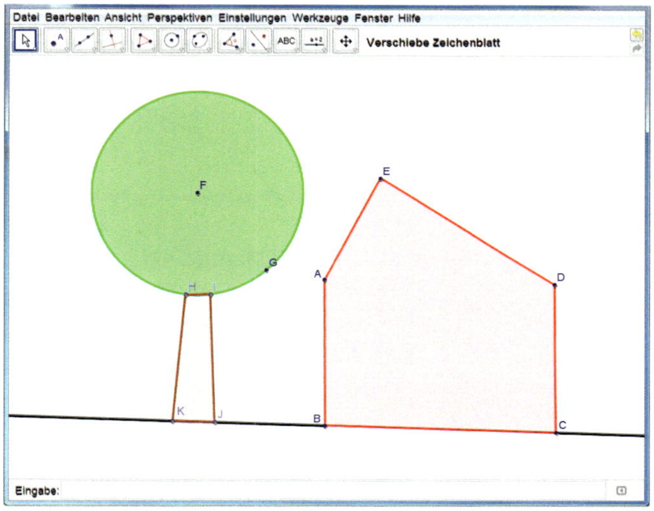

2. Zeichne ein Vieleck und eine Gerade durch eine Seite. Ergänze dann das Vieleck symmetrisch zu der gezeichneten Geraden als Symmetrieachse. Zum Zeichnen des Symmetriepartners eines Punktes kannst du den Befehl „Senkrechte Gerade“ verwenden, um eine Senkrechte durch den Punkt zur Symmetrieachse einzuzeichnen. Den Schnittpunkt der Senkrechten mit der Symmetrieachse kannst du mit dem Befehl „Schneide zwei Objekte“ erzeugen. Dass der Symmetriepartner denselben Abstand von der Symmetrieachse hat, erreichst du mithilfe eines Kreises um den Schnittpunkt.

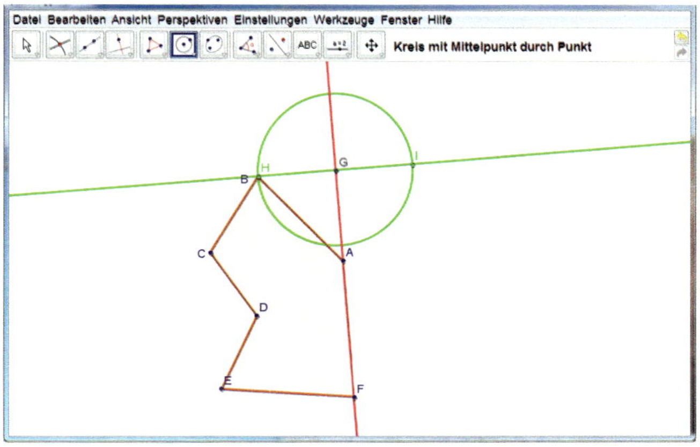

3. Mit einem DGS kannst du auch überprüfen, ob eine Figur achsensymmetrisch ist. Zeichne ein Viereck mit einspringender Ecke, das nach Augenschein achsensymmetrisch ist. Prüfe dann, ob die beiden Punkte, die nicht auf der Symmetrieachse liegen, Symmetriepartner sind. Du kannst z.B. die beiden Punkte verbinden und zunächst kontrollieren, ob die Verbindungslinie senkrecht zur Symmetrieachse ist, indem du die Größe des Winkels misst. Verwende dazu den Befehl „Winkel zwischen zwei Geraden". Wenn der Winkel ein rechter ist, musst du noch den Abstand der beiden Punkte von der Symmetrieachse messen. Mit dem Befehl „Bewege" kannst du nachträglich noch die Form des Vierecks verändern, indem du die Lage einzelner Punkte änderst.

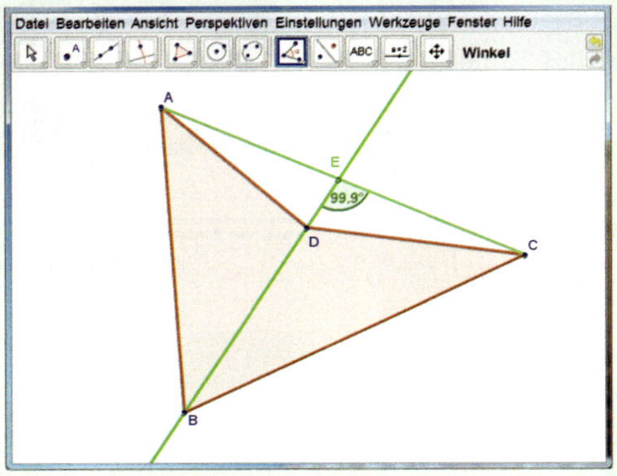

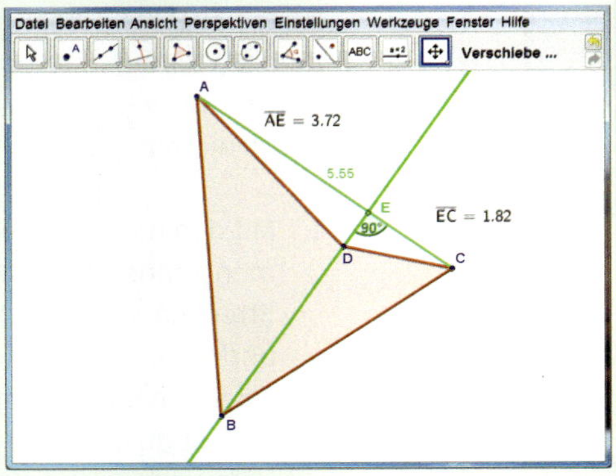

4. Unter dem Menüpunkt Ansicht kannst du dir ein Konstruktionsprotokoll auflisten, das alle Schritte zum Erstellen der Zeichnung angibt. So kannst du stets genau nachschlagen, was du gemacht hast und in welcher Reihenfolge du vorgegangen bist. Probiere das aus.

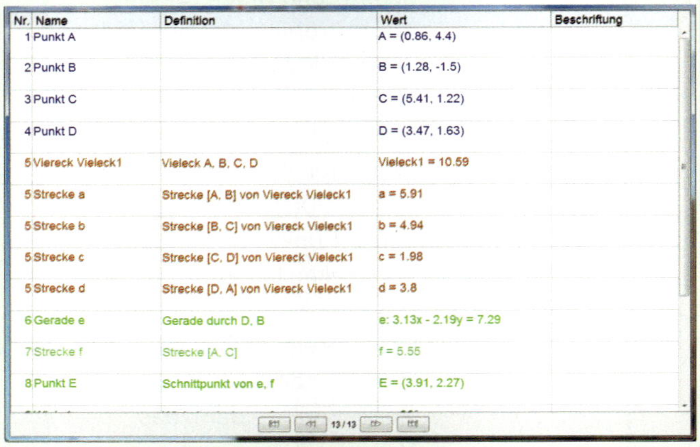

Nr.	Name	Definition	Wert	Beschriftung
1	Punkt A		A = (0.86, 4.4)	
2	Punkt B		B = (1.28, -1.5)	
3	Punkt C		C = (5.41, 1.22)	
4	Punkt D		D = (3.47, 1.63)	
5	Viereck Vieleck1	Vieleck A, B, C, D	Vieleck1 = 10.59	
5	Strecke a	Strecke [A, B] von Viereck Vieleck1	a = 5.91	
5	Strecke b	Strecke [B, C] von Viereck Vieleck1	b = 4.94	
5	Strecke c	Strecke [C, D] von Viereck Vieleck1	c = 1.98	
5	Strecke d	Strecke [D, A] von Viereck Vieleck1	d = 3.8	
6	Gerade e	Gerade durch D, B	e: 3.13x - 2.19y = 7.29	
7	Strecke f	Strecke [A, C]	f = 5.55	
8	Punkt E	Schnittpunkt von e, f	E = (3.91, 2.27)	

5. Nach dem Anklicken eines Objekts mit der rechten Maustaste erhältst du wie bei vielen anderen Computerprogrammen auch ein Menü mit möglichen Optionen. Z. B. kannst du Punkte umbenennen. Probiere das aus.

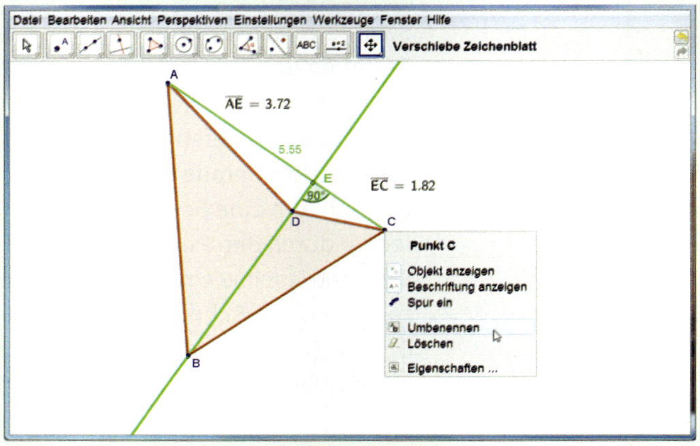

2.2.2 Spiegeln an einer Geraden

Einstieg

Zaubertrick aus einem alten Buch:

Vor eine Glasscheibe wird eine brennende Kerze gestellt, dahinter eine gleich große, nicht brennende Kerze. Bei geeigneter Stellung der Kerzen zur Glasscheibe scheint auch die zweite Kerze zu brennen. Ihr könnt dann eure Zuschauer verblüffen: Ein an die zweite Kerze gehaltenes Stück Papier fängt kein Feuer.

Probiert das aus und beschreibt die geeignete Lage der Kerzen zur Glasscheibe. Betrachtet dazu die Anordnung von oben und zeichnet einen Stellplan.

Aufgabe 1

Achsenspiegelung
Die alte Steinbrücke auf der spanischen Halbinsel La Manga ist ein besonders schönes Fotomotiv, wenn man das Spiegelbild im Wasser mit fotografiert.

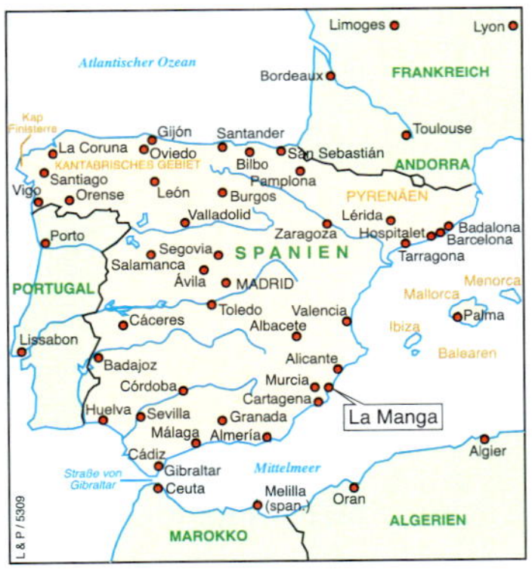

a) Skizziere die Brücke in vereinfachter Form mit geraden Strecken und Halbkreisen. Ergänze dann ihr Spiegelbild im Wasser.
b) Kontrolliere mit einer kleinen durchsichtigen Scheibe, ob du richtig gezeichnet hast. Stelle diese dazu an der Grenzlinie zum Wasser auf.

Lösung

a) Zeichne zunächst die Brücke in vereinfachter Form und die Grenzlinie zum Wasser.
Das Spiegelbild der Brücke erhältst du so:
Jeder Punkt der Brücke liegt bezüglich der Grenzlinie zu seinem Spiegelbild im Wasser so wie einander entsprechende Punkte in einer achsensymmetrischen Figur.

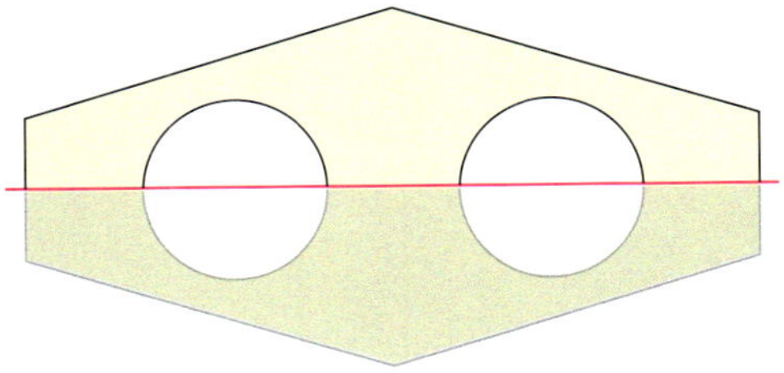

Du weißt: Jeder Punkt ist genauso weit von der Symmetrieachse entfernt wie sein Symmetriepartner.
Liegt ein Punkt nicht auf der Symmetrieachse, so ist die Verbindungslinie zu seinem Symmetriepartner senkrecht zur Symmetrieachse.

b) Stellt man die Scheibe senkrecht zum Zeichenblatt an der Grenzlinie auf, muss das Spiegelbild in der Scheibe mit dem gezeichneten Spiegelbild übereinstimmen.

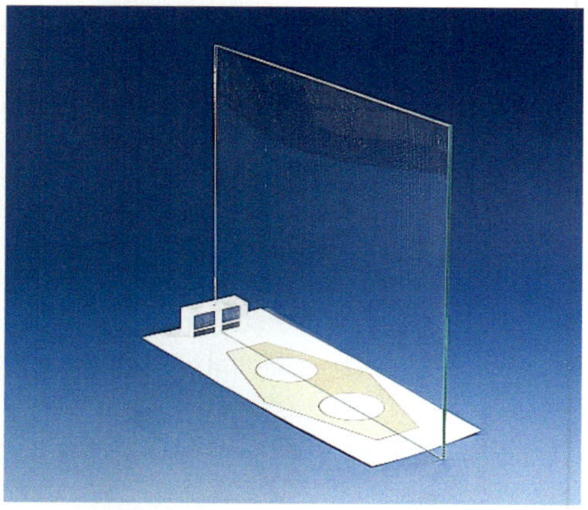

Information

Achsenspiegelung an einer Geraden (Spiegelachse a)
Zu einem Punkt P erhältst du den Bildpunkt P′ wie folgt:
- P′ liegt auf der Senkrechten zur Spiegelachse a durch P.
- P und P′ haben denselben Abstand von der Spiegelachse.
- P und P′ liegen auf verschiedenen Seiten der Spiegelachse.
- Ein Punkt auf der Spiegelachse bleibt an seiner Stelle.

Am einfachsten spiegelst du an einer Geraden mithilfe eines Geodreiecks:
(1) Lege es mit seiner Mittellinie so auf die Gerade a, dass P an der Zentimeterskala liegt.
(2) Markiere dann im gleichen Abstand auf der anderen Seite den Bildpunkt P′.

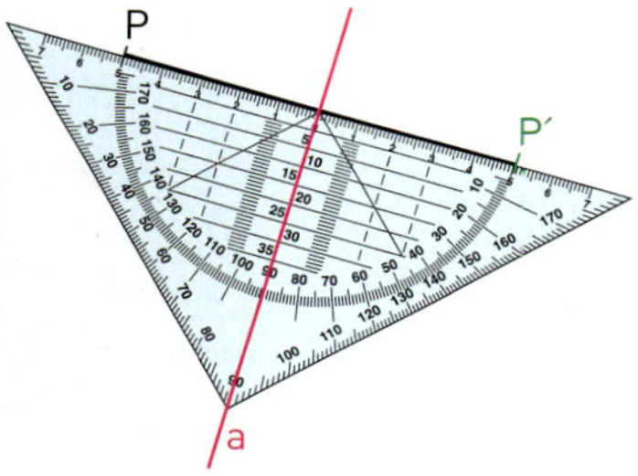

Weiterführende Aufgaben

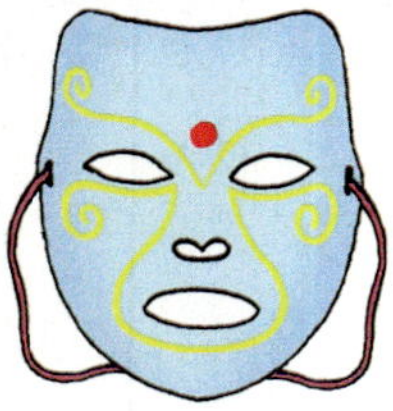

Zusammenhang zwischen Achsensymmetrie und Spiegeln an einer Geraden

2. a) Links siehst du eine Maske. Zeichne eine Hälfte vereinfacht mit Strecken ab und ergänze dann zu einer achsensymmetrischen Figur.

b) Spiegele die unter Teilaufgabe a) erhaltene achsensymmetrische Figur an der Achse a. Was stellst du fest?

Eine Figur heißt **achsensymmetrisch** zur Achse a, wenn sie bei der Achsenspiegelung an der Achse a auf sich abgebildet wird. Die Spiegelachse heißt dann **Symmetrieachse**.

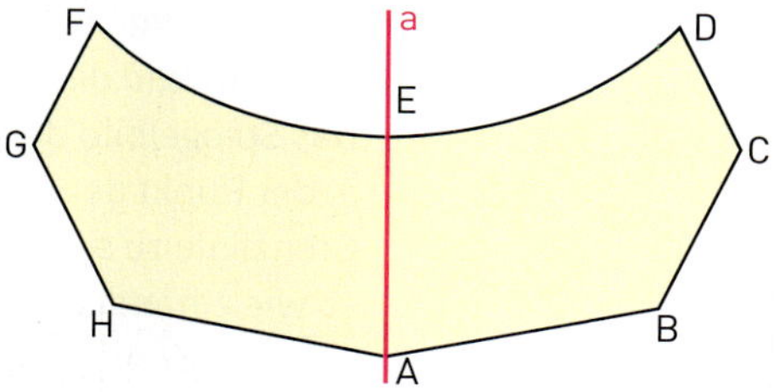

Eigenschaften der Achsenspiegelung

3. a) Zeichne das Ziffernblatt einer Uhr und eine Gerade a außerhalb des Ziffernblattes. Spiegele das Ziffernblatt an der Achse a. Die Zeiger der Uhr laufen rechts herum. Wie laufen dann die Zeiger auf dem Spiegelbild?

b) Jan und Feline hatten jeweils die Aufgabe, einen Gegenstand an einer Geraden zu spiegeln. Woran erkennst du sofort, dass die Spiegelbilder falsch sein müssen?

Jans Zeichnung:

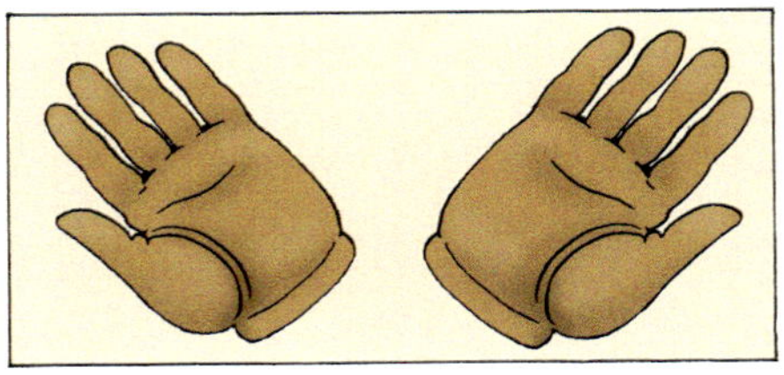

Felines Zeichnung:

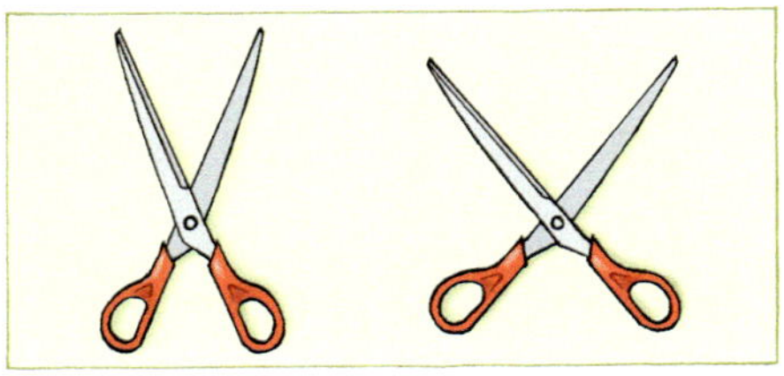

Für *jede* Achsenspiegelung gilt:

(1) Original und Bild passen genau aufeinander.
(2) Strecke und Bildstrecke sind gleich lang.
(3) Winkel und Bildwinkel sind gleich groß.
(4) Original und Bild haben verschiedenen Umlaufsinn.

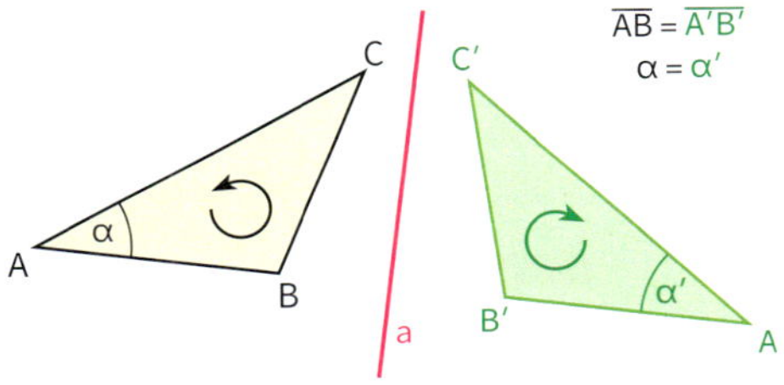

Übungsaufgaben

4. Erzeuge im Heft Spiegelbilder des angegebenen Wortes.
a) LAGER b) OTTO c) ANNA
Kontrolliere mit einer kleinen Glasscheibe oder einem blanken Geodreieck.

5. Jan fährt mit seinen Eltern auf der Autobahn. Als er durch die Heckscheibe schaut, entdeckt er einen Transporter mit einer merkwürdigen Aufschrift.
Sein Vater dagegen schaut in den Rückspiegel und wundert sich gar nicht.
Erläutere diesen Sachverhalt.

6. Übertrage in dein Heft und spiegele an der Geraden a.

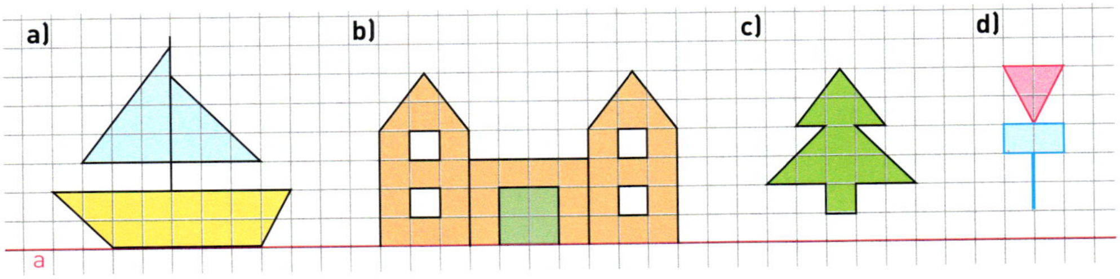

7. Hier wurde nicht korrekt gespiegelt. Finde die Fehler.

a) 

b) 

c) 

8. Untersuche, ob korrekt gespiegelt wurde. Nenne gegebenenfalls die Fehler.

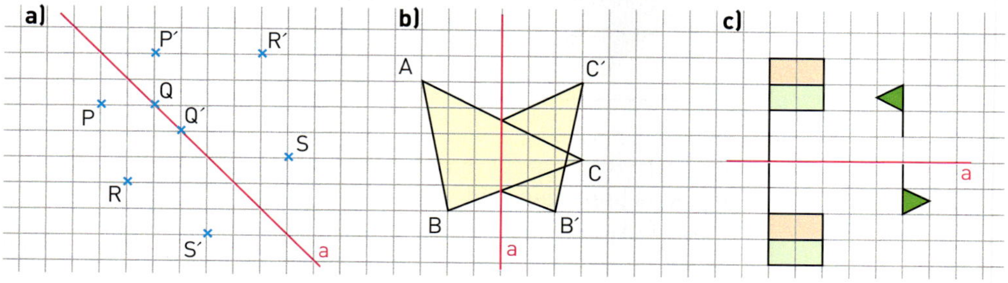

DGS

9. Ein dynamisches Geometrie-System hat auch einen Befehl zum Spiegeln an einer Achse. Zeichne mit einem dynamischen Geometrie-System ein Viereck und eine Gerade. Spiegele dann das Viereck an dieser Geraden. Verändere die Lage des Vierecks und auch die Lage der Geraden. Was stellst du fest?

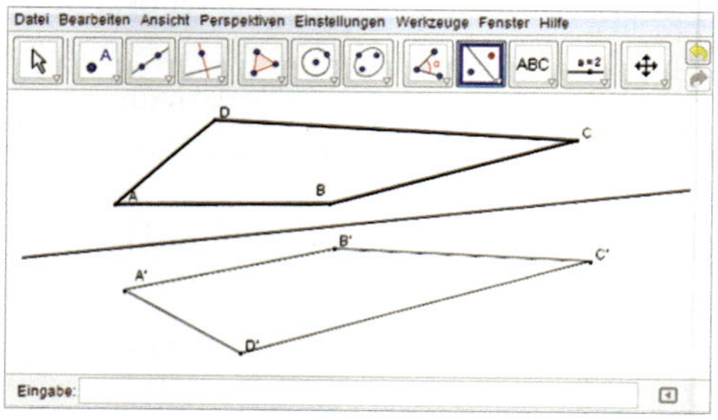

10. Stelle ein achsensymmetrisches Vieleck mit der Symmetrieachse a her.

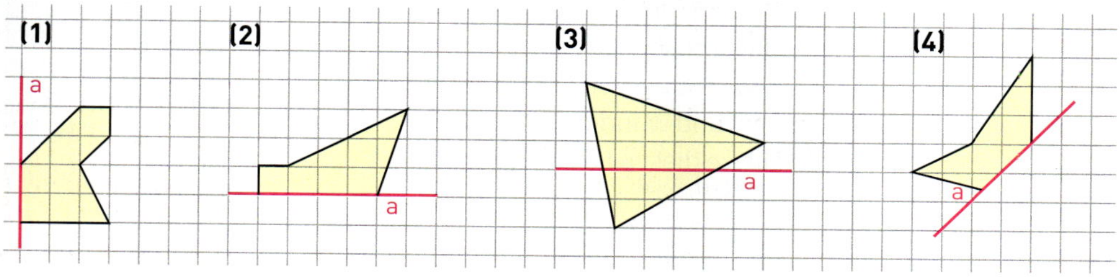

11. Ergänze zu einer achsensymmetrischen Figur.

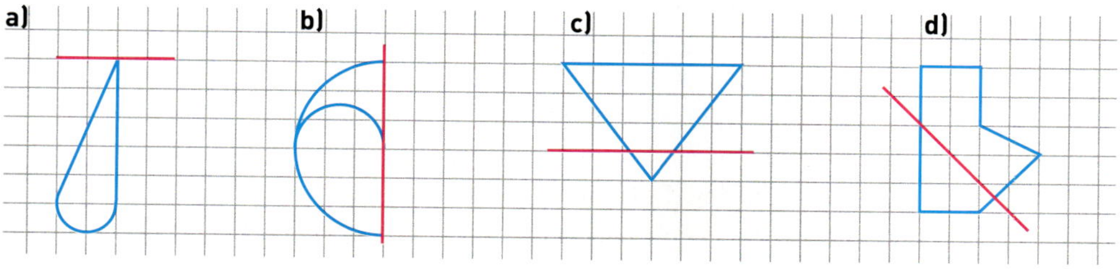

12. Im täglichen Leben findet ihr viele achsensymmetrische Formen.

a) Gebt achsensymmetrische Figuren aus eurer Umwelt an. Denkt auch an Spielfelder beim Sport, bei Brettspielen, an Firmenzeichen (z. B. von Autos), Verkehrsschilder und an Wappen.

b) Welche Ziffern sind achsensymmetrisch?

c) Gebt Zahlen wie 808 oder 30 an, die achsensymmetrisch geschrieben sind.

13. Untersuche die besonderen Vierecke Quadrat, Rechteck, Raute und Parallelogramm auf Achsensymmetrie.

14. Stelle wie im Bild rechts durch Falten und Schneiden Figuren der folgenden Art her.

15. Zeichne das Dreieck mit den Eckpunkten A(3|1), B(9|1) und C(0|7).

a) Spiegele das Dreieck ABC dann an der Geraden durch die Punkte P(11|1) und Q(10|10). Vergleiche die Seiten und Winkel des Dreiecks ABC mit denen des Bilddreiecks A′B′C′.

b) Wie musst du das Dreieck A′B′C′ spiegeln, damit du wieder das Ausgangsdreieck erhältst?

16. Im Spiegel eines Uhrengeschäftes siehst du die drei Uhren. Welche wird zuerst schlagen, welche dann?

17. Zeichne in ein Koordinatensystem mit der Einheit 1 cm einen Kreis mit dem Mittelpunkt M(4|3) und dem Radius 2,5 cm. Spiegele den Kreis an der Geraden PQ mit

a) P(9|1), Q(5|7); b) P(1|6), Q(7|3); c) P(6|5), Q(9|2).

18. Zeichne das Dreieck ABC mit den Eckpunkten A(3|2), B(5|4) und C(9|6) sowie sein Bilddreieck mit den Eckpunkten A′(2|3), B′(4|5) und C′(6|9).

a) Zeichne die Spiegelachse a ein und gib zwei Punkte auf ihr mit ihren Koordinaten an.

b) Welche Besonderheiten weisen die Koordinaten aller Punkte der Spiegelachse auf?

c) Wie erhält man die Koordinaten eines Bildpunktes aus den Koordinaten des Punktes beim Spiegeln an dieser Geraden?

19. Lukas hat die Gerade g an der Achse a gespiegelt. Kontrolliere und begründe deine Antwort.

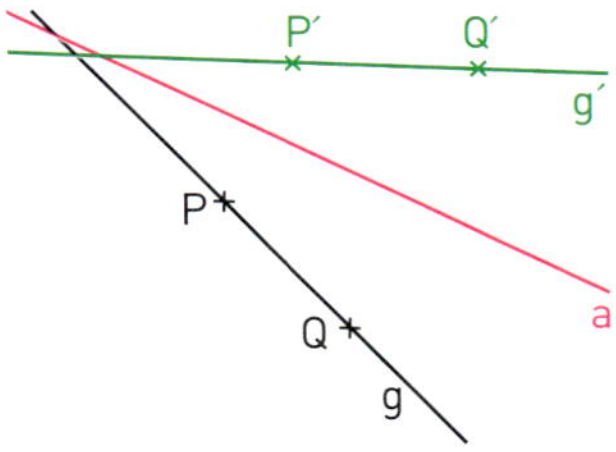

20. Die Punkte A', B' und C' sind die Bildpunkte der Punkte A, B und C bei einer Achsenspiegelung.
Wie liegen die Geraden AA′, BB′ und CC′

(1) zur Spiegelachse a; (2) zueinander?

21. a) Aus welcher Teilfigur kannst du das achsensymmetrische Vieleck rechts durch Achsenspiegelung herstellen?
Färbe die Teilfigur. Wie viele Ecken hat sie?

b) Gib ein **(1)** Fünfeck, **(2)** Siebeneck, **(3)** Achteck an, aus dem man durch Achsenspiegelung dieses Siebeneck erzeugen kann.

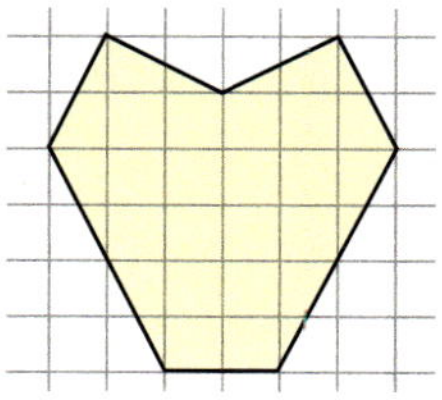

Spiel (für 2 Personen)

22. *Das Spiegelspiel*
Das Spiegelspiel wird auf kariertem Papier mit einer frei beweglichen Spiegelachse (z. B. einer Stricknadel oder einem Mikadostab, …) gespielt.
Das Spielfeld sollte rechteckig sein, z. B. 9 Kästchen lang und 11 Kästchen breit.

Spielregeln:
(1) Jeder Spieler bekommt ein Zeichen: einer ×, der andere ○.
(2) Der Spieler, der anfängt, trägt sein Zeichen in ein beliebiges Kästchen ein.
Der andere Spieler legt dann die Spiegelachse auf eine der unten gezeichneten Arten auf das Spielfeld.
Anschließend spiegelt er alle bisher eingetragenen Zeichen (also auch die gegnerischen) an der Spiegelachse und trägt die Bilder ein. Schon belegte Kästchen dürfen nicht überschrieben werden.
(3) Nun darf der andere Spieler auch noch ein Zeichen in ein beliebiges Kästchen eintragen, und der erste Spieler legt die Spiegelachse fest usw.
Sieger ist, wer so auf dem gesamten Spielfeld die meisten Zeichen erzielt.
Spielt dieses Spiel mehrfach und versucht, gewinnbringende Tricks herauszufinden.

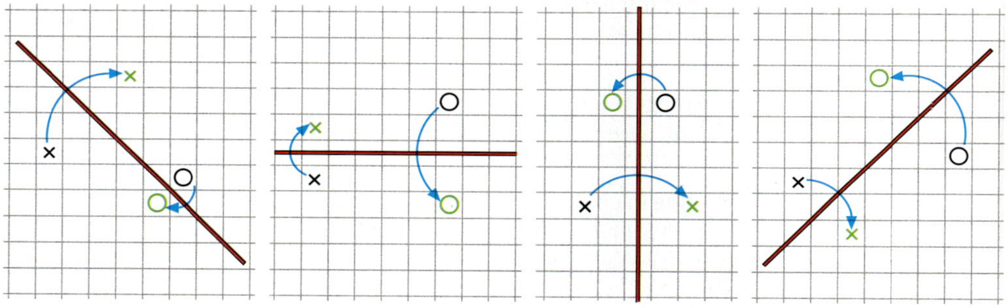

Das kann ich noch!

A) Wandle in die nächstgrößere Einheit um.

1) 200 cm	5) 390 m	9) 5 mm	13) 70 mm
2) 4 000 dm	6) 750 g	10) 180 s	14) 47 mm
3) 1200 min	7) 40 m	11) 350 mg	15) 270 kg
4) 5 000 g	8) 75 kg	12) 48 h	16) 450 g

B) Wandle in die nächstkleinere Einheit um.

1) 5 cm	5) 3,97 m	9) 12 km	13) 3,28 m
2) 7 dm	6) 4,129 g	10) 7,5 t	14) 5,3 km
3) 50 kg	7) 4,7 kg	11) 5 min	15) 3,27 g
4) 700 g	8) 7,9 cm	12) 12 h	16) 7 min

2.2.3 Konstruktion der Spiegelachse – Mittelsenkrechte und Winkelhalbierende

Einstieg

Marek hat Achsenspiegelungen durchgeführt, aber die Achsen nicht eingezeichnet. Findet sie und beschreibt euer Vorgehen.

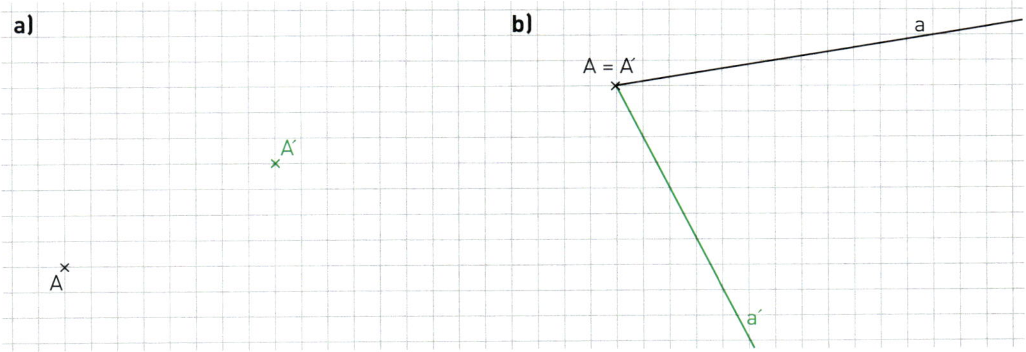

Aufgabe 1

Konstruktion der Symmetrieachse

Rechts siehst du ein Foto des abnehmenden Mondes. Die Mondsichel ist eine achsensymmetrische Figur.
Konstruiere die Symmetrieachse.

Lösung

Die beiden Eckpunkte P und P′ der Sichel sind Symmetriepartner zueinander, sie gehen durch Spiegelung auseinander hervor.
Zeichne daher die Verbindungsstrecke $\overline{PP'}$ ein.
Die gesuchte Symmetrieachse verläuft durch den Mittelpunkt M dieser Strecke und ist senkrecht zu ihr.

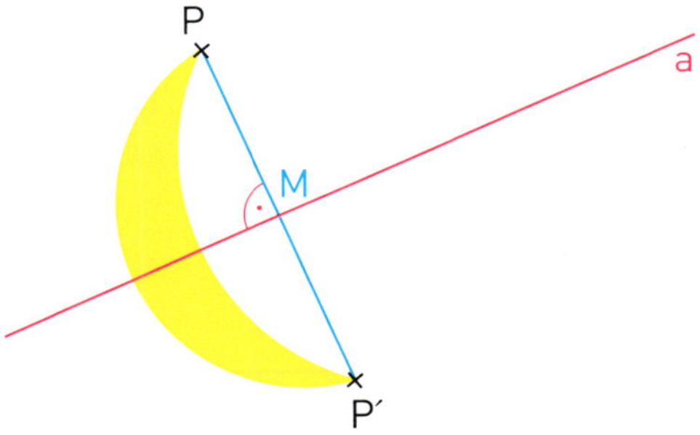

Information

(1) Mittelsenkrechte

In Aufgabe 1 haben wir zu einem Punkt und seinem Bildpunkt die Spiegelachse konstruiert. Sie ist senkrecht zur Strecke zwischen Punkt und Bildpunkt und halbiert diese Strecke. Man sagt auch: Die Spiegelachse ist die *Mittelsenkrechte* der Strecke zwischen Punkt und Bildpunkt.

Gegeben ist eine Strecke $\overline{AB}$.
Unter der **Mittelsenkrechten** m der Strecke $\overline{AB}$ versteht man die Gerade, die senkrecht zu der Strecke $\overline{AB}$ ist und durch den Mittelpunkt M der Strecke $\overline{AB}$ geht.

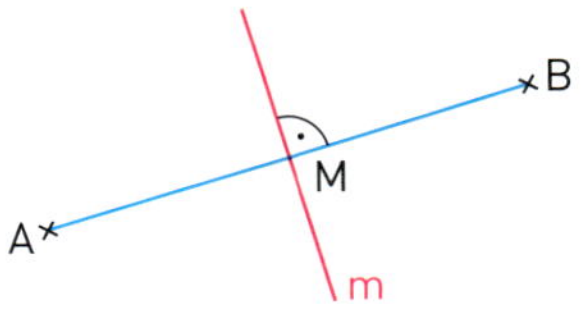

(2) Konstruktion der Mittelsenkrechte mit Zirkel und Lineal (ohne Messskala)

Die Mittelsenkrechte einer Strecke $\overline{AB}$ kannst du sogar zeichnen, ohne die Länge der Strecke $\overline{AB}$ zu messen. Die Idee dazu kannst du der *Zweikreisfigur* rechts entnehmen. Sie besteht aus zwei Kreisen mit gleich großen Radien. Sie ist achsensymmetrisch zur Verbindungsgeraden MN der beiden Kreismittelpunkte: Die Endpunkte A und B der Verbindungsstrecke der Schnittpunkte der beiden Kreise sind gleich weit von den beiden Kreismittelpunkten entfernt. Kennst du nur die Strecke $\overline{AB}$, so kannst du deren Mittelsenkrechte MN folgendermaßen konstruieren:

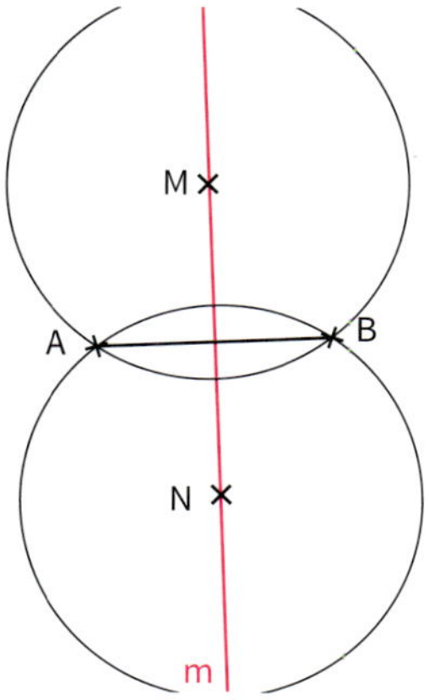

Konstruktion der Mittelsenkrechten einer Strecke mit Zirkel und Lineal

So findest du die Mittelsenkrechte einer Strecke $\overline{AB}$:

(a) Zeichne einen Kreis um den Punkt A, dessen Radius größer ist als die Hälfte der Länge $\overline{AB}$.

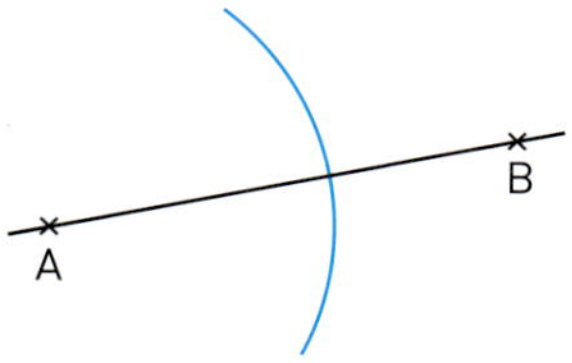

(b) Zeichne einen Kreis um B mit demselben Radius.

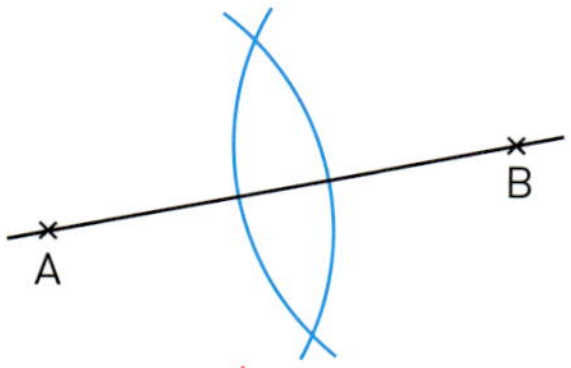

(c) Verbinde die Schnittpunkte dieser beiden Kreise. Du erhältst die Mittelsenkrechte von $\overline{AB}$.

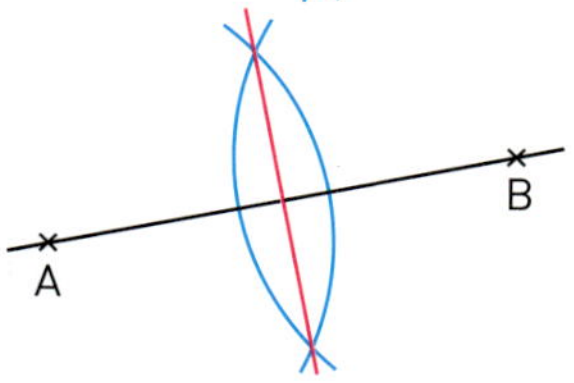

Beachte: Ob die Mittelsenkrechte mit dem Geodreieck oder mit Zirkel und Lineal konstruiert werden soll, ist eine Frage der Vereinbarung. Sofern nicht anders gefordert, ist das Geodreieck zulässig.

Weiterführende Aufgabe

Zeichnen der Spiegelachse – Winkelhalbierende

2. a) Archäologen fanden eine teils zerstörte und teils gut erhaltene Lanzenspitze. Für eine Ausstellung im Museum soll ein Modell der Lanze einschließlich Schaft hergestellt werden. Gib mehrere Möglichkeiten an, wie die abgebildete Lanzenspitze ausgesehen haben könnte.

b) Zeichne einen Winkel. Zeichne dann seine Symmetrieachse ein.

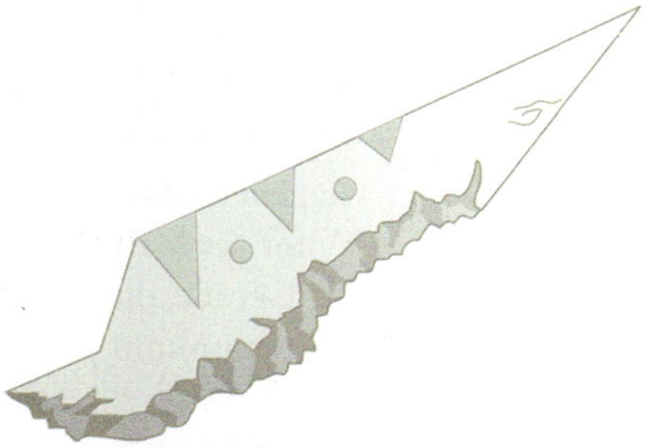

Information

(1) Winkelhalbierende

In Aufgabe 2a) kann man die Lanzenspitze durch Spiegeln ergänzen. Dazu zeichnet man durch die Spitze einen Strahl, der den Winkel in zwei gleich große Teile zerlegt. Diesen Strahl bezeichnet man als *Winkelhalbierende*.

Gegeben ist ein Winkel α mit dem Scheitel S.
Den Strahl w_α mit dem Anfangspunkt S, der den Winkel α in zwei gleich große Teilwinkel zerlegt, nennt man die **Winkelhalbierende** von α.

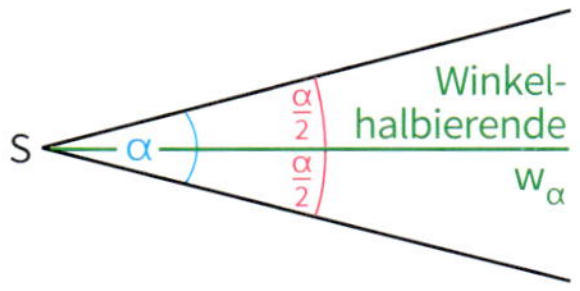

(2) Konstruktion der Winkelhalbierenden eines Winkels

Die Winkelhalbierende eines Winkels α kannst du sogar zeichnen, ohne die Größe des Winkels zu messen. Die Idee dazu kannst du auch aus der *Dreikreisfigur* rechts entnehmen. Hier dürfen die Kreise um A und B auch einen anderen Radius haben als der Kreis um S.
A und B liegen auf dem Kreis um S. Der Punkt N ist gleich weit von A und B entfernt.

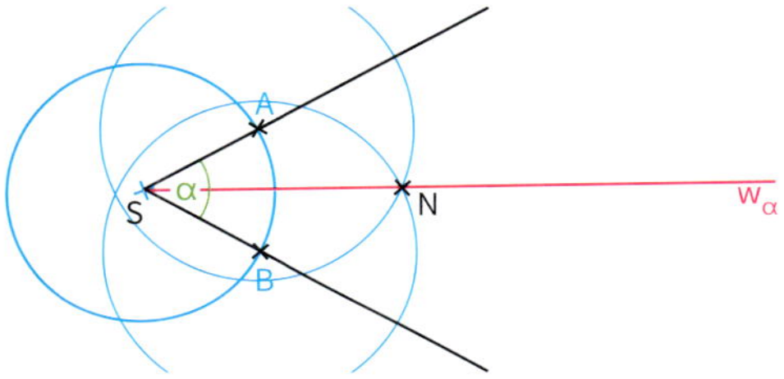

Konstruktion der Winkelhalbierenden eines Winkels mit Zirkel und Lineal

So findest du die Winkelhalbierende eines Winkels α mit dem Scheitelpunkt S:

(a) Zeichne einen Kreis mit beliebigem Radius um den Scheitelpunkt S. Er schneidet die beiden Schenkel des Winkels in zwei Punkten.

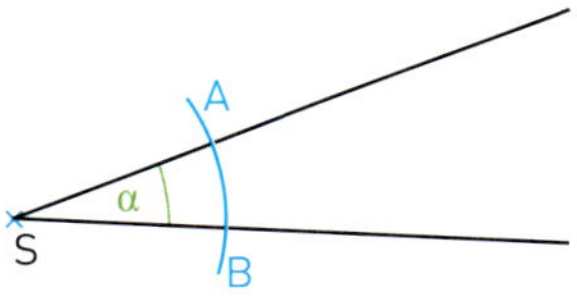

(b) Zeichne um die beiden Schnittpunkte zwei Kreise, deren Radien gleich groß sind.

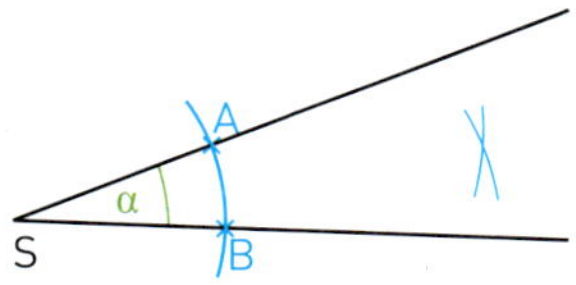

(c) Verbinde den Schnittpunkt dieser beiden Kreise und den Scheitelpunkt S. Du erhältst die Winkelhalbierende von α.

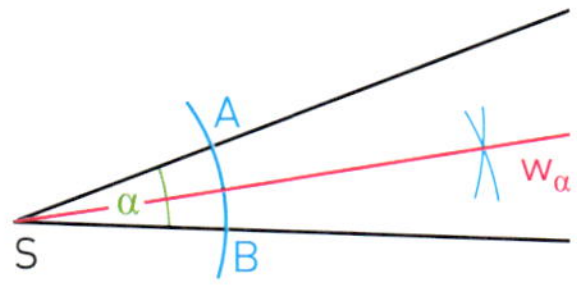

Beachte: Sowohl die Konstruktion der Mittelsenkrechten als auch der Winkelhalbierenden basieren auf der Ortslinieneigenschaft von Kreisen.

Ein Kreis um einen Punkt M ist die Ortslinie der Punkte, die alle von M denselben Abstand haben.

Auch bei der Winkelhalbierenden ist die Konstrukton mit dem Geodreieck statt mit Zirkel und Lineal zulässig, sofern nichts anderes vereinbart ist.

Übungsaufgaben

3. a) Rechts siehst du die achsensymmetrische Vorderansicht eines Gebäudes.
Wie kannst du die Symmetrieachse finden?

b) Der Punkt P′ ist Bildpunkt von Punkt P bei einer Achsenspiegelung.
Die Spiegelachse wurde wegradiert.
Übertrage die Zeichnung in dein Heft und zeichne die Spiegelachse ein.

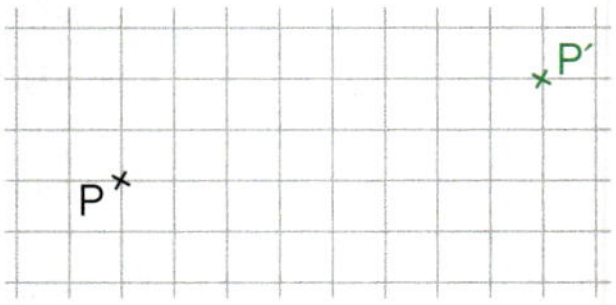

4. Konstruiere die Mittelsenkrechte der Strecke $\overline{AB}$ mit A (0 | 5) und B (2 | 1) ohne zu messen mit Zirkel und Lineal. Gib zwei Punkte auf ihr an.

5. Max hat versucht, die Mittelsenkrechte zu einer Strecke $\overline{AB}$ zu konstruieren. Nimm Stellung zu seiner Lösung

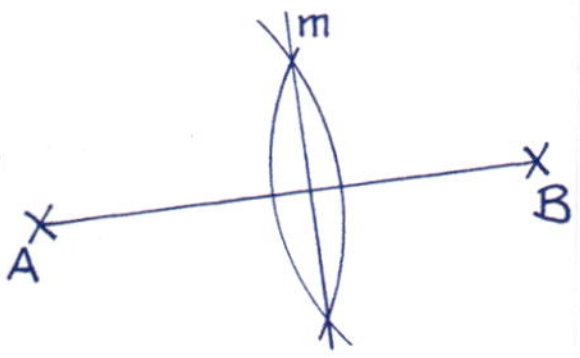

DGS

6. Zeichne mit einem dynamischen Geometrie-System die Dreiecke ABC und PQR mit den Punkten A (5 | 2), B (11 | 15), C (7 | 13), P (9 | 9), Q (13 | 11) und R (3 | 11).
Untersuche, ob du das Dreieck ABC so spiegeln kannst, dass du das Dreieck PQR erhältst.

7. Zeichne den Winkel α mit dem Scheitelpunkt S (0 | 7) und den Schenkeln durch die Punkte A (4 | 0) bzw. B (8 | 8). Konstruiere seine Winkelhalbierende, ohne zu messen mit Zirkel und Lineal. Gib zwei Punkte auf ihr an.

8. Herr Petri sucht zum Angeln eine möglichst ruhige Stelle, die gleich weit von beiden Straßen entfernt ist.
Kannst du ihm helfen?

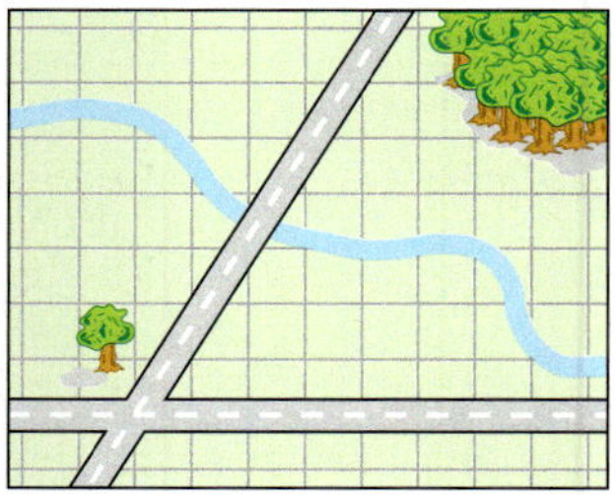

9. Zeichne zu der Geraden g die Bildgerade g′ bei der Achsenspiegelung an der Spiegelachse a. Begründe dein Vorgehen. Vergleiche die drei Fälle unten. Was stellst du fest? Was kannst du über die Bildgerade g′ aussagen, wenn die Gerade g und die Achse a zusammenfallen?

1. Fall:
g schneidet a im Punkt S

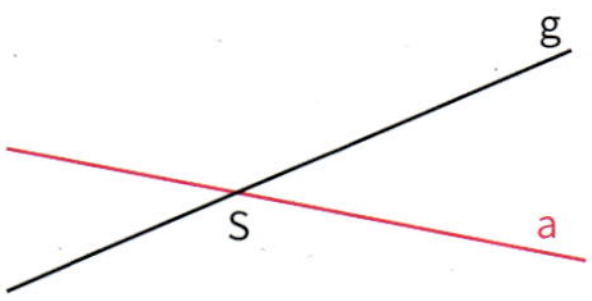

2. Fall:
g ist senkrecht zu a

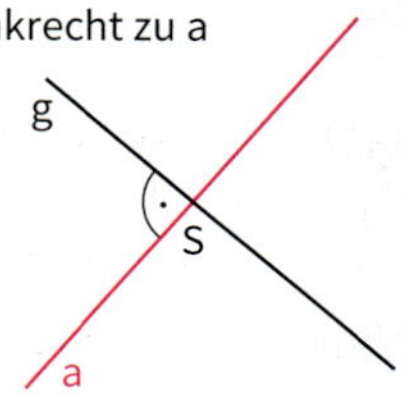

3. Fall:
g ist parallel zu a

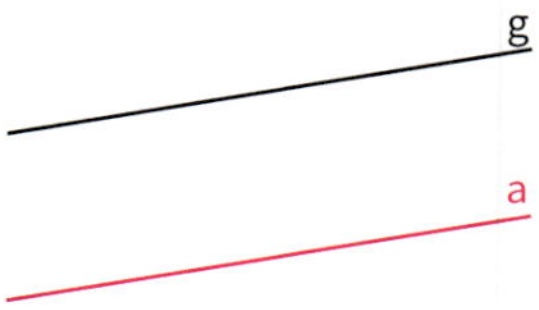

2.3 Punktsymmetrie – Spiegeln an einem Punkt

Einstieg

„Centgrab" ist ein Spiel, bei dem zwei Spieler abwechselnd einen Cent auf eine quadratische Spielfläche der Seitenlänge 5 cm legen. Wer als letzter einen Cent legen kann, erhält alle liegenden Cents. Frank behauptet, dass er stets gewinnt, wenn er anfangen darf. Janina hat beobachtet, dass er den ersten Cent immer genau in die Mitte legt.
Wie spielt er weiter?

Einführung

Punktsymmetrie

Die meisten Karten eines Kartenspiels sind nicht achsensymmetrisch. Dennoch weisen die Karten eine gewisse Regelmäßigkeit auf. Nimmt man sie auf die Hand, so ergibt sich dasselbe Aussehen, egal ob man die obere oder die untere Seite der Karte nach oben steckt. Nicht nur bei einer Volldrehung um den Mittelpunkt der Karte, sondern sogar schon bei einer halben Drehung kommt die Karte mit sich zur Deckung.
Man sagt: Die Karte ist *punktsymmetrisch*.

Wenn eine Figur nach einer Halbdrehung um einen Punkt Z mit sich selbst zur Deckung kommt, nennt man die Figur **punktsymmetrisch**.
Der Punkt Z heißt **Symmetriezentrum** der Figur.

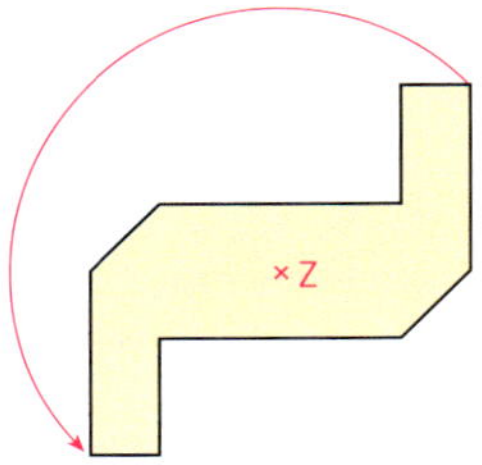

Aufgabe 1

Ergänzen zu einer punktsymmetrischen Figur – Punktspiegelung

a) Ergänze die Figur durch Halbdrehung um Z zu einer punktsymmetrischen Figur.
b) Verbinde jeden Eckpunkt mit seinem Symmetriepartner. Was fällt auf?

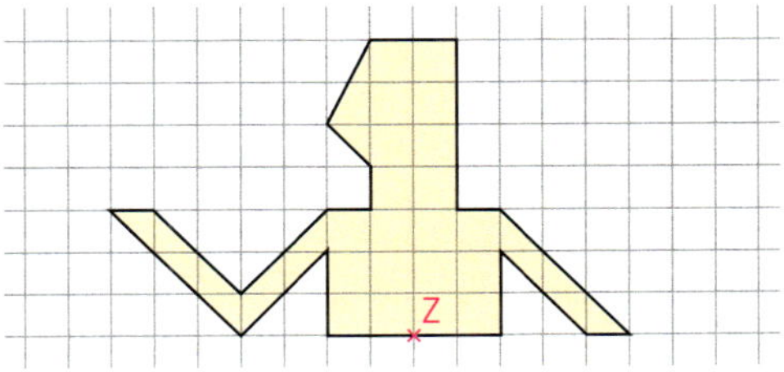

c) Gegeben sind ein Punkt Z und ein Dreieck ABC.
Zeichne mithilfe des Geodreiecks das Bilddreieck A′B′C′ bei der Halbdrehung (Drehung um 180°) um Z.
Beschreibe, wie du vorgegangen bist.

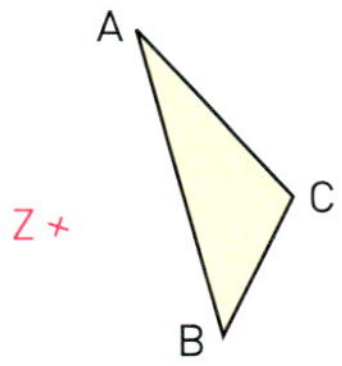

Lösung

a) Durch Abzählen im Quadratgitter kann man die Figur ergänzen.

b) Für die Verbindungslinien eines Punktes mit seinem Symmetriepartner gilt:
(1) Alle Verbindungslinien schneiden sich im Punkt Z.
(2) Der Punkt Z halbiert jede Verbindungslinie.

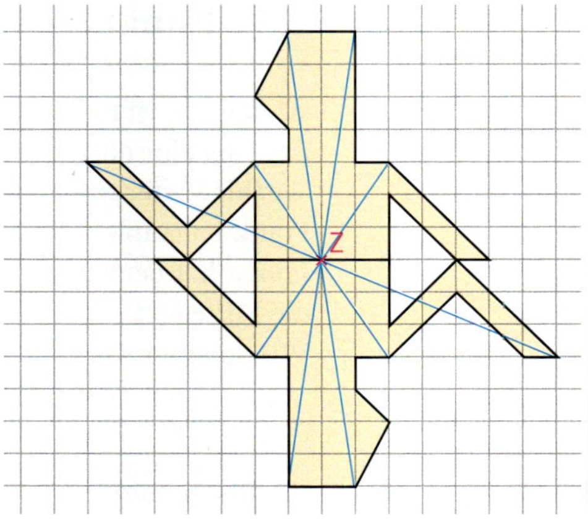

c) Zeichne zunächst das Dreieck ABC und den Punkt Z.
Führe dann die Halbdrehung in folgenden Schritten durch.

(1)

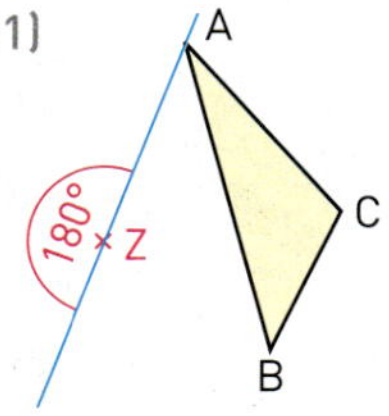

Zeichne die Gerade ZA.

(2)

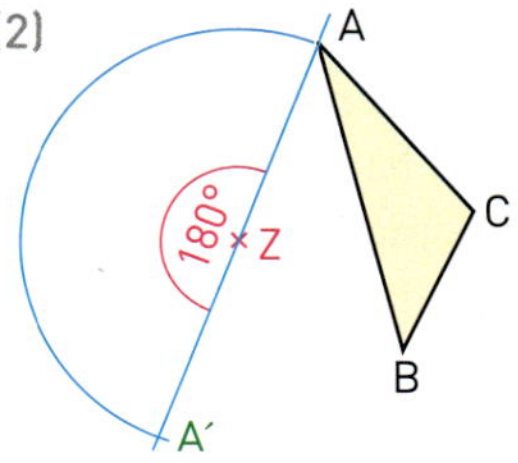

Zeichne einen Kreis um Z mit dem Radius $\overline{ZA}$. Sein von A verschiedener Schnittpunkt mit der Geraden ZA ist der Bildpunkt A′.

(3)

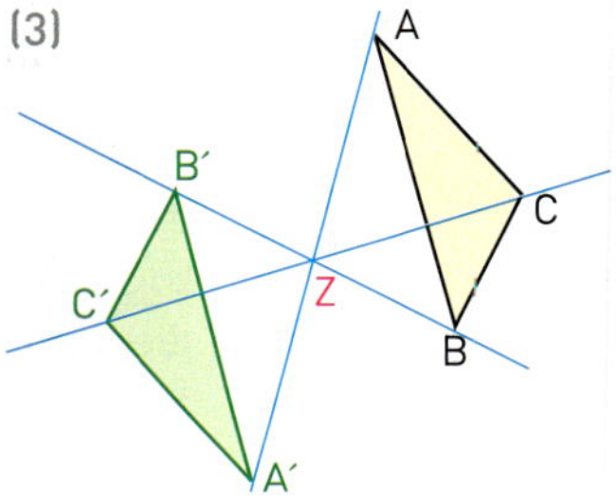

Zeichne die Bildpunkte B′ und C′ entsprechend. Verbinde die Bildpunkte zum Dreieck A′B′C′.

Information

Punktspiegelung am Spiegelzentrum Z

Zu einem Punkt P erhältst du den Bildpunkt P′ wie folgt:
- P′ liegt auf der Geraden ZP.
- P und P′ haben denselben Abstand vom Spiegelzentrum Z.
- P und P′ liegen auf verschiedenen Seiten vom Spiegelzentrum Z.
- Das Spiegelzentrum Z ist sein eigener Bildpunkt.

Am einfachsten spiegelst du an einem Punkt mithilfe eines Geodreiecks:

(1) Lege den Nullpunkt so auf den Punkt Z, dass P an der Zentimeterskala liegt.

(2) Markiere dann im gleichen Abstand auf der anderen Seite den Bildpunkt P′.

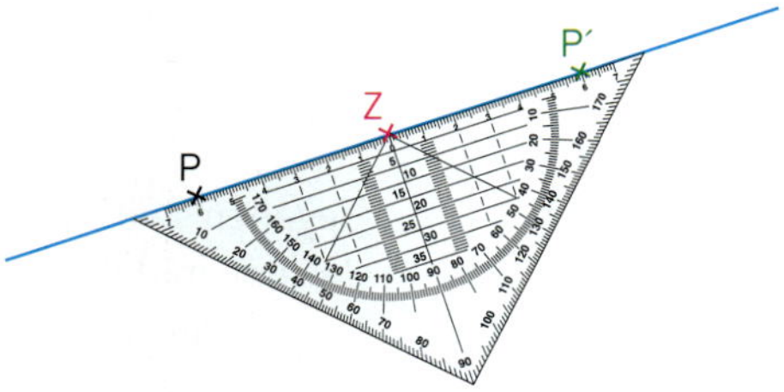

Weiterführende Aufgaben

Zusammenhang zwischen Punktsymmetrie und Spiegeln an einem Punkt

2. a) Ergänze das Fünfeck zu einer punktsymmetrischen Figur mit dem Symmetriezentrum Z.

b) Spiegele die in Teilaufgabe a) erhaltene punktsymmetrische Figur am Symmetriezentrum. Was stellst du fest?

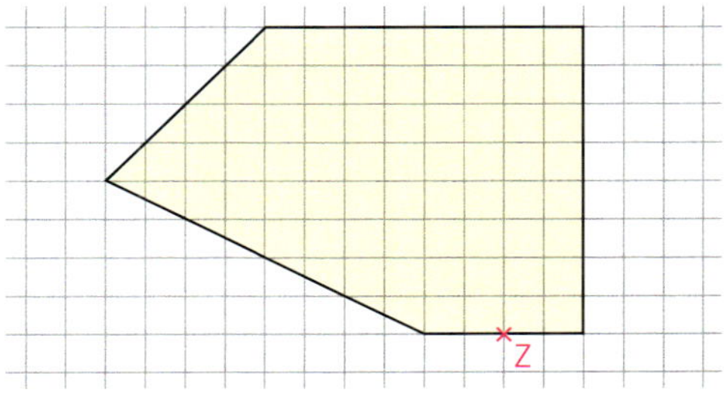

Bei einer zum Punkt P punktsymmetrischen Figur gilt:
Der Punkt Z halbiert die Verbindungsstrecke von Punkt und Bildpunkt.
Daher kann man auch sagen:
Eine Figur ist **punktsymmetrisch** zum Punkt Z, wenn sie bei der Punktspiegelung an Z auf sich abgebildet wird.

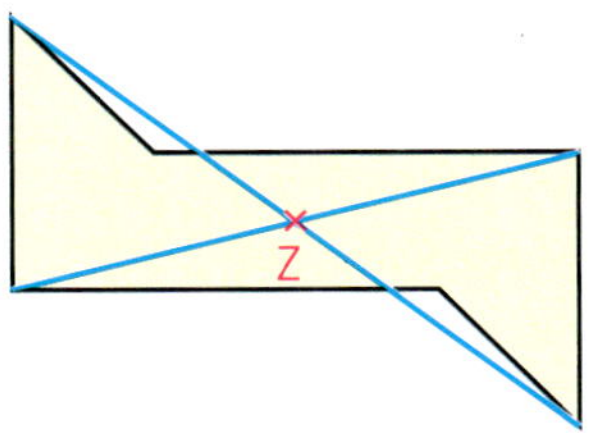

Eigenschaften der Punktspiegelung

3. a) Entscheide, ob die grüne Figur das Bild der gelben Figur sein kann. Begründe. Gib gegebenenfalls an, wie du das Spiegelzentrum finden kannst.

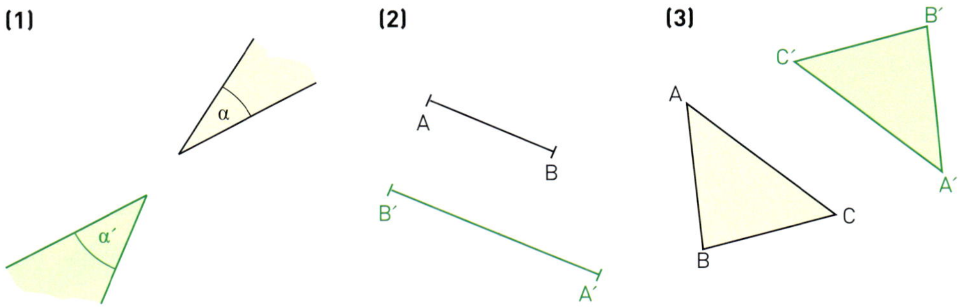

b) Du weißt: Bei einer Achsenspiegelung ändert sich die Länge einer Strecke und die Größe eines Winkels nicht. Dagegen ändert sich der Umlaufsinn eines Vielecks.
Welche dieser Eigenschaften gelten auch bei der Punktspiegelung, welche nicht?

Für jede *Punktspiegelung* gilt:
(1) Original und Bild passen genau aufeinander.
(2) Strecke und Bildstrecke sind gleich lang.
(3) Winkel und Bildwinkel sind gleich groß.
(4) Strecke und Bildstrecke sind parallel zueinander.
(5) Original und Bild haben denselben Umlaufsinn.

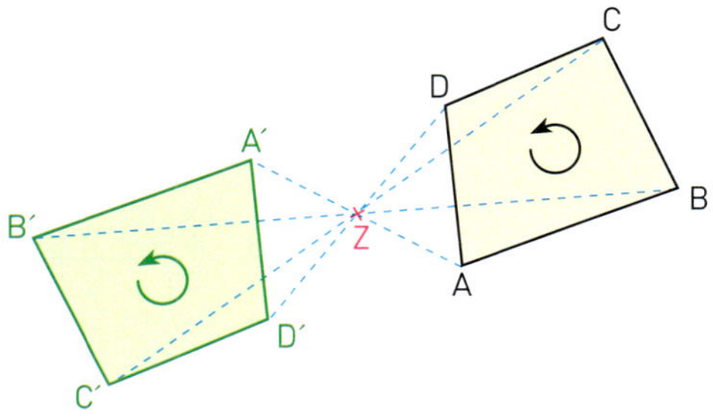

Achsensymmetrie an zueinander senkrechter Achsen – Punktsymmetrie

4. Was kannst du über die Symmetrien einer Figur aussagen, die zwei zueinander senkrechte Symmetrieachsen besitzt?

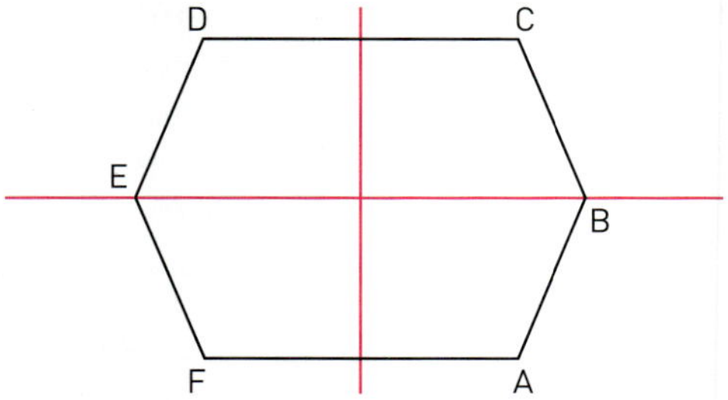

Jede Figur mit zwei zueinander senkrechten Symmetrieachsen ist punktsymmetrisch.
Das Symmetriezentrum ist der Schnittpunkt der beiden Symmetrieachsen.

Übungsaufgaben

5. a) Untersuche auf Punktsymmetrie.

b) Gib punktsymmetrische Figuren aus deiner Umwelt an.
Denke auch an Spielfelder beim Sport, an Brettspiele, an Markenzeichen von Autos, an Flaggen.

6. Welche Figuren sind punktsymmetrisch?

(1)

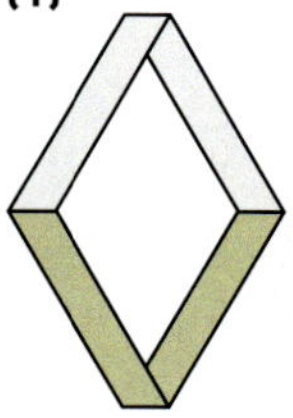

(2)

(3)

(4)

7. a) Welche Figur ist punktsymmetrisch? Gib – falls möglich – das Symmetriezentrum an.

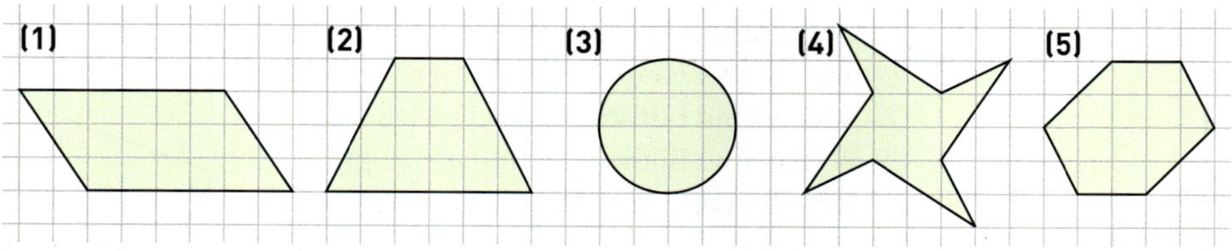

b) Welche Figur ist achsensymmetrisch?
Welche Figur ist punkt- und achsensymmetrisch?

8. 

a) Welche Karten sind achsensymmetrisch? Welche Karten sind punktsymmetrisch?
b) Welche Karten sind achsen-, aber nicht punktsymmetrisch?
c) Welche Karten sind punkt-, aber nicht achsensymmetrisch?
d) Welche Karten sind weder punkt- noch achsensymmetrisch?

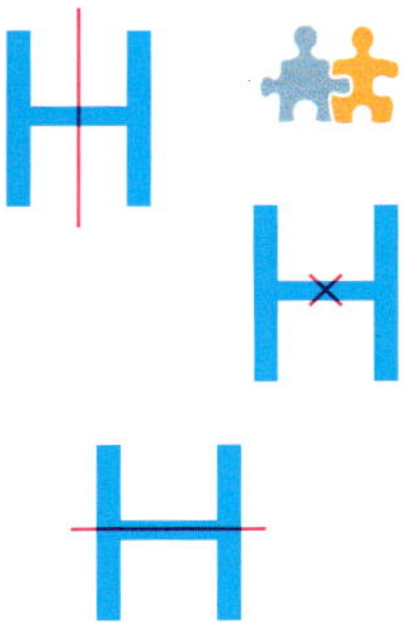

9. a) Untersucht die Druckbuchstaben auf Symmetrie.
b) Findet ihr ein ganzes Wort, das
(1) achsensymmetrisch, aber nicht punktsymmetrisch ist;
(2) punktsymmetrisch, aber nicht achsensymmetrisch ist;
(3) achsen- und punktsymmetrisch ist?

10. Ergänze zu einer punktsymmetrischen Figur.

a) b) c) d) e)

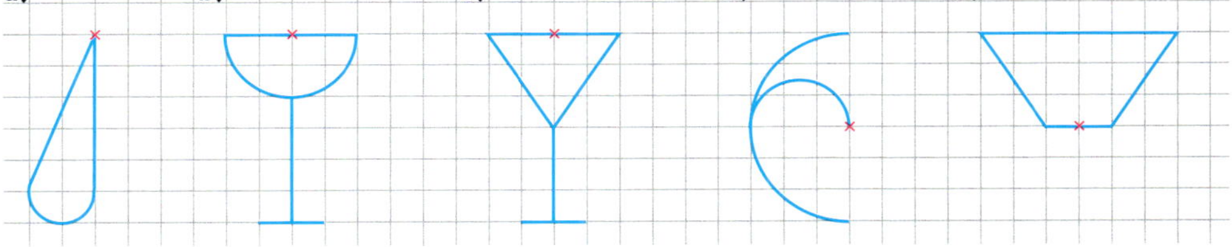

11. Die Bilder sind nicht genau punktsymmetrisch. Jedes enthält Fehler. Finde sie.

a) 
b) 
c) 

12. Du kennst besondere Vierecke: Quadrat, Rechteck, Raute und Parallelogramm. Welche dieser Vierecke sind punktsymmetrisch, welche sind achsensymmetrisch? Wie viele Symmetrieachsen haben die Figuren?

13. Zeichne in ein Koordinatensystem mit der Einheit 1 cm das Dreieck ABC mit A(3|8), B(9|7) und C(5|11). Spiegele das Dreieck am Punkt Z. Gib dann die Koordinaten der Bildpunkte an.

a) Z(5|8) b) Z(5|11) c) Z(5|6) d) Z(8|9)

14. Zeichne in ein Koordinatensystem mit der Einheit 1 cm das Viereck ABCD mit A (2 | 0), B (6 | 2), C (3 | 6) und D (0 | 3). Spiegele am Punkt Z. Gib die Koordinaten der Bildpunkte an.
a) Z (4 | 3) **b)** Z (5 | 4) **c)** Z (3 | 6) **d)** Z (6 | 5)

DGS

15. Zeichne mit einem dynamischen Geometrie-System ein Viereck und einen Punkt Z. Spiegele dann das Viereck an diesem Punkt Z.
Verändere die Lage des Vierecks und auch die Lage des Punktes Z. Was stellst du fest?

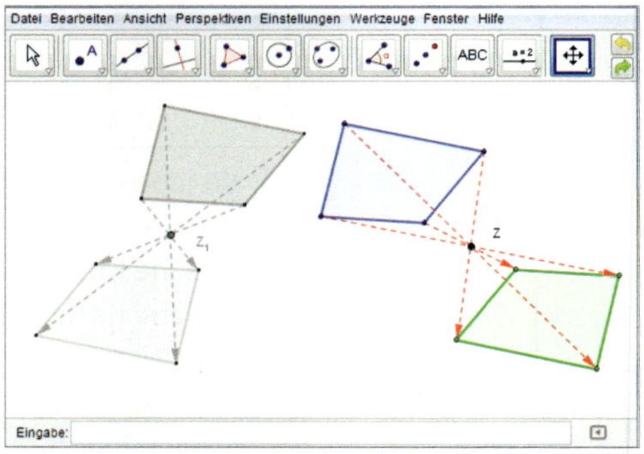

16. Untersuche, ob das Dreieck A′B′C′ das Bild des Dreiecks ABC bei einer Punktspiegelung sein kann. Falls ja, gib den Punkt an, an dem gespiegelt wurde.

a)	A (3 | 0)	B (6 | 1)	C (1 | 5)	A′ (9 | 6)	B′ (6 | 5)	C′ (11 | 1)
b)	A (1 | 8)	B (1 | 5)	C (5 | 10)	A′ (6 | 2)	B′ (5 | 5)	C′ (1 | 0)

17. Melanie hat die Gerade g an dem Punkt Z gespiegelt.
Kontrolliere und begründe deine Antwort.

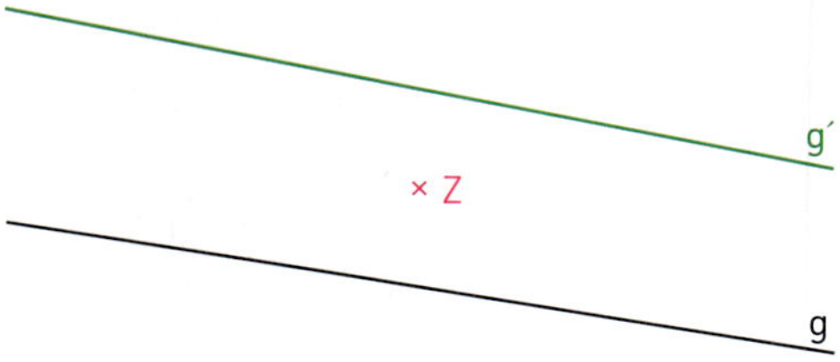

18. Gegeben sind eine Gerade g und ein Punkt Z. Zeichne die Bildgerade g′ bei Spiegelung am Spiegelzentrum Z. Vergleiche g und g′. Unterscheide dabei zwei Fälle:
Die Gerade g geht **(1)** nicht durch den Punkt Z; **(2)** durch den Punkt Z.

19. Gib
(1) ein Dreieck, (3) ein Fünfeck
(2) ein Viereck,
an, aus dem man durch Punktspiegelung das Sechseck erzeugen kann.

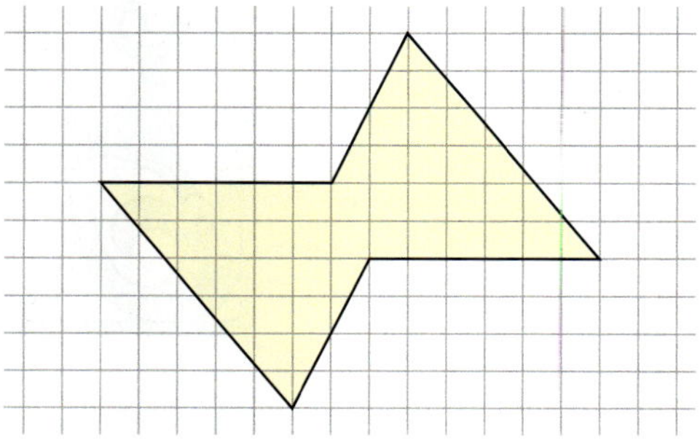

20. Stellt durch Falten und Schneiden schöne Muster wie im Bild her.
Stellt sie im Klassenraum aus.
a) Welche Symmetrien haben die Muster?
b) Zeigt an einem einfachen Beispiel, wie ihr spiegeln müsst, um solche Muster zeichnerisch (also ohne Falten und Schneiden) zu erhalten.

2.4 Drehsymmetrie – Drehen um einen Punkt

Einstieg

Die Alufelgen rechts weisen eine besondere Symmetrie auf. Beschreibt diese. Entwerft selbst einfache Felgen und zeichnet sie.

Einführung

Drehsymmetrie

Im Bild links siehst du ein kreisförmiges Ornament, auch Rosette (frz.: Röschen), genannt. Dreht man diese Rosette um den Mittelpunkt um 360°, so kommt die Figur mit sich selbst zur Deckung. Du kannst das mit Transparentpapier nachprüfen.
Tanja und Tim wollen selbst eine Rosettenfigur herstellen. Dazu haben sie das Drachenviereck ABCD als Grundfigur gewählt und drehen es fortlaufend um 72° linksherum weiter. Die ersten beiden Drehungen siehst du rechts.
Du kannst die angefangene Rosette abzeichnen und fertigstellen.

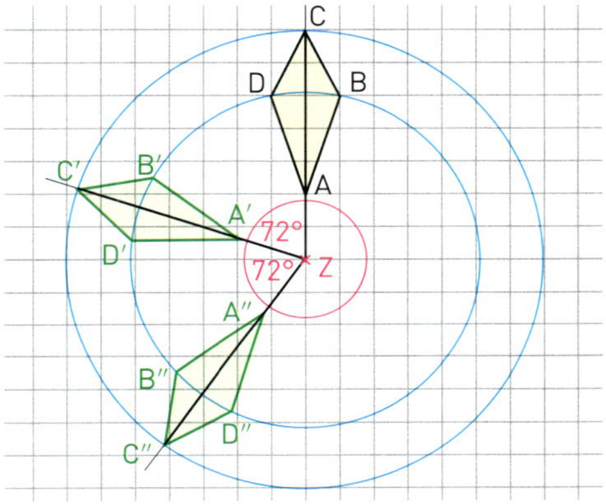

Aufgabe 1

Drehen einer Figur mithilfe von Transparentpapier

Zeichne ein Dreieck ZAB. Drehe es um den Punkt Z linksherum mit dem Drehwinkel 50°; verwende Transparentpapier.

Lösung

1. Schritt

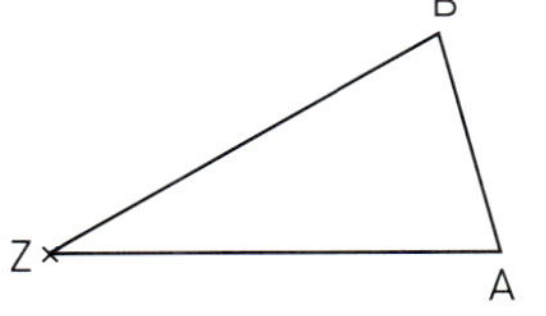

Zeichne ein Dreieck ZAB.

2. Schritt

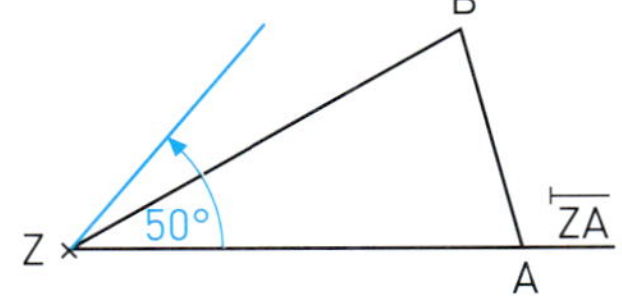

Zeichne einen Winkel der Größe 50° mit Schenkel ZA.

3. Schritt

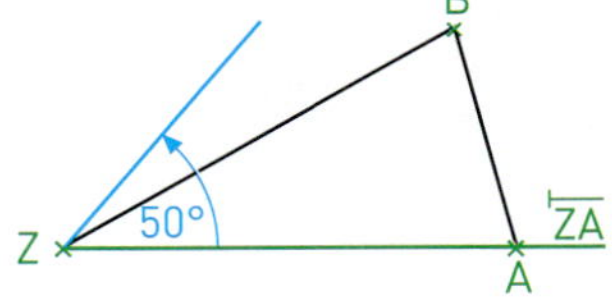

Übertrage Z, A, B und ZA auf Transparentpapier.

4. Schritt

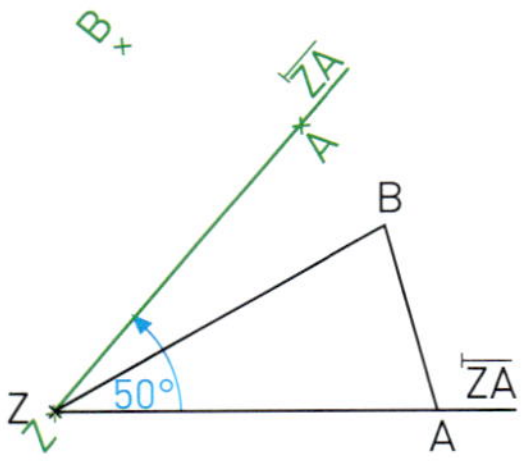

Drehe das Transparentpapier um 50°.

5. Schritt

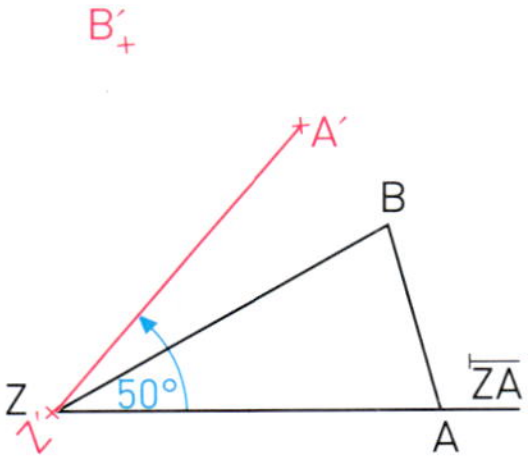

Markiere die Bildpunkte A' und B'.

6. Schritt

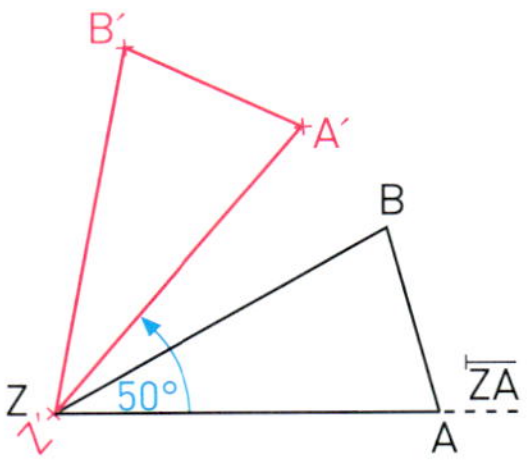

Zeichne das Bilddreieck ZA'B'.

Aufgabe 2 **Zeichnen der Bildfigur bei einer Drehung mithilfe von Zirkel und Geodreieck**

Gegeben sind ein Punkt Z und ein Dreieck ABC. Zeichne mithilfe von Zirkel und Geodreieck das Bilddreieck A′B′C′ bei der Drehung um Z mit dem Drehwinkel 65° gegen den Uhrzeigersinn.
Beschreibe dein Vorgehen.

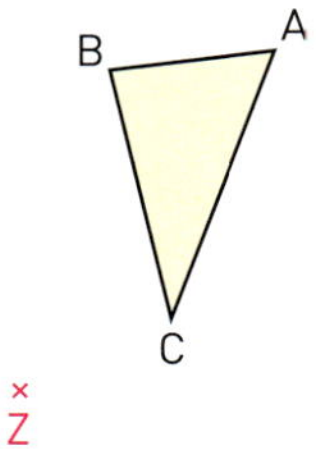

Lösung

Zeichne zunächst das Dreieck ABC und den Punkt Z.
Führe dann die Drehung in folgenden Schritten durch.

(1)

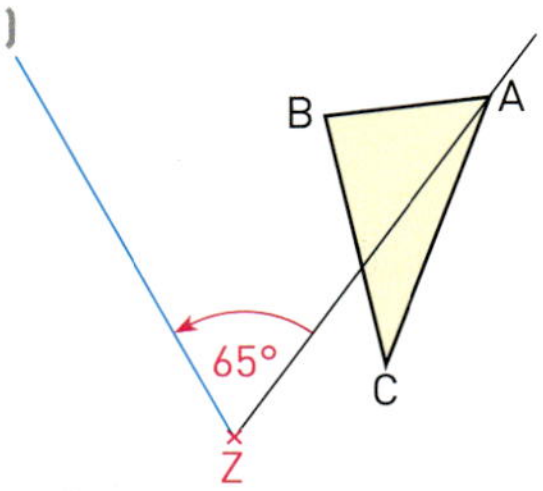

Zeichne den Strahl $\overrightarrow{ZA}$ und sein Bild $\overrightarrow{ZA'}$ bei der Drehung um Z um 65°.

(2)

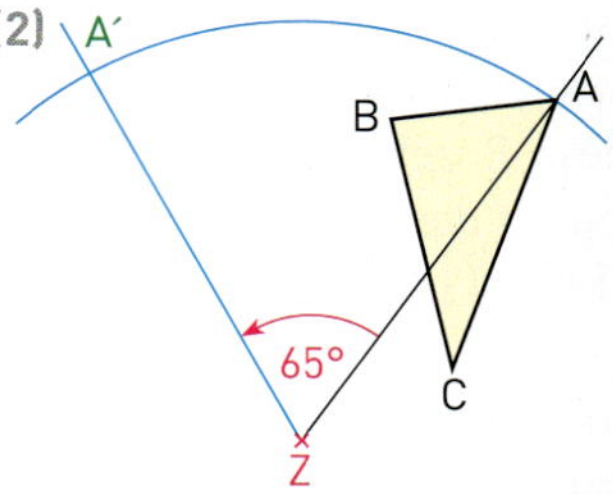

Zeichne den Kreis um Z mit dem Radius $\overline{ZA}$.
Sein Schnittpunkt mit dem Bild des Strahls $\overrightarrow{ZA}$ ist der Bildpunkt A′.

(3)

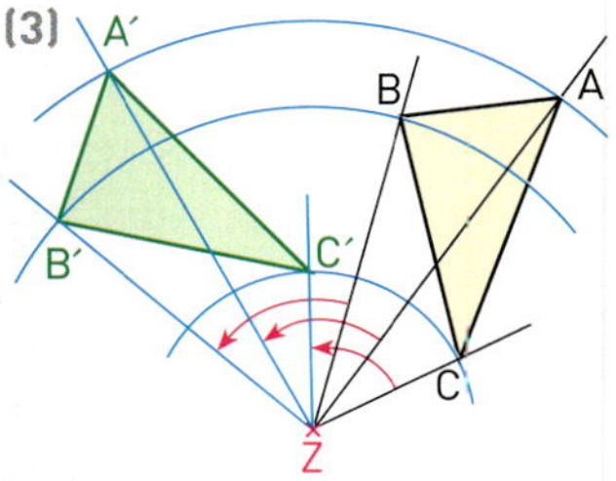

Zeichne die Bildpunkte B′ und C′ entsprechend. Verbinde die Bildpunkte zum Dreieck A′B′C′.

Information

Jede Drehung um einen Punkt Z kannst du dir als Linksdrehung (Drehung entgegen dem Uhrzeigersinn) oder Rechtsdrehung (Drehung im Uhrzeigersinn) vorstellen. In der Mathematik ist es üblich, sich auf Linksdrehungen zu beschränken. Weicht man davon ab, so muss man dies angeben.

φ gelesen: phi viertletzter Buchstabe im griechischen Alphabet

Drehung um das Drehzentrum Z mit dem Drehwinkel φ

Zum Punkt P erhältst du den Bildpunkt P′ wie folgt:

(1)

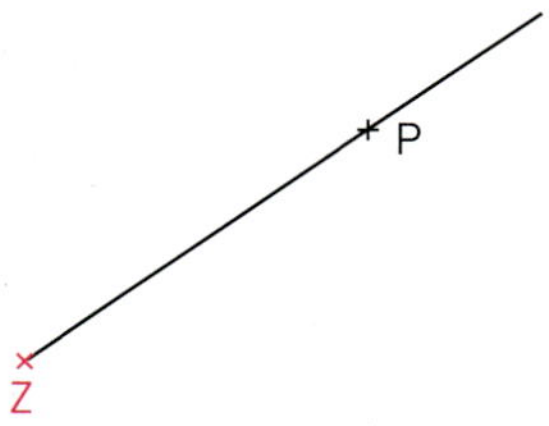

Zeichne den Strahl $\overrightarrow{ZP}$.

(2)

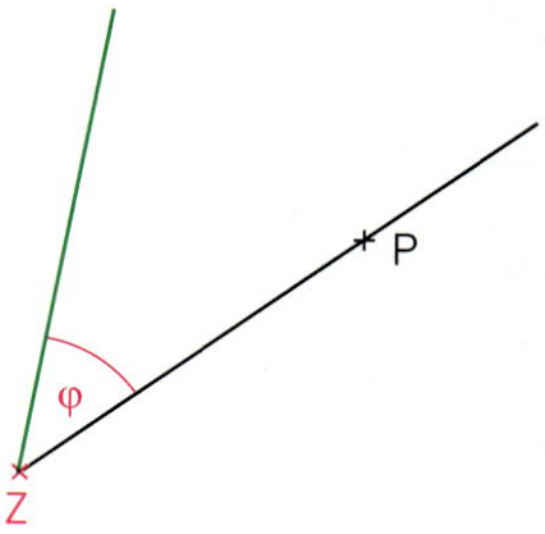

Trage an den Strahl $\overrightarrow{ZP}$ entgegen dem Uhrzeigersinn den Winkel mit der Größe φ an.

(3)

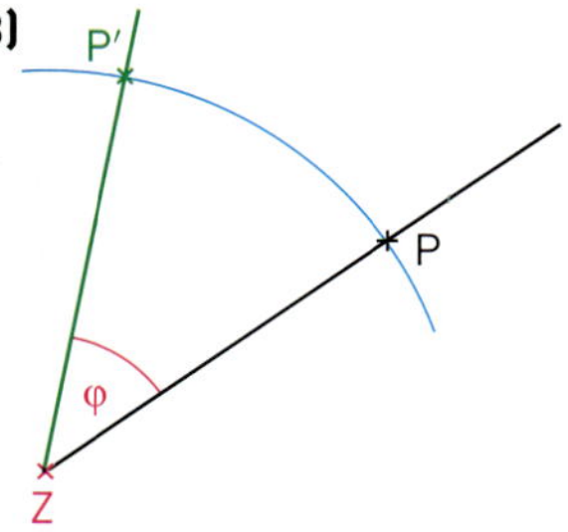

Markiere den Bildpunkt P′ so, dass er
- auf dem zweiten Schenkel des Winkels φ liegt,
- von Z genauso weit entfernt ist wie P.

Das Drehzentrum Z bleibt an seiner Stelle.

Weiterführende Aufgaben

Zusammenhang zwischen Drehung und Drehsymmetrie

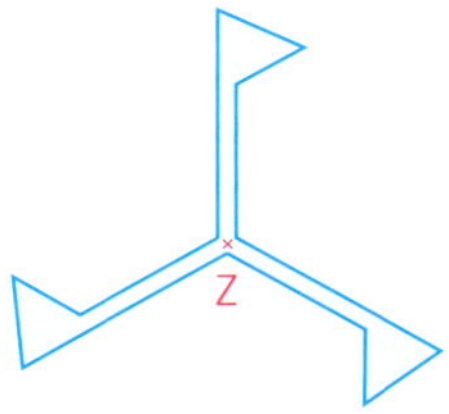

3. a) Übertrage die Figur auf Transparentpapier und drehe sie um den Punkt Z linksherum (entgegen dem Uhrzeigersinn). Bei welchen Linksdrehungen wird die Figur auf sich abgebildet?

b) Versuche, die Figur in Teilaufgabe a) durch Rechtsdrehungen auf sich abzubilden. Gib zu jeder Rechtsdrehung an, welche Linksdrehung ihr entspricht.

> Wenn eine Figur bei einer Drehung (entgegen dem Uhrzeigersinn) um einen Punkt Z mit einem Drehwinkel zwischen 0° und 360° mit sich zur Deckung kommt, dann heißt die Figur *drehsymmetrisch* zum Punkt Z.

Eigenschaften der Drehung

4. a) Entscheide, ob die grüne Figur das Bild der gelben Figur sein kann. Begründe.

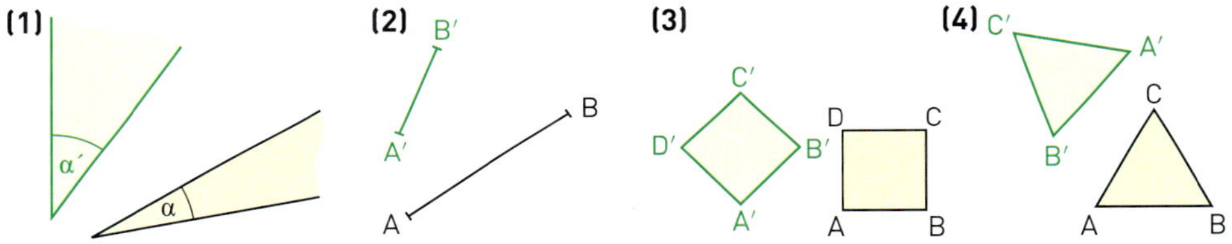

b) Du weißt: Bei einer Achsenspiegelung ändert sich die Länge einer Strecke und die Größe eines Winkels nicht. Dagegen ändert sich der Umlaufsinn eines Vielecks. Welche dieser Eigenschaften gelten auch für die Drehung, welche nicht?

> Für jede *Drehung* gilt:
> **(1)** Original und Bild passen genau aufeinander.
> **(2)** Strecke und Bildstrecke sind gleich lang.
> **(3)** Winkel und Bildwinkel sind gleich groß.
> **(4)** Original und Bild haben denselben Umlaufsinn.

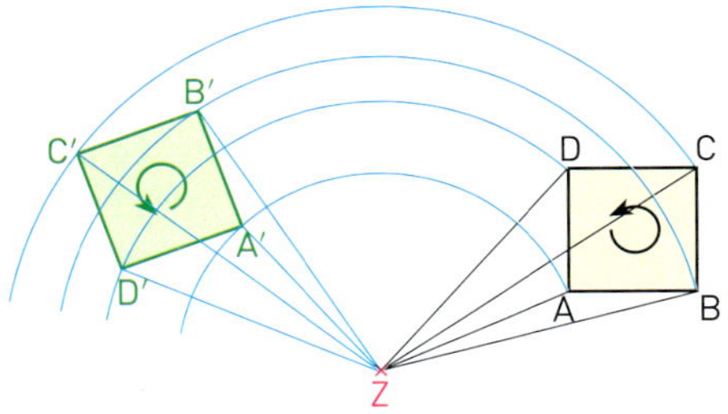

Übungsaufgaben

5. Hier siehst du drehsymmetrische Figuren aus der Natur. Suche weitere drehsymmetrische Figuren aus dem Alltag. Versuche selbst eine drehsymmetrische Figur zu zeichnen.

(1)

(2)

(3)

6. Erzeuge aus der Figur eine drehsymmetrische Figur.
Führe dazu nacheinander drei Linksdrehungen um 90° mit Z als Drehzentrum aus.

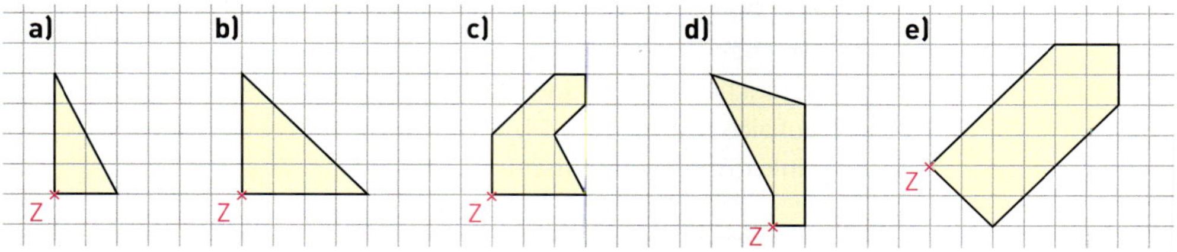

7. **a)** Zeichne das Bilddreieck A′B′C′ bei der Drehung um das Drehzentrum Z mit dem Drehwinkel 70° [135°; 220°]. Wähle weitere Punkte innerhalb des Dreiecks und zeichne ihre Bildpunkte.
b) Bearbeite Teilaufgabe a) für andere Lagen des Drehzentrums Z zu ABC.

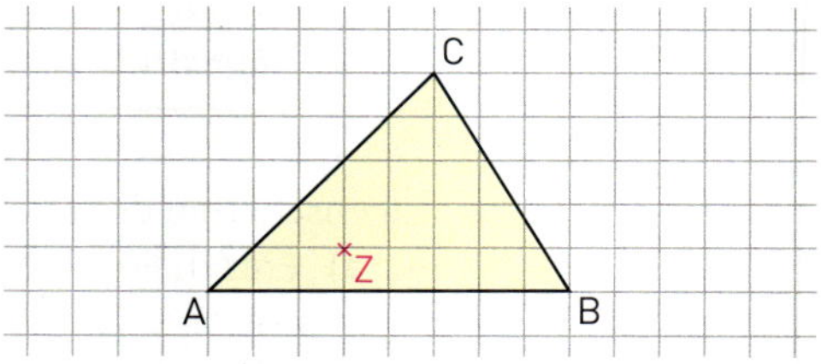

8. Zeichne in ein Koordinatensystem mit der Einheit 1 cm das Viereck ABCD mit den Eckpunkten A (1 | 2), B (4 | 1), C (4 | 4) und D (2 | 6).
Zeichne dann das Bild des Vierecks ABCD bei der Drehung um Z mit dem Drehwinkel φ.
Gib anschließend Näherungswerte für die Koordinaten der Bildpunkte A′, B′, C′ und D′ an.
a) Z (4 | 4), $\varphi = 90°$ **b)** Z (2 | 3), $\varphi = 35°$ **c)** Z (5 | 5), $\varphi = 170°$

DGS **9.** Zeichne mit einem dynamischen Geometrie-System ein Viereck und einen Punkt Z. Zeichne auch drei Punkte für einen Winkel und lass diesen messen. Drehe dann das Viereck um diesen Winkel um den Punkt Z. Verändere die Lage des Vierecks und auch die Lage des Punktes Z sowie die Größe des Winkels. Was stellst du fest?

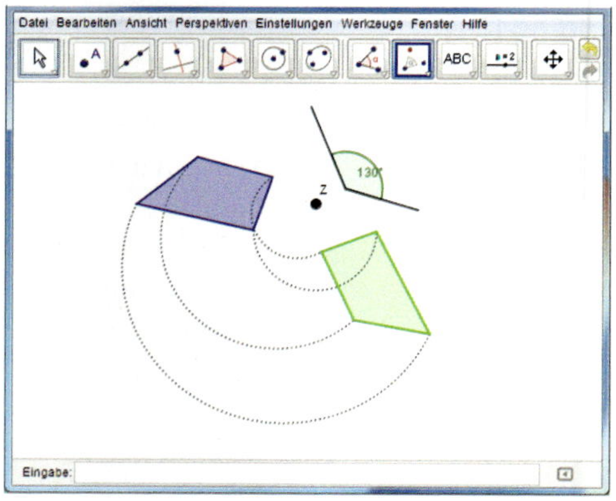

10. Mache eine Aussage über die Drehsymmetrie der Figur.
Gib den kleinsten Drehwinkel an, bei dem die Figur mit sich selbst zur Deckung kommt.

(1)

(2)

(3)

11. Ist die Figur drehsymmetrisch? Gib gegebenenfalls den kleinsten Drehwinkel an.

(1) 
(2) 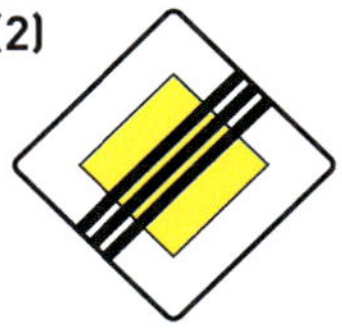
(3) 
(4) 
(5) 

(6) 
(7) 

(8) 
(9) 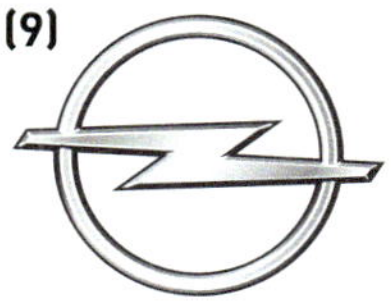
(10) 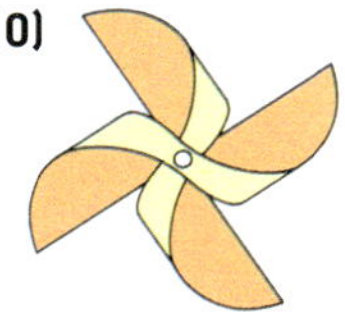

12. a) Ein rechteckiges Poster mit den Maßen 60 cm und 85 cm ist an der kürzeren Seite mit zwei Reißzwecken befestigt. Die rechte Reißzwecke löst sich. Dadurch dreht sich das Poster so, dass sein Mittelpunkt genau unter der linken Reißzwecke ist.
Um wie viel Grad hat sich das Poster gedreht?

b) Um wie viel Grad würde sich das Poster drehen, wenn es quer aufgehängt worden wäre?

13. Zeichne in ein Koordinatensystem mit der Einheit 1 cm den Kreis mit dem Mittelpunkt M(5|6) und dem Radius 2,5 cm. Zeichne dann das Bild des Kreises bei Drehung um das Drehzentrum A mit dem Drehwinkel

(1) $\varphi = 65°$; **(2)** $\varphi = 115°$; **(3)** $\varphi = 225°$.

Gib anschließend an, welche Eigenschaft der Drehung du dabei benutzt hast.

a) A(7|5) **b)** A(6|8,5) **c)** A(7,5|6) **d)** A(5|6)

14. Zeichne in ein Koordinatensystem mit der Einheit 1 cm die Punkte A(3|2), B(6|2), C(6|5) und D(4|5). Gibt es eine Drehung mit den angegebenen Bildpunkten? Gib gegebenenfalls das Drehzentrum und den Drehwinkel an.

a) A′(7|3), B′(10|3); **b)** C′(6|5), D′(6|7); **c)** B′(7|2), D′(9|5); **d)** A′(9|4), C′(6|5)

15. Entwerft selbst hübsche kreisförmige Ornamente (Rosetten) und hängt sie im Klassenraum aus.

16. a) Welche Figuren sind achsensymmetrisch, welche sind punktsymmetrisch, welche sind drehsymmetrisch?

(1) 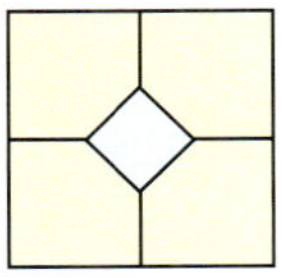
(2) 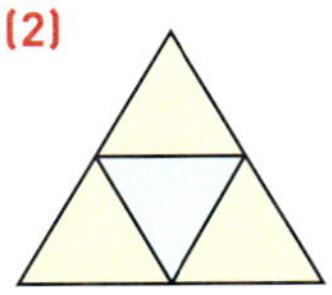
(3) 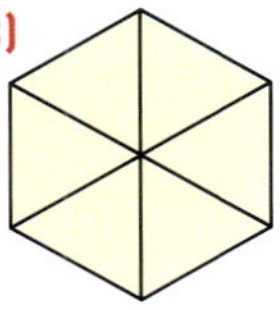
(4) 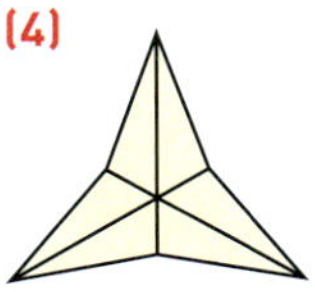

b) Gib die Anzahl der Symmetrieachsen an. Untersuche, ob es einen Zusammenhang zwischen der Anzahl der Symmetrieachsen und der Punktsymmetrie sowie der Drehsymmetrie einer Figur gibt.

Symmetrie im Raum

1. Viele Gebäude zeigen einen symmetrischen Grundriss oder eine symmetrische Fassade. Beschreibe die Symmetrie im Grundriss und der Fassade der abgebildeten Bauwerke.

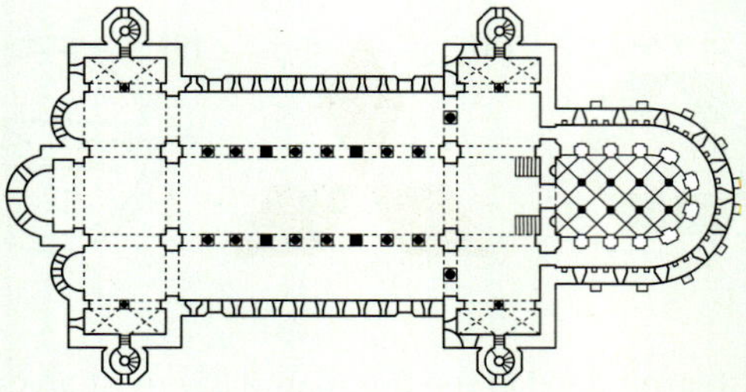

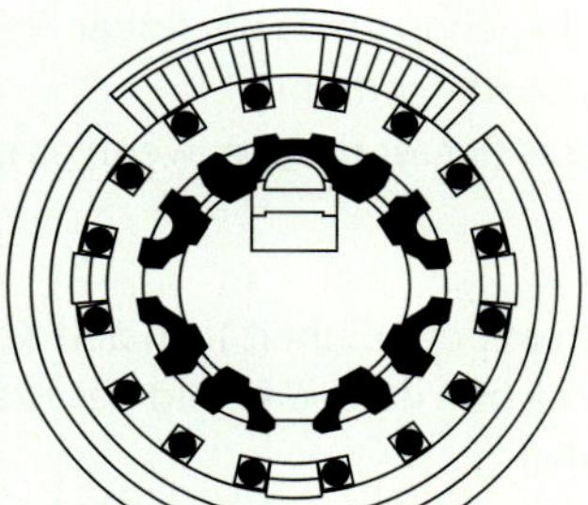

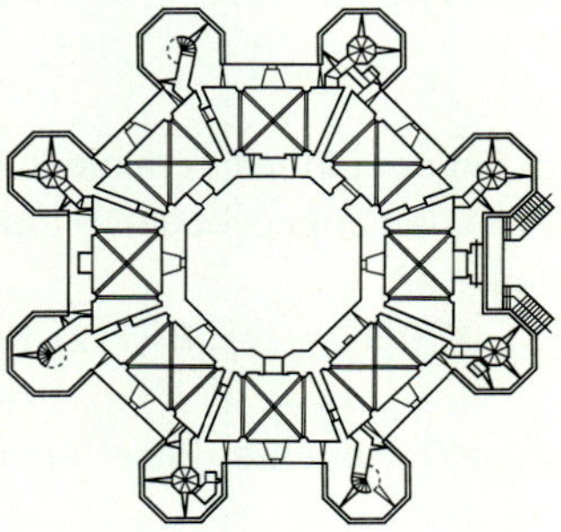

Nicht nur der Grundriss oder die Fassade des Gebäudes rechts ist symmetrisch, sondern auch das Gebäude als Ganzes:
Es ist symmetrisch zu einer **Symmetrieebene.**
Man sagt auch: Das Gebäude ist **ebenensymmetrisch.**

2. Die Symmetrieebene eines Körpers schneidet ihn in einer Fläche. Die *Schnittfläche* ist beim Haus in Bild (1) ein Rechteck, bei der Dose in Bild (2) eine Kreisfläche.

(1)

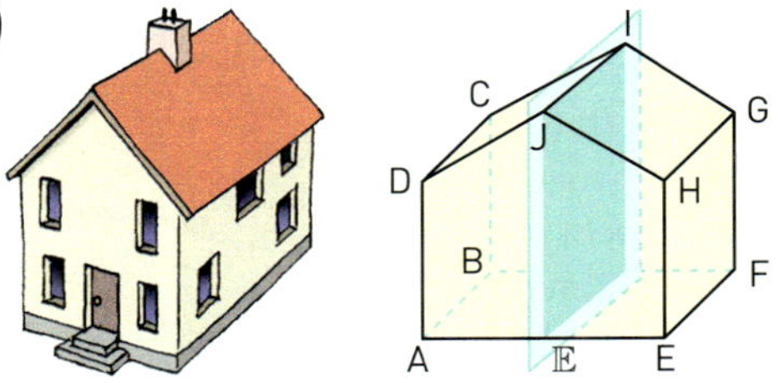

(2)

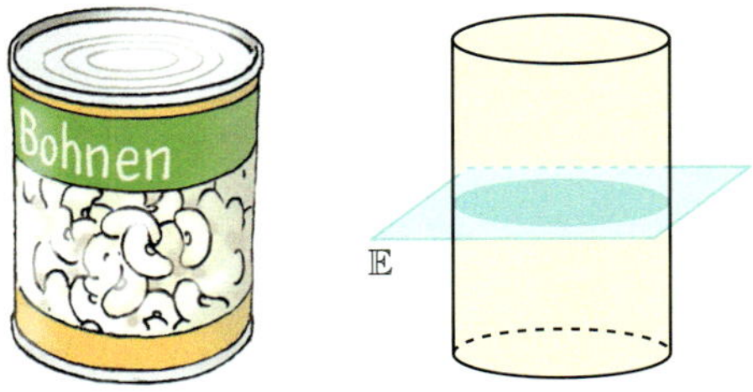

a) Untersuche, ob das Haus und die Dose noch andere Symmetrieebenen haben.

b) Welche der Körper sind ebenensymmetrisch? Wie viele Symmetrieebenen haben sie?

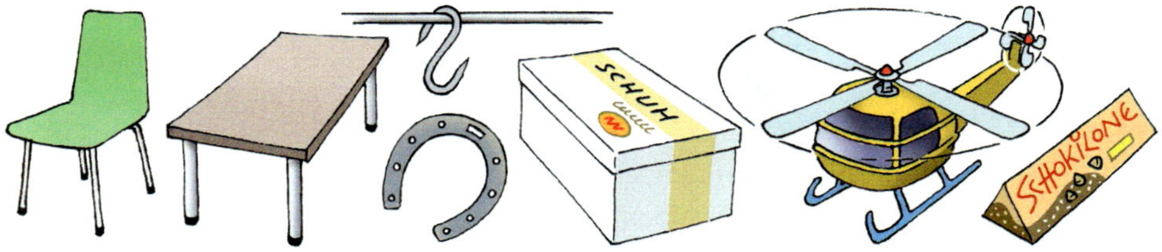

c) Nenne weitere Körper aus dem täglichen Leben, die Symmetrieebenen besitzen.

3. Häuser haben verschiedene Dachformen, deren Namen du im Bild findest. Untersuche die Häuser auf Symmetrie; gib dabei auch an, wie viele Symmetrieebenen jedes Haus hat.

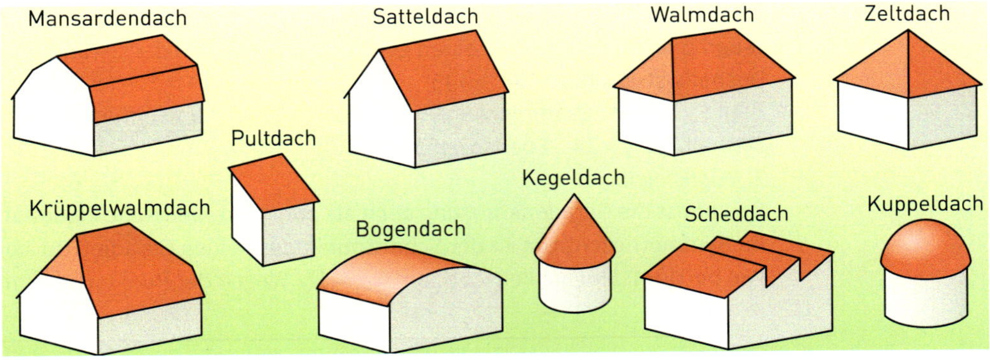

4. a) Zeichne ein Schrägbild eines Quaders mit den Seitenlängen 6 cm, 3 cm und 4 cm.

b) Wie viele Symmetrieebenen hat ein Quader? Zeichne für jede Symmetrieebene ein Schrägbild. Färbe in ihm die Schnittfläche, die beim Zerschneiden des Quaders längs der Symmetrieebene entsteht. Um was für eine Fläche handelt es sich?

c) Wie viele Symmetrieebenen hat ein Würfel? Zeichne die Schnittfläche jeder Symmetrieebene in ein Schrägbild des Würfels ein. Um was für eine Fläche handelt es sich?

5. a) Zeichne das Schrägbild eines Quaders, der mehr als drei Symmetrieebenen hat, aber kein Würfel ist.
Zeichne für jede Symmetrieebene ein Schrägbild.

b) Zeichne ein Netz dieses Quaders und trage die Schnittlinien der Symmetrieebenen ein.

2.5 Winkel an Geradenkreuzungen

Einstieg

In Städten findet man ganz unterschiedliche Straßenkreuzungen. Häufig kreuzt eine gerade verlaufende Straße mehrere Querstraßen. Zeichnet möglichst viele verschiedene Kreuzungen. Zeichnet dabei vereinfacht Geraden für Straßen. Tauscht dann eure Zeichnungen mit denen des Partners und messt alle an den Kreuzungen auftretenden Winkel. Kennzeichnet gleich große Winkel in derselben Farbe.
Tragt eure Ergebnisse zusammen.
Was fällt euch auf? Stellt allgemeine Vermutungen auf und versucht sie zu begründen.

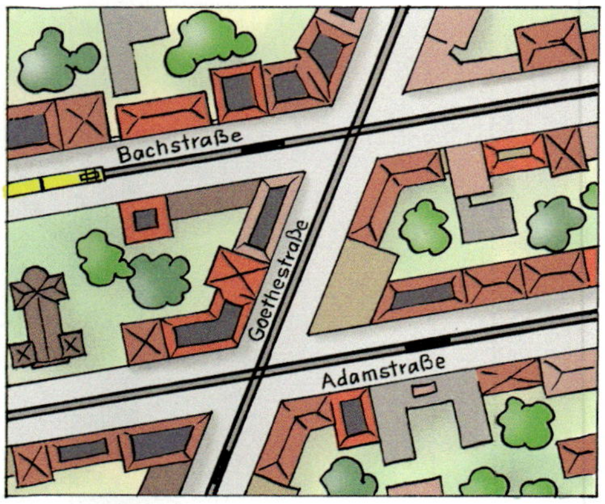

Aufgabe 1

Winkel an einer Geradenkreuzung

Zwei sich schneidende Geraden bilden die vier bezeichneten Winkel. Winkel α soll 34° groß sein. Wie groß sind die anderen drei Winkel? Begründe.

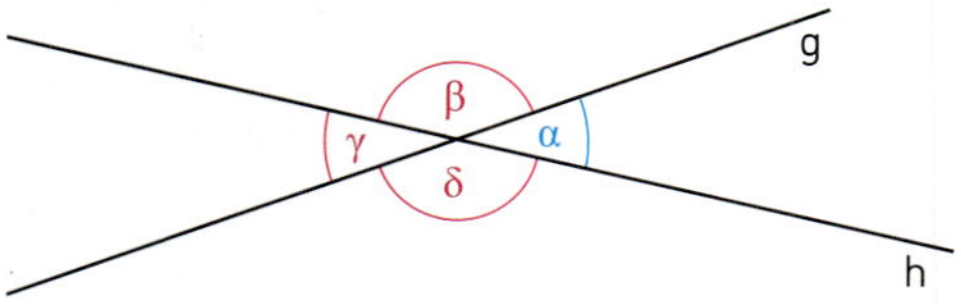

Lösung

1. Möglichkeit:
α und β bilden zusammen einen gestreckten Winkel an der Geraden h.
Deshalb ist $\beta = 180° - 34° = 146°$.
β und γ bilden zusammen einen gestreckten Winkel an der Geraden g.
Deshalb ist $\gamma = 34°$. Ebenso ist $\delta = 146°$.
2. Möglichkeit:
Du kannst die Geradenkreuzung auch als punktsymmetrische Figur auffassen.
Ihr Symmetriezentrum ist der Schnittpunkt der beiden Geraden. Du siehst sofort: $\gamma = 34°$.
Wie bei der 1. Möglichkeit ist dann $\beta = 146°$. Wegen der Punktsymmetrie ist auch $\delta = 146°$.

Gegeben sind zwei Geraden, die sich schneiden. Diese bilden eine *Geradenkreuzung*.

(1) Liegen zwei Winkel wie α und β in der Zeichnung rechts, so sagt man:
α ist **Nebenwinkel** zu β;
β ist **Nebenwinkel** zu α.

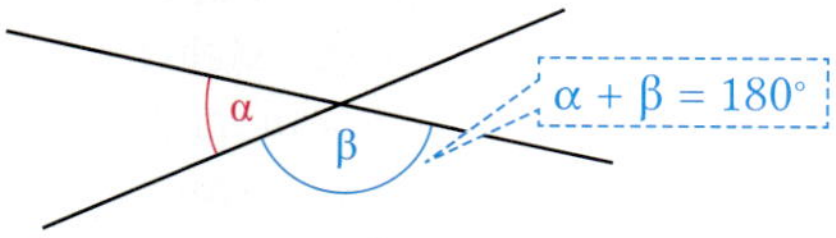

Nebenwinkelsatz:
Nebenwinkel ergänzen sich zu 180°.

(2) Liegen zwei Winkel wie γ und δ in der Zeichnung rechts, so sagt man:
γ ist **Scheitelwinkel** zu δ;
δ ist **Scheitelwinkel** zu γ.

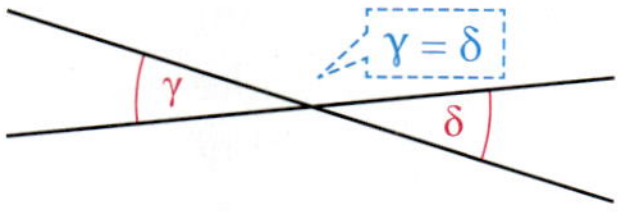

Scheitelwinkelsatz:
Scheitelwinkel sind gleich groß.

Aufgabe 2

Winkel an einer doppelten Geradenkreuzung

Rechts siehst du eine doppelte Geradenkreuzung, bei der zwei zueinander parallele Geraden von einer dritten Geraden geschnitten werden. Der Winkel α_1 soll genau 56° groß sein. Bestimme – soweit möglich – die übrigen Winkel ohne zu messen.

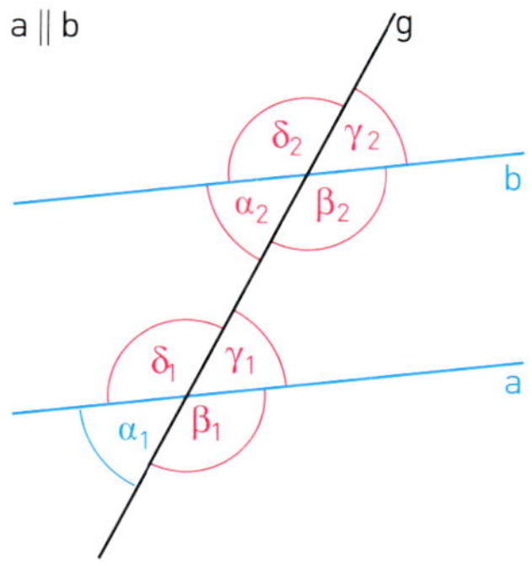

Lösung

An der Geradenkreuzung entstehen acht Winkel.
Wir wissen $\alpha_1 = 56°$.

Die restlichen drei Winkel an der Geradenkreuzung von a und g lassen sich sofort berechnen:

$\gamma_1 = \alpha_1 = 56°$, da α_1 und γ_1 als Scheitelwinkel gleich groß sind.
$\beta_1 = 180° - 56° = 124°$, da α_1 und β_1 als Nebenwinkel zusammen 180° betragen.
$\delta_1 = \beta_1 = 124°$, da β_1 und δ_1 als Scheitelwinkel gleich groß sind.

Da die Geraden a und b parallel zueinander sind, kann man den Winkel α_1 mit dem Pfeil $\overrightarrow{S_1S_2}$ auf den Winkel α_2 verschieben.
Also gilt:
$\alpha_1 = \alpha_2 = 56°$.
Entsprechend gilt:
$\beta_2 = \beta_1 = 124°$
$\gamma_2 = \gamma_1 = 56°$
$\delta_2 = \delta_1 = 124°$

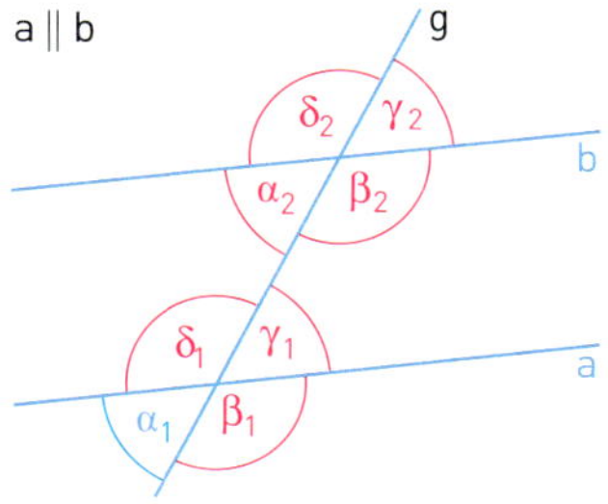

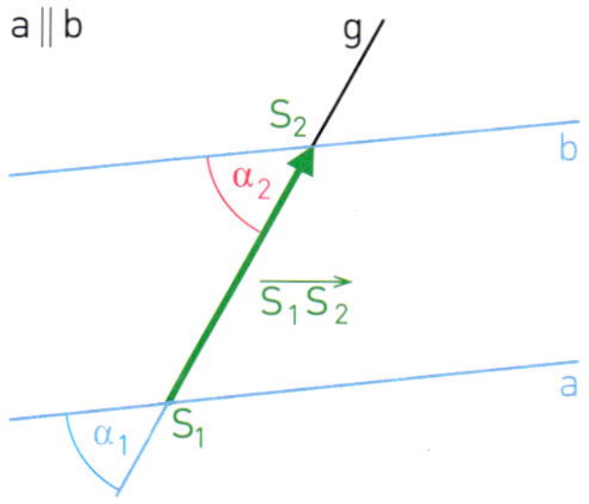

Information

(1) Stufenwinkel an einer doppelten Geradenkreuzung

Definition

Gegeben sind zwei zueinander parallele Geraden a und b, die von einer dritten Geraden g geschnitten werden *(doppelte Geradenkreuzung)*. Die Winkel α und β liegen auf *derselben* Seite der schneidenden Geraden g und auf *entsprechenden* Seiten der geschnittenen Geraden a und b. Wir sagen:
Die beiden Winkel α und β sind **Stufenwinkel** zueinander.

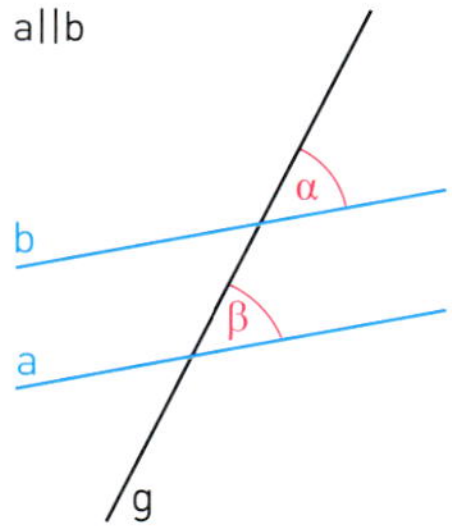

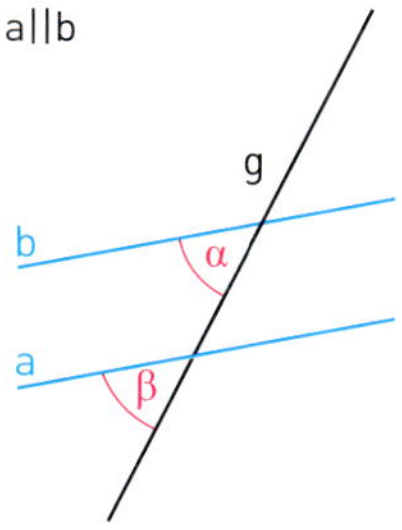

Stufenwinkelsatz:
Stufenwinkel sind gleich groß.

(2) Wechselwinkel an einer doppelten Geradenkreuzung

Definition

Gegeben sind zwei zueinander parallele Geraden a und b, die von einer dritten Geraden g geschnitten werden *(doppelte Geradenkreuzung).* Die Winkel α und γ liegen auf *verschiedenen* Seiten der schneidenden Geraden g und auf *entgegengesetzten* Seiten der geschnittenen Geraden a und b. Wir sagen: Die beiden Winkel α und γ sind **Wechselwinkel** zueinander.

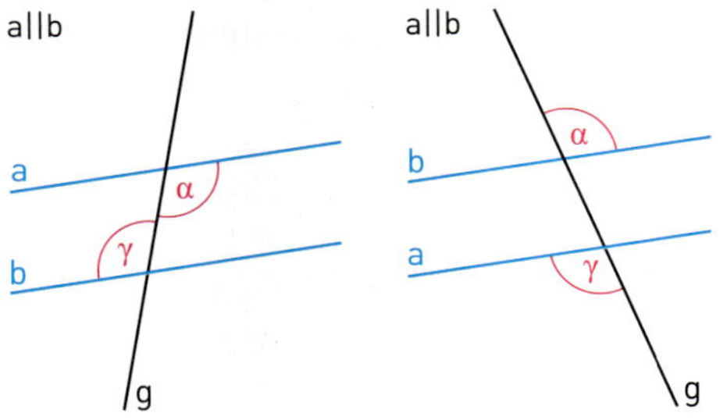

Wechselwinkelsatz:
Wechselwinkel sind gleich groß.

(3) Unterscheidung: Definition – Satz

Definition (lat.) genaue Bestimmung eines Begriffs.

Mit einer Definition wird ein Begriff festgelegt. Man notiert, was man unter diesem Begriff verstehen will. Definitionen sind Vereinbarungen, zum Beispiel:
Einander gegenüberliegende Winkel an einer Geradenkreuzung nennt man Scheitelwinkel.

Behauptungen, die man begründen (beweisen) muss, bezeichnen wir in der Mathematik als *Sätze*, zum Beispiel:
Scheitelwinkelsatz: *Scheitelwinkel sind gleich groß.*

Begründung des Scheitelwinkelsatzes
Eine Geradenkreuzung ist punktsymmetrisch zum Schnittpunkt der beiden Geraden. Scheitelwinkel sind Symmetriepartner zueinander, also gleich groß.

(4) Begründung des Wechselwinkelsatzes mithilfe des Stufen- und Scheitelwinkelsatzes

Die Geraden a und b sollen parallel zueinander sein. Dann gilt:
$\beta = \alpha$, da β und α als Stufenwinkel an geschnittenen Parallelen gleich groß sind.
$\gamma = \beta$, da γ und β als Scheitelwinkel gleich groß sind.
Also: $\gamma = \alpha$

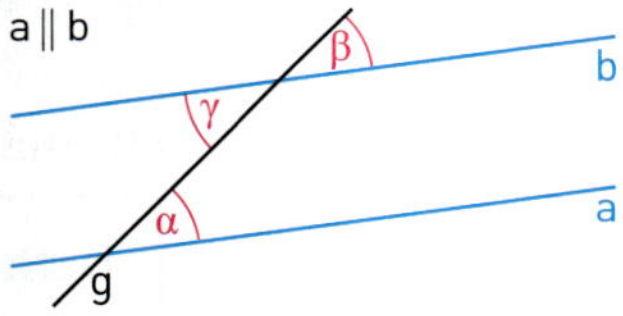

Übungsaufgaben

3. a) Welche der Winkel sind Scheitelwinkel, welche Nebenwinkel zueinander?

b) Es soll gelten:

(1) $\alpha = 42°$ (3) $\alpha = 150°$ (5) $\gamma = 23°$
(2) $\alpha = 134°$ (4) $\delta = 92°$ (6) $\beta = 176°$

Berechne die übrigen Winkelgrößen.

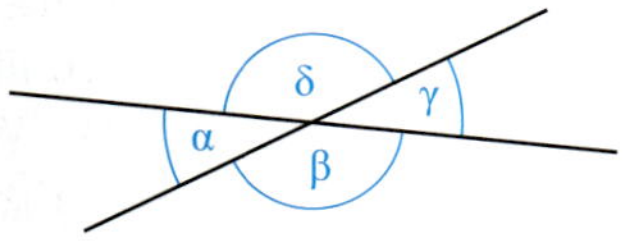

4. a) α und β liegen nebeneinander.
Erläutere, warum α kein Nebenwinkel zu β ist.

b) γ und δ sind beide gleich groß.
Erläutere, warum γ kein Scheitelwinkel zu δ ist.

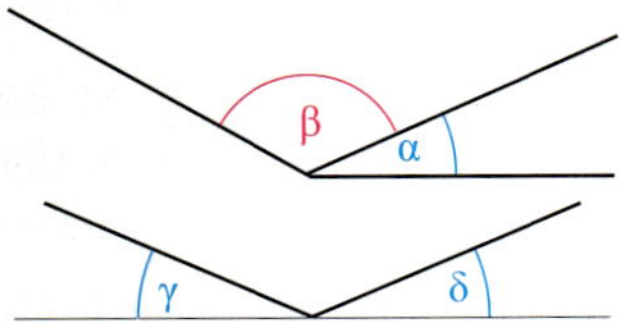

5. Begründe: Wenn an einer Geradenkreuzung ein Winkel ein rechter ist, dann sind alle Winkel an ihr rechte Winkel.

6. Berechne in der Figur rechts die übrigen Winkelgrößen.

a) $\alpha = 37°$, $\gamma = 52°$ b) $\beta = 19°$, $\delta = 63°$ c) $\varepsilon = 96°$, $\beta = 34°$ d) $\alpha + \delta = 210°$, $\gamma = 30°$

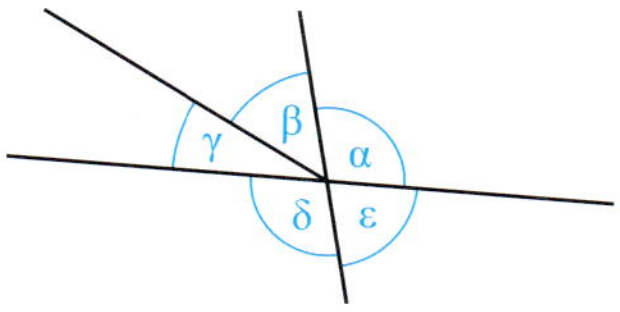

7. a) Ein Winkel ist um 30° größer als sein Nebenwinkel. Wie groß sind die beiden Winkel?

b) Ein Winkel ist dreimal so groß wie sein Nebenwinkel. Wie groß sind die beiden Winkel?

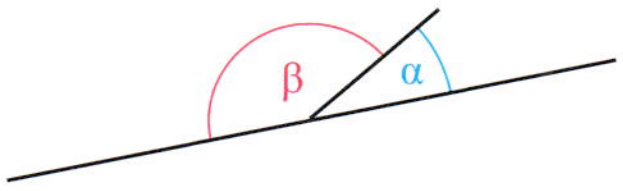

8. Zeichne eine Geradenkreuzung mit den Winkeln α, β, γ und δ. Gib auch deren Größe an.

a) β soll dreimal so groß sein wie α.

b) γ soll halb so groß sein wie β.

c) α und γ sollen zusammen genauso groß sein wie β und δ zusammen.

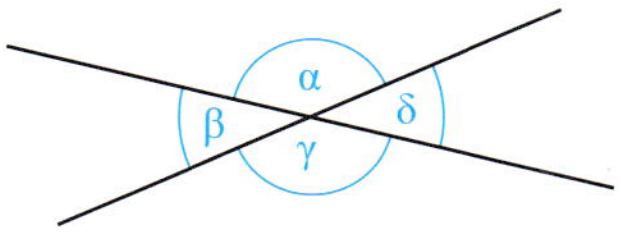

9. Zeichne zwei zueinander parallele Geraden a und b im Abstand von 3,5 cm. Zeichne eine Gerade g, sodass gilt:

a) $\alpha = 33°$ b) $\beta = 125°$ c) $\gamma = 137°$ d) $\delta = 68°$

Markiere den zum gegebenen Winkel gehörigen Stufenwinkel. Berechne die übrigen sieben Winkel. Trage die Ergebnisse in die Figur ein.

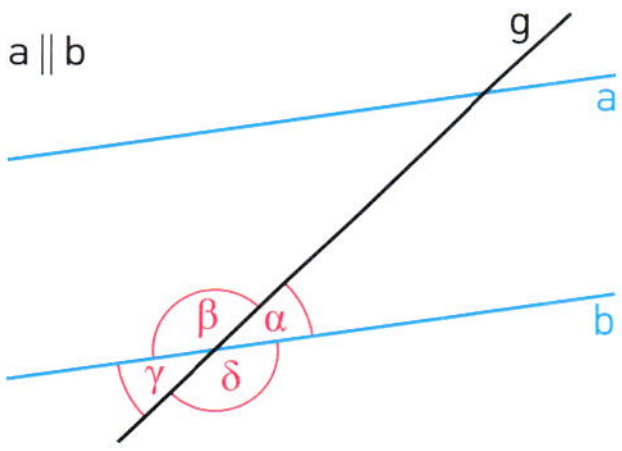

10. a) Auf dem Foto kannst du Stufenwinkel entdecken. Gib sie an.

b) Sucht in eurer Umwelt weitere Beispiele für Stufenwinkel. Ihr könnt sie auch fotografieren und die Fotos auf Plakaten im Klassenraum aushängen.

c) Das Foto zeigt auch Wechselwinkel. Gib sie an.

d) Wo findet ihr Wechselwinkel in eurer Umwelt?

11. Bestimme die übrigen Winkel an der doppelten Geradenkreuzung rechts. Es soll gelten:

a) δ_2 ist doppelt so groß wie α_1.

b) β_1 ist dreimal so groß wie α_1.

c) δ_1 ist um 60° größer als γ_1.

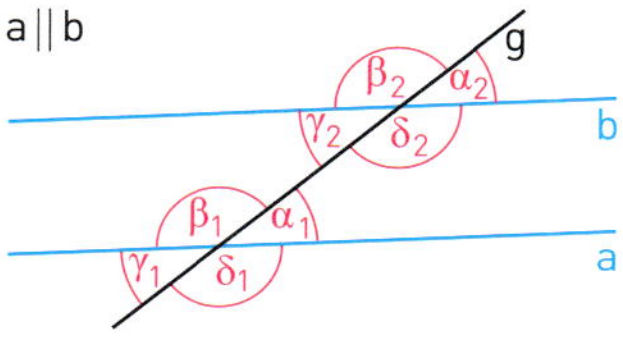

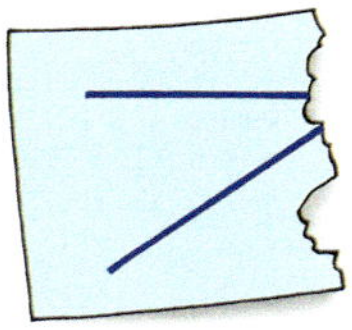

12. Zeichnet jeder auf ein loses Blatt Papier eine einfache Geradenkreuzung. Trenne nun den Teil des Blattes ab, der den Kreuzungspunkt enthält und gib deinem Nachbarn den Rest des Blattes. Den Teil mit dem Kreuzungspunkt behältst du. Er soll nun die Schnittwinkel der beiden Geraden bestimmen; dabei darf er nur auf dem Restblatt arbeiten, also keinen anderen Papierbogen zuhilfe nehmen.
Du arbeitest mit dem Restblatt deines Nachbarn. Vergleicht anschließend euer Vorgehen.

13. Zeichne mit dem Geodreieck den Zaun in dein Heft. Vereinfache dabei die geraden Linien. Wo findest du gleich große Winkel? Markiere sie farbig und begründe.

Jägerzaun

Der Jägerzaun, auch Scherengitter- oder Kreuzzaun genannt, wird in manchen Gegenden sehr gerne beim Privathausbau angelegt. Der Zaun besteht aus sich x-förmig kreuzenden Halbrundprofilplatten, die an zwei Querbalken befestigt sind. Ursprünglich stammen solche Holzzäune wie der Jägerzaun aus holzreichen Gegenden, wo sie zum Schutz gegen Wild preiswerte Einfriedungen für Nutzflächen waren. Jägerzäune werden heute aus vorgefertigten, ausziehbaren Zaunfeldern hergestellt, wobei die Zaunpfähle etwa im Abstand von 2,8 m gesetzt werden.

14. a) In einem Parallelogramm ABCD ist ein Winkel bekannt. Berechne die übrigen Winkel.
(1) $\gamma = 59°$ **(2)** $\beta = 117°$ **(3)** $\alpha = 23°$ **(4)** $\gamma = 90°$ **(5)** $\alpha = 1°$ **(6)** $\beta = 60°$

b) Berechne alle vier Winkel im Parallelogramm ABCD, in dem gilt:
(1) α ist doppelt so groß wie β; **(2)** α ist viermal so groß wie β.

15. Es soll g parallel zu h sein. Wie groß sind die jeweiligen Winkel? Begründe.

a)
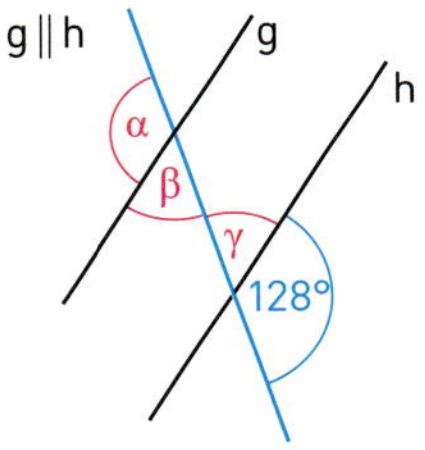

b)
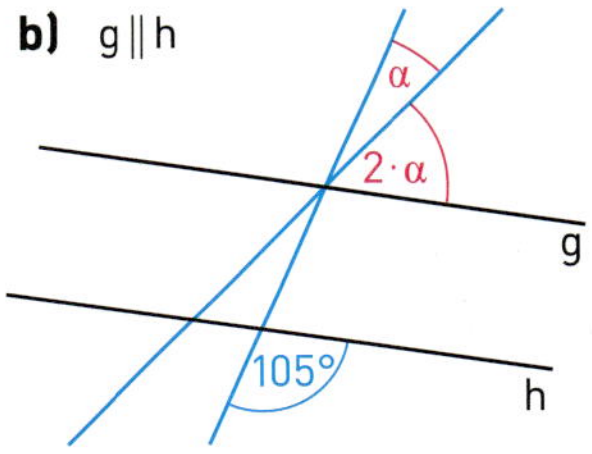

c)
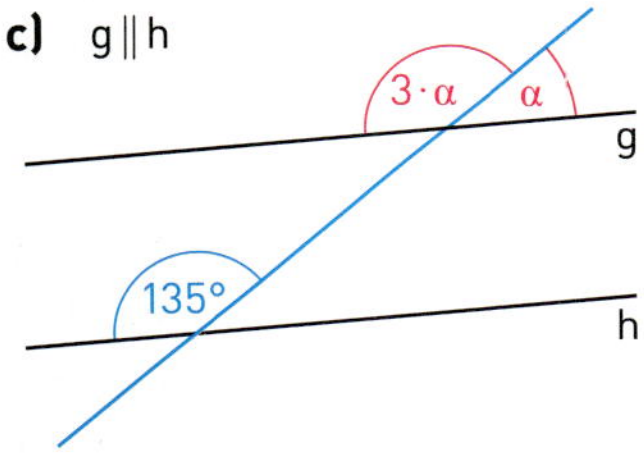

16. Skizziere eine entsprechende Figur in dein Heft.
Berechne die rot markierten Winkel und trage die Ergebnisse ein.

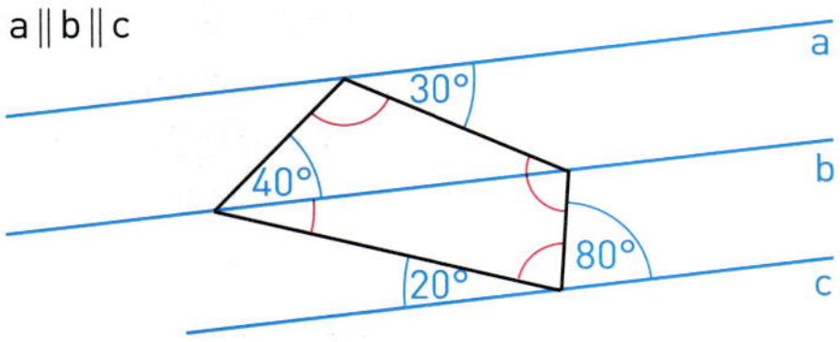

17. Das Leuchtfeuer Süderoogsand wird von einem Schiff aus in Richtung N 8° O gesehen, d. h., sieht man genau in Richtung Norden, muss man sich um 8° in Richtung Osten drehen, um das Feuer zu sehen.Der Leuchtturm Westerheversand wird in Richtung N 79° Ost gesehen.
Die Lage des Feuers und des Leuchtturms sind in einem Koordinatensystem mit der Einheit km durch folgende Koordinaten gegeben: Süderoogsand (3 | 10) und Westerheversand (7 | 4).
Bestimme die Position des Schiffes.

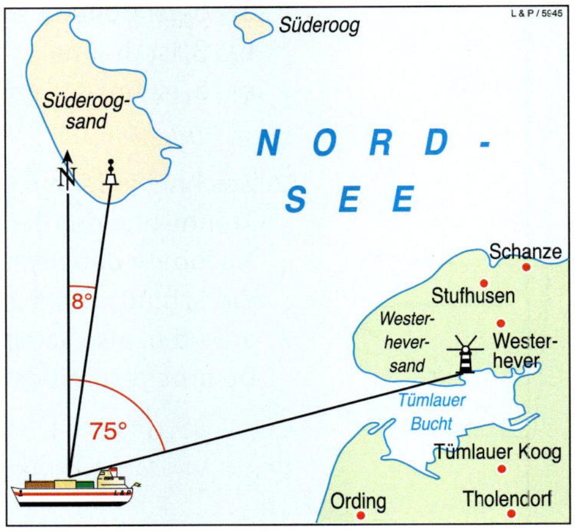

2.6 Winkelsumme in Dreiecken

Einstieg 1

Zeichnet auf ein DIN-A4-Blatt ein möglichst großes beliebiges Dreieck.
Legt einen möglichst kleinen Bleistift in die Lage 1. Verschiebt dann den Bleistift längs der Seite $\overline{AB}$ in die Lage 2, dreht ihn um B in die Lage 3; fahrt fort, bis er wieder auf der Seite $\overline{AB}$ in der Ecke A liegt.
Was stellt ihr fest? Um wie viel Grad wurde der Bleistift insgesamt gedreht?

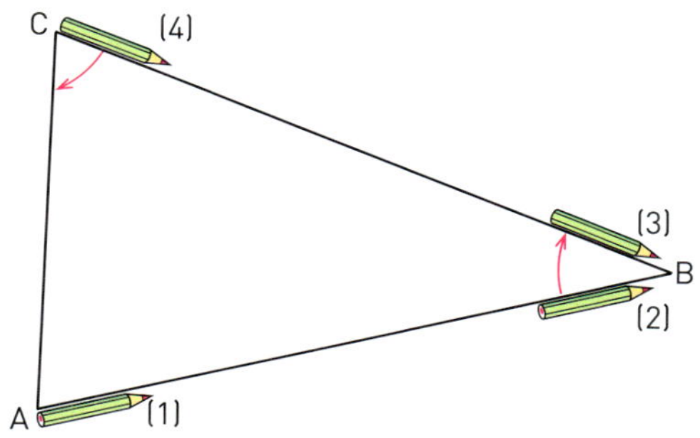

Einstieg 2 DGS

Zeichnet ein Dreieck, dessen Form sich durch Ziehen an den Eckpunkten verändern lässt. Lasst die Innenwinkel messen. Was fällt auf? Formuliert eine Vermutung.

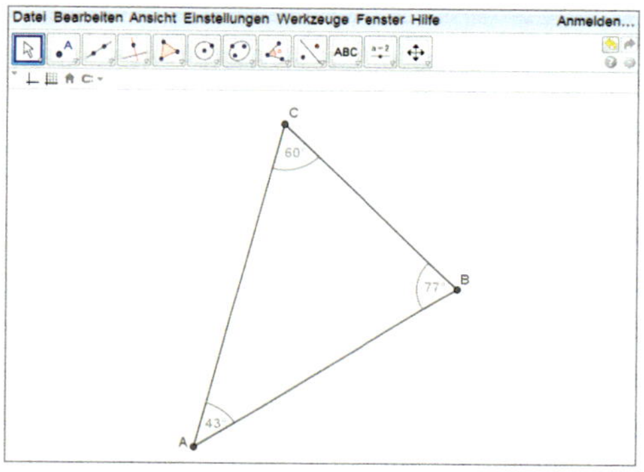

Aufgabe 1

Parkettieren mit Dreiecken
Aus dem Alltag weißt du, dass man Flächen lückenlos mit Rechtecken oder speziell Quadraten pflastern kann. Denke z. B. an Parkettfußböden oder Fliesenwände.
Im Bild rechts ist unmittelbar klar, dass die vier Innenwinkel zusammengelegt einen Vollwinkel ergeben bzw. die Winkelsumme der vier Innenwinkel 360° ergibt.

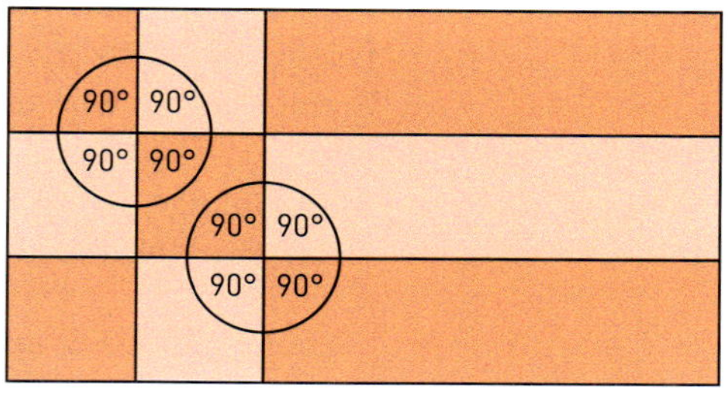

Aber auch mit anderen Bausteinen kann man Flächen lückenlos pflastern, man sagt auch *parkettieren*. Ein Beispiel siehst du hier.

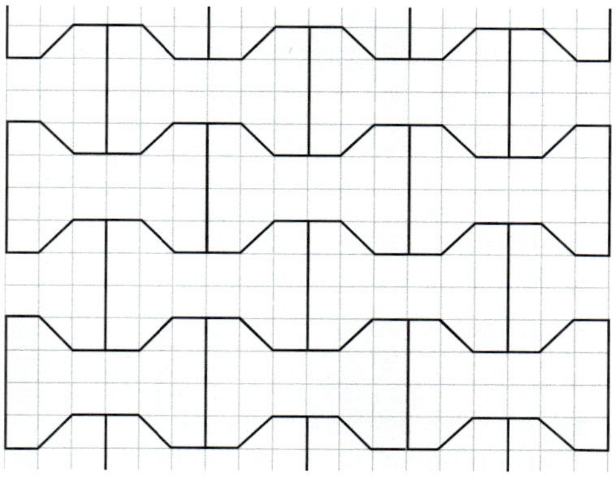

Überlege, ob man auch mit zueinander deckungsgleichen Dreiecken parkettieren kann. Begründe deine Antwort. Stelle dir dazu geeignete deckungsgleiche Dreiecke her.

Lösung

Dem Augenschein nach kann man mit zueinander deckungsgleichen Dreiecken ein Parkett herstellen. In jedem Gitterpunkt stoßen sechs Winkel aneinander. Je zwei sind als Scheitelwinkel gleich groß; drei unterschiedlich gefärbte Winkel bilden zusammen einen gestreckten Winkel.

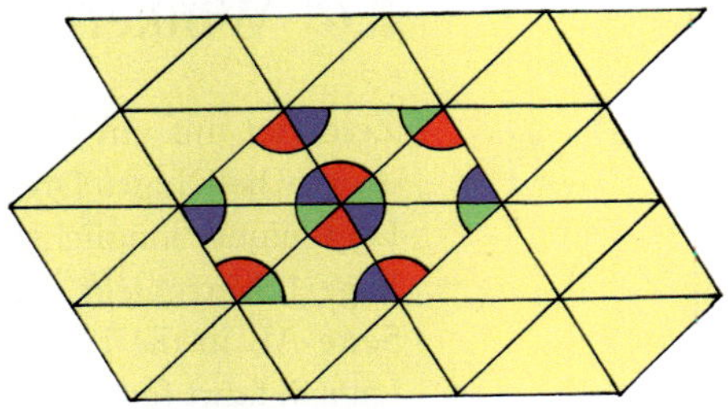

Information

Winkelsummensatz für Dreiecke

Die Lösung der Aufgabe 1 lässt folgenden Satz vermuten.

Winkel α liegt am Eckpunkt A.

Winkelsummensatz für Dreiecke

In *jedem* Dreieck sind die drei Innenwinkel zusammen 180° groß.

$\alpha + \beta + \gamma = 180°$

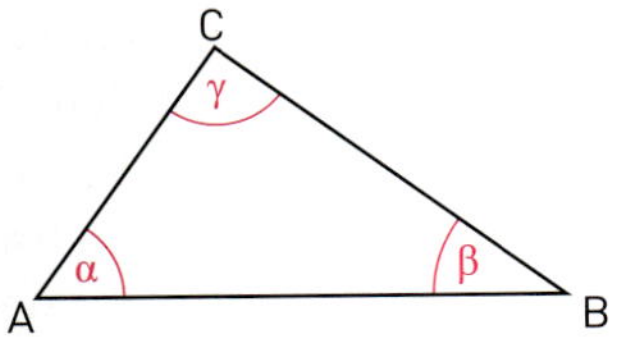

Zur Begründung des Winkelsummensatzes zeichnen wir zur Seite $\overline{AB}$ des Dreiecks ABC die Parallele g durch C und verlängern die Seiten $\overline{AC}$ und $\overline{BC}$.

Dann gilt $\alpha_2 + \gamma + \beta_2 = 180°$, da diese zusammen einen gestreckten Winkel bilden.

α_2 ist Scheitelwinkel von α_1, also gilt $\alpha_2 = \alpha_1$.

α_1 ist Stufenwinkel von α, also gilt $\alpha_1 = \alpha$.

Folglich gilt auch $\alpha = \alpha_2$. Ebenso gilt $\beta = \beta_2$.

Damit erhalten wir: $\alpha + \beta + \gamma = 180°$.

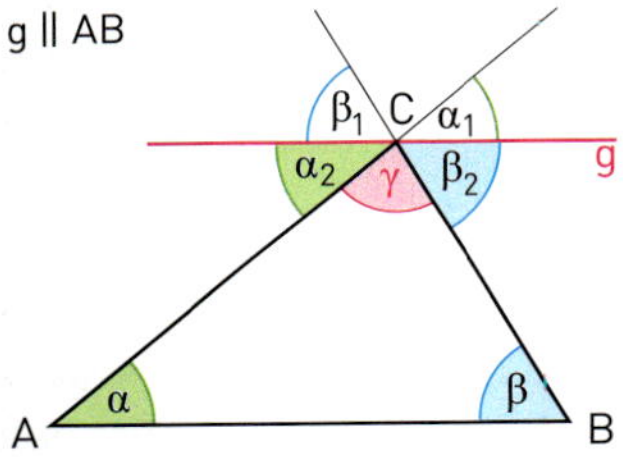

Weiterführende Aufgabe

Spitzwinklige, rechtwinklige, stumpfwinklige Dreiecke

2. **a)** Wie viele rechte, wie viele stumpfe Winkel kann ein Dreieck besitzen? Begründe.

Ein Dreieck heißt **spitzwinklig**, wenn *jeder* der drei Innenwinkel kleiner als 90° ist.
Es heißt **stumpfwinklig**, wenn *ein* Innenwinkel größer als 90° ist.
Es heißt **rechtwinklig**, wenn *ein* Innenwinkel 90° groß ist.

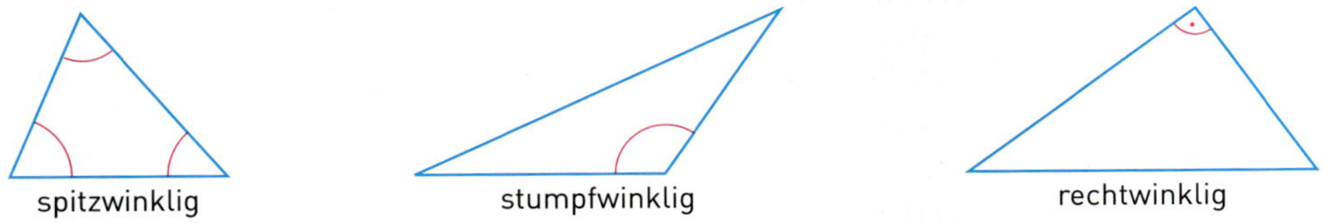

b) Entscheide, ob das Dreieck spitzwinklig, rechtwinklig oder stumpfwinklig ist.

(1) $\alpha = 67°$; $\beta = 23°$	(3) $\beta = 60°$; $\gamma = 60°$	(5) $\beta = 15°$; $\gamma = 10°$
(2) $\gamma = 19°$; $\beta = 54°$	(4) $\alpha = 37°$; $\gamma = 53°$	(6) $\alpha = 45°$; $\beta = 45°$

Übungsaufgaben

3. Berechne den dritten Innenwinkel des Dreiecks ABC.

(1) $\alpha = 56°$; $\gamma = 85°$	(2) $\alpha = 90°$; $\gamma = 61°$	(3) $\beta = 77°$; $\gamma = 56°$	(4) $\beta = 90°$; $\gamma = 27°$	(5) $\alpha = 112°$; $\beta = 25°$	(6) $\alpha = 126°$; $\gamma = 43°$

4. a) Gegeben sind zwei Winkel eines Dreiecks. Beschreibe, wie man den dritten Winkel berechnen kann.
b) Kann man ein Dreieck ABC mit den angegebenen Winkeln zeichnen?
(1) $\alpha = 89°$; $\beta = 89°$ (2) $\alpha = 89°$; $\beta = 91°$ (3) $\beta = 86°$; $\gamma = 25°$

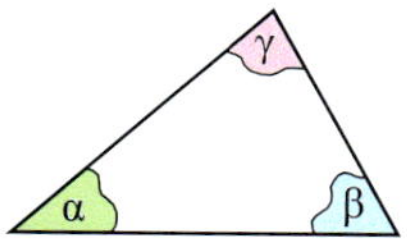

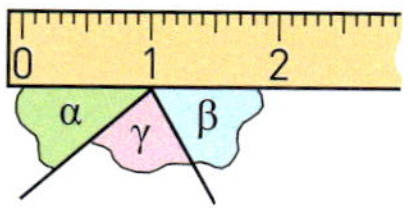

5. a) Hier sind von drei Dreiecken die Ecken abgerissen worden. Welche gehören zum selben Dreieck?

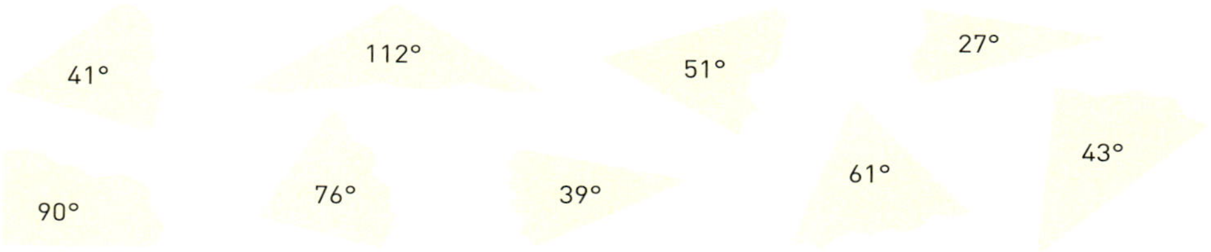

b) Zeichnet vier Dreiecke. Messt alle Innenwinkel und tragt die Werte in die Winkel ein. Reißt dann alle Ecken ab, mischt sie und gebt sie eurem Partner. Er soll dann herausfinden, welche Ecken zusammen gehören.

6. ABC soll ein rechtwinkliges Dreieck mit dem rechten Winkel an C sein.
a) Gegeben ist (1) $\alpha = 37°$; (2) $\beta = 49°$; (3) $\beta = 71°$; (4) $\alpha = 53°$.
Berechne den dritten Winkel.
b) Beschreibe, wie man α aus β bzw. β aus α berechnen kann.

7. Entscheide, ob das Dreieck rechtwinklig, spitzwinklig oder stumpfwinklig ist.
a) $\alpha = 12°$; $\beta = 67°$ c) $\alpha = 46°$; $\gamma = 44°$ e) $\alpha = 32°$; $\beta = 57°$
b) $\beta = 106°$; $\gamma = 37°$ d) $\alpha = 60°$; $\beta = 58°$ f) $\alpha = 90°$; $\gamma = 17°$

8. In einem Dreieck soll die Summe zweier Innenwinkel so groß wie der dritte Innenwinkel sein. Um was für ein Dreieck handelt es sich?

9. Mia sagt: „Ich habe ein Dreieck gezeichnet, in dem der größte Innenwinkel 58° groß ist.“ Nimm Stellung dazu.

10. Zeichne eine entsprechende Figur in dein Heft. Berechne die rot markierten Winkel und trage die Ergebnisse ein.

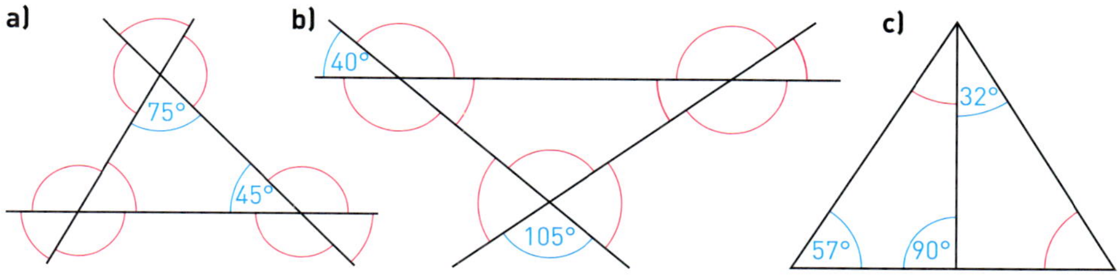

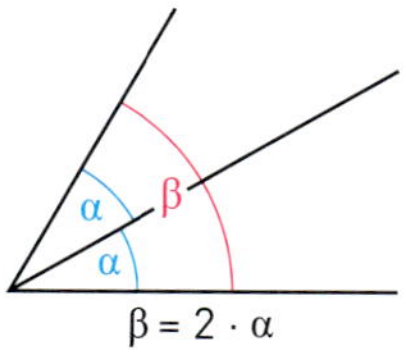

11. Wie groß sind die Winkel des Dreiecks ABC? Es soll gelten:
a) $\beta = 2 \cdot \alpha$ und $\gamma = 5 \cdot \alpha$
b) $\beta = \frac{1}{2} \cdot \alpha$ und $\gamma = \frac{3}{2} \cdot \alpha$
c) $\beta = 2 \cdot \alpha$ und $\alpha = 3 \cdot \gamma$
d) α ist 50 % von der Summe $\beta + \gamma$
e) $\beta = \alpha + 25°$ und $\gamma = \alpha + 35°$
f) β ist 50 % von α; γ ist 30 % von α

2.7 Winkelsumme in Vierecken

Ziel

Du hast im vorigen Abschnitt erfahren, dass in *jedem* Dreieck die Winkelsumme 180° beträgt. Hier sollst du nun untersuchen, ob eine entsprechende Gesetzmäßigkeit auch bei Vierecken gilt.

Zum Erarbeiten

Winkelsumme im Viereck

Wie groß sind die vier Innenwinkel eines Vierecks zusammen? Begründe deine Vermutung. Zerlege dazu das Viereck durch eine Diagonale in zwei Dreiecke.

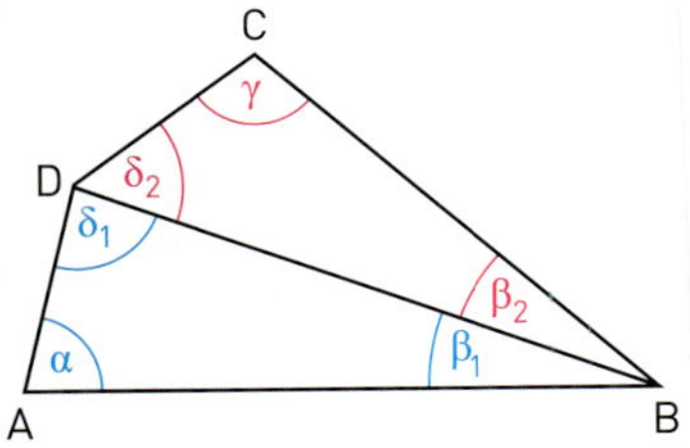

→ In jedem der beiden Teildreiecke beträgt die Winkelsumme 180°, also gilt: $\alpha + \beta_1 + \delta_1 = 180°$ sowie $\delta_2 + \beta_2 + \gamma = 180°$

Durch Addieren folgt daraus:

$\alpha + \beta_1 + \delta_1 + \delta_2 + \beta_2 + \gamma = 180° + 180° = 360°$

Durch Umsortieren der Summanden ergibt sich:

$\alpha + \underbrace{\beta_1 + \beta_2} + \gamma + \underbrace{\delta_2 + \delta_1} = 360°$

Da aber $\beta_1 + \beta_2$ die Größe des Winkels β und ebenso $\delta_1 + \delta_2$ die Größe des Winkels δ ist, erhalten wir damit: $\alpha + \beta + \gamma + \delta = 360°$

Das bedeutet, dass alle vier Winkel im Viereck zusammen 360° groß sind.

Winkelsumme bei Vierecken mit einspringender Ecke

Die Begründung für die Winkelsumme eines Vierecks erfolgte oben an einem Viereck ohne einspringende Ecke. Begründe, dass sich dieselbe Winkelsumme auch bei einem Viereck mit einspringender Ecke ergibt.

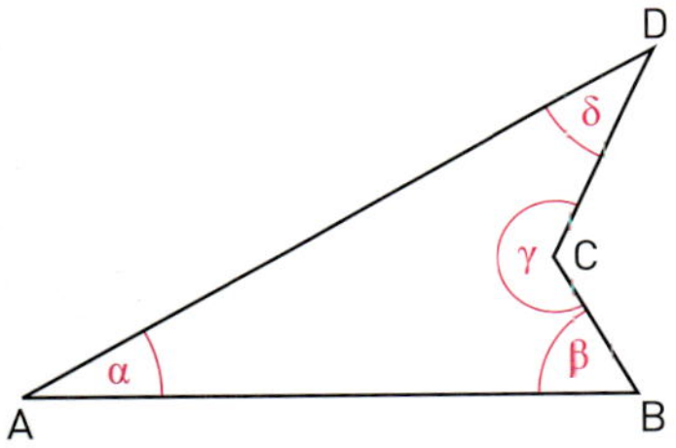

→ Man kann dieses Viereck nicht durch die Diagonale $\overline{BD}$ in zwei Teildreiecke zerlegen, da diese Diagonale außerhalb des Vierecks liegt. Aber mit der anderen Diagonale $\overline{AC}$ kann man es in zwei Teildreiecke zerlegen, aus denen man wieder als Winkelsumme des Vierecks 360° erhält.

Information

Winkelsummensatz für Vierecke

In *jedem* Viereck sind die vier Innenwinkel zusammen 360° groß.

$\alpha + \beta + \gamma + \delta = 360°$

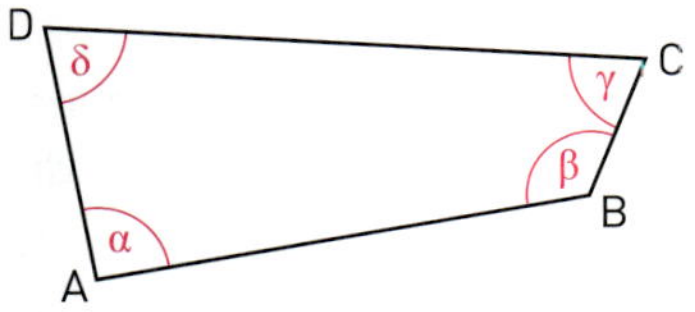

Zum Üben

1. Zeichne auf ein DIN-A4-Blatt ein möglichst großes, beliebiges Viereck.
Lege einen möglichst kleinen Bleistift in die Lage 1. Verschiebe dann den Bleistift längs der Seite $\overline{AB}$ in Lage 2, drehe ihn um B in die Lage 3; fahre fort bis er wieder auf der Seite $\overline{AB}$ liegt. Was stellst du fest?
Begründe auf diese Weise, dass die Winkelsumme des Vierecks 360° beträgt.

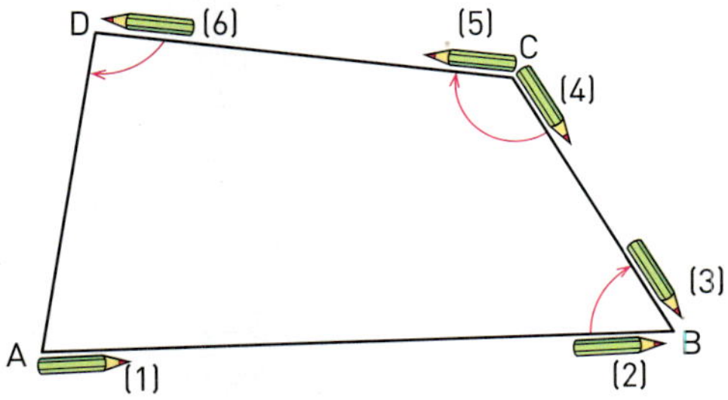

2. Wo steckt der Fehler in Tims Überlegung?

„Ich kann ein Viereck in vier Dreiecke zerlegen. Also beträgt die Winkelsumme im Viereck $4 \cdot 180°$. Das sind $720°$."

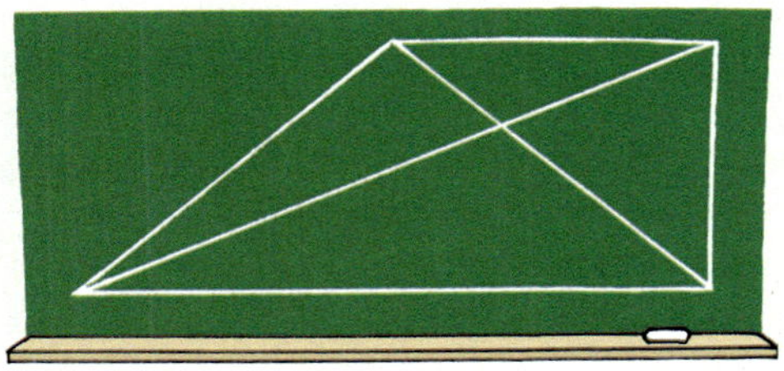

3. Berechne die rot markierten Viereckswinkel. Beachte bei (4) die Symmetrieachse.

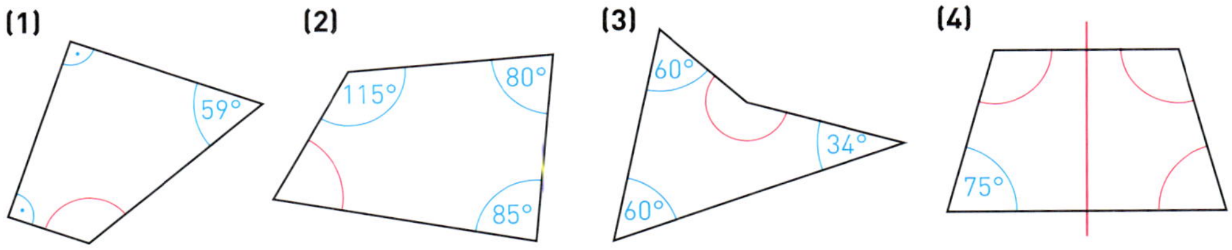

4. Zeichne ein Viereck ABCD. Es soll gelten:

a) $\alpha = 50°$; γ ist doppelt so groß wie α; δ ist doppelt so groß wie β.

b) β ist doppelt so groß wie α; γ ist dreimal so groß wie α; δ ist viermal so groß wie α.

5. Betrachte ein Viereck, welches kein Rechteck ist.

a) Wie viele spitze Winkel hat das Viereck mindestens, wie viele höchstens?

b) Wie viele stumpfe Winkel hat das Viereck mindestens, wie viele höchstens?

c) Wie viele überstumpfe Winkel hat das Viereck mindestens, wie viele höchstens?

Winkelsumme in Vielecken

6. Die Winkelsumme in Dreiecken und Vierecken kennst du schon.

a) Untersuche, wie groß jeweils alle Innenwinkel eines
(1) Fünfecks,
(2) Sechsecks,
(3) Siebenecks, …
zusammen sind.

b) Versuche herauszufinden, wie man aus der Anzahl n der Ecken eines Vielecks die Winkelsumme der Innenwinkel berechnen kann.

Vielecke	Winkelsumme
Dreieck	180°
Viereck	360°
Fünfeck	

7. Vivian behauptet: „Mein Fünfeck hat nur eine Winkelsumme von 360°."
Was würdest du ihr sagen?

8. Wie viele Ecken hat ein Vieleck, dessen Winkelsumme
(1) 3600°
(2) 1800° beträgt?

2.8 Berechnen von Winkeln mithilfe der Winkelsätze

Einstieg

In der Figur rechts sind einige Angaben weggewischt worden. Ergänzt die fehlenden Winkelgrößen im Heft. Erläutert und begründet euer Vorgehen.

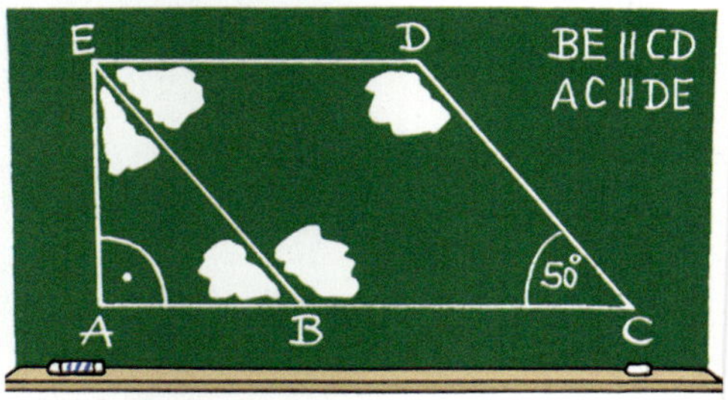

Aufgabe 1

Schrittweises Berechnen von Winkeln

In der rechts (nicht maßstabsgetreu) skizzierten Figur halbiert die Gerade w den Winkel beim Eckpunkt A.
Wie groß ist der Winkel γ?

Anleitung:
Skizziere die Figur in dein Heft – auch dabei müssen die Maße nicht stimmen.
Berechne schrittweise weitere Winkel, bis du den Winkel γ angeben kannst.
Begründe jeweils mit einem Winkelsatz.

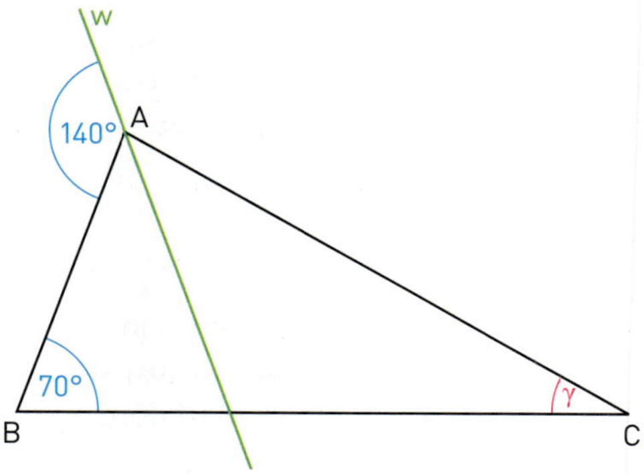

Lösung

Weil man die Winkel nicht direkt berechnen kann, sondern nur über ein paar Zwischenstationen, notieren wir die Schritte übersichtlich in einer Tabelle.

Winkel	Begründung
$\alpha_1 = 180° - 140° = 40°$	α_1 und 140° sind Nebenwinkel an w
$\alpha_2 = \alpha_1 = 40°$	w halbiert den Winkel
$\alpha + \beta + \gamma = 180°$ $\gamma = 180° - 80° - 70°$ $\gamma = 30°$	Winkelsummensatz im Dreieck ABC

Ergebnis: Der Winkel γ ist 30° groß.

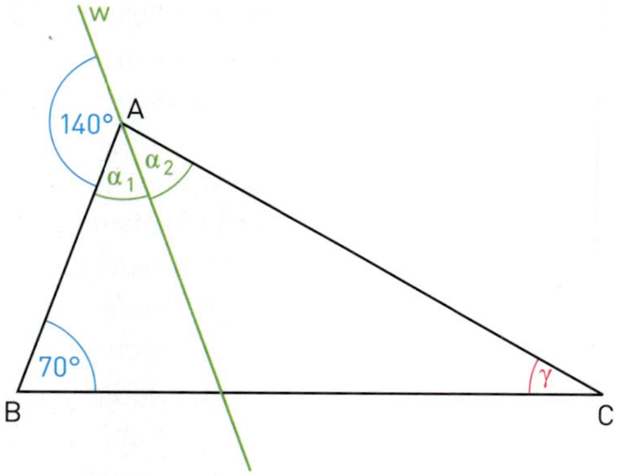

Weiterführende Aufgabe

Verwenden von Hilfslinien zum Berechnen von Winkeln

2. Tanja und Tim wollen den Steigungswinkel α einer Straße bestimmen.
Mithilfe eines Geodreiecks und eines Massestücks an einem Band haben sie sich das nebenstehende Gerät gebaut.
Wie funktioniert es?

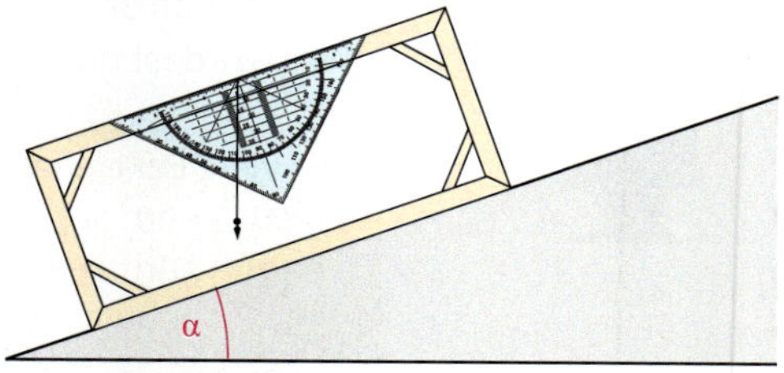

Übungsaufgaben

3. Stellt auf einem Poster eure Kenntnisse über Winkel in Figuren zusammen. Ihr könnt diese als Hilfe für die folgenden Aufgaben auch auf einem Plakat im Klassenraum aushängen.

4. Die Geraden a und b sind parallel zueinander. Berechne die rot markierten Winkel.

a)

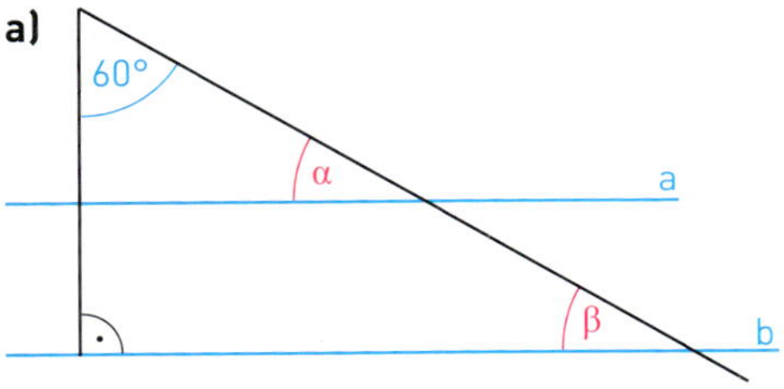

b)

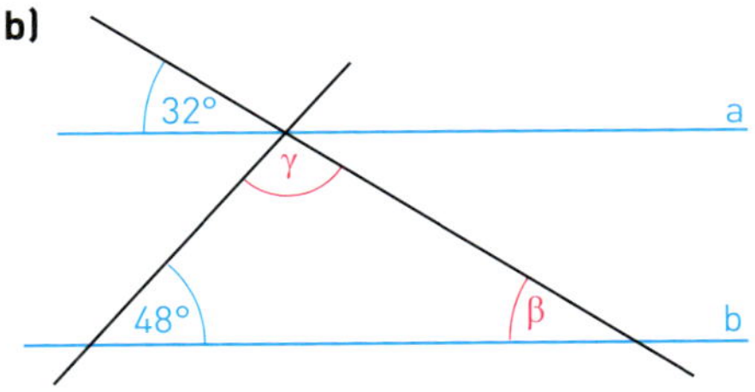

5. Zeichne eine entsprechende Figur in dein Heft. Berechne die rot markierten Winkel und trage die Ergebnisse ein.

a) a || b

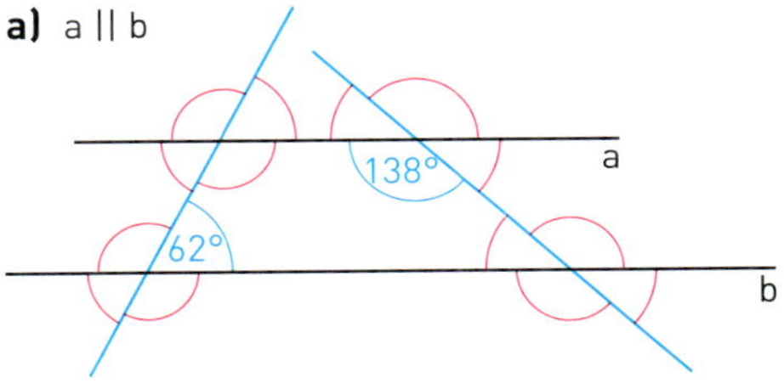

b) a || b

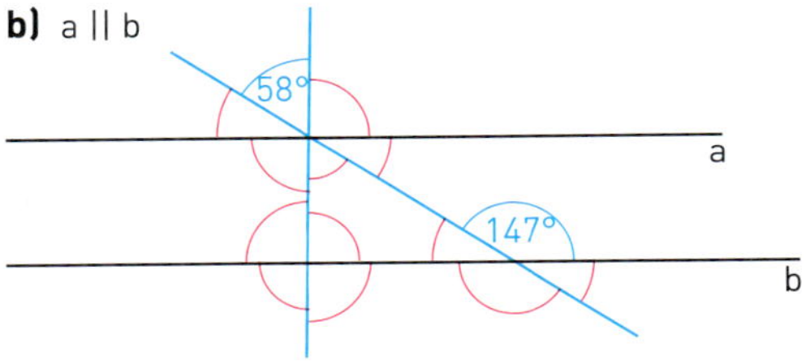

6. Berechne den Winkel β.

a) $\alpha_1 = 70°$; $\alpha_2 = 30°$

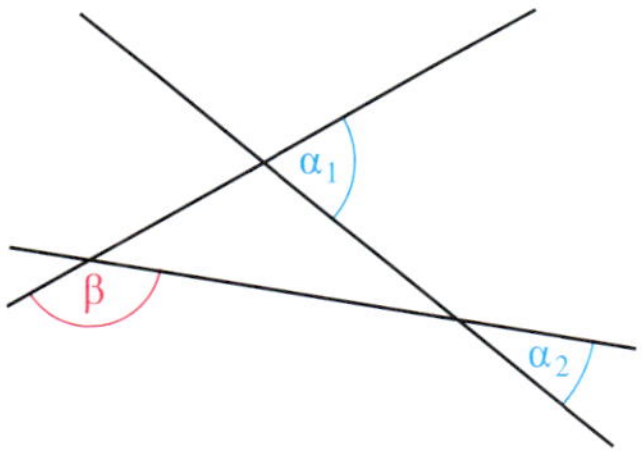

b) $\alpha_1 = 50°$; $\alpha_2 = 70°$

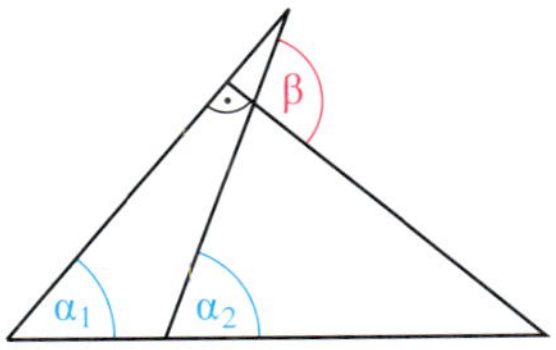

c) $\alpha_1 = 50°$; $\alpha_2 = 20°$; $\alpha_3 = 35°$

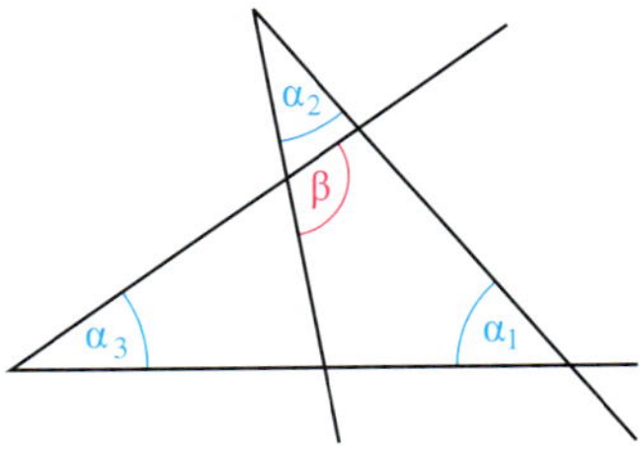

7. Der Kranführer kann den Kranarm um den Winkel α heben oder senken.
Wie ändert sich dadurch der Winkel γ, den der Kranarm und das Lastenseil bei S miteinander bilden?

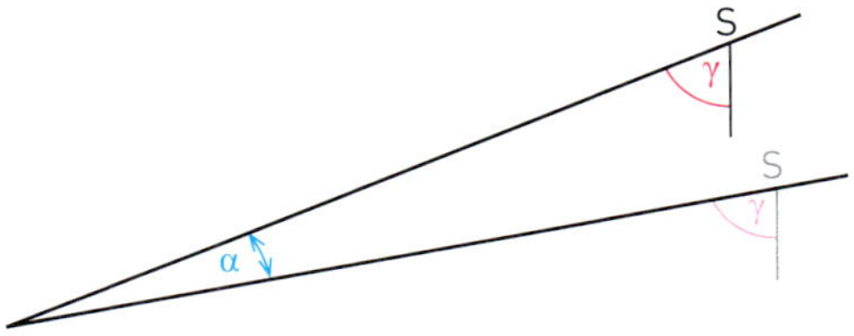

2.9 Symmetrische Dreiecke und Vierecke

2.9.1 Symmetrische Dreiecke – Basiswinkelsatz

Einstieg 1

Die Pyramiden von Gizeh sind etwa 4500 Jahre alt und gehören zum Weltkulturerbe. Es handelt sich um quadratische Pyramiden, d.h. die Spitzen der Pyramiden stehen genau senkrecht über der Mitte der quadratischen Grundfläche. Bastelt eine solche Pyramide aus Papier oder Karten. Beschreibt, wie ihr vorgeht, um die Seitenflächen zu zeichnen.
Welche Besonderheiten weisen die Seiten auf?

Einstieg 2 DGS

Die beiden Dreiecke im Bild haben jeweils zwei gleich lange Seiten. Konstruiert ein solches Dreieck so mit einem dynamischen Geometrieprogramm, dass ihr an den Ecken des Dreieckes ziehen könnt, sich dabei zwar seine Form verändert, aber immer noch zwei Seiten gleich lang sind.

a) Versucht, ein solches Dreieck auf verschiedene Weisen zu konstruieren. Vergleicht eure Konstruktionsschritte in der Klasse.

b) Welche besonderen Eigenschaften weist das Dreieck auf?

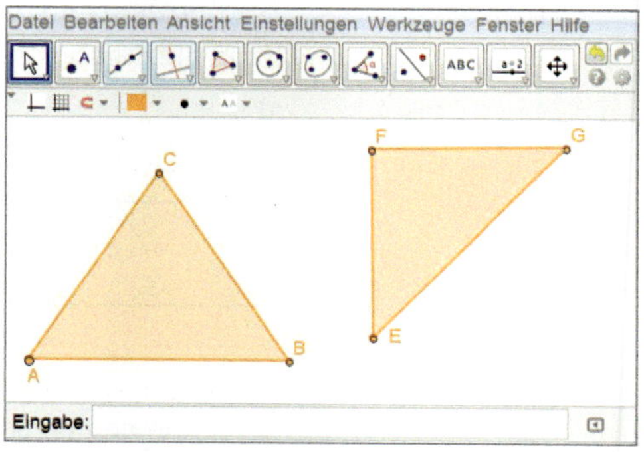

Aufgabe 1

Winkel im gleichschenkligen Dreieck
Zwei Straßen kreuzen sich unter einem Winkel von 50°.
Auf dem Grundstück zwischen ihnen soll ein Bürohochhaus mit dreieckiger Grundfläche errichtet werden. Die beiden Schenkel des 50° großen Winkels sind 50 m lang. Zeichne die dreieckige Grundfläche. Wähle einen geeigneten Maßstab.
Welche besonderen Eigenschaften hat das Dreieck?

Lösung

Wir wählen den Maßstab 1:2 000, d.h. für 20 m in der Wirklichkeit zeichnen wir 1 cm = 10 mm.

(1) Wir zeichnen eine 2,5 cm lange Strecke $\overline{AB}$.
(2) Wir tragen im Punkt A der Strecke $\overline{AB}$ den Winkel $\alpha = 50°$ ein.
(3) Auf dem freien Schenkel von α tragen wir den Eckpunkt C in 2,5 cm Entfernung von A ein.
(4) Danach verbinden wir B und C.

Die Winkel β und γ sind gleich groß und zwar jeweils 65° aufgrund der Winkelsumme des Dreiecks. Das Dreieck ist somit achsensymmetrisch zur Winkelhalbierenden des Winkels α.

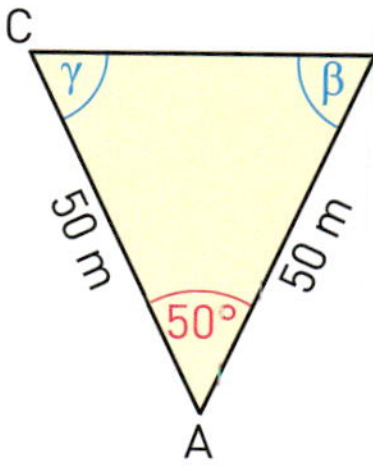

Information

(1) Bezeichnungen am Dreieck

Du weißt schon, dass man in einem Dreieck ABC den Winkel am Eckpunkt A mit α bezeichnet. Weiter vereinbaren wir, die Seite gegenüber dem Eckpunkt A mit a zu bezeichnen; wir verwenden a auch für die Länge dieser Seite.
Entsprechendes gilt für die übrigen Seiten und Winkel.

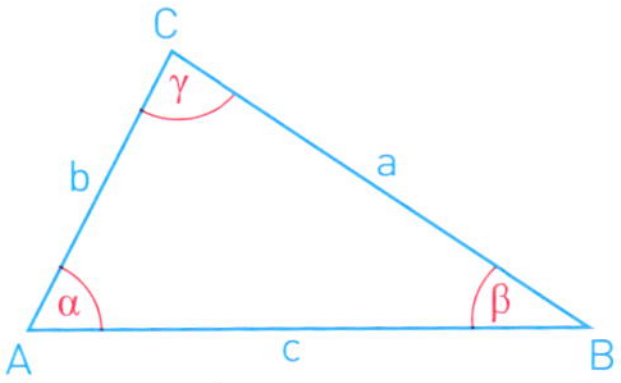

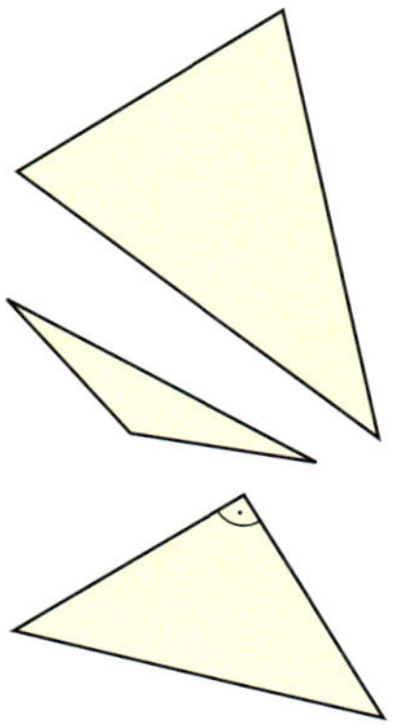

(2) Gleichschenkliges Dreieck als besonderes Dreieck

Definition
Ein Dreieck mit (wenigstens) zwei gleich langen Seiten nennt man **gleichschenkliges Dreieck**. Die beiden gleich langen Seiten heißen **Schenkel**; die dritte Seite heißt **Basis**. Die an der Basis anliegenden Winkel heißen **Basiswinkel**.

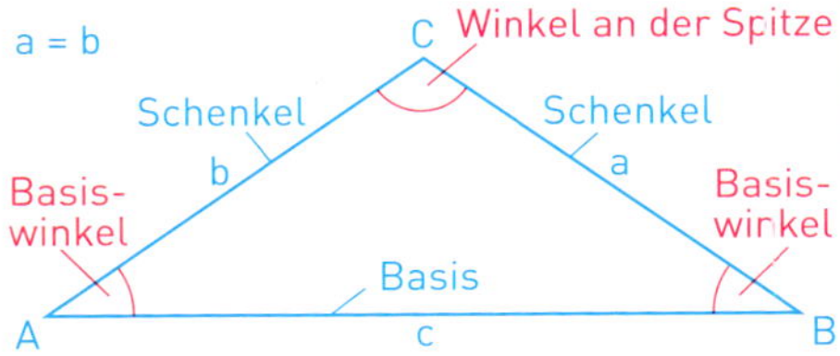

(3) Basiswinkelsatz

Zeichnet man in einem gleichschenkligen Dreieck die Winkelhalbierende des Winkels der Spitze ein, so liegen die Schenkel symmetrisch zueinander. Das gleichschenklige Dreieck ist somit achsensymmetrisch. Also gilt folgender Satz:

Basiswinkelsatz
Für jedes *gleichschenklige* Dreieck gilt:
Die beiden Basiswinkel sind gleich groß.

Gleich langen Seiten liegen gleich große Winkel gegenüber.

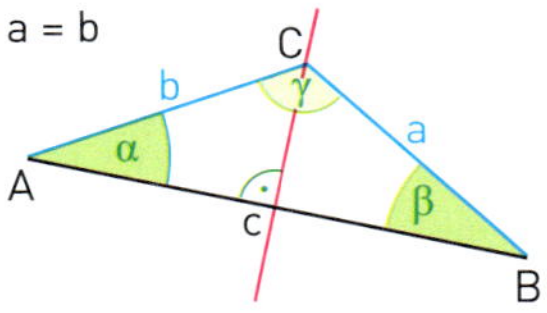

Weiterführende Aufgaben

Gleichseitige Dreiecke – Eigenschaften

2. Rechts siehst du ein dreieckiges Verkehrsschild. Es ist ein besonderes gleichschenkliges Dreieck. Alle Seiten sind gleich lang. Man bezeichnet es als *gleichseitiges* Dreieck. Was kannst du über die Winkel im gleichseitigen Dreieck aussagen?

Jedes gleichseitige Dreieck ist auch gleichschenklig; jede Seite kann man als Basis wählen.

Definition
Ein Dreieck, in dem alle drei Seiten gleich lang sind, heißt **gleichseitiges Dreieck**.
Satz
Für jedes *gleichseitige* Dreieck gilt:
Alle drei Winkel sind 60° groß.

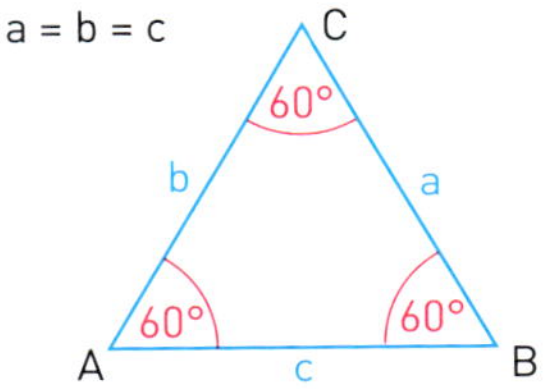

Kehrsatz des Basiswinkelsatzes

3. Konstruiere ein Dreieck ABC aus $c = 5{,}4\,cm$; $\alpha = 55°$; $\beta = 55°$.
Was für ein Dreieck erhältst du? Was vermutest du?

Kehrsatz des Basiswinkelsatzes
Wenn in einem Dreieck zwei Innenwinkel gleich groß sind, dann sind auch zwei Seiten gleich lang, d.h. das Dreieck ist gleichschenklig.

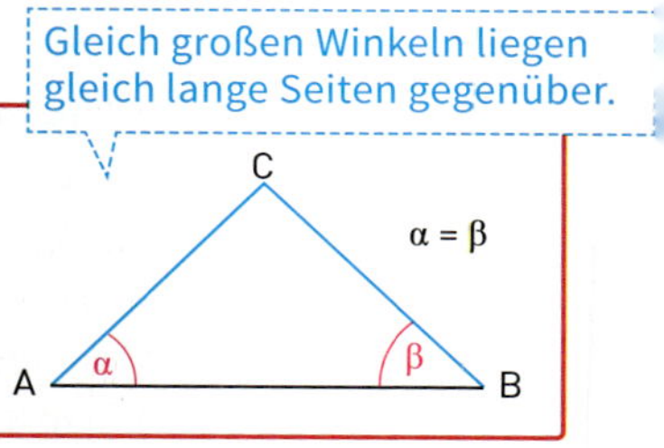

Übungsaufgaben

4. a) Der Hausgiebel rechts ist ein Dreieck mit zwei gleich langen Seiten; die rechte Dachfläche hat eine Neigung von 45°.
Wie groß ist die Neigung der linken Dachfläche, wie groß ist der Winkel an der Spitze? Begründe deine Antwort.

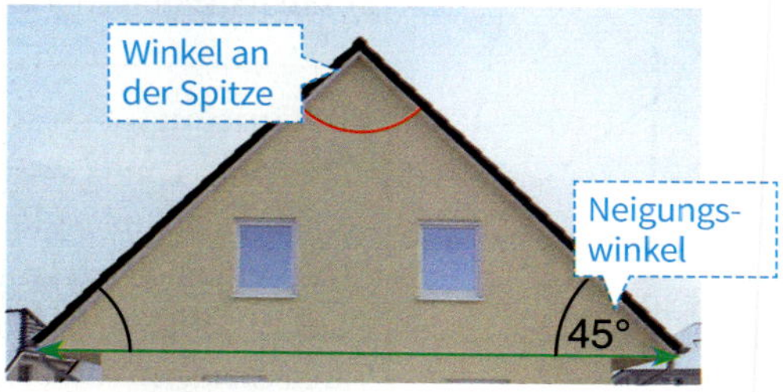

b) Für Dachneigungen in einem neuen Baugebiet sind Winkel zwischen 30° und 45° zugelassen. Was kannst du dann über den Winkel an der Spitze aussagen?

5. Gleichschenklige Dreiecke und gleichseitige Dreiecke findet ihr in eurer Umwelt. Gebt Beispiele an. Ihr könnt sie auch fotografieren und ein Plakat für eure Klasse gestalten.

6. Entscheide, welche der folgenden Aussagen wahr oder falsch sind.
(1) Es gibt gleichschenklige Dreiecke, die gleichseitig sind.
(2) Nicht alle gleichschenkligen Dreiecke sind gleichseitig.
(3) Nicht alle gleichseitigen Dreiecke sind gleichschenklig.
(4) Es gibt gleichschenklige Dreiecke, die rechtwinklig sind.
(5) Es gibt gleichseitige Dreiecke, die stumpfwinklig sind.
(6) Es gibt gleichschenklige Dreiecke, die stumpfwinklig sind.

Der Kreisbogen zeigt gleich lange Seiten.

7. Gib bei dem gleichschenkligen Dreieck an, welches die Basis, welches die Basiswinkel, welches der Winkel an der Spitze, welches die Schenkel sind. Berechne die rot markierten Winkel.

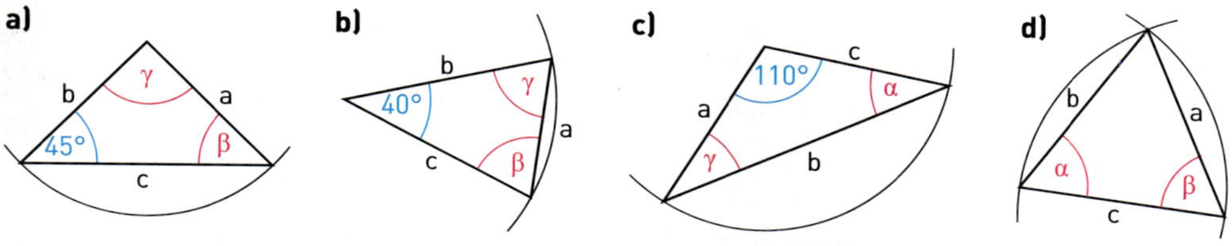

8. a) In einem Dreieck ABC gilt **(1)** $a = c$; **(2)** $b = c$. Welche Winkel sind gleich groß?
b) In einem Dreieck DEF gilt **(1)** $d = e$; **(2)** $e = f$. Welche Winkel sind gleich groß?

9. Anne und Tim zeichnen jeweils ein gleichschenkliges Dreieck. Bei Annes Dreieck ist ein Innenwinkel 93° groß, bei Tims 52°. Was kannst du über die anderen Winkel aussagen?

10. Im Dreieck ABC gilt $\alpha = 120°$ und $\beta = 30°$. Was kannst du über das Dreieck aussagen?

2.9.2 Symmetrische Vierecke

Einstieg 1

Auf den Bildern seht ihr verschiedene besondere Vierecke. Beschreibt sie. Welche Symmetrieeigenschaften besitzen sie? Gebt weitere Beispiele für solche Vierecke an.

Einstieg 2 DGS

a) Zeichne mit einem dynamischen Geometrie-System ein beliebiges Viereck ABCD und eine Gerade g. Spiegele dann das Viereck ABCD an g.
Verforme ABCD folgendermaßen zu einem achsensymmetrischen Viereck: Verändere die Lage von A, B, C, D so, dass das Viereck mit seinem Bild übereinstimmt.
Untersuche:
(1) Welche gemeinsamen Eigenschaften besitzen alle achsensymmetrischen Vierecke?
(2) Welche besonderen achsensymmetrischen Vierecke gibt es?

b) Führe entsprechende Untersuchungen wie in Teilaufgabe a) für punktsymmetrische Vierecke durch. Beginne dabei mit einem beliebigen Viereck ABCD und einem Punkt M.

Aufgabe 1

Symmetrie besonderer Vierecke

a) Zeichne ein Quadrat und beschreibe alle seine Symmetrien.

b) Schneide ein Quadrat aus. Versuche es nun in ein Viereck zu verwandeln, das nur noch zu zwei der vier eingezeichneten Geraden symmetrisch ist. Schneide dazu Stücke des Quadrates ab. Prüfe, ob die Punktsymmetrie erhalten bleibt.

c) Versuche nun ein Viereck herzustellen, das nur noch zu einer der vier Geraden symmetrisch ist und prüfe auch hier, ob das Viereck noch punktsymmetrisch ist.

d) Versuche nun ein Viereck herzustellen, das keine einzige Symmetrieachse hat, aber punktsymmetrisch ist.

Lösung

a) Das Quadrat ABCD hat vier Symmetrieachsen und zwar
- die beiden *Diagonalgeraden* AC und BD (das sind die Verbindungsgeraden der gegenüberliegenden Eckpunkte);
  sowie
- die beiden *Mittellinien* EG und HF (das sind die Verbindungsgeraden der gegenüberliegenden Seitenmitten).

Darüber hinaus ist das Quadrat punktsymmetrisch zum Schnittpunkt der Symmetrieachsen.

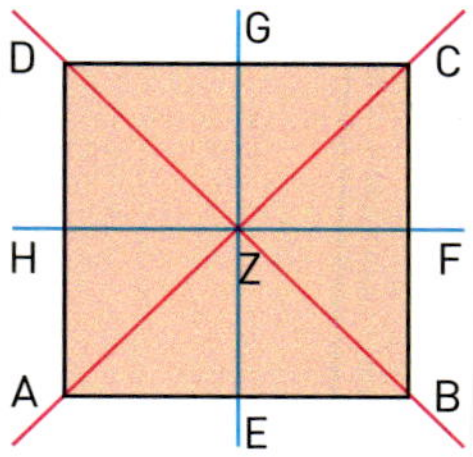

b) Wir versuchen von einem Quadrat passende Stücke so abzuschneiden, dass entweder beide Mittellinien oder beide Diagonalgeraden als Symmetrieachsen erhalten bleiben.

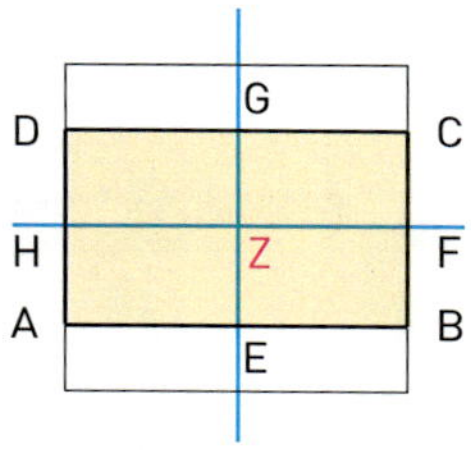

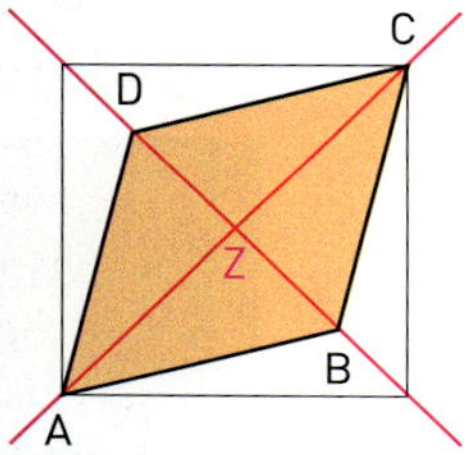

Hier sind nur noch die beiden Mittellinien HF und EG Symmetrieachsen.
Wir erhalten ein *Rechteck*.

Hier sind nur noch die beiden Diagonalgeraden AC und BD Symmetrieachsen.
Wir erhalten eine *Raute*.

Die Punktsymmetrie bleibt in beiden Fällen erhalten.

c) Wir gehen nun von einem Rechteck und einer Raute aus, die nur noch zwei Symmetrieachsen haben. Wir versuchen, passende Stücke so abzuschneiden, dass nur noch eine Mittellinie bzw. eine Diagonalgerade als Symmetrieachse erhalten bleibt.

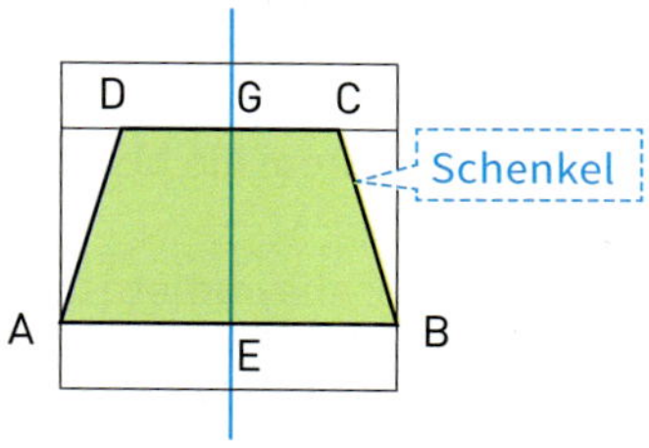

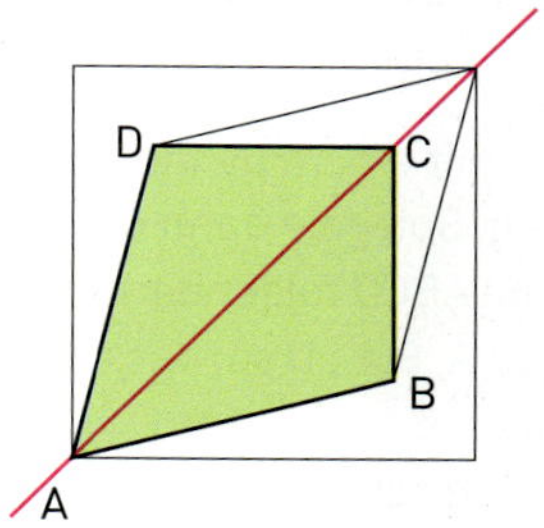

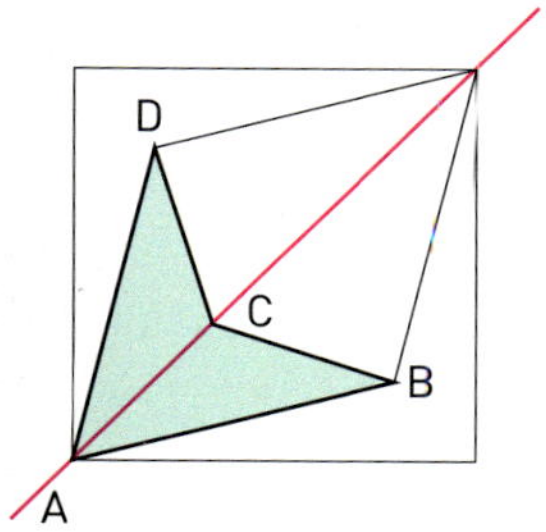

Hier ist nur noch die Mittellinie EG Symmetrieachse.
Wir erhalten so ein *achsensymmetrisches Trapez*.

Hier ist nur noch die Diagonalgerade AC Symmetrieachse.
Wir erhalten ein *Drachenviereck*.
Das Drachenviereck kann auch eine einspringende Ecke besitzen.

In beiden Fällen geht die Punktsymmetrie verloren.

d) Wir schneiden von einem Rechteck und einer Raute, die punktsymmetrisch sind, Teile so ab, dass die Achsensymmetrie verletzt wird, die Punktsymmetrie aber erhalten bleibt.

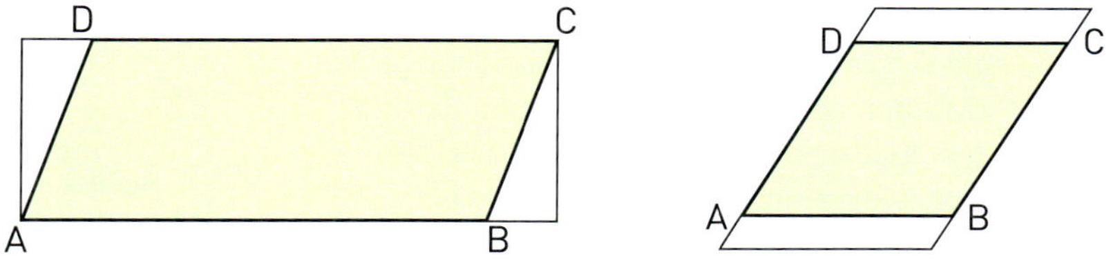

In beiden Fällen erhalten wir ein Parallelogramm. Dieses ist punktsymmetrisch zum Schnittpunkt seiner Diagonalen.

Information

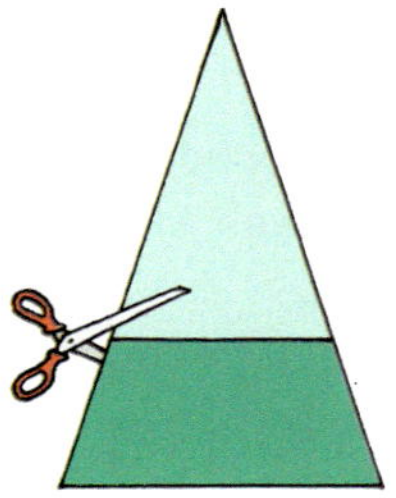

Beachte: Ein Drachenviereck kann auch eine einspringende Ecke besitzen.

(1) Raute, gleichschenkliges Trapez und Drachenviereck

Die Aufgabe 1 führte uns auf besondere Vierecke, die du häufig in der Umwelt findest. Einige kennst du schon aus Klasse 5. Die Lösung der Teilaufgabe c) führt auf ein Viereck, das Sonderfall eines Trapezes ist. Links siehst du, wie man sich ein solches Trapez entstanden denken kann.

Definition

(1) Ein Trapez, bei dem zwei Winkel an einer gemeinsamen Grundseite gleich groß sind, heißt **gleichschenkliges Trapez**.

(2) Ein Viereck, bei dem zwei benachbarte Seiten und ebenso die beiden anderen benachbarten Seiten jeweils gleich lang sind, heißt **Drachenviereck**.

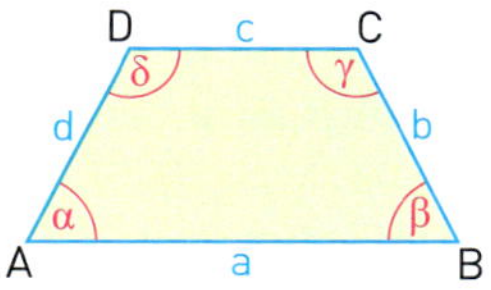

Gleichschenkliges Trapez

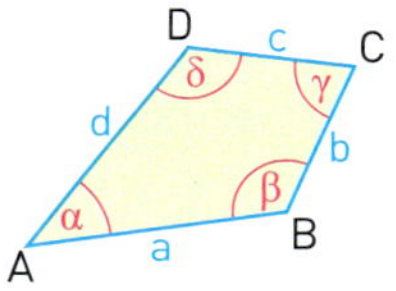

Drachenviereck

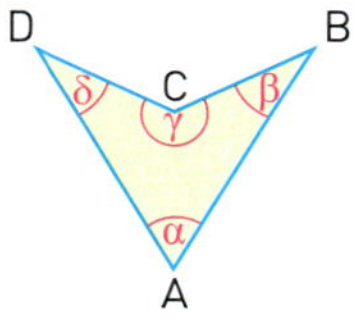

Drachenviereck mit einspringender Ecke

(2) Symmetrische Vierecke

Satz: Symmetrie bei Quadrat, Rechteck, Raute, Trapez und Drachenviereck

(1) Jedes Quadrat ist achsensymmetrisch zu den beiden Diagonalgeraden und zu den beiden Mittellinien, sowie punktsymmetrisch zu deren Schnittpunkt.

(2) Jedes Rechteck ist achsensymmetrisch zu den beiden Mittellinien, sowie punktsymmetrisch zu deren Schnittpunkt.

(3) Jede Raute ist achsensymmetrisch zu den beiden Diagonalgeraden, sowie punktsymmetrisch zu deren Schnittpunkt.

(4) Jedes gleichschenklige Trapez ist achsensymmetrisch zu der Mittellinie einer Grundseite.

(5) Jedes Drachenviereck ist achsensymmetrisch zu einer Diagonalgeraden.

(6) Jedes Parallelogramm ist punktsymmetrisch zum Schnittpunkt der Diagonalgeraden.

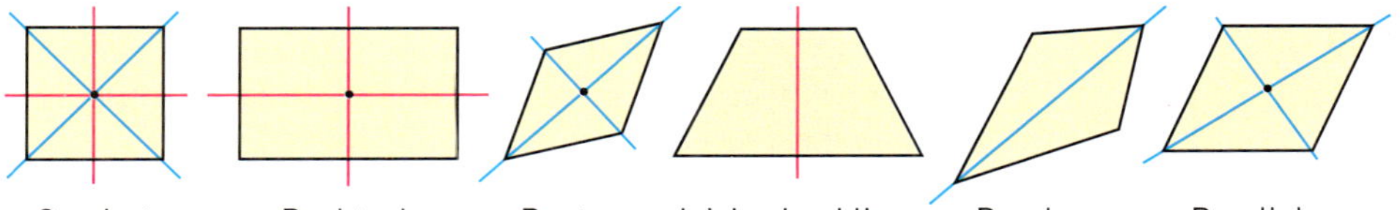

Quadrat | Rechteck | Raute | gleichschenkliges Trapez | Drachenviereck | Parallelogramm

Weiterführende Aufgabe

Haus der Vierecke

2. Die Übersicht rechts nennt man *Haus der symmetrischen Vierecke*.
Die Verbindungslinien zeigen Beziehungen zwischen den Vierecken. So ist zum Beispiel das Quadrat (über das Rechteck) mit dem Parallelogramm verbunden, weil es ein besonderes Parallelogramm ist.
Das Diagramm lässt sich in zwei Richtungen lesen.

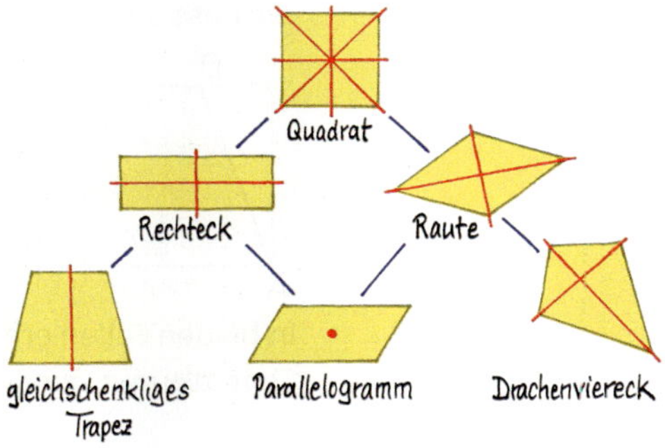

Von oben nach unten:
Jedes Quadrat ist ein Rechteck;
jedes Rechteck ist ein Parallelogramm;
jedes Quadrat ist ein Parallelogramm.

Von unten nach oben:
Manche Rechtecke sind Qudrate; manche Parallelogramme sind Rechtecke
manche Parallelogramme sind Quadrate.

a) Lies weitere solche Beziehungen aus dem Haus der symmetrischen Vierecke ab. Lies sowohl von oben nach unten als auch von unten nach oben.

b) Beschreibe am Haus der Vierecke, wie viele Symmetrieeigenschaften die einzelnen besonderen Vierecke aufweisen. Was fällt auf?

Übungsaufgaben

3. Sucht in eurer Umwelt Beispiele für achsensymmetrische Vierecke. Ihr könnt sie fotografieren, sie beschriften und damit eure Bildersammlung im Klassenraum ergänzen.

Viereck	A	B
Rechteck		
Quadrat		

4. a) Fertige eine Tabelle wie links an; kreuze an, falls für die Figur die Besonderheit zutrifft.

b) Falls die Figur symmetrisch ist, zeichne sie ab und trage die Symmetrieachsen und Symmetriezentren ein.

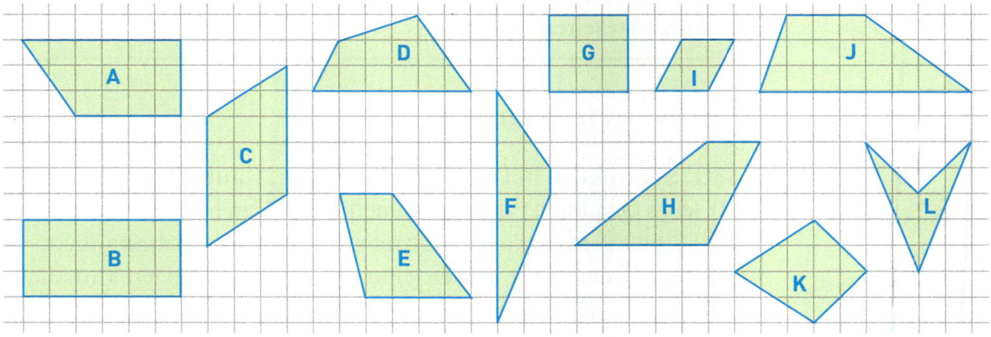

5. Zeichne ein symmetrisches Viereck mit seinen Diagonalen.
Welche besonderen Dreiecke entdeckst du?

6. a) Ergänze das stumpfwinklige Dreieck ABC zu einem achsensymmetrischen Viereck.
Es gibt verschiedene Möglichkeiten. Um was für ein Viereck handelt es sich?

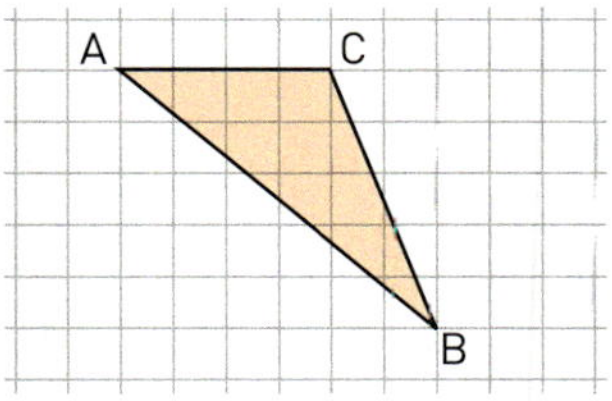

b) Ergänze das Dreieck nun durch Punktspiegelung zu einem punktsymmetrischen Viereck. Wie viele Möglichkeiten gibt es? Was für ein Viereck entsteht?

c) Wähle einen anderen Dreieckstyp und verfahre entsprechend.

7. Zeichnet jeder ein Viereck, das die angegebenen Eigenschaften besitzt. Vergleicht eure Vierecke. Um was für ein Viereck handelt es sich?
   a) Zwei benachbarte Seiten stehen senkrecht aufeinander.
   b) Je zwei Seiten stehen senkrecht aufeinander.
   c) Zwei Seiten sind parallel zueinander.
   d) Je zwei gegenüberliegende Seiten sind parallel zueinander.
   e) Zwei gegenüberliegende Winkel sind gleich groß.
   f) Je zwei gegenüberliegende Winkel sind gleich groß.
   g) Die Diagonalen halbieren einander.
   h) Die Diagonalen stehen senkrecht aufeinander.

8. Welche besonderen Vierecke erkennst du im Bild? Welche besonderen Vierecke können noch bei der Bewegung des Gerätes auftreten?
   Was bewirken die Vierecke bei der Bewegung des Gerätes?

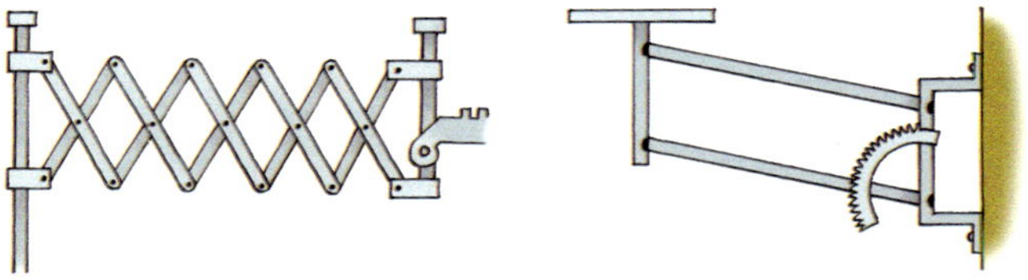

9. Zeichne in ein gleichschenkliges Dreieck eine Raute, die einen Winkel mit dem Winkel an der Spitze des Dreiecks gemeinsam hat und deren Gegenecke auf der Basis des Dreiecks liegt.

10. Bei einem Drachenviereck ist eine Seite 3 cm lang, eine andere 5 cm und ein Winkel ist 40° groß. Wie kann dieses Drachenviereck aussehen?

11. Entscheide anhand des Hauses der Vierecke, ob die Aussage wahr oder falsch ist. Erläutere deine Überlegungen.
   (1) Jedes Quadrat ist ein Parallelogramm.
   (2) Jedes Parallelogramm ist eine Raute.
   (3) Manche Parallelogramme sind Rauten.
   (4) Manche Rechtecke sind Quadrate.
   (5) Jedes Drachenviereck ist ein Parallelogramm.
   (6) Jedes Parallelogramm ist ein Trapez.

12. Ergänze das auf Seite 106 abgebildete Haus der Vierecke um das Trapez.

Das kann ich noch!

A) Beschreibe die Grafik. Was kannst du ihr entnehmen?

Was die Deutschen essen (in kg pro Kopf)

	1980	2010
Gemüse	64,2	92,6
Geflügel	9,9	19,3
Schweinefleisch	58,2	55,1
Fisch	11,2	15,7

2.10 Kongruente Figuren

Einstieg

Zeichnet das Dreieck ABC mit A(2|1), B(3|2) und C(1|3) in ein Koordinatensystem. Zeichnet nun das Bilddreieck A′B′C′ bei der Spiegelung des Dreiecks ABC an der Geraden durch die Punkte P(4|3) und Q(1|6). Dreht jetzt das Dreieck A′B′C′ am Drehzentrum Z(7|3) mit dem Drehwinkel $\varphi = 90°$. Das entstandene Dreieck heißt A″B″C″. Vergleicht die Dreiecke ABC, A′B′C′ und A″B″C″. Was stellt ihr fest?

Aufgabe 1

Gegeben ist das Dreieck ABC mit A(1|1), B(3|2) und C(2|4). Erzeuge durch Spiegelung am Punkt Z(5|4) das Dreieck A′B′C′. Verschiebe dann das Dreieck A′B′C′ entlang des Verschiebungspfeils $\overrightarrow{RS}$ mit R(1|8) und S(1|5). Bezeichne das entstandene Dreieck mit A″B″C″. Vergleiche die Dreiecke ABC, A′B′C′ und A″B″C″. Was stellst du fest?

Lösung

Wir zeichnen zunächst das Dreieck ABC und den Punkt Z in ein Koordinatensystem und führen die Punktspiegelung aus. Nun zeichnen wir den Verschiebungspfeil $\overrightarrow{RS}$ ein und verschieben das Dreieck A′B′C′ entlang des Verschiebungspfeils. Das entstandene Dreieck bezeichnen wir mit A″B″C″.

Für die Dreiecke ABC, A′B′C′ und A″B″C″ können wir feststellen:

- alle Seitenlängen und Winkel sind gleich groß;
- alle Dreiecke haben denselben Umlaufsinn;
- alle Dreiecke passen genau aufeinander.

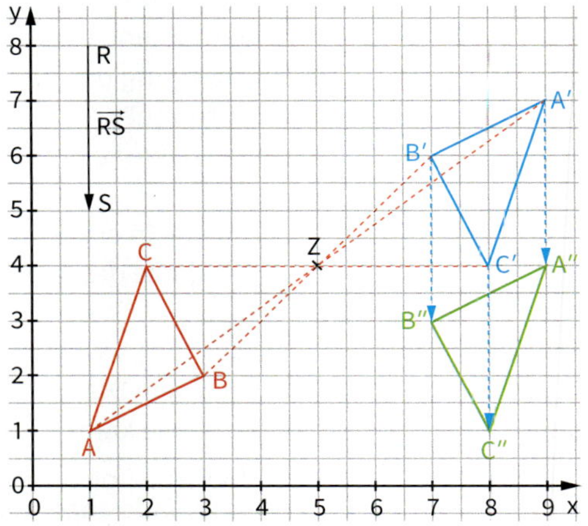

Information

In der Aufgabe 1 hast du ein Dreieck zunächst an einem Punkt gespiegelt und dann verschoben. Du hast festgestellt, dass die drei entstandenen Dreiecke genau aufeinander passen.

(1) Kongruenz

Definition
Zwei Figuren A und B heißen zueinander **kongruent**, wenn sie in Form und in den Maßen übereinstimmen, sonst nicht.
Man schreibt
$A \cong B$, gelesen:
A ist kongruent zu B.

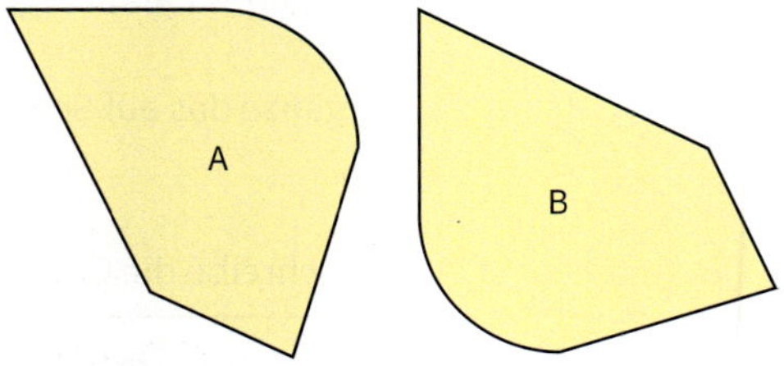

Beachte: Zwei zueinander kongruente Figuren können auch spiegelbildlich zueinander sein.

(2) Kongruenzabbildungen

Durch Achsenspiegelungen, Punktspiegelungen, Drehungen und Verschiebungen werden kongruente Bildfiguren erzeugt. Man bezeichnet sie als **Kongruenzabbildungen**.

Übungsaufgaben

2. Gib alle zueinander kongruenten Figuren an.

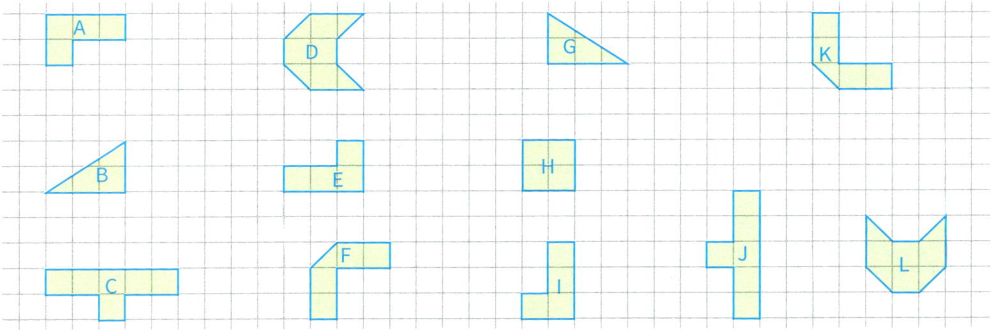

3. Übertrage die Figur in dein Heft und setze sie passend fort.

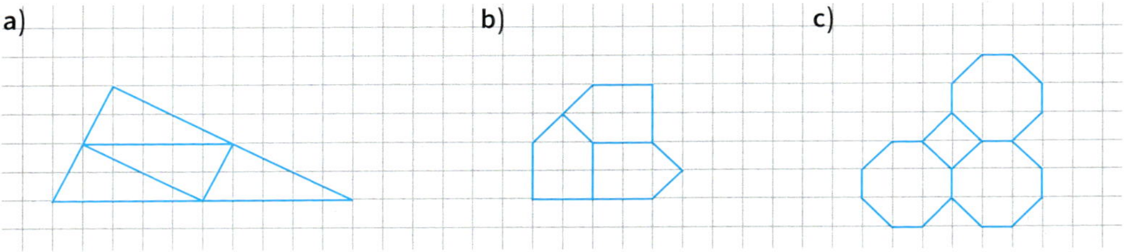

4. Finde in dem Puzzleausschnitt kongruente Figuren.

5. Überprüfe, ob die Dreiecke ABC und PQR zueinander kongruent sind.
Falls ja, färbe einander entsprechende Seiten und Winkel mit derselben Farbe.

a) A(1|1), B(2|1), C(1|3), P(4|4), Q(4|6), R(3|6)

b) A(4|2), B(7|2), C(5|3), P(6|5), Q(7|4), R(7|6)

c) A(1|2), B(3|1), C(2|3), P(6|1), Q(7|0), R(8|2)

6. Zeichne das Dreieck ABC mit A(3|1), B(6|2) und C(5|3). Zeichne nun ein zu ABC kongruentes Dreieck A′B′C′ mit **(1)** A′(2|3); **(2)** B′(3|4); **(3)** C′(7|1) und bestimme die Koordinaten der fehlenden Eckpunkte des Dreiecks A′, B′ und C′.

7. Zeichne das Dreieck ABC mit A(9|2), B(8|4) und C(7|3).

(1) Verschiebe das Dreieck ABC mit dem Verschiebepfeil vom Punkt P(5|1) zum Punkt Q(1|2). Bezeichne das entstandene Dreieck mit A′B′C′.

(2) Spiegele das Dreieck A′B′C′ am Punkt B′. Bezeichne das entstandene Dreieck mit A″B″C″.

(3) Spiegele das Dreieck A″B″C″ an der Seite $\overline{B''C''}$. Nenne das entstandene Dreieck A‴B‴C‴.

Wie kann man aus dem Dreieck A‴B‴C‴ das Ausgangsdreieck ABC erzeugen?

Symmetrie als Gestaltungsprinzip

In diesem Kapitel haben wir verschiedene Arten von Symmetrie unterschieden:
Achsensymmetrie, Punktsymmetrie, Drehsymmetrie.
Bandornamente entstehen durch Verschiebung; man spricht daher von Verschiebungssymmetrie.

Symmetrie (gr. lat.) regelmäßige Anordnung der Teile einer Gesamtheit, sodass eine harmonische Gestalt entsteht.

1. Du weißt, dass man in der Natur, z. B. bei Blättern und Blüten, Symmetrien wie in der Geometrie findet. In der Architektur findet man Symmetrien z. B. an Gebäuden. Gegenstände des Alltags wie z. B. Flaggen, Briefmarken, Verkehrsschilder sowie Spielfelder weisen diese Symmetrien auf.
Aber auch in Bereichen der Mathematik und des Lebens findet man Symmetrien im Sinne von regelmäßigen Anordnungen.

Vergleiche die Erklärung der Symmetrie in der Geometrie mit der links stehenden Erklärung aus einem Lexikon.

Regelmäßige Anordnungen bei Zahlen

2. a) Die Zahl 808 ist achsensymmetrisch, die Zahl 25 752 nicht. Was ist das Besondere an Zahlen wie 25 752 oder 673 376? Solche Zahlen nennt man *Palindrome*.
b) Ergänze im Heft zu Palindromen: 2 □ 41 □ 3 □; □ 3 5 □ □ □ □ □ 7
c) Berechne: 836^2; 2201^3. Was stellst du fest?
d) Auch so kannst du Palindrome erzeugen:
(1) 23 + 32 = 55;
(2) 85 + 58 = 143;
(3) 143 + 341 = 484
Beschreibe das Verfahren. Wie viele Rechenschritte brauchst du von der Startzahl 158 bis zum Palindrom 11 011? Finde weitere Beispiele mit dreistelligen Startzahlen.

Quadrieren (lat.) Multiplizieren einer Zahl mit sich selbst.

3. Auch beim Quadrieren zweier Zahlen kann man manchmal regelmäßige Anordnungen erhalten.
a) Berechne und vergleiche: 12^2 mit 21^2; 122^2 mit 221^2; 112^2 mit 211^2; 301^2 mit 103^2.
b) Finde weitere Beispiele; gib auch Gegenbeispiele an.

4. Berechne die Produkte: $1001 \cdot 123$; $100\,001 \cdot 12345$.
a) Beschreibe die Regelmäßigkeiten der Ergebnisse.
b) Finde weitere Beispiele.

Regelmäßige Anordnungen bei Wörtern und Texten

5. Es gibt Wörter, die nur aus symmetrischen Buchstaben bestehen wie z. B. EVA; OTTO; UHU; MATHEMATIK; USA. Finde weitere Wörter.

6. **a)** Betrachte die Wörter: **(1)** TOR; MARK; NEBEL; BEIL; EIN. **(2)** big; has; der.
Welche Besonderheit fällt dir auf? Finde weitere Beispiele.
b) Man kann sogar „symmetrische“ Sätze bilden. Lies sie und beschreibe ihre Symmetrie.
(1) sag big otto : otto gib gas **(2)** regalmitsirup : puristimlager

7. Eine geheimnisvolle Verschiebung: „Wfstdijfcvoh“.
Was heißt dieses verschlüsselte Wort wohl? Verschlüssele eigene Texte.

Limerick (engl.) volkstümliches, fünfzeiliges Gedicht mit groteskem Inhalt

8. Lies den Limerick rechts.
Worin besteht die Symmetrie?

Es gab einen Mann in Holzminden,
der war ein Genie im Erfinden.
Eines Tages erfand
er das Loch ohne *Rand*.
Ich glaub, das erklärt sein *Verschwinden*.

9. Ergänze und beschreibe die Symmetrie der Schüttelreime.

Was macht ein kleines Mückentier,
doch für verfluchte *Tücken mir!*
Ich spüre Mück- und Mückenstich,
sie stechen noch zu ...

Den Narren packt die...,
indes im Bett der *Weise ruht.*

Ich freue mich auf morgen ...,
da hab ich keine *Sorgen* ...

Symmetrie in der Musik

10. Hier siehst du Noten. Versuche eine Symmetrie zu erkennen und beschreibe sie.

11. Hier sind die Noten des April-Kanon. Finde Symmetrien und beschreibe sie.

12. Findet im Alltag verschiedene Beispiele, die eine Art von Symmetrie aufweisen.
Gestaltet eine schöne Mappe, in der ihr Bilder solcher Beispiele sammelt und beschreibt.

Argumentieren

1. Jasper ist ganz aufgeregt:
„Ich glaube, ich werde Mathematiker. Ich habe gerade meine erste mathematische Entdeckung gemacht: Ihr habt vielleicht schon von Palindromen gehört. Das sind Zahlen wie 101 oder 12 321. Verdoppelt man eine solche symmetrische Zahl, dann ist das Ergebnis auch wieder symmetrisch, also ein Palindrom. Das ist jetzt der Satz von Jasper. Ich kann euch ganz viele Beispiele nennen und schreibe sie an die Tafel.“

Nach fünf Minuten Vortrag hat Sophie genug, sie rechnet selbst das Beispiel $1\,234\,321 \cdot 2 = 2\,468\,642$ und glaubt Jasper.
Hannah hat gut aufgepasst, weiter gedacht und rechnet vor: „$151 \cdot 2 = 302$ ist nicht symmetrisch. Also wird das wohl nichts mit dem Satz von Jasper!“

a) Erläutere an Hannahs Beispiel, woran es liegt, dass Jaspers Behauptung nicht für alle Palindrome gilt.
b) Was für Beispiele hätte Jasper noch nennen können, für die seine Vermutung zutrifft?
c) Jasper gibt sich noch nicht geschlagen: „Ok! Du hast recht! Ich weiß auch schon, warum. Aber ich habe eine Idee für eine kleine Änderung und dann habe ich wirklich einen neuen Satz, der immer gilt. Passt mal auf …“
Formuliere den geänderten Satz so, dass er stets gilt. Begründe ihn dann.
d) Untersuche, ob es einen ähnlichen Satz für das Verdreifachen von Palindromen gibt.
e) Formuliere und begründe noch weitere solcher Sätze.

> Viele Beispiele und ein überzeugendes Auftreten sind noch kein sicheres Argument für die Wahrheit einer mathematischen Behauptung. Wohl aber genügt ein einziges Gegenbeispiel, um eine Behauptung zu widerlegen. Andererseits können viele Beispiele und das aufmerksame Beobachten helfen, neue Erkenntnisse zu gewinnen.

2. Maries Lehrer hat der Klasse berichtet, dass man keine Formel kennt, mit der man nacheinander alle Primzahlen berechnen kann. Marie hat lange probiert und eine Vorschrift gefunden: „Meine Vorschrift liefert zwar nicht alle Primzahlen 2, 3, 5, 7, 11, … nacheinander. Aber meine Vorschrift liefert auf jeden Fall nur Primzahlen und keine anderen. Ich quadriere eine Zahl, addiere dann dazu die Zahl selbst und noch 17.
Das Ergebnis ist immer eine Primzahl.“

a) Überprüfe Maries Vorschrift an einigen Zahlen und untersuche so, ob sie Recht hat.
b) Max sagt: „Ich weiß von vornherein, dass diese Vorschrift angewendet auf die Zahl 11 keine Primzahl ergibt.“ Stelle fest, ob seine Behauptung stimmt und überlege, warum.
c) Untersucht, ob folgende Vorschriften ausschließlich Primzahlen liefern:
(1) Quadriere eine Zahl, addiere sie und dann noch 5.
(2) Quadriere eine Zahl, subtrahiere sie vom Ergebnis und addiere dann wieder 41.

3. Miriam hat beobachtet, dass bei allen symmetrischen Dreiecken, die sie gesehen hat, die Symmetrieachse durch einen der Eckpunkte geht. Sie fragt sich, ob es immer so sein muss und wenn ja, warum? Jens sagt: „Das sieht man doch!“
Karin meint: „Mit den Beispielen ist das so eine Sache. Wer garantiert denn, dass es nach langem Suchen nicht doch ein Gegenbeispiel gibt? Und ein einziges reicht schon. Ich finde es sicherer, zu begründen, warum das so ist.“

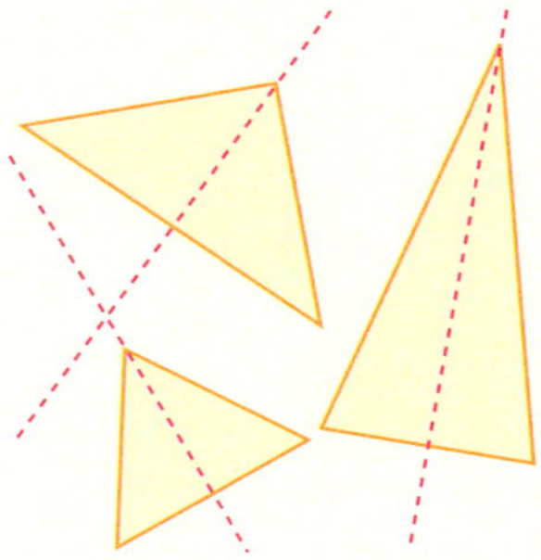

a) Lies Karins folgende Begründung durch und untersuche, ob sie einwandfrei ist.

Wenn das Dreieck achsensymmetrisch ist, muss für jeden Eckpunkt auch der Symmetriepartner zum Dreieck gehören. (Bedingung für Achsensymmetrie)
Liegt ein Eckpunkt neben der Achse, dann liegt auch sein Symmetriepartner neben der Achse, auf der gegenüberliegenden Seite und wir haben zwei Eckpunkte.
Liegt ein Eckpunkt auf der Achse, dann bleibt er an seiner Stelle und wir haben weiterhin nur einen. (Eigenschaft der Achsensymmetrie)
Also kann es nur eine gerade Anzahl von Eckpunkten geben, die nicht auf der Achse liegen. Das sind zwei. Der dritte Eckpunkt muss auf der Achse liegen, sonst gäbe es mit seinem Symmetriepartner vier Eckpunkte.

b) Können beim Dreieck auch zwei Eckpunkte auf der Symmetrieachse liegen?
c) Wie ist das bei Vierecken? Wie viele Eckpunkte können da auf der Symmetrieachse liegen?

> Beim Begründen einer Behauptung dürfen nur Tatsachen verwendet werden, die vorher festgelegt wurden (als Voraussetzung) oder solche, die schon vorher begründet (bewiesen) worden sind.

4. Untersucht:
a) Bei Rechtecken halbieren sich die Diagonalen und sind gleich lang. Ist das bei allen Parallelogrammen so?
b) Wann teilen die Diagonalen ein Viereck in symmetrische Dreiecke?
c) Welche Möglichkeiten gibt es für Vierecke, die sich aus symmetrischen Dreiecken zusammensetzen?

5. Im Alltag werden viele Flächen lückenlos mit Rechtecken ausgelegt. Aber es kommen auch andere Figuren vor.
a) Begründe, dass man mit jedem beliebigen Viereck lückenlos parkettieren kann.
b) Untersuche, ob das auch für Fünfecke gilt.

2.11 Aufgaben zur Vertiefung

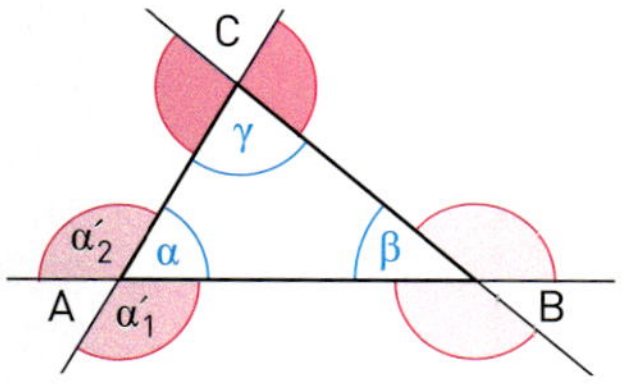

1. ABC ist ein beliebiges Dreieck, die sechs rot gefärbten Winkel heißen **Außenwinkel** des Dreiecks.
   a) Welche Beziehung besteht zwischen einem Innenwinkel und einem benachbarten Außenwinkel? Erkläre so, was man unter einem Außenwinkel eines Dreiecks versteht.
   b) Begründe den folgenden Satz:

Außenwinkelsatz für Dreiecke
In einem Dreieck ist ein Außenwinkel genau so groß wie die beiden nicht anliegenden Innenwinkel zusammen, z.B. $\alpha' = \beta + \gamma$.

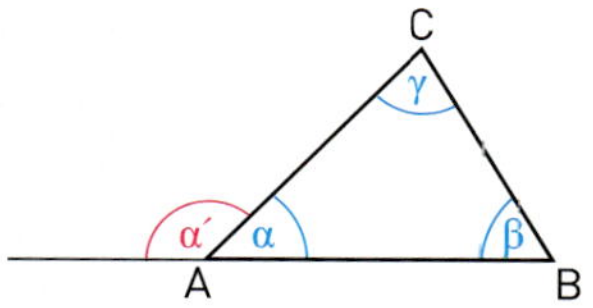

2. Du kennst schon Körper, die von lauter regelmäßigen Vielecken begrenzt sind:
   Würfel sind nur von Quadraten begrenzt; an jeder Ecke stoßen drei zusammen.
   Tetraeder sind nur von gleichseitigen Dreiecken begrenzt, an jeder Ecke stoßen drei zusammen.
   Auch Oktaeder sind nur von gleichseitigen Dreiecken begrenzt, hier stoßen an jeder Ecke 4 Dreiecke zusammen.
   Solche Körper sind nach dem griechischen Mathematiker Platon benannt:

   Ein **platonischer Körper** ist ein Körper, der von lauter deckungsgleichen, regelmäßigen Vielecken begrenzt wird. Weiter müssen an jeder Ecke gleich viele dieser Vielecke zusammenstoßen.

   Schon der griechische Mathematiker Euklid wusste, dass es nur *fünf* platonische Körper gibt.

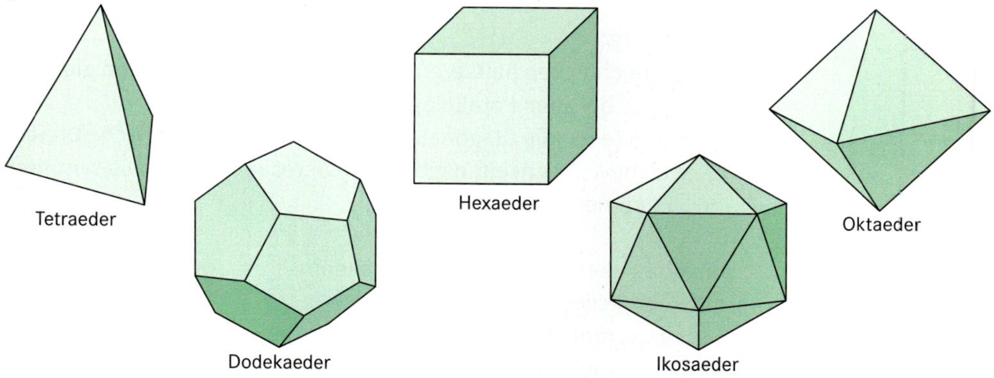

   Im Folgenden kannst du einsehen, warum das so ist.
   a) An einer Körperecke müssen mindestens drei regelmäßige Vielecke zusammenstoßen. Die Summe der dort zusammenstoßenden Innenwinkel muss kleiner als 360° sein. Erläutere, warum. Begründe dann, welche regelmäßigen Vielecke überhaupt nur infrage kommen.
   b) Baut Kantenmodelle der platonischen Körper.

Das Wichtigste auf einen Blick

Verschiebung

Eine **Verschiebung** ist durch einen Verschiebungspfeil gegeben, der Richtung und Länge der Verschiebung bestimmt.
Die Verbindungslinie eines Punktes mit seinem Bildpunkt ist parallel zum Verschiebungspfeil und gleich gerichtet.

Achsenspiegelung

Eine **Achsenspiegelung** an der **Spiegelachse a** hat folgende Eigenschaften:
Ein Punkt P und sein Bildpunkt P′ liegen auf einer Senkrechten zu a, auf verschiedenen Seiten von a und gleich weit von a entfernt.
Ein Punkt auf der Spiegelachse bleibt an seiner Stelle.

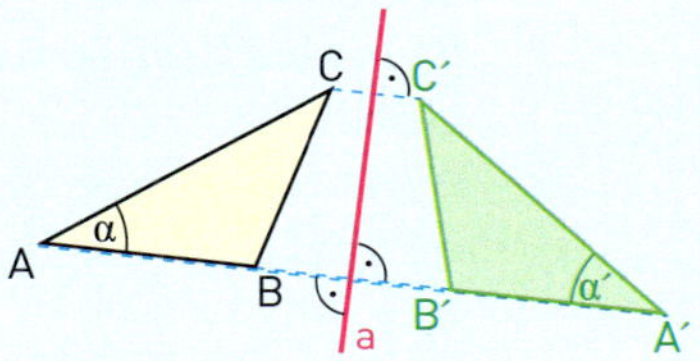

Punktspiegelung

Eine **Punktspiegelung** an dem **Symmetriezentrum Z** hat folgende Eigenschaften:
Ein Punkt P und sein Bildpunkt P′ liegen auf einer Geraden durch Z, auf verschiedenen Seiten von Z und gleich weit von Z entfernt.
Das Spiegelzentrum Z bleibt an seiner Stelle.

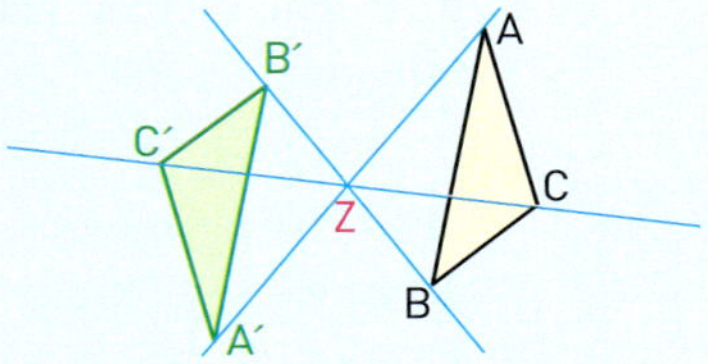

Drehung

Eine **Drehung** um das **Drehzentrum Z** mit dem **Drehwinkel** hat folgende Eigenschaften:
Der Drehwinkel ist der Winkel zwischen den Strahlen $\overrightarrow{ZP}$ und $\overrightarrow{ZP'}$. Der Punkt P und der Punkt P′ sind gleich weit von Z entfernt.
Das Drehzentrum Z bleibt an seiner Stelle.

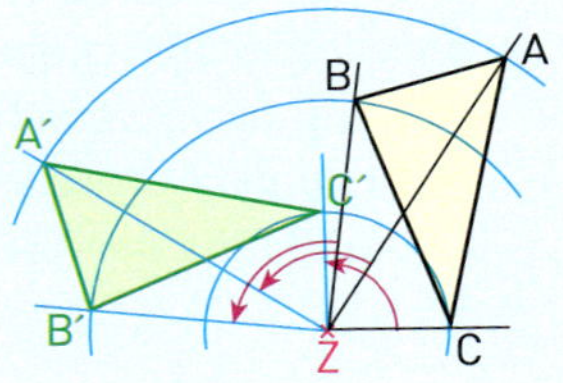

Symmetrie

Eine Figur heißt
– **achsensymmetrisch**, wenn sie bei der Spiegelung an einer Geraden auf sich abgebildet wird.
– **punktsymmetrisch** zum **Punkt Z**, wenn sie bei der Punktspiegelung an Z auf sich abgebildet wird.
– **drehsymmetrisch** zum **Punkt Z**, wenn sie bei einer Drehung um Z auf sich abgebildet wird.

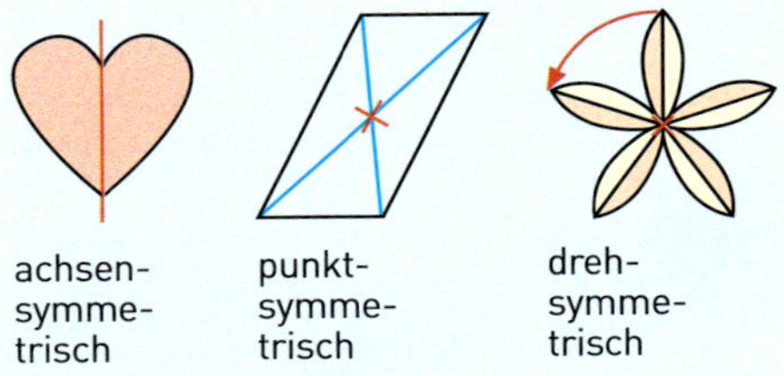

Winkel an Geradenkreuzungen

Nebenwinkel ergänzen sich zu 180°.
Scheitelwinkel sind gleich groß.
Stufenwinkel an geschnittenen Parallelen sind gleich groß.

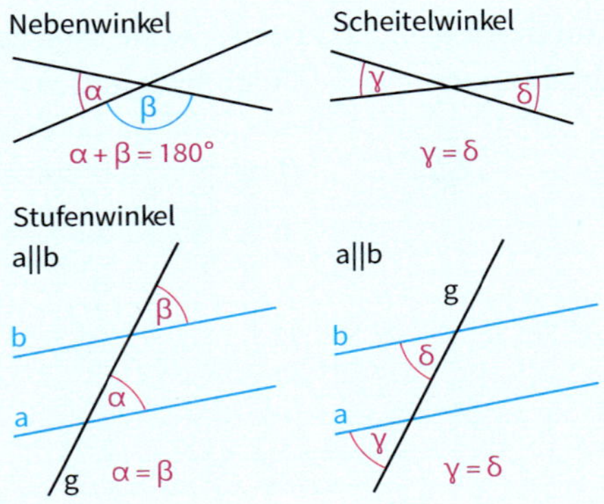

Besondere Dreiecke

In **spitzwinkligen Dreiecken** sind *alle* Winkel kleiner als 90°.
In **rechtwinkligen Dreiecken** ist *ein* Winkel 90° groß.
In **stumpfwinkligen Dreiecken** ist *ein* Winkel größer als 90°.
Ein **gleichschenkliges Dreieck** hat zwei gleich lange Seiten; diese nennt man Schenkel, die dritte Seite heißt Basis.
Beim **gleichseitigen Dreieck** sind alle drei Seiten gleich lang.
Basiswinkelsatz: Beim gleichschenkligen Dreieck sind die Winkel an der Basis gleich groß.

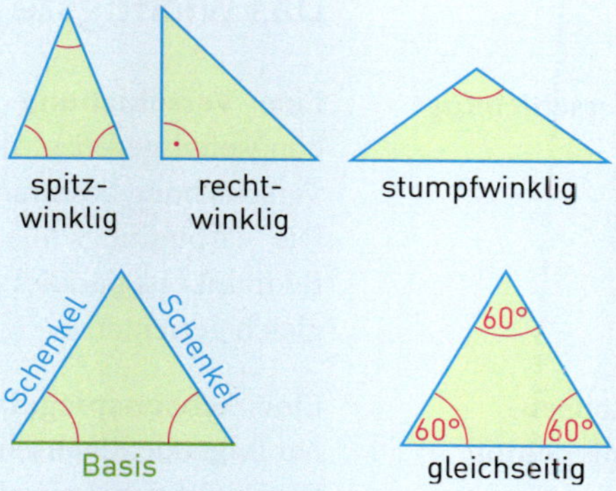

Winkelsummensatz

In jedem Dreieck beträgt die Summe aller drei Innenwinkel 180°.
In jedem Viereck beträgt die Summe aller vier Innenwinkel 360°.

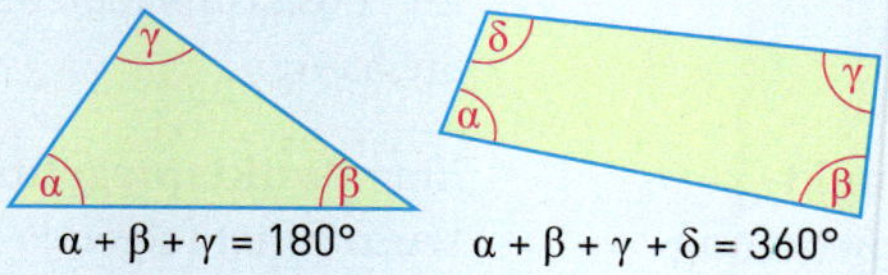

Symmetrische Vierecke

Ein achsensymmetrisches Trapez heißt **gleichschenkliges Trapez**.
Ein Viereck, bei dem zwei benachbarte Seiten und ebenso die beiden anderen benachbarten Seiten jeweils gleich lang sind, heißt **Drachenviereck**.
Mithilfe der Symmetrieeigenschaften kann man Beziehungen zwischen den Vierecken herstellen und im **Haus der Vierecke** darstellen.

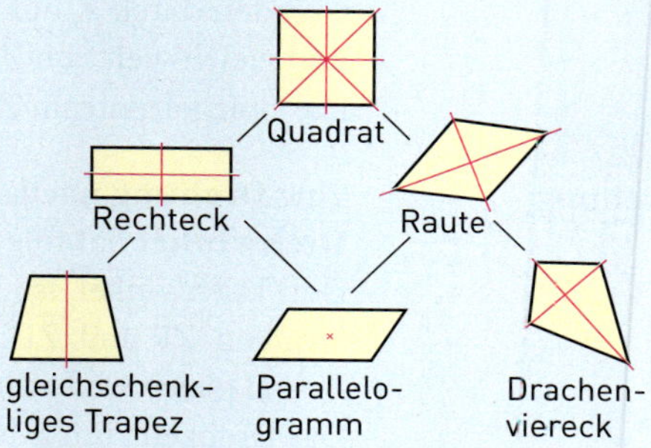

Kongruenz

Zwei Figuren A und B heißen zueinander kongruent, wenn sie in Form und in den Maßen übereinstimmen, sonst nicht. Man schreibt $A \cong B$.

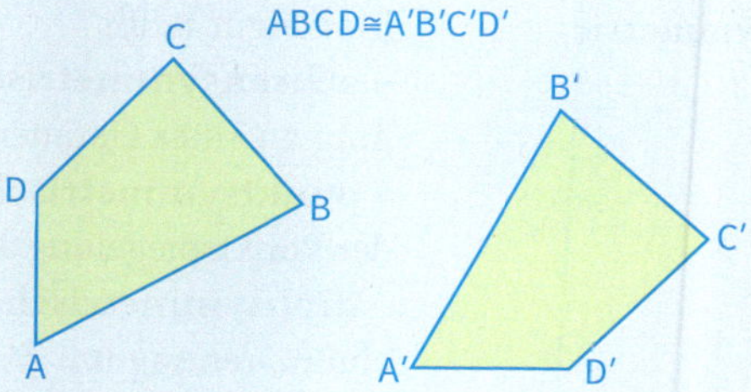

Kongruenzabbildungen

Durch Achsenspiegelungen, Punktspiegelungen, Drehungen und Verschiebungen werden kongruente Bildfiguren erzeugt. Man bezeichnet sie als Kongruenzabbildungen.

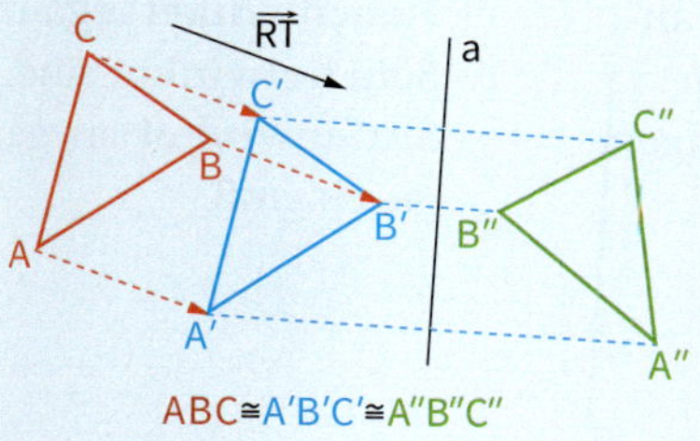

Bist du fit?

1. **a)** Welche der Fahnen sind als Ganzes achsensymmetrisch, welche punktsymmetrisch?

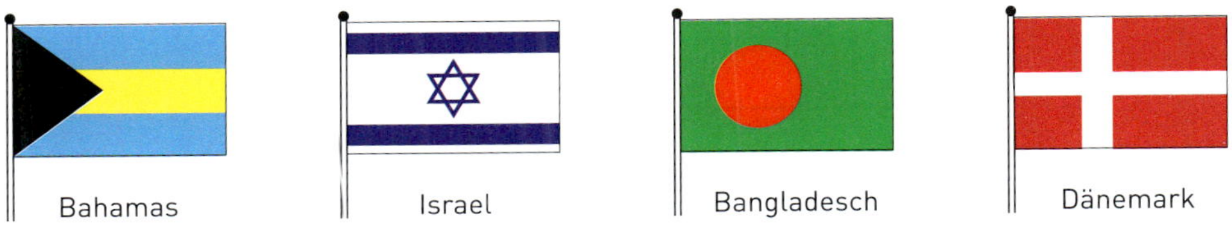

b) Betrachte in den Fahnen die Teilfiguren. Was für Symmetrien weisen sie auf?

2. In einem Koordinatensystem ist das Dreieck ABC mit A(1|3), B(4,5|1,5) und C(4|4,5) gegeben. Zeichne das Bilddreieck bei der angegebenen Abbildung.
a) Achsenspiegelung an der Geraden PQ mit P(6|0) und Q(4|6)
b) Punktspiegelung am Punkt Z(6|4)
c) Drehung um Z(3|6) mit dem Drehwinkel $\varphi = 50°$
d) Verschiebung mit dem Verschiebungspfeil $\overrightarrow{RS}$, wobei R(2|1) und S(6,5|4,5)

3. Gegeben sind das Dreieck ABC mit A(0|1), B(4|3) und C(1|6) sowie der Bildpunkt B′(8|4) von B bei einer **(1)** Verschiebung; **(2)** Achsenspiegelung; **(3)** Punktspiegelung.
Zeichne das Bild des Dreiecks ABC.

4. Ist die abgebildete Figur drehsymmetrisch? Gib gegebenenfalls den kleinsten Drehwinkel an.

a) 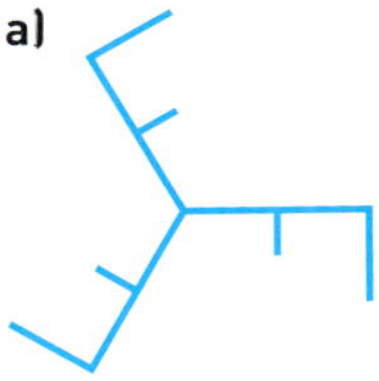

b) 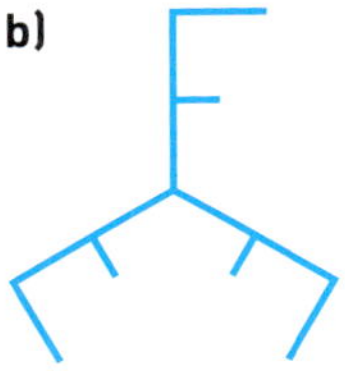

c) 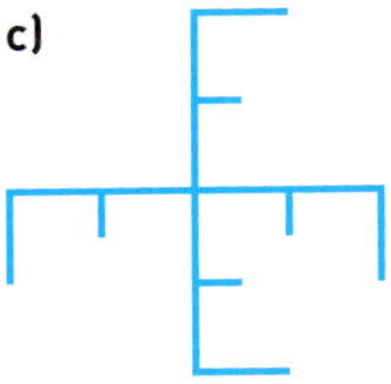

5. Zeichne zunächst die Strecke $\overline{AB}$ mit den Endpunkten A(1|2) und B(5|8) in ein Koordinatensystem. Konstruiere nun mit Zirkel und Lineal die Mittelsenkrechte zur Strecke $\overline{AB}$. Gib dann die Koordinaten von zwei Punkten auf ihr an.

6. Zeichne einen Winkel der Größe **(1)** $\alpha = 43°$; **(2)** $\alpha = 135°$ und konstruiere mit Zirkel und Lineal die Winkelhalbierende.

7. Wie groß ist $\alpha + \beta$?

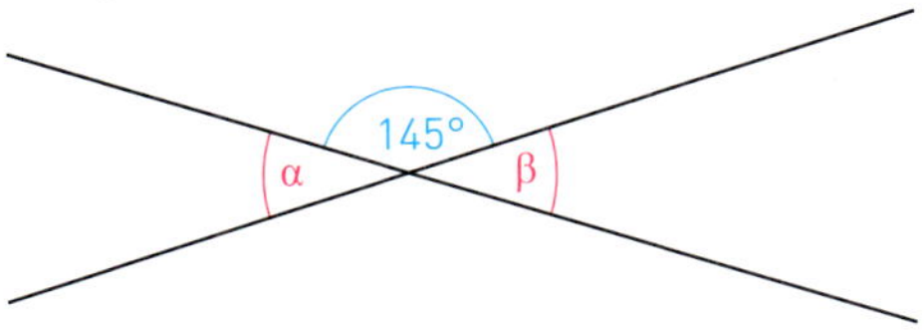

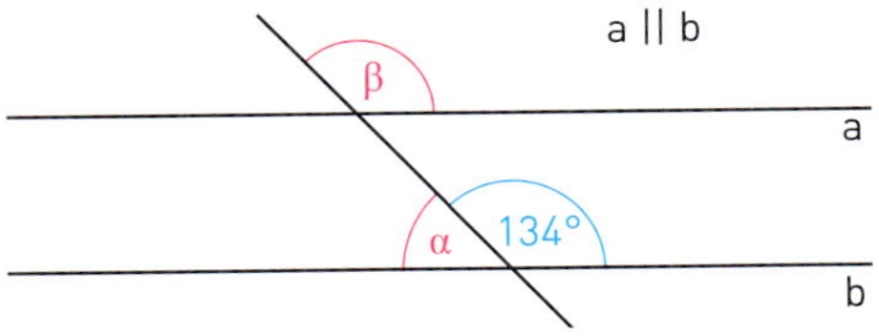

8. **a)** Zeichne zwei sich schneidende Geraden, bei denen ein Winkel dreimal so groß wie sein Nebenwinkel ist.
b) Zeichne zwei Geraden, die von einer dritten geschnitten werden, sodass α und β Stufenwinkel zueinander sind und der Nebenwinkel von β um 40° größer als α ist.

9. Berechne die fehlenden Winkel.

a)

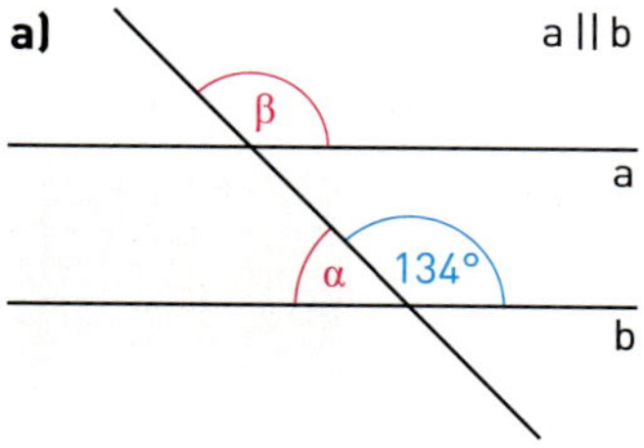

b)

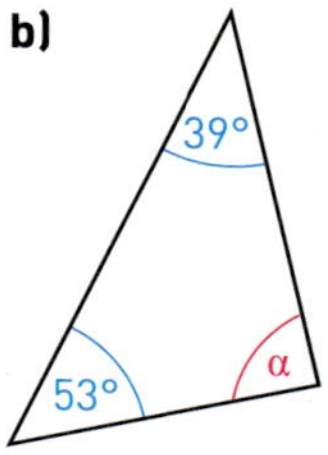

c)

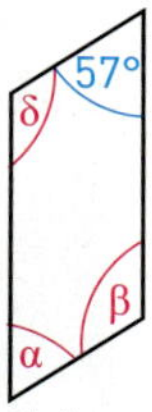

Parallelogramm

d)

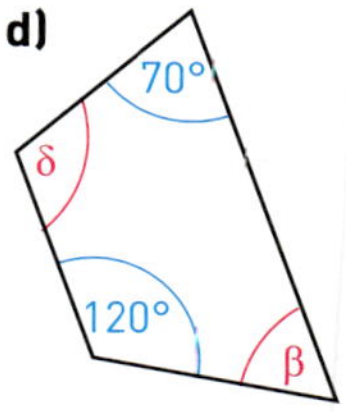

Trapez

10. Berechne den fehlenden Winkel des Dreiecks ABC. Was für ein Dreieck liegt vor?

a) $\alpha = 67°$; $\gamma = 23°$ **b)** $\alpha = 35°$; $\beta = 110°$ **c)** $\beta = 72°$; $\gamma = 28°$ **d)** $\alpha = 44°$; $\beta = 45°$

11. Berechne den Winkel α. Begründe jeden Schritt. Der Strahl w halbiert einen Winkel.

a)

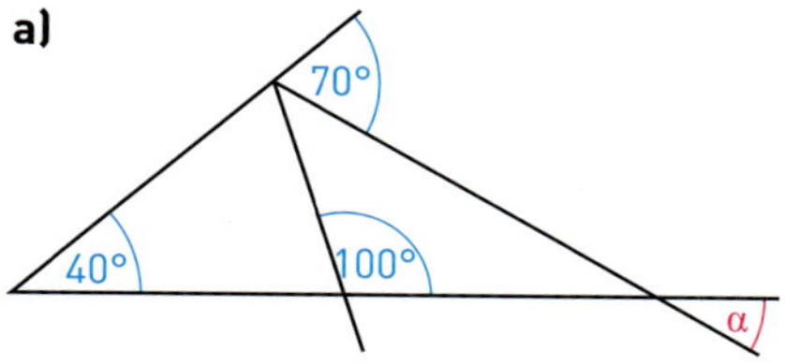

b)

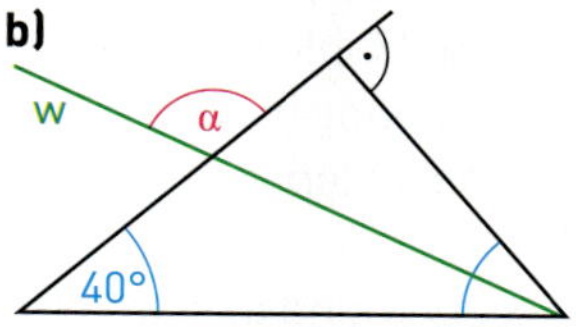

c)

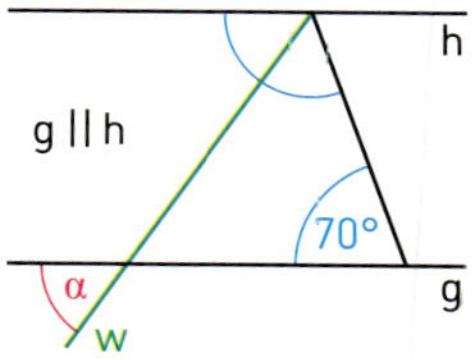

12. Der Neigungswinkel eines mit Schiefer gedeckten Satteldachs muss mindestens 30° betragen. Was kannst du über den Winkel an der Spitze aussagen?

13. In einem rechtwinkligen Dreieck ist ein weiterer Winkel 45° groß. Was kannst du über das Dreieck aussagen?

14. Entscheide, ob die Aussage wahr oder falsch ist. Begründe.

(1) Jedes Quadrat ist ein Trapez.
(2) Es gibt Trapeze, die Rauten sind.
(3) Manche Rauten sind Quadrate.
(4) Manche Trapeze sind Quadrate.
(5) Jedes Trapez ist ein Parallelogramm.
(6) Es gibt Quadrate, die Rechtecke sind.

15. Welche Vierecke haben folgende Eingenschaften?

(1) Eine Mittellinie ist Symmetrieachse.
(2) Eine Diagonale ist Symmetrieachse.
(3) Beide Mittellinien sind Symmetrieachsen.
(4) Beide Diagonalen sind Symmetrieachsen.

16. Zeichne die folgenden Figuren in dein Heft, färbe kongruente Flächen mit derselben Färbe.

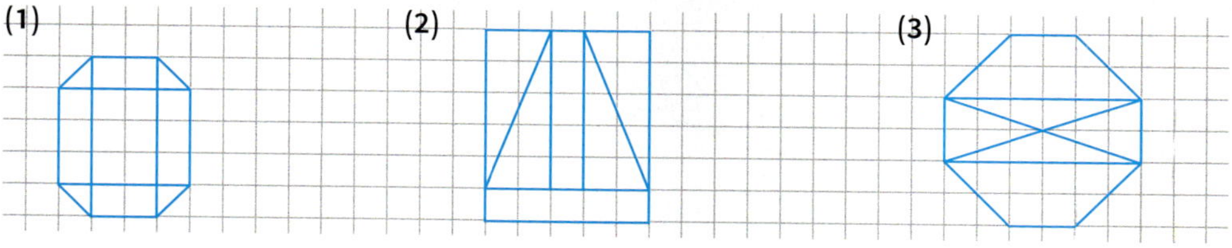

17. Zeichne das Viereck mit den Eckpunkten A(1|1), B(3|2), C(3|3) und D(1|4) in ein Koordinatensystem. Spiegele das Viereck ABCD am Punkt C. Das entstandene Viereck A‘B‘C‘D‘ wird nun an der Geraden durch die Punkte P(6|1) und Q(6|6) gespiegelt. Bestimme die Koordinaten der Eckpunkte des durch zweimalige Spiegelung entstandenen Vierecks A″B″C″D″.

3. Multiplizieren und Dividieren von gebrochenen Zahlen

In manchen Situationen im Alltag muss man Größen, die mit Brüchen angegeben sind, multiplizieren und dividieren.

- → Was kosten $3\frac{1}{2}$ kg Spargel?
- → Was kostet 1 kg Erdbeeren?
- → Wie groß ist die Verkaufsfläche des Blumenstandes?
- → Was kostet 1 kg Kartoffeln?

In diesem Kapitel ...
lernst du, wie man Brüche und Dezimalzahlen multiplizieren und dividieren kann.

Lernfeld: Vielfach Brüche

Kochen und Backen

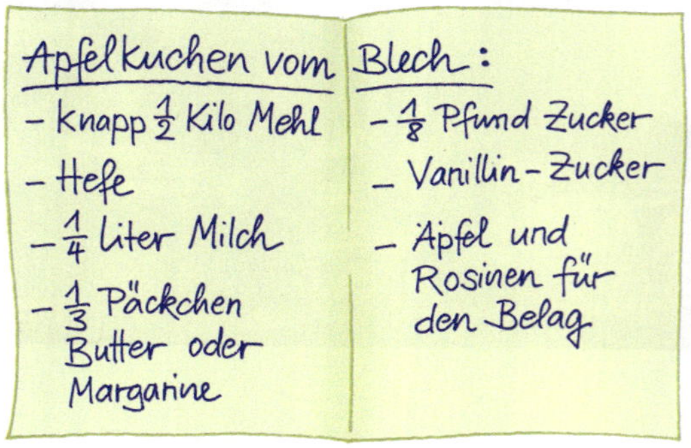

Oma verwendet zum Backen ihre alten Rezeptzettel, auf denen sie nur die wichtigsten Zutaten aufgeschrieben hat. Die kleinen Geheimnisse des guten Geschmacks behält sie für sich.

→ Für ein großes Blech musst du die $1\frac{1}{2}$-fache Menge aller Zutaten verwenden.

→ Für eine kleine runde Kuchenform reichen $\frac{3}{4}$ der Zutaten.

→ Aus dem Blech kann man 20 Kuchenstücke schneiden. Ein Stück der kleinen, runden Kuchenform ist $\frac{1}{12}$ des ganzen Kuchens. Wie viel der Zutaten befinden sich in jedem Stück?

Vielfache Gewichtheber

Dominik trainiert seine Armmuskeln mit Hanteln. Die Masse seiner Hanteln kann man durch Entfernen und Hinzufügen von Scheiben verändern. Dominik hebt 2,4 kg.
Seine Freunde vergleichen:

→ Von welchen Hantelgewichten sprechen die Freunde?

3.1 Vervielfachen und Teilen von Brüchen

3.1.1 Vervielfachen von Brüchen

Einstieg

Meistens kauft man nicht nur eine Flasche oder Dose eines Getränkes, sondern gleich mehrere.

a) Wie viel l Mineralwasser sind in drei Flaschen?

b) Wie viel l Saft sind in vier Päckchen?

c) Wie viel l Schorle sind in zwei Flaschen?

d) Wie viel l Cola sind in zwei Dosen?

Aufgabe 1

Vervielfachen von Brüchen

Da Valentin und Melle ihren Eltern im Garten geholfen haben, soll es als Belohnung zum Abendessen Pizza vom Lieblingsbäcker der Kinder geben. Dieser backt große Pizzas und unterteilt sie in 16 Stücke. Jedes der vier Familienmitglieder möchte drei solcher Stücke essen.

Valentin meint: „Dann essen wir zusammen fast eine ganze Riesenpizza!"

Untersuche, ob Valentin Recht hat.

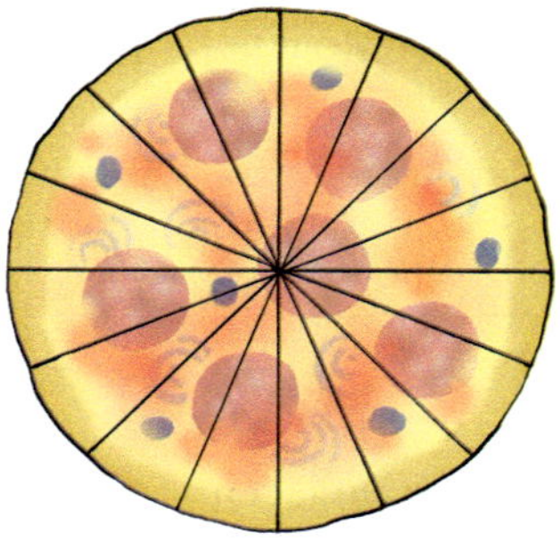

Lösung

Wir stellen den Sachverhalt zunächst in einer Zeichnung dar.

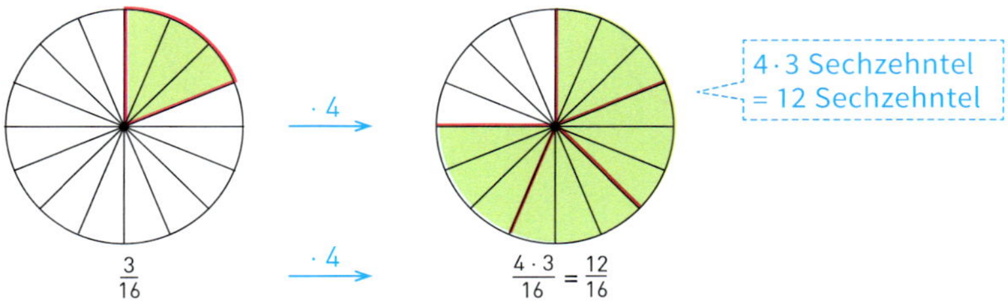

Rechnung: $4 \cdot \frac{3}{16} = \frac{3}{16} + \frac{3}{16} + \frac{3}{16} + \frac{3}{16}$

$= \frac{3+3+3+3}{16} = \frac{4 \cdot 3}{16} = \frac{12}{16} = \frac{3}{4}$ (Kürzen)

Ergebnis: Die vier Familienmitglieder essen zusammen keine ganze, sondern nur eine dreiviertel Pizza.

Information

(1) Regeln über das Vervielfachen eines Bruches

Das Addieren mehrerer gleich großer Bruchteile kann auch als Vervielfachen eines solchen Bruchteils aufgefasst werden.

> Man multipliziert (vervielfacht) eine gebrochene Zahl mit einer natürlichen Zahl, indem man den Zähler des Bruches mit der Zahl multipliziert. Der Nenner bleibt unverändert.
>
> *Beispiel:* $3 \cdot \frac{2}{7} = \frac{3 \cdot 2}{7} = \frac{6}{7}$

(2) Unterschied zwischen Erweitern und Vervielfachen

$\frac{2}{5}$ mit 2 erweitern bedeutet:
Die Zerlegung wird verfeinert. Zähler *und* Nenner werden mit 2 multipliziert.
Dabei ändert sich der Wert des Bruches nicht.

$2 \cdot \frac{2}{5}$ bedeutet:
2 Bruchteile, welche jeweils $\frac{2}{5}$ darstellen, werden zusammengefasst. *Nur* der Zähler wird mit 2 multipliziert.
Dabei ändert sich der Wert des Bruches.

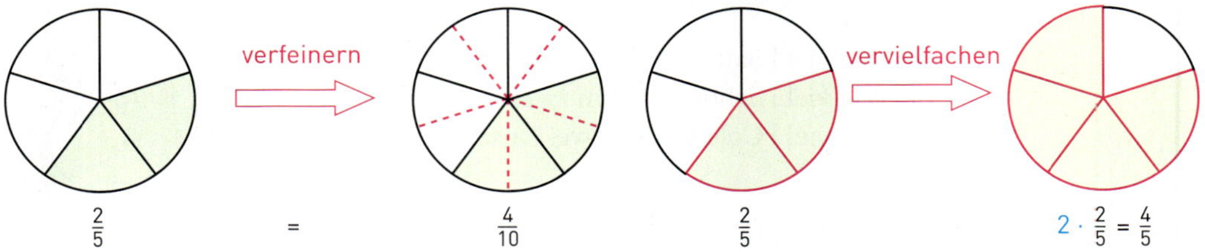

Weiterführende Aufgabe

Kürzen vor dem Ausrechnen

2. Man rechnet vorteilhaft, wenn man vor dem Ausrechnen kürzt.
Erkläre das Beispiel. Rechne ebenso.

a) $3 \cdot \frac{4}{9}$ c) $12 \cdot \frac{8}{9}$
b) $14 \cdot \frac{4}{7}$ d) $25 \cdot \frac{12}{5}$

Nur ein Faktor im Zähler und im Nenner wird beim Kürzen verwendet.

$$12 \cdot \frac{5}{18} = \frac{12 \cdot 5}{18} = \frac{\overset{1}{\cancel{6}} \cdot 2 \cdot 5}{3 \cdot \underset{1}{\cancel{6}}} = \frac{10}{3} = 3\frac{1}{3}$$

$$\text{kurz: } 12 \cdot \frac{5}{18} = \frac{\overset{2}{\cancel{12}} \cdot 5}{\underset{3}{\cancel{18}}} = \frac{10}{3} = 3\frac{1}{3}$$

Übungsaufgaben

3. Schreibe sowohl als Additions- als auch als Multiplikationsaufgabe und berechne. Bestätige damit die Regel auf Seite 121.

a) b) c)

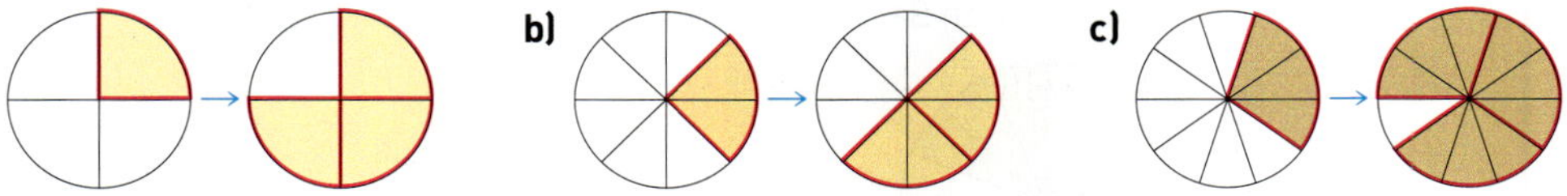

4. Rechne im Kopf.

a) $7 \cdot \frac{3}{4}$ c) $2 \cdot \frac{7}{5}$ e) $8 \cdot \frac{3}{7}$ g) $5 \cdot \frac{4}{9}$ i) $19 \cdot \frac{2}{17}$ k) $15 \cdot \frac{8}{15}$
b) $4 \cdot \frac{2}{9}$ d) $2 \cdot \frac{4}{9}$ f) $8 \cdot \frac{5}{8}$ h) $7 \cdot \frac{3}{13}$ j) $16 \cdot \frac{1}{16}$ l) $5 \cdot \frac{2}{7}$

5. Zeichne $\frac{3}{8}$ eines rechteckigen Kuchens. Verdeutliche zeichnerisch, was es bedeutet,
(1) $\frac{3}{8}$ mit 2 zu erweitern; (2) $\frac{3}{8}$ mit 2 zu vervielfachen.

6. Berechne. Kürze vor dem Ausrechnen.

a) $5 \cdot \frac{7}{20}$ c) $24 \cdot \frac{7}{12}$ e) $25 \cdot \frac{7}{15}$ g) $9 \cdot \frac{7}{6}$ i) $8 \cdot \frac{27}{32}$ k) $8 \cdot \frac{7}{12}$
b) $4 \cdot \frac{5}{6}$ d) $35 \cdot \frac{8}{15}$ f) $8 \cdot \frac{17}{24}$ h) $6 \cdot \frac{7}{18}$ j) $16 \cdot \frac{25}{32}$ l) $21 \cdot \frac{9}{14}$

7. Multipliziere die Brüche $\frac{3}{4}$; $\frac{7}{5}$; $\frac{17}{15}$; $\frac{17}{20}$; $\frac{11}{30}$; $\frac{1}{12}$; $\frac{9}{2}$; $\frac{14}{3}$; $\frac{13}{60}$; $\frac{19}{10}$ der Reihe nach mit 60.
Bei welchen Zahlen ist das Produkt kleiner, bei welchen größer als 60? Was fällt dir auf?

8. Julian hat seine sechs Freunde zum Waffelessen eingeladen. Julians Mutter rechnet damit, dass jeder eine ganze Waffel und noch $\frac{3}{5}$ einer Waffel isst. Wie viel muss sie backen?

9. Setze für □ im Heft eine passende natürliche Zahl ein.

a) $\square \cdot \frac{1}{5} = \frac{4}{5}$ b) $\square \cdot \frac{3}{7} = \frac{6}{7}$ c) $\square \cdot \frac{3}{16} = \frac{3}{8}$ d) $\square \cdot \frac{3}{4} = 1\frac{1}{2}$ e) $\square \cdot \frac{4}{9} = 4$

10. a) Vergleiche die beiden Rechenwege.

Maria: $4 \cdot 3\frac{1}{5} = 4 \cdot \frac{16}{5} = \frac{64}{5} = 12\frac{4}{5}$ *Patrick:* $4 \cdot 3\frac{1}{5} = 4 \cdot 3 + 4 \cdot \frac{1}{5} = 12 + \frac{4}{5} = 12\frac{4}{5}$

b) Rechne möglichst einfach. Kürze, wenn möglich, das Ergebnis.

(1) $3 \cdot 2\frac{1}{2}$ (3) $3 \cdot 4\frac{2}{3}$ (5) $3 \cdot 3\frac{1}{4}$ (7) $4 \cdot 3\frac{2}{9}$ (9) $4 \cdot 4\frac{3}{5}$

(2) $6 \cdot 3\frac{1}{5}$ (4) $6 \cdot 5\frac{1}{4}$ (6) $2 \cdot 4\frac{2}{5}$ (8) $3 \cdot 3\frac{3}{4}$ (10) $8 \cdot 5\frac{7}{9}$

11. a) Eine Tasse fasst $\frac{1}{8}$ l Milch. Wie viel l Milch fassen fünf Tassen?

b) Eine Flasche Apfelsaft enthält $\frac{2}{5}$ l Saft. Wie viel l Saft enthalten sechs Flaschen?

c) Für eine Nougat-Creme-Torte benötigt man $\frac{1}{8}$ l Schlagsahne. Reichen zwei Becher mit jeweils $\frac{2}{10}$ l Sahne für drei Torten?

12. Für eine Feier will Neele vier Torten backen, für die Schlagsahne benötigt wird:
Waldmeistertorte: $\frac{1}{4}$ l; Schwimmbadtorte: $\frac{3}{8}$ l; Wickeltorte: 800 ml; Kratertorte: $\frac{1}{8}$ l.
Wie viel Becher mit jeweils $\frac{2}{10}$ l Sahne muss sie mindestens kaufen?

13. Meike trinkt zwei Fruchtsaftpäckchen zu $\frac{1}{4}$ l, ihr Bruder trinkt drei dieser Päckchen.
Stellt einander geeignete Aufgaben und löst sie.

3.1.2 Teilen von Brüchen

Einstieg

a) Vom Mittagessen sind noch $\frac{3}{4}$ einer Pizza übrig. Birgül und ihre beiden Geschwister teilen sich diesen Rest.

b) Laura und Marc teilen sich einen halben Apfel und $\frac{1}{4}$ Tafel Schokolade.

Aufgabe 1

Dividieren eines Bruchs durch eine natürliche Zahl

Mutter hat zum Kaffee am Sonntagnachmittag Waffeln gebacken. Es sind noch vier Herzen (also $\frac{4}{5}$) einer hellen Waffel und $\frac{3}{5}$ einer Schokowaffel übrig. Die beiden Geschwister Karina und Hendrik wollen sich die Herzen teilen.
Wie viel erhält jeder? Schreibe dazu einen Quotienten mit einem Bruch.

Lösung

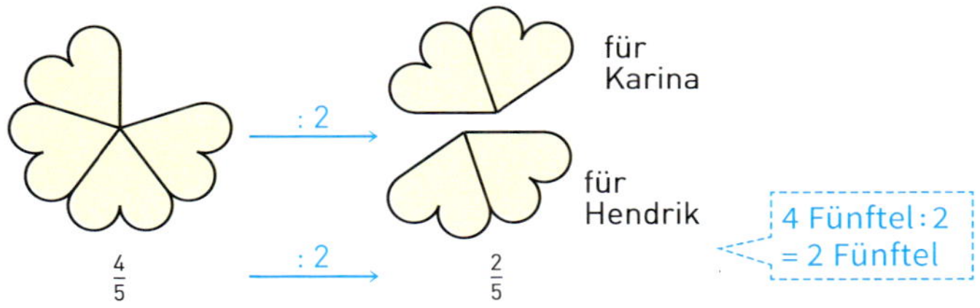

Wir schreiben: $\frac{4}{5} : 2 = \frac{2}{5}$
Ergebnis: Jedes Kind erhält $\frac{2}{5}$ einer ganzen Waffel.

Um gerecht zu verteilen, wird jedes Fünftel in zwei gleich große Teile zerlegt. Das bedeutet:

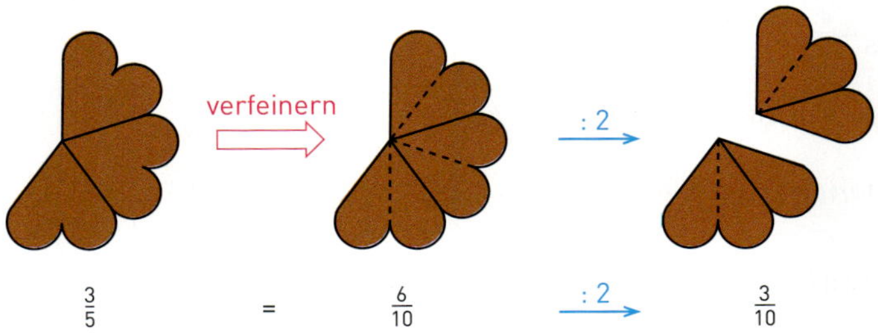

Der Bruch $\frac{3}{5}$ wird mit 2, also auf Zehntel, erweitert. Dann kannst du wie bei den hellen Waffeln verfahren:
$\frac{3}{5} : 2 = \frac{6}{10} : 2 = \frac{3}{10}$

Ergebnis: Jedes Kind erhält $\frac{3}{10}$ einer ganzen Schokowaffel.

Information

Regeln für das Dividieren einer gebrochenen Zahl durch eine natürliche Zahl

Zur Lösung der Aufgabe $\frac{3}{5} : 2 = \frac{3}{10}$ kannst du auch folgende Überlegungen durchführen:
$\frac{3}{5}$ Waffel stehen zur Verfügung. Jedes Fünftel wird an zwei Kinder verteilt. Jedes Kind bekommt dann von jedem Fünftel die Hälfte, also 1 Zehntel, insgesamt $3 \cdot 1$ Zehntel.
Du erhältst also das Ergebnis $\frac{3}{10}$ durch Multiplikation des Nenners mit 2.

Zwei Fälle bei der Division einer gebrochenen Zahl durch eine natürliche Zahl

1. Möglichkeit: Nur anwendbar, wenn der Zähler durch die natürliche Zahl teilbar ist
Der Zähler des Bruches wird durch die natürliche Zahl dividiert. Der Nenner bleibt erhalten.
Beispiel: $\frac{15}{19} : 5 = \frac{15:5}{19} = \frac{3}{19}$

2. Möglichkeit: Immer anwendbar
Der Nenner des Bruches wird mit der natürlichen Zahl multipliziert. Der Zähler bleibt erhalten.
Beispiel: $\frac{12}{7} : 5 = \frac{12}{7 \cdot 5} = \frac{12}{35}$

Weiterführende Aufgaben

Unterschied zwischen Dividieren und Kürzen

2. Dividiere $\frac{6}{9}$ durch 3. Kürze dann $\frac{6}{9}$ mit 3. Vergleiche auch mithilfe von Skizzen. Worin besteht der Unterschied zwischen Dividieren und Kürzen?

Kürzen vor dem Ausrechnen

3. In vielen Fällen ist es vorteilhaft, vor dem Ausrechnen zu kürzen. Siehe das Beispiel rechts. Rechne ebenso:
a) $\frac{6}{13} : 4$ b) $\frac{24}{17} : 18$ c) $\frac{36}{25} : 15$ d) $\frac{42}{27} : 35$

Kürzen vor dem Ausrechnen erspart Rechenarbeit.

$\frac{12}{7} : 15 = \frac{\overset{4}{\cancel{12}}}{7 \cdot \underset{5}{\cancel{15}}} = \frac{4}{35}$

Übungsaufgaben

4. a) Drei Kinder teilen sich $\frac{3}{4}$ l Apfelschorle. Wie viel bekommt jedes Kind?
b) Ein halber Liter Milch wird an drei Kinder verteilt. Wie viel bekommt jedes Kind?
c) In einer Flasche sind $\frac{7}{10}$ l Orangensaft. Zwei Geschwister teilen sich den Saft. Wie viel bekommt jeder?
d) $\frac{5}{2}$ l Kinderbowle werden auf 10 Gäste verteilt. Wie viel bekommt jeder Gast?

5. Schreibe als Divisionsaufgabe. Berechne.
Bestätige die Regel aus der Information (Seite 124).

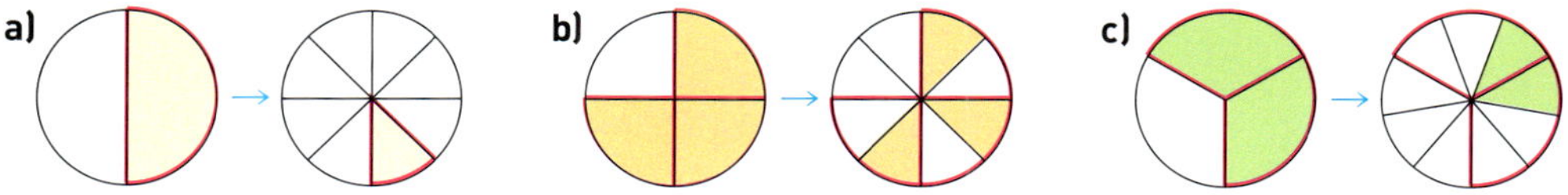

6. Rechne im Kopf.

a) $\frac{1}{2}:3$ c) $\frac{1}{4}:5$ e) $\frac{2}{3}:3$ g) $\frac{21}{25}:7$ i) $\frac{5}{8}:3$ k) $\frac{3}{7}:9$ m) $\frac{12}{13}:3$ o) $\frac{3}{5}:12$

b) $\frac{6}{7}:3$ d) $\frac{4}{9}:2$ f) $\frac{3}{4}:2$ h) $\frac{3}{5}:2$ j) $\frac{12}{13}:2$ l) $\frac{15}{16}:5$ n) $\frac{7}{8}:8$ p) $\frac{4}{9}:7$

7. Zeichne $\frac{6}{8}$ einer Torte. Beschreibe und verdeutliche zeichnerisch, was es bedeutet,
(1) $\frac{6}{8}$ mit 2 zu kürzen; (2) $\frac{6}{8}$ durch 2 zu teilen.

8. a) Erläutere die Rechenwege von Dennis und Diana. Vergleiche sie.
b) Berechne günstig.

Zerlege geschickt!

(1) $3\frac{4}{5}:3$ (5) $12\frac{3}{4}:6$ (9) $48\frac{1}{4}:12$ (13) $9\frac{1}{5}:4$

(2) $2\frac{4}{7}:3$ (6) $4\frac{2}{5}:5$ (10) $75\frac{1}{2}:15$ (14) $4\frac{2}{3}:3$

(3) $1\frac{6}{7}:3$ (7) $27\frac{7}{8}:9$ (11) $9\frac{4}{5}:10$ (15) $8\frac{5}{7}:7$

(4) $6\frac{7}{8}:3$ (8) $7\frac{2}{3}:10$ (11) $4\frac{3}{5}:5$ (16) $7\frac{5}{6}:8$

9. Setze im Heft für □ eine passende natürliche Zahl ein.

a) $\frac{1}{4}:\square=\frac{1}{12}$ b) $\frac{7}{8}:\square=\frac{7}{32}$ c) $\frac{7}{\square}:6=\frac{7}{48}$ d) $\frac{8}{\square}:10=\frac{4}{15}$ e) $1\frac{2}{7}:\square=\frac{9}{28}$ f) $\frac{\square}{5}:3=\frac{2}{5}$

Pfund
alte Masseeinheit
1 Pfund = $\frac{1}{2}$kg

10. Janinas Freundin Karina kommt zu Besuch. Daher möchte Janina das nebenstehende Fruchtsaftgetränk für sich und ihre Freundin zubereiten.
Wie viel benötigt sie von den einzelnen Zutaten?

Vermischte Übungen

11. a) $28\cdot\frac{16}{21}$ c) $\frac{12}{15}:20$ e) $14\cdot\frac{3}{7}$ g) $\frac{34}{85}:17$ i) $23\cdot\frac{138}{92}$ k) $\frac{57}{38}:19$

b) $\frac{16}{21}:28$ d) $20\cdot\frac{12}{15}$ f) $\frac{3}{7}:14$ h) $17\cdot\frac{34}{85}$ j) $\frac{138}{92}:23$ l) $19\cdot\frac{57}{38}$

12. Berechne
a) den 3. Teil von einer halben Tafel Schokolade;
b) den 5. Teil von $\frac{3}{4}$l Milch;
c) den 6. Teil von $1\frac{1}{2}$ Stunden;
d) die Hälfte von $1\frac{3}{4}$l Saft.

13. a) Ein Transporter hat $\frac{3}{4}$t zulässiges Ladegewicht. Wie viel t kann er
(1) mit 3 Fahrten; (2) mit 5 Fahrten; (3) mit 9 Fahrten transportieren?
b) Aus 1 kg Trauben erhält man $\frac{5}{6}$l Saft. Wie viel l Traubensaft erhält man aus
(1) 15 kg Trauben; (2) 20 kg Trauben; (3) 40 kg Trauben?
c) Der Schall legt $\frac{1}{3}$km in 1 s zurück. Wie viel km legt er in
(1) 3 s; (2) 5 s; (3) 8 s zurück?

Intuitives Begründen

Richtig oder falsch? – Wann kannst du sicher sein?
An etlichen Stellen im Mathematikunterricht hast du schon Begründungen vorgenommen. Hier untersuchst du näher, wie man eine Vermutung begründen kann und wann eine Begründung stichhaltig ist.

Primzahl
Zahl mit genau zwei Teilern, z. B. 2, 3, 7, 11, …

1. Merlin hat eine Entdeckung gemacht und unterhält sich mit Lisa darüber. Fertige die von Lisa vorgeschlagene Tabelle an und fülle sie aus. Welche Entdeckung machst du?

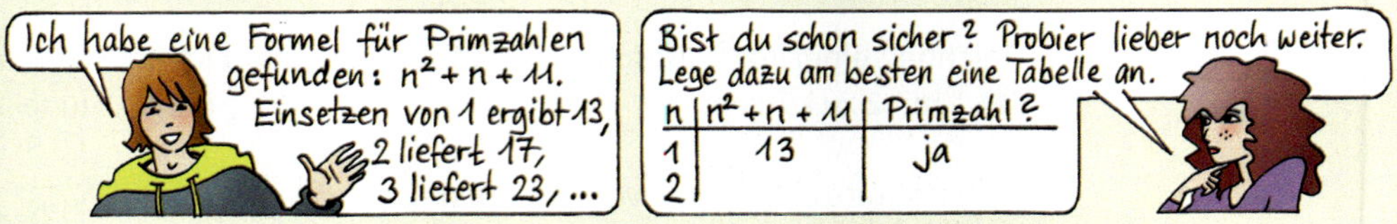

2. a) Julia und Tom haben entdeckt, dass zwischen zwei durch 3 teilbaren Zahlen stets eine gerade Zahl liegt. Sie haben auch versucht, dies zu begründen.
Vergleiche ihre Begründungen.
Was hältst du von ihnen?

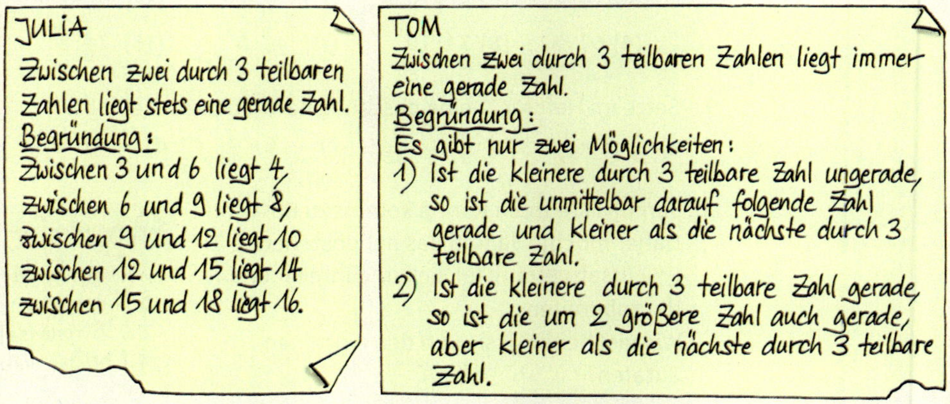

b) Linus behauptet: „Zwischen zwei durch 4 teilbaren Zahlen liegt stets eine durch 5 teilbare Zahl." Begründe oder widerlege.

3. Lukas behauptet: „Anstatt einen Bruch nacheinander mit zwei Zahlen zu erweitern, kann man ihn auch gleich mit dem Produkt dieser Zahlen erweitern." Rechts siehst du seine Begründung.

a) Erläutere seine Überlegung.

b) Lukas führt keine allgemeine Begründung, sondern erläutert an Zahlenbeispielen. Überlege, ob diese Argumentation stichhaltig ist.
Hilfe: Betrachte dazu auch die Begründung für das Kommutativgesetz für das Addieren von gebrochenen Zahlen.

$$\frac{1}{2} \overset{3}{=} \frac{1 \cdot 3}{2 \cdot 3} \overset{5}{=} \frac{(1 \cdot 3) \cdot 5}{(2 \cdot 3) \cdot 5}$$
$$= \frac{1 \cdot (3 \cdot 5)}{2 \cdot (3 \cdot 5)}$$
$$= \frac{1 \cdot 15}{2 \cdot 15}$$

Dasselbe Ergebnis erhält man auch in einem Schritt:

$$\frac{1}{2} \overset{15}{=} \frac{1 \cdot 15}{2 \cdot 15}$$

4. Erläutere folgende Zusammenfassung an den Beispielen von Seite 126.

Begründen von Behauptungen
- Um zu zeigen, dass eine Behauptung falsch ist, reicht es aus, ein einziges Gegenbeispiel zu finden.
- Auch noch so viele Beispiele reichen nicht aus, um eine allgemeine Behauptung zu begründen. Man muss mithilfe von Argumenten sicherstellen, dass sie gilt.
- Ausnahme: Wenn eine Begründung mit konkreten Beispielen so erfolgt, dass klar ist, dass sie auch für jedes andere Beispiel möglich ist, so ist die Begründung stichhaltig.

5. Ben behauptet: „Zwischen zwei durch 4 teilbaren Zahlen liegt stets mindestens eine Primzahl". Begründe diese Behauptung oder widerlege sie.

6. Sarah sagt: „Vervielfacht man einen Bruch mit einer natürlichen Zahl und dann das Ergebnis noch mal mit einer anderen natürlichen Zahl, so kann man auch die Reihenfolge vertauschen. Man erhält dann dasselbe Ergebnis."
Untersuche, ob diese Behauptung stimmt. Begründe sie gegebenenfalls.

7. Victor überlegt, ob beim Teilen von Brüchen das Assoziativgesetz gilt.
Was meinst du? Begründe deine Meinung.

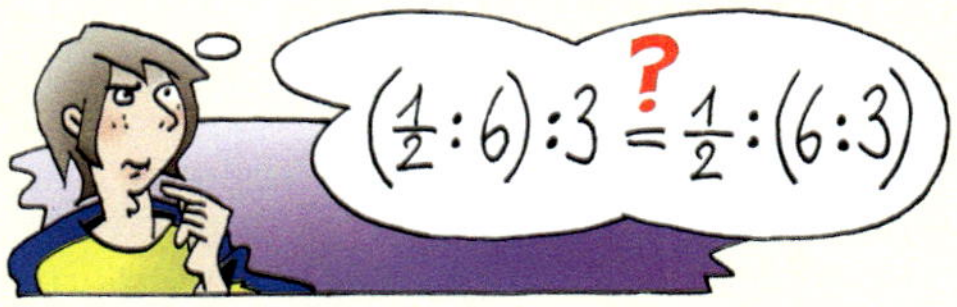

8. a) Überlege, ob beide Rechenwege zum selben Ergebnis führen. Begründe.

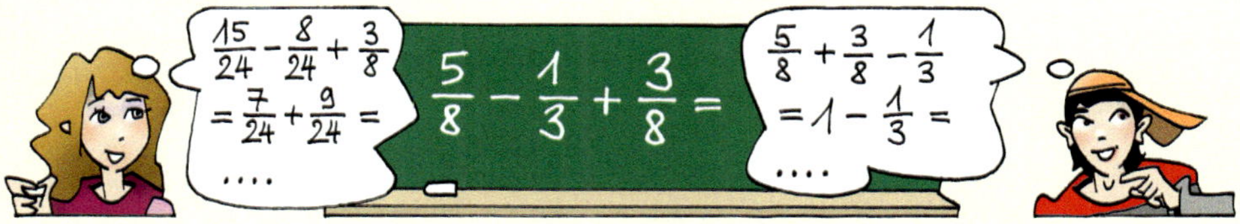

b) Begründe folgende Regel. Überlege dazu, wie du geschickt vorgehen kannst.

> Aufeinander folgende Additions- und Subtraktionsschritte in einem Term darf man vertauschen, falls die Subtraktion ausführbar ist. Dabei ändert sich der Wert des Terms nicht.

c) Überlege, warum in der Regel die Einschränkung „falls die Subtraktion ausführbar ist" gemacht wird.

9. Ein Bruch wird geteilt und anschließend vervielfacht. Untersuche, ob man beim Vertauschen der Reihenfolge (erst vervielfachen und dann teilen) dasselbe Ergebnis erhält. Begründe.

10. Julia sagt: „In unserer Klasse betrug das Verhältnis Jungen zu Mädchen 3 : 4.
Nachdem zwei Mädchen die Klasse verlassen und noch zwei Jungen dazugekommen sind, ist das Verhältnis jetzt 1 : 1."
Überprüfe, ob Julias Behauptung zutreffen kann.

3.2 Multiplizieren von Brüchen

Einstieg

Daniel hat noch eine halbe Tafel Schokolade. Seine Schwester Lena behauptet: „Ich könnte dreimal so viel essen." Sein Vater sagt: „So viel? Ich hätte nur Appetit auf zweieinhalb mal so viel." Seine Mutter meint: „Zwei Drittel davon dürfte ich heute wohl noch essen." Welchen Anteil einer Tafel Schokolade möchte jeder von den dreien essen?

Aufgabe 1

Anschauliche Bedeutung der Multiplikation von Brüchen

Von einer Pizza ist ein Drittel übrig.
Jan prahlt: „Davon würde ich locker das Vierfache schaffen."
Jakob erwidert: „Gib nicht so an. Für mich reicht das Zweieinhalbfache."
Julia sagt: „Ich bin so satt, davon schaffe ich nur noch drei Viertel."

Lösung

Wie viel Pizza isst Jan?

Jan möchte das Vierfache von einem Drittel Pizza essen:

$4 \cdot \frac{1}{3} = \frac{4}{3} = 1\frac{1}{3}$

Ergebnis: Jan schafft $1\frac{1}{3}$ Pizza.

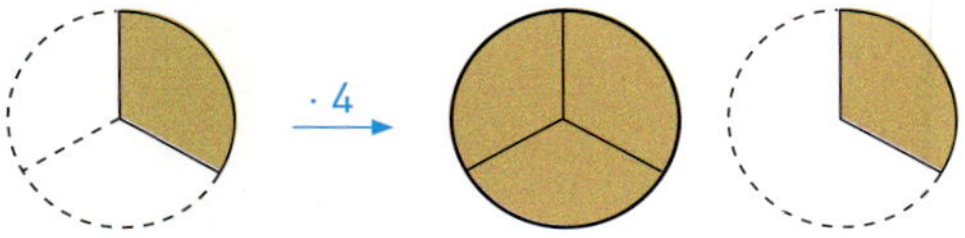

Wie viel Pizza isst Jakob?

Jakob möchte das Zweieinhalbfache von einem Drittel Pizza essen. Jakob möchte das Doppelte von einem Drittel Pizza, also $2 \cdot \frac{1}{3}$ Pizza, und dazu noch die Hälfte von einem Drittel Pizza, also $\frac{1}{6}$ Pizza, essen.
Zusammen sind das $\frac{2}{3} + \frac{1}{6} = \frac{4}{6} + \frac{1}{6} = \frac{5}{6}$ Pizza.

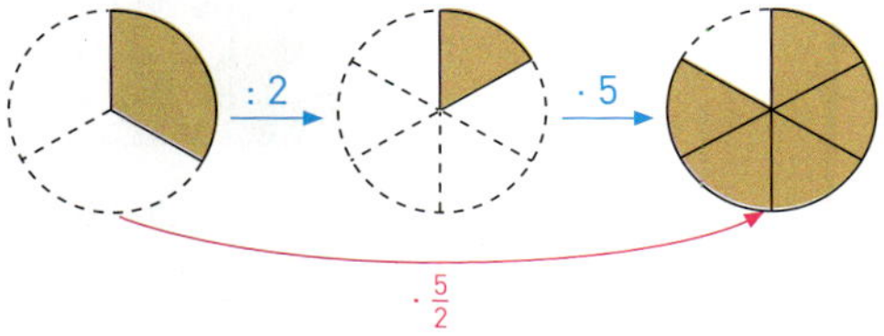

Du könntest auch folgendermaßen überlegen: $2\frac{1}{2} \cdot \frac{1}{3} = \frac{5}{2} \cdot \frac{1}{3} = \frac{1}{3} : 2 \cdot 5 = \frac{1}{6} \cdot 5 = \frac{5}{6}$

Das Drittel halbieren und 5 davon nehmen.

Ergebnis: Jakob schafft $\frac{5}{6}$ Pizza.

Wie viel Pizza isst Julia?

Julia möchte nur drei Viertel von einem Drittel Pizza essen. Das Drittel muss in vier Teile geschnitten werden, man erhält Zwölftel. Julia isst drei davon, also drei Zwölftel.

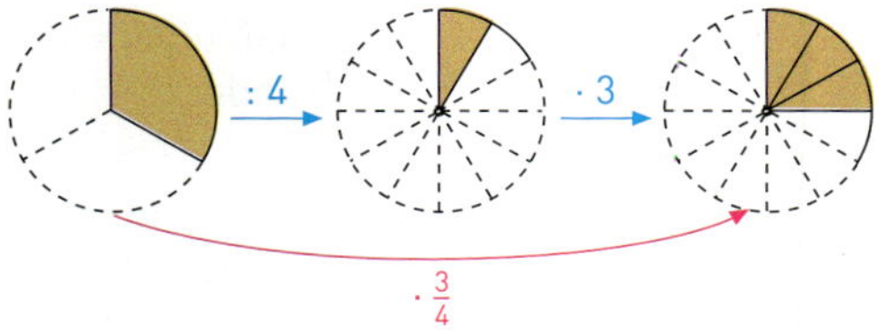

$\frac{3}{4} \cdot \frac{1}{3} = \frac{1}{3} : 4 \cdot 3 = \frac{1}{12} \cdot 3 = \frac{3}{12} = \frac{1}{4}$

Das Drittel vierteln und 3 davon nehmen.

Ergebnis: Julia schafft $\frac{1}{4}$ Pizza.

Information

(1) Anschauliche Bedeutung der Multiplikation von Brüchen

Du weißt schon aus der Grundschule:
Das 3-fache von 4 bedeutet: Nimm dreimal 4, also: $3 \cdot 4 = 4 + 4 + 4 = 12$.
Auch das Vervielfachen von Brüchen hast du schon gelernt:
Das 3-fache von $\frac{2}{5}$ bedeutet: Nimm dreimal $\frac{2}{5}$, also: $3 \cdot \frac{2}{5} = \frac{2}{5} + \frac{2}{5} + \frac{2}{5} = \frac{6}{5} = 1\frac{1}{5}$.
In Aufgabe 1 haben wir gesehen:
Das $2\frac{1}{2}$-fache von $\frac{1}{3}$ bedeutet: Nimm zweieinhalbmal $\frac{1}{3}$, also: $2\frac{1}{2} \cdot \frac{1}{3} = \frac{5}{2} \cdot \frac{1}{3} = \frac{1}{3} : 2 \cdot 5 = \frac{1}{6} \cdot 5 = \frac{5}{6}$.

Festlegen der anschaulichen Bedeutung der Multiplikation von Brüchen

$\frac{2}{3} \cdot \frac{4}{5}$ bedeutet: $\frac{2}{3}$ von $\frac{4}{5}$, also $\frac{4}{5} : 3 \cdot 2$

(2) Regel über die Multiplikation von Brüchen

$$\frac{2}{3} \cdot \frac{4}{5} = \frac{4}{5} : 3 \cdot 2 = \frac{4}{3 \cdot 5} \cdot 2 = \frac{2 \cdot 4}{3 \cdot 5} = \frac{8}{15}$$

Produkt der Nenner

Produkt der Zähler

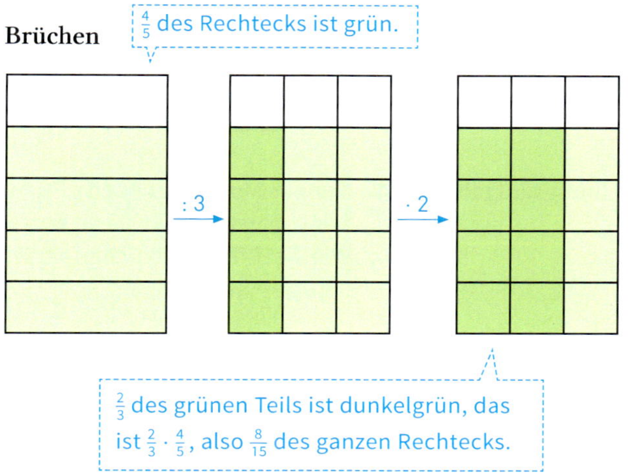

An diesem Beispiel erkennen wir die folgende Regel:

Regel über die Multiplikation von Brüchen

Brüche werden miteinander multipliziert, indem man Zähler mit Zähler und Nenner mit Nenner multipliziert.

Zähler mal Zähler, Nenner mal Nenner

Beispiel: $\frac{3}{8} \cdot \frac{5}{7} = \frac{3 \cdot 5}{8 \cdot 7} = \frac{15}{56}$

Wenn man undeutlich schreibt, kann $3 \cdot \frac{2}{5}$ mit $3\frac{2}{5}$ verwechselt werden. Worin besteht der Unterschied?

Weiterführende Aufgaben

Größenvergleich zwischen dem Wert eines Produktes und den einzelnen Faktoren

2. Du weißt: Wenn man eine Zahl mit einer natürlichen Zahl außer 0 und 1 multipliziert, dann ist das Ergebnis größer als die Zahl. Untersuche das bei der Multiplikation mit einem Bruch.
Beispiele: (1) $\frac{4}{5} \cdot \frac{2}{3}$ (2) $\frac{4}{5} \cdot \frac{7}{3}$ (3) $5 \cdot \frac{4}{7}$ (4) $5 \cdot \frac{10}{7}$
Was stellst du fest? Formuliere einen Ergebnissatz.

Multiplizieren kann vergrößern, aber auch verkleinern!

Wenn man eine Zahl mit einem Bruch größer als 1 multipliziert, dann ist das Ergebnis größer als die Zahl. Multipliziert man jedoch eine Zahl mit einem Bruch kleiner als 1, dann ist das Ergebnis kleiner als die Zahl.

Beispiele: $7 \cdot \frac{5}{4} = \frac{7}{1} \cdot \frac{5}{4} = \frac{35}{4} = 8\frac{3}{4} > 7$ $\frac{1}{2} \cdot \frac{5}{4} = \frac{5}{8} > \frac{1}{2}$

$7 \cdot \frac{3}{4} = \frac{7}{1} \cdot \frac{3}{4} = \frac{21}{4} = 5\frac{1}{4} < 7$ $\frac{1}{2} \cdot \frac{3}{4} = \frac{3}{8} < \frac{1}{2}$

Multiplizieren von Brüchen in gemischter Schreibweise

3. Führe Neles Begründung zu Ende, um zu zeigen, dass Jan irrt.
Finde dann einen korrekten Rechenweg zur Berechnung von $3\frac{1}{4} \cdot 1\frac{1}{2}$.
Formuliere anschließend allgemein, wie man Brüche in gemischter Schreibweise multipliziert.

> **Multiplizieren von Brüchen in gemischter Schreibweise**
> Zum Multiplizieren von Brüchen in gemischter Schreibweise werden diese zunächst in unechte Brüche umgewandelt.
> *Beispiel:* $2\frac{1}{2} \cdot 1\frac{1}{3} = \frac{5}{2} \cdot \frac{4}{3} = \frac{20}{6} = \frac{10}{3} = 3\frac{1}{3}$

Übungsaufgaben

4. Hannas Mutter hat noch $\frac{3}{4}$ Pflaumenkuchen. $\frac{2}{5}$ davon verschenkt sie an ihre Nachbarin. Wie viel Pflaumenkuchen verschenkt sie? Fertige eine Skizze an.

5. Ein Fahnentuch ist $\frac{4}{5}$ m² groß. $\frac{2}{3}$ des Tuches sind rot. Wie viel m² sind das?
Du kannst das Ergebnis anschaulich an der Zeichnung finden. Erkläre die Zeichnung.
Du kannst das Ergebnis auch durch Rechnung finden. Vergleiche die Ergebnisse.

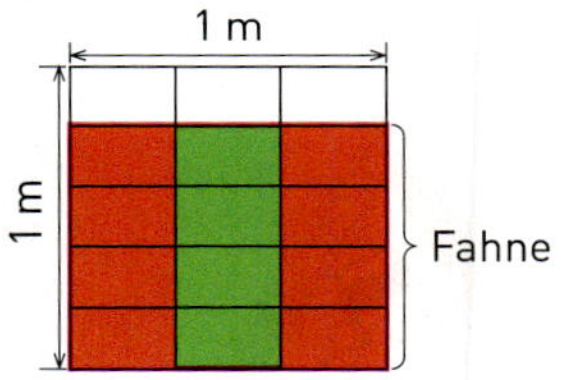

6. Kais Eltern haben ein großes Grundstück. Dieses ist $1\frac{1}{2}$ ha groß. $\frac{3}{4}$ davon ist Wiese. Wie groß ist die Wiese?

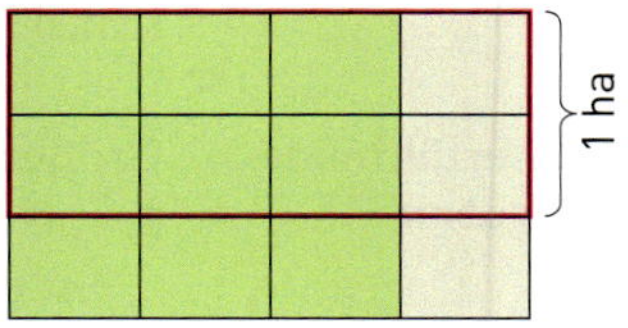

7. a) In einer Klasse spielen $\frac{3}{4}$ aller Kinder ein Instrument. $\frac{2}{3}$ dieser Kinder sind Mädchen. Wie groß ist der Anteil der ein Instrument spielenden Mädchen in der Klasse? Gib diesen Anteil als Bruch an. Du kannst die Berechnungen auch an einem Rechteck veranschaulichen.
b) In einer Klasse sind 24 Schülerinnen und Schüler. Kontrolliere das Ergebnis von Teilaufgabe a) an dem Beispiel dieser Klasse.

8. Ein Partner schreibt die Aufgabe als Produkt und berechnet dieses. Der andere Partner erfindet eine Rechengeschichte dazu. Bei der nächsten Teilaufgabe werden die Rollen getauscht.
a) $\frac{2}{5}$ von $\frac{3}{4}$ b) $\frac{2}{3}$ von $\frac{7}{8}$ c) $\frac{1}{4}$ von $\frac{2}{3}$ d) $\frac{2}{4}$ von $\frac{2}{3}$ e) $\frac{3}{5}$ von $\frac{3}{4}$ f) $\frac{2}{3}$ von $\frac{5}{7}$

9. Ein Autobahnstück wird erneuert. Für $\frac{2}{5}$ der Gesamtlänge ist der Schotterunterbau schon fertig, $\frac{5}{6}$ davon sind bereits asphaltiert. Wie groß ist der Anteil des schon asphaltierten Teilstücks an der ganzen Autobahn?

10. Berechne.

a) $\frac{3}{7}\cdot\frac{3}{5}$ c) $\frac{7}{9}\cdot\frac{5}{8}$ e) $\frac{3}{2}\cdot\frac{1}{2}$ g) $\frac{1}{2}\cdot\frac{1}{4}$ i) $\frac{1}{2}\cdot\frac{1}{2}$ k) $\frac{1}{3}\cdot\frac{1}{4}$ m) $\frac{15}{14}\cdot\frac{9}{8}$

b) $\frac{5}{7}\cdot\frac{4}{9}$ d) $\frac{1}{8}\cdot\frac{5}{3}$ f) $\frac{2}{3}\cdot\frac{2}{3}$ h) $\frac{5}{7}\cdot\frac{3}{4}$ j) $\frac{1}{3}\cdot\frac{1}{2}$ l) $\frac{1}{5}\cdot\frac{1}{3}$ n) $\frac{23}{25}\cdot\frac{4}{7}$

11. Veranschauliche folgende Rechnungen durch Rechtecke.

a) $\frac{1}{2}\cdot\frac{3}{4}$ b) $\frac{2}{3}\cdot\frac{1}{5}$ c) $\frac{3}{4}\cdot\frac{2}{3}$ d) $\frac{1}{2}\cdot\frac{1}{3}$ e) $\frac{1}{4}\cdot\frac{4}{5}$ f) $\frac{2}{3}\cdot\frac{3}{4}$ g) $\frac{4}{5}\cdot\frac{1}{6}$

Kürzen vor dem Ausrechnen spart Rechenarbeit.

12. Berechne möglichst vorteilhaft.

a) $\frac{5}{8}\cdot\frac{4}{3}$ c) $\frac{7}{8}\cdot\frac{8}{9}$ e) $\frac{10}{9}\cdot\frac{6}{15}$ g) $\frac{49}{32}\cdot\frac{24}{35}$ i) $\frac{64}{25}\cdot\frac{35}{56}$

b) $\frac{6}{7}\cdot\frac{4}{9}$ d) $\frac{8}{9}\cdot\frac{3}{4}$ f) $\frac{6}{7}\cdot\frac{7}{12}$ h) $\frac{63}{25}\cdot\frac{45}{49}$ j) $\frac{26}{56}\cdot\frac{42}{39}$

$\frac{\overset{4}{\cancel{12}}}{\underset{5}{\cancel{35}}}\cdot\frac{\overset{2}{\cancel{14}}}{\underset{5}{\cancel{15}}}=\frac{4\cdot 2}{5\cdot 5}=\frac{8}{25}$

13. a) $\frac{3}{7}\cdot\frac{5}{9}$ d) $\frac{4}{5}\cdot\frac{7}{8}$ g) $\frac{6}{7}\cdot\frac{4}{9}$ j) $\frac{12}{7}\cdot\frac{5}{18}$ m) $\frac{42}{5}\cdot\frac{7}{36}$ p) $\frac{23}{56}\cdot\frac{49}{8}$ s) $\frac{63}{11}\cdot\frac{8}{49}$

b) $\frac{7}{8}\cdot\frac{4}{3}$ e) $\frac{3}{5}\cdot\frac{10}{7}$ h) $\frac{5}{6}\cdot\frac{9}{11}$ k) $\frac{24}{5}\cdot\frac{3}{32}$ n) $\frac{56}{7}\cdot\frac{11}{48}$ q) $\frac{19}{72}\cdot\frac{64}{5}$ t) $\frac{36}{7}\cdot\frac{17}{54}$

c) $\frac{1}{2}\cdot\frac{8}{9}$ f) $\frac{4}{9}\cdot\frac{5}{8}$ i) $\frac{3}{4}\cdot\frac{8}{7}$ l) $\frac{45}{11}\cdot\frac{8}{35}$ o) $\frac{5}{27}\cdot\frac{63}{13}$ r) $\frac{16}{17}\cdot\frac{9}{32}$ u) $\frac{81}{5}\cdot\frac{8}{27}$

14. a) $\frac{3}{5}\cdot\frac{2}{5}$, $\frac{3}{5}-\frac{2}{5}$, $\frac{3}{5}+\frac{2}{5}$

b) $\frac{1}{2}-\frac{1}{4}$, $\frac{1}{2}\cdot\frac{1}{4}$, $\frac{1}{2}+\frac{1}{4}$

c) $\frac{2}{3}+\frac{1}{2}$, $\frac{2}{3}-\frac{1}{2}$, $\frac{2}{3}\cdot\frac{1}{2}$

d) $\frac{4}{5}\cdot\frac{1}{2}$, $\frac{4}{5}+\frac{1}{2}$, $\frac{4}{5}-\frac{1}{2}$

e) $\frac{5}{6}+\frac{2}{9}$, $\frac{5}{6}\cdot\frac{2}{9}$, $\frac{5}{6}-\frac{2}{9}$

f) $\frac{5}{12}\cdot\frac{4}{15}$, $\frac{5}{12}-\frac{4}{15}$, $\frac{5}{12}+\frac{4}{15}$

g) $\frac{3}{8}\cdot\frac{1}{6}$, $\frac{3}{8}+\frac{1}{6}$, $\frac{3}{8}-\frac{1}{6}$

15. a) Eine $\frac{3}{4}$-l-Flasche ist noch zu $\frac{2}{3}$ mit Obstsaft gefüllt. Wie viel Obstsaft ist in der Flasche?

b) Ein Gefäß fasst $\frac{7}{8}$ l. Es ist zu $\frac{4}{5}$ mit Milch gefüllt. Wie viel Milch enthält das Gefäß?

16. a) $\frac{3}{5}\cdot 4$ b) $\frac{8}{15}\cdot 1$ c) $7\cdot\frac{3}{4}$ d) $\frac{5}{24}\cdot 16$ e) $35\cdot\frac{8}{15}$ f) $42\cdot\frac{11}{49}$

17. Im Feld über zwei Zahlen soll ihr Produkt stehen. Fülle die Rechenmauer im Heft aus.

a) $\frac{2}{9}$ $\frac{3}{4}$ $\frac{8}{9}$ $\frac{15}{4}$

b) $\frac{14}{3}$ $\frac{5}{7}$ $\frac{1}{5}$ $\frac{21}{2}$

c) $\frac{22}{3}$ $\frac{7}{11}$ $\frac{2}{7}$ $\frac{33}{4}$

18. Ein Partner gibt an, ob das Ergebnis größer oder kleiner als der 1. bzw. 2. Faktor ist; der zweite Partner berechnet es. Bei jeder Teilaufgabe werden die Rollen getauscht.

a) $\frac{11}{9}\cdot\frac{27}{11}$ b) $\frac{5}{25}\cdot\frac{5}{15}$ c) $\frac{15}{16}\cdot\frac{32}{15}$ d) $\frac{27}{25}\cdot\frac{50}{9}$ e) $\frac{13}{15}\cdot\frac{20}{17}$ f) $\frac{57}{51}\cdot\frac{17}{19}$

19. a) $\frac{3}{4}\cdot 3\frac{1}{2}$ c) $\frac{3}{4}\cdot 1\frac{7}{9}$ e) $2\frac{1}{2}\cdot 1\frac{1}{4}$ g) $1\frac{2}{3}\cdot 3\frac{3}{5}$

b) $\frac{2}{3}\cdot 2\frac{1}{4}$ d) $\frac{4}{5}\cdot 1\frac{7}{8}$ f) $1\frac{3}{4}\cdot 1\frac{1}{2}$ h) $1\frac{1}{4}\cdot 2\frac{2}{5}$

$2\frac{1}{2}\cdot 3\frac{2}{3}=\frac{5}{2}\cdot\frac{11}{3}=\frac{55}{6}=9\frac{1}{6}$

20. Berechne und veranschauliche mithilfe einer geeigneten Zeichnung.
- **a)** Wie viel ist die Hälfte von einem halben Liter?
- **b)** Wie viel sind zwei Drittel von einer Viertelstunde?
- **c)** Wie viel ist das Anderthalbfache von einem dreiviertel Liter?

21. Wo steckt der Fehler?

a) $\frac{3}{8} \cdot \frac{7}{8} = \frac{21}{8}$ b) $4 \cdot \frac{2}{3} = \frac{8}{12}$ c) $3\frac{1}{2} \cdot 5 = 15\frac{1}{2}$ d) $2\frac{1}{5} \cdot 3\frac{2}{3} = 6\frac{2}{15}$

22. Berechne das Produkt. Kürze möglichst früh.

a) $\frac{3}{4} \cdot \frac{8}{15} \cdot \frac{7}{12}$ **b)** $\frac{2}{3} \cdot \frac{6}{7} \cdot \frac{5}{8}$ **c)** $\frac{3}{4} \cdot \frac{5}{6} \cdot \frac{8}{15}$ **d)** $\frac{2}{3} \cdot \frac{2}{3} \cdot \frac{2}{3} \cdot \frac{2}{3}$ **e)** $\frac{4}{7} \cdot \frac{5}{9} \cdot \frac{36}{23} \cdot \frac{21}{32}$

23. Schreibe als Produkt von zwei Brüchen.

a) $\frac{6}{35}$ **b)** $\frac{5}{7}$ **c)** 1 **d)** 3 **e)** $2\frac{1}{2}$

24. Gebrochene Zahlen können auch als Basis von Potenzen auftreten. Berechne die Potenz.

$\left(\frac{5}{6}\right)^3 = \frac{5}{6} \cdot \frac{5}{6} \cdot \frac{5}{6} = \frac{5 \cdot 5 \cdot 5}{6 \cdot 6 \cdot 6} = \frac{125}{216}$

a) $\left(\frac{3}{4}\right)^3$ **b)** $\left(\frac{2}{5}\right)^4$ **c)** $\left(\frac{8}{9}\right)^2$ **d)** $\left(\frac{1}{3}\right)^4$ **e)** $\left(\frac{3}{2}\right)^6$

25. a) Berechne. Schreibe jedes Produkt auch als Potenz.

(1) $\frac{3}{5} \cdot \frac{3}{5}$ (2) $\frac{7}{8} \cdot \frac{7}{8}$ (3) $\frac{11}{12} \cdot \frac{11}{12}$ (4) $\frac{3}{4} \cdot \frac{3}{4} \cdot \frac{3}{4}$ (5) $\frac{2}{3} \cdot \frac{2}{3} \cdot \frac{2}{3} \cdot \frac{2}{3}$ (6) $\frac{1}{2} \cdot \frac{1}{2} \cdot \frac{1}{2} \cdot \frac{1}{2} \cdot \frac{1}{2}$

b) Schreibe als Potenz: (1) $\frac{4}{9}$ (2) $\frac{125}{64}$ (3) $\frac{1}{625}$ (4) $\frac{144}{169}$ (5) $\frac{243}{1024}$

c) Berechne und vergleiche: (1) $\left(\frac{4}{5}\right)^2$ und $\frac{4}{5} \cdot 2$ (2) $\left(\frac{7}{2}\right)^3$ und $\frac{7}{2} \cdot 3$ (3) $\left(\frac{1}{2}\right)^8$ und $\frac{1}{2} \cdot 8$

26. a) $\left(\frac{2}{3}\right)^4$ **b)** $\left(\frac{1}{6}\right)^3$ **c)** $\left(\frac{1}{10}\right)^6$ **d)** $\left(\frac{5}{4}\right)^2$ **e)** $\left(\frac{1}{2}\right)^5$ **f)** $\left(1\frac{3}{4}\right)^2$ **g)** $\left(1\frac{1}{2}\right)^3$

27. In den Aufgaben (1) bis (3) besitzt das Wort *von* sehr unterschiedliche Bedeutungen. Erläutere das. Finde zu jeder der Bedeutungen eine weitere Aufgabe.
- **(1)** 18 *von* 28 Schüler(inne)n der Klasse 6c kommen mit dem Fahrrad zur Schule.
- **(2)** Die Klasse 6a hat 28 Schüler. 3 *von* 4 Schülern haben Geschwister, der Rest nicht.
- **(3)** Die Laufstrecke ist $\frac{3}{4}$ km lang. Zwei Drittel *von* dieser Strecke liegen im Wald.

28. Max behauptet:
- **a)** Wenn ich einen Bruch potenziere, ist das Ergebnis immer kleiner als der Bruch.
- **b)** Wenn ich einen gekürzten Bruch potenziere, kann ich den Wert der Potenz nicht mehr kürzen. Wenn ich aber einen nicht gekürzten Bruch potenziere, kann ich den Wert der Potenz kürzen.

Das kann ich noch!

A) Wandle in die in Klammern angegebene Einheit um.

1) 7 h (min) 3) 42 dm (m) 5) 5 m (cm) 7) 450 m (km)
2) 8 t (kg) 4) 7 cm (mm) 6) 70 dm (m) 8) 450 g (kg)

B) Eine Rasenkante besteht aus 25 Kantsteinen, die jeweils 40 cm lang sind. Wie lang ist die Rasenkante?

3.3 Dividieren von Brüchen

Einstieg

Der Manager einer neuen Feriensiedlung teilt in seinem Jahresbericht mit:

- In diesem Jahr ist die Zahl unserer Übernachtungen mit 76000 viermal so hoch wie im Vorjahr.
- Wir konnten den Werbeetat auf $\frac{2}{3}$ des Vorjahres, nämlich jetzt nur noch 4200€, reduzieren.
- Durch neue Transportunternehmer konnte die Transferzeit zum Flughafen auf $1\frac{1}{2}$ Stunden, also auf das $\frac{3}{4}$-fache des Vorjahres, gesenkt werden.

Aufgabe 1

Bedeutung der Division von Brüchen
Betrachte die Packungsaufschrift rechts.
Ermittle daraus den Tagesbedarf an den einzelnen Vitaminen.

Lösung

(1) Für den Tagesbedarf an Vitamin C gilt:

$\xrightarrow{\cdot 3}$ 180 mg

Die Multiplikation mit 3 kann durch die Division durch 3 rückgängig gemacht werden.

$\xleftarrow{:3}$ 180 mg, also 180 mg : 3 = 60 mg.

Ergebnis: Der Tagesbedarf an Vitamin C beträgt 60 mg.

(2) Für den Tagesbedarf an Vitamin E gilt:

$\xrightarrow{:3}\xrightarrow{\cdot 2}$ 8 mg (insgesamt $\cdot\frac{2}{3}$)

Um $\cdot\frac{2}{3}$ rückgängig zu machen, machen wir die beiden Teilschritte rückgängig:

$\xleftarrow{\cdot 3}\xleftarrow{:2}$ 8 mg (insgesamt $\cdot\frac{3}{2}$), also 8 mg : 2 · 3 = 12 mg.

Ergebnis: Der Tagesbedarf an Vitamin E beträgt 12 mg.

(3) Für den Tagesbedarf an den B-Vitaminen gilt:

$\xrightarrow{:5}\xrightarrow{\cdot 2}$ $\frac{1}{2}$ mg (insgesamt $\cdot\frac{2}{5}$)

Um $\cdot\frac{2}{5}$ rückgängig zu machen, machen wir die beiden Teilschritte rückgängig:

$\xleftarrow{\cdot 5}\xleftarrow{:2}$ $\frac{1}{2}$ mg (insgesamt $\cdot\frac{5}{2}$), also $\frac{1}{2}\text{ mg}\cdot\frac{5}{2}=\frac{5}{4}$ mg.

Ergebnis: Der Tagesbedarf an B-Vitaminen beträgt $\frac{5}{4}$ mg.

$\cdot\frac{5}{2}$ macht $\cdot\frac{2}{5}$ rückgängig

Information

(1) Erklärung der Division durch einen Bruch

Das Beispiel rechts zeigt den Zusammenhang zwischen dem Multiplizieren und dem Dividieren bei natürlichen Zahlen. Das Dividieren macht rückgängig, was das Multiplizieren bewirkt. Das soll auch bei Brüchen gelten:

: 3 macht · 3 rückgängig

$27 \xrightarrow{\cdot 3} 81$, $81 \xrightarrow{:3} 27$

$:\frac{2}{3}$ macht $\cdot\frac{2}{3}$ rückgängig

Das Dividieren durch einen Bruch macht rückgängig, was das Multiplizieren mit demselben Bruch bewirkt hat.

$\square \xrightarrow{\cdot\frac{2}{3}} \square$, $\square \xleftarrow{:\frac{2}{3}} \square$

(2) Regel für die Division durch einen Bruch

Nun wissen wir aus der Lösung der Aufgabe 1:

$\cdot\frac{3}{2}$ macht $\cdot\frac{2}{3}$ rückgängig; also bewirkt $\cdot\frac{3}{2}$ dasselbe wie $:\frac{2}{3}$

$\cdot\frac{5}{2}$ macht $\cdot\frac{2}{5}$ rückgängig; also bewirkt $\cdot\frac{5}{2}$ dasselbe wie $:\frac{2}{5}$

$\frac{2}{3}$ ist der Kehrwert zu $\frac{3}{2}$

Wir erhalten daher folgende Regel:

Regel über die Division durch einen Bruch

Man dividiert durch einen Bruch, indem man mit dem Kehrwert des Bruches multipliziert.

Man erhält den **Kehrwert** eines Bruches durch Vertauschen von Zähler und Nenner.

$:\frac{5}{7}$ bedeutet dasselbe wie $\cdot\frac{7}{5}$

$\frac{2}{3}:\frac{5}{7} = \frac{2}{3}\cdot\frac{7}{5} = \frac{14}{15}$

(3) Die Zahl 0 im Quotienten

Du kennst das Rechnen mit der 0 schon von den natürlichen Zahlen.

Wie bei natürlichen Zahlen gilt auch für gebrochene Zahlen:

(a) Man kann 0 durch jede andere gebrochene Zahl dividieren, z.B. $0:\frac{3}{4}$.
Das Ergebnis ist 0.
$0:\frac{3}{4} = 0$, denn die Kontrolle ergibt $0\cdot\frac{3}{4} = 0$.

$0 \xrightarrow{:\frac{3}{4}} 0$, $0 \xleftarrow{\cdot\frac{3}{4}} 0$

(b) Durch 0 kann man *nicht* dividieren.
Für das mittlere Beispiel rechts findest du *keine* Zahl, für die die Kontrolle $\square\cdot 0 = \frac{3}{4}$ richtig ist.
Andererseits ist im unteren Beispiel rechts *jede* Zahl geeignet für die Kontrolle $\square\cdot 0 = 0$.

$\frac{3}{4} \xrightarrow{:0} \square$, $\frac{3}{4} \xleftarrow{\cdot 0} \square$

$0 \xrightarrow{:0} \square$, $0 \xleftarrow{\cdot 0} \square$

(1) Wenn ein Faktor 0 ist, so ist das Produkt 0.
(2) Wenn man 0 durch eine andere Zahl als 0 dividiert, so erhält man als Ergebnis 0.
(3) Durch 0 kann man *nicht* dividieren.

Weiterführende Aufgaben

Besondere Fälle bei der Division

2. Berechne den Quotienten.
Wie kannst du hier die Divisionsregel anwenden?

$4:1\frac{2}{3} = 4:\frac{5}{3} = 4\cdot\frac{3}{5} = \frac{12}{5} = 2\frac{2}{5}$

a) $\frac{3}{4}:5$ b) $2:\frac{3}{4}$ c) $3:4$ d) $9\frac{5}{7}:3$ e) $2\frac{3}{4}:4\frac{1}{3}$

Quotient
$\frac{5}{8}:\frac{2}{3}$
Dividend Divisor

Größenvergleich von Dividend und Wert des Quotienten

3. Du weißt: Wenn man eine Zahl durch eine (von 0 und 1 verschiedene) natürliche Zahl dividiert, dann ist das Ergebnis kleiner als die Zahl. Untersuche das für gebrochene Zahlen an den Beispielen:

(1) $\frac{3}{2}:\frac{3}{4}$ (2) $\frac{27}{4}:\frac{8}{3}$ (3) $\frac{12}{9}:\frac{3}{8}$ (4) $24:\frac{3}{7}$

Was stellst du fest? Formuliere einen Ergebnissatz.

Dividieren kann verkleinern, aber auch vergrößern!

Wenn man eine Zahl durch eine gebrochene Zahl größer als 1 dividiert, dann ist das Ergebnis kleiner als die Zahl. Dividiert man jedoch eine Zahl durch eine gebrochene Zahl zwischen 0 und 1, dann ist das Ergebnis größer als die Zahl.

Beispiele: $1\frac{4}{5}:\frac{3}{2}=\frac{9}{5}\cdot\frac{2}{3}=\frac{18}{15}=\frac{6}{5}=1\frac{1}{5}<1\frac{4}{5}$ $\quad$ $1\frac{4}{5}:\frac{2}{3}=\frac{9}{5}\cdot\frac{3}{2}=\frac{27}{10}=2\frac{7}{10}>1\frac{4}{5}$

Dividieren zweier Größen

4. Lisas Mutter stellt gern knifflige Fragen. Auf dem Küchentisch stehen ein Glas und drei Getränke. Lisas Mutter sagt: „Wie oft kann man das Trinkglas füllen
a) mit Wasser;
b) mit Apfelsaft;
c) mit Milch?
Du kannst das Ergebnis erst einmal ungefähr angeben. Ich will es dann aber auch genau wissen."

Division als „Enthalten sein"

Durch Division kann man feststellen, wie oft eine Größe in einer anderen enthalten ist.

Beispiel: Wie oft ist $\frac{3}{4}$kg in $\frac{15}{8}$kg enthalten?

Rechnung: $\frac{15}{8}\text{kg}:\frac{3}{4}\text{kg}=\frac{15}{8}:\frac{3}{4}=\frac{\overset{5}{\cancel{15}}\cdot\overset{1}{\cancel{4}}}{\underset{2}{\cancel{8}}\cdot\underset{1}{\cancel{3}}}=\frac{5\cdot1}{2\cdot1}=\frac{5}{2}=2\frac{1}{2}$

Ergebnis: $\frac{3}{4}$kg ist $2\frac{1}{2}$-mal in $\frac{15}{8}$kg enthalten.

Doppelbrüche

5. Den Quotienten zweier natürlicher Zahlen kann man auch als Bruch schreiben. Der Bruchstrich ersetzt das Divisionszeichen. Diese Schreibweise darf man auch verwenden, wenn Brüche dividiert werden. Solche Brüche nennt man *Doppelbrüche*. Berechne:

Bruchstrich durch Divisionszeichen ersetzen

$\frac{\frac{3}{4}}{\frac{5}{7}}=\frac{3}{4}:\frac{5}{7}=\frac{3}{4}\cdot\frac{7}{5}=\frac{21}{20}$

a) $\frac{\frac{2}{3}}{\frac{5}{9}}$ b) $\frac{5}{4\frac{1}{6}}$ c) $\frac{4\frac{1}{6}}{5}$ d) $\frac{1\frac{1}{2}}{2\frac{1}{4}}$

Ein **Doppelbruch** steht für einen Quotienten aus Brüchen.
Bei einem Doppelbruch treten mehrere Bruchstriche auf.
Der *Hauptbruchstrich* ersetzt das Divisionszeichen zwischen den beiden Brüchen.

$\frac{2}{3}:\frac{5}{9}=\frac{\frac{2}{3}}{\frac{5}{9}}$ ← Hauptbruchstrich

Übungsaufgaben

6. Bearbeite wie im Beispiel rechts.

a) $\square \xrightarrow{\cdot \frac{3}{4}} 27$ c) $\square \xrightarrow{\cdot \frac{2}{5}} 14$

b) $\square \xrightarrow{\cdot \frac{5}{6}} 15$ d) $\square \xrightarrow{\cdot \frac{4}{7}} 32$

> In Einzelschritten
>
> $\square \xrightarrow{\cdot \frac{7}{8}} 28$ $\square \xrightarrow{:8} \xrightarrow{\cdot 7} 28$
>
> $\square \xleftarrow{:\frac{7}{8}} 28$ $\square \xleftarrow{\cdot 8} \xleftarrow{:7} 28$ (insgesamt $\cdot \frac{8}{7}$)
>
> Also: $28 : \frac{7}{8} = 28 \cdot \frac{8}{7} = 32$

7. Jeder Partner berechnet die angegebenen Divisionsaufgaben und lässt sie von seinem Partner durch Multiplikation kontrollieren.

	a)	b)	c)	d)	e)	f)
Partner A:	$9 : \frac{3}{5}$	$12 : \frac{4}{9}$	$12 : \frac{3}{4}$	$18 : \frac{9}{5}$	$72 : \frac{2}{3}$	$64 : \frac{8}{9}$
Partner B:	$8 : \frac{4}{7}$	$18 : \frac{6}{7}$	$16 : \frac{8}{3}$	$24 : \frac{8}{9}$	$54 : \frac{6}{7}$	$24 : \frac{6}{7}$

8. a) $45 : \frac{9}{11}$ b) $56 : \frac{7}{8}$ c) $64 : \frac{16}{5}$ d) $49 : \frac{21}{15}$ e) $560 : \frac{7}{8}$ f) $126 : \frac{18}{7}$

9.
a) $\frac{3}{4} : \frac{3}{5}$ e) $\frac{4}{5} : \frac{3}{8}$ i) $\frac{7}{12} : \frac{14}{15}$ m) $\frac{2}{3} : \frac{3}{4}$ q) $\frac{1}{2} : \frac{1}{4}$ u) $\frac{1}{4} : \frac{2}{3}$

b) $\frac{7}{8} : \frac{3}{4}$ f) $\frac{5}{6} : \frac{9}{10}$ j) $\frac{15}{16} : \frac{2}{56}$ n) $\frac{2}{3} : \frac{4}{7}$ r) $\frac{8}{9} : \frac{4}{7}$ v) $\frac{2}{3} : \frac{1}{4}$

c) $\frac{5}{6} : \frac{2}{9}$ g) $\frac{7}{8} : \frac{7}{8}$ k) $\frac{27}{14} : \frac{36}{11}$ o) $\frac{2}{7} : \frac{6}{5}$ s) $\frac{7}{8} : \frac{1}{2}$ w) $\frac{4}{9} : \frac{2}{3}$

d) $\frac{1}{4} : \frac{1}{2}$ h) $\frac{2}{3} : \frac{11}{12}$ l) $\frac{63}{13} : \frac{49}{17}$ p) $\frac{4}{5} : \frac{2}{3}$ t) $\frac{3}{4} : \frac{3}{5}$ x) $\frac{2}{3} : \frac{4}{9}$

10. Berechne die Quotienten. Du kannst verschiedene Regeln anwenden.

a) $\frac{4}{7} : 2$ b) $\frac{2}{5} : 3$ c) $\frac{4}{7} : 16$ d) $8 : \frac{12}{7}$ e) $8 : \frac{1}{8}$ f) $0 : \frac{12}{13}$

11. Wo steckt der Fehler?

a) $\frac{8}{9} : \frac{2}{9} = \frac{8:2}{9} = \frac{4}{9}$ b) $\frac{5}{7} : \frac{2}{3} = \frac{7}{5} \cdot \frac{2}{3} = \frac{14}{15}$ c) $\frac{4}{5} : 7 = \frac{4 \cdot 7}{5 \cdot 7} = \frac{28}{35}$ d) $3 : \frac{3}{4} = \frac{3:3}{4} = \frac{1}{4}$

12. Lauras Eltern entsaften Früchte.
Der Saft wird in $\frac{3}{4}$-l-Flaschen abgefüllt.
Wie viele Flaschen benötigt man für

a) $7\frac{1}{2}$ l Johannisbeersaft;
b) $3\frac{1}{2}$ l Himbeersaft;
c) $14\frac{1}{2}$ l Apfelsaft?

13. a) Der Inhalt einer $\frac{7}{10}$-l-Flasche soll in kleine Gläschen abgefüllt werden. Jedes Gläschen enthält $\frac{2}{100}$ l. Wie viele Gläschen kann man füllen?

b) Eine Weinflasche enthält $\frac{7}{10}$ l Wein. Wie viele Flaschen kann man aus einem Fass mit (1) 350 l, (2) 175 l, (3) 1 050 l, (4) 600 l Inhalt füllen?

14. Sabrinas Mutter benötigt $2\frac{1}{2}$ kg Butter.
Wie viele $\frac{1}{4}$-kg-Pakete sind das?

15. Ein Obsthändler verpackt 25 kg Heidelbeeren in Schalen zu $\frac{3}{8}$ kg, 9 kg Waldpilze in Schalen zu $\frac{3}{4}$ kg.
Stellt geeignete Aufgaben und löst sie.

16. Eine Landwirtin hat $1\frac{1}{4}$ t Süßkartoffeln geerntet.
   a) Die Süßkartoffeln sollen in Säcke zu $12\frac{1}{2}$ kg verpackt werden. Wie viele Säcke erhält sie?
   b) Die Landwirtin hat auch blaue Kartoffeln geerntet. Die Menge der Süßkartoffeln ist $2\frac{1}{2}$-mal so groß wie die der blauen Kartoffeln. Wie viel blaue Kartoffeln hat sie geerntet?

17. Schreibe als Bruch. Kürze und notiere, wenn möglich, in gemischter Schreibweise.
   a) 8 : 5; 35 : 5; 15 : 9; 18 : 36; 17 : 13
   b) 56 : 9; 64 : 18; 68 : 16; 84 : 9; 28 : 27

18. a) $\frac{3}{8} : \frac{1}{10}$; $\frac{15}{7} : \frac{10}{1}$; $\frac{10}{1} : \frac{15}{3}$; $0 : \frac{1}{12}$; $\frac{1}{2} : \frac{1}{2}$
   b) $\frac{1}{3} : 3$; $3 : \frac{1}{3}$; $1 : \frac{1}{3}$; $\frac{1}{3} : 1$; $0 : \frac{1}{3}$
   c) $\frac{1}{10} : \frac{1}{8}$; $\frac{1}{10} : \frac{12}{1}$; $\frac{1}{12} : \frac{1}{12}$; $0 : \frac{1}{10}$
   d) $8 : \frac{1}{4}$; $\frac{1}{4} : 8$; $\frac{1}{8} : 4$; $4 : \frac{1}{8}$; $\frac{8}{1} : \frac{4}{1}$

19. Bei diesen Mauern erhält man aus zwei benachbarten Zahlen die darüber stehende so: Man dividiert die links stehende Zahl durch die rechts davon stehende. Vervollständige im Heft.

a)

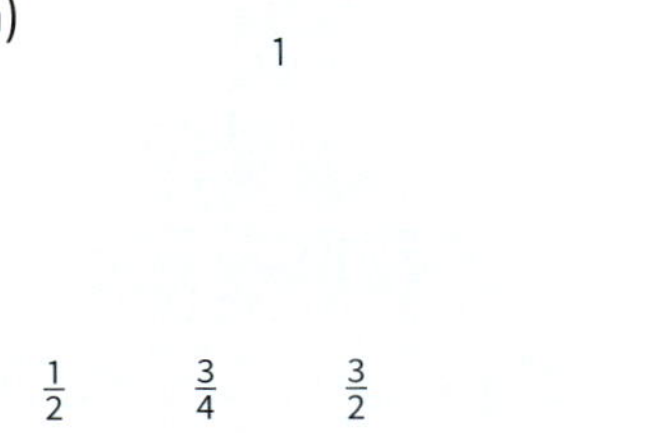

b)

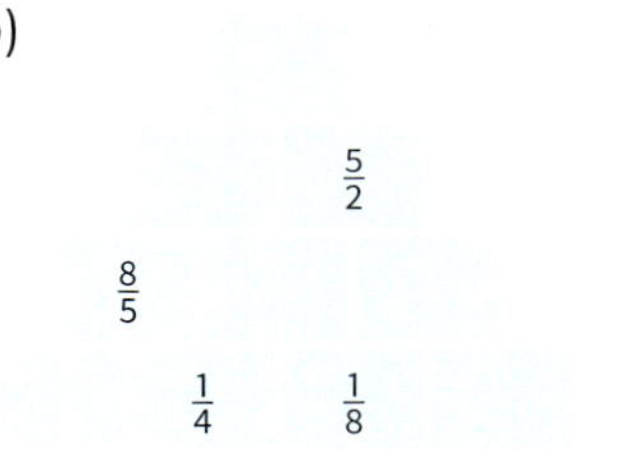

c)

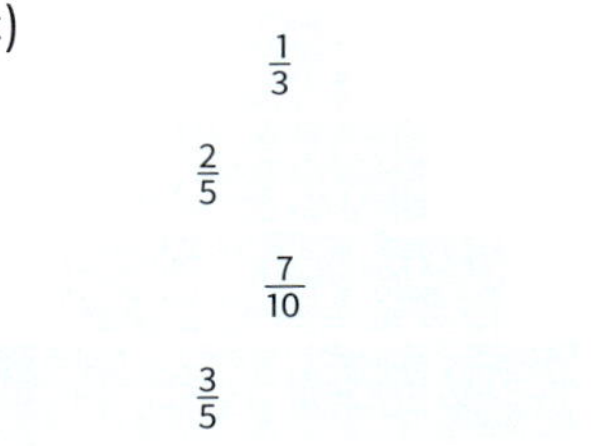

20.
   a) $\frac{3}{4} \cdot \frac{1}{4}$; $\frac{3}{4} - \frac{1}{4}$; $\frac{3}{4} : \frac{1}{4}$; $\frac{3}{4} + \frac{1}{4}$
   b) $\frac{5}{6} : \frac{2}{3}$; $\frac{5}{6} \cdot \frac{2}{3}$; $\frac{5}{6} + \frac{2}{3}$; $\frac{5}{6} - \frac{2}{3}$
   c) $\frac{3}{4} - \frac{2}{3}$; $\frac{3}{4} \cdot \frac{2}{3}$; $\frac{3}{4} : \frac{2}{3}$; $\frac{3}{4} + \frac{2}{3}$
   d) $\frac{4}{5} - \frac{2}{3}$; $\frac{4}{5} \cdot \frac{2}{3}$; $\frac{4}{5} : \frac{2}{3}$; $\frac{4}{5} + \frac{2}{3}$
   e) $\frac{5}{6} - \frac{3}{8}$; $\frac{5}{6} \cdot \frac{3}{8}$; $\frac{5}{6} + \frac{3}{8}$; $\frac{5}{6} : \frac{3}{8}$
   f) $\frac{7}{12} \cdot \frac{2}{15}$; $\frac{7}{12} - \frac{2}{15}$; $\frac{7}{12} + \frac{2}{15}$; $\frac{7}{12} : \frac{2}{15}$

21. Die Goetheschule besuchen 336 Mädchen. Das sind $\frac{4}{7}$ der gesamten Schülerschaft. Wie viele Schülerinnen und Schüler hat die Goetheschule?

22.
   a) $1\frac{1}{2} : 1\frac{2}{5}$
   b) $1\frac{2}{3} : 1\frac{1}{2}$
   c) $2\frac{1}{3} : 1\frac{1}{4}$
   d) $2\frac{1}{2} : 1\frac{3}{4}$
   e) $1\frac{3}{4} : 3\frac{1}{5}$
   f) $1\frac{1}{8} : 6\frac{3}{4}$
   g) $9\frac{4}{5} : 3\frac{9}{11}$
   h) $6\frac{2}{9} : 5\frac{5}{6}$
   i) $2\frac{1}{4} : 1\frac{3}{5}$
   j) $2\frac{1}{3} : 2\frac{1}{6}$
   k) $5\frac{1}{2} : 1\frac{1}{2}$
   l) $7\frac{1}{3} : 9\frac{1}{6}$
   m) $3\frac{1}{9} : 4\frac{1}{5}$
   n) $5\frac{1}{7} : 3\frac{3}{8}$
   o) $6\frac{1}{8} : 8\frac{3}{4}$

$$2\frac{1}{3} : 1\frac{2}{5} = \frac{7}{3} : \frac{7}{5} = \frac{7}{3} \cdot \frac{5}{7} = \frac{5}{3} = 1\frac{2}{3}$$

23. a) Frau Schöne fährt auf der Autobahn in $2\frac{3}{4}$ h eine Strecke von 352 km. Wie viel km fährt sie durchschnittlich pro Stunde?
   b) Denkt an eigene Fahrten. Stellt damit entsprechende Aufgaben und löst sie.

24.
   a) $\frac{2}{5} \cdot \frac{5}{9}$
   b) $\frac{3}{4} \cdot \frac{5}{8}$
   c) $\frac{5}{4} : \frac{3}{7}$
   d) $\frac{3}{7} \cdot \frac{5}{8}$
   e) $\frac{2}{3} : \frac{5}{9}$
   f) $\frac{3}{4} : \frac{5}{8}$
   g) $\frac{5}{4} \cdot \frac{3}{7}$
   h) $\frac{4}{5} : \frac{2}{7}$
   i) $\frac{7}{9} : \frac{14}{3}$
   j) $\frac{8}{25} \cdot 1\frac{2}{3}$
   k) $\frac{15}{16} : 1\frac{3}{5}$
   l) $1\frac{1}{2} \cdot 1\frac{1}{4}$
   m) $\frac{12}{13} : 1\frac{1}{5}$
   n) $1\frac{1}{2} : 1\frac{1}{4}$
   o) $3\frac{4}{7} \cdot 2\frac{4}{15}$
   p) $5\frac{4}{9} \cdot 6\frac{3}{7}$
   q) $4\frac{2}{9} : 6\frac{1}{3}$
   r) $6\frac{3}{7} : 1\frac{11}{14}$

25. Überprüfe Pascals Rechnung rechts.

26. Nora hat $3 : \frac{1}{4}$ berechnet und als Ergebnis 12 erhalten. Sie wundert sich: „Das Ergebnis ist viel zu groß, ich muss mich verrechnet haben." Ihr Freund Jacob entgegnet: „Klar, $3 : \frac{1}{4} = \frac{3}{4}$."
Was würdet ihr sagen?

27. Berechne die Quotienten. Was fällt dir auf?

a) $24 : \frac{6}{7}$; $12 : \frac{6}{7}$; $6 : \frac{6}{7}$; $1 : \frac{6}{7}$; $\frac{1}{2} : \frac{6}{7}$

b) $\frac{6}{7} : 3$; $\frac{6}{7} : 2$; $\frac{6}{7} : 1$; $\frac{6}{7} : \frac{1}{2}$; $\frac{6}{7} : \frac{1}{3}$

28. Dividiere $\frac{2}{5}$ nacheinander durch $1, \frac{1}{2}, \frac{1}{4}, \ldots$ Wann ist der Quotient größer als 100?

29. Erfinde eine Rechengeschichte.

a) $\frac{1}{2} \cdot 2\frac{3}{4}$ kg
b) $4\frac{1}{2}$ dm $: \frac{2}{3}$
c) $2\frac{3}{4}$ l $+ 1\frac{1}{2}$ l
d) $9\frac{1}{4}$ ha $- 4\frac{1}{2}$ ha
e) $\frac{3}{4}$ h $\cdot 4$
f) $12\frac{1}{2}$ m $: \frac{3}{5}$ m
g) $3\frac{1}{2}$ h $: 1\frac{2}{5}$ h
h) $5\frac{1}{2}$ km $\cdot \frac{5}{4}$
i) $45\frac{1}{2}$ t $: 5\frac{1}{2}$ t
j) $2\frac{1}{2}$ h $- \frac{3}{4}$ h

Aufgabe: $5\frac{1}{2}$ l $: \frac{3}{4}$ l
Rechengeschichte: $5\frac{1}{2}$ l Saft sollen in $\frac{3}{4}$-l-Flaschen abgefüllt werden. Wie viele Flaschen benötigt man?
Rechnung: $5\frac{1}{2} : \frac{3}{4} = \frac{11}{2} \cdot \frac{4}{3} = \frac{22}{3} = 7\frac{1}{3}$
Ergebnis: Man benötigt 8 Flaschen. Die letzte wird nicht voll.

30. Finde eine passende Zahl.

a) $\square \cdot \frac{2}{3} = \frac{1}{2}$ b) $\frac{4}{5} \cdot \square = \frac{14}{15}$ c) $\frac{2}{3} : \square = \frac{9}{8}$ d) $\square : \frac{2}{5} = \frac{9}{4}$ e) $\square \cdot \frac{3}{2} = 2\frac{1}{4}$

Gleichheitszeichen in Höhe des Hauptbruchstrichs setzen!

31. Schreibe als Quotient und berechne.

a) $\frac{\frac{2}{5}}{\frac{8}{15}}$ b) $\frac{\frac{3}{7}}{\frac{9}{14}}$ c) $\frac{\frac{1}{8}}{\frac{5}{12}}$ d) $\frac{4\frac{1}{2}}{\frac{3}{10}}$ e) $\frac{\frac{4}{9}}{3\frac{1}{3}}$ f) $\frac{2\frac{1}{4}}{4\frac{1}{2}}$ g) $\frac{12}{\frac{7}{8}}$ h) $\frac{\frac{4}{15}}{20}$

32. Schreibe als Doppelbruch; berechne auch.

a) $\frac{3}{11} : \frac{5}{7}$
b) $4 : \frac{7}{9}$
c) $\frac{4}{9} : 2\frac{1}{2}$
d) $(3:5):(8:13)$
e) $(5:8):11$
f) $7:(2:4)$
g) $2\frac{1}{2} : 1\frac{1}{2}$
h) $\frac{2}{3} : 1\frac{1}{2}$

33. a) Der Wert eines Doppelbruches ist $\frac{1}{2}$. Der Nenner des Doppelbruches beträgt $\frac{2}{3}$. Wie heißt der Zähler des Doppelbruches?

b) Der Wert eines Doppelbruches ist 2. Der Zähler des Doppelbruches beträgt $\frac{2}{3}$. Wie heißt der Nenner des Doppelbruches?

Das kann ich noch!

A) Berechne und vergleiche die Ergebnisse.

1) $3 \cdot 7 - 5$ und $3 \cdot (7 - 5)$
2) $(18 + 2) \cdot 5$ und $18 + 2 \cdot 5$
3) $25 - 5 : 5$ und $(25 - 5) : 5$
4) $(1 + 3)^2$ und $1 + 3^2$
5) 7^2 und $7 \cdot 2$
6) $(4 + 1)^2$ und $4^2 + 1^2$

B) Übertrage in dein Heft und setze die fehlende Klammer so, dass die Rechnung stimmt.

1) $5 \cdot (8 - 2 \cdot 3 + 7 = 17$
2) $(6 + 11 \cdot 2 - 4 = 30$
3) $52 - 4 \cdot (3 + 1 - 2 = 34$

Berechnen von Steuern und Abgaben mit Brüchen

Zehnt als Abgabe

1. Im Alten Testament ist festgelegt, welche Abgabe die Bauern an die Tempeldiener entrichten mussten.
Die Abgabe erfolgte nicht in Form von Geld, sondern wirklich mit dem zehnten Teil der Ernte, des Viehs, …

> Jeder Zehnt des Landes, der vom Ertrag des Landes oder von den Baumfrüchten abzuziehen ist, gehört dem Herrn; es ist etwas Heiliges für den Herrn.
>
> Will ein Mann einen Teil seines Zehnten auslösen, muss er ein Fünftel dazuzahlen.
>
> Jeder Zehnt an Rind, Schaf und Ziege ist dem Herrn geweiht, jedes zehnte Stück von allem, was unter dem Hirtenstab hindurchgeht.
>
> 3. Buch Mose, 27, 30-32

1 Efa = 40 l
1 Talent = 41 kg
Silberschekel: Währung der Israeliten ab 600 v. Chr.

a) Ein Bauer hat 80 neu geborene Lämmer in der Herde, 4 Efa Wein gekeltert, 8 Talent Weizen und 2 Talent Äpfel geerntet.
Welche Abgabe hat er davon zu entrichten?

b) Der Bauer möchte die Lämmer nicht abgeben, sondern stattdessen den Auslösungsbetrag zahlen.
Jedes der Lämmer wird auf einen Wert von 15 Silberschekel geschätzt.
Welchen Betrag hat der Bauer zu zahlen?

c) Von einem Ernteertrag soll nicht der Zehnt abgegeben werden, sondern stattdessen soll der Auslösungsbetrag gezahlt werden.
Überlege, mit welcher Rechenvorschrift man aus dem Wert des Ernteertrags sofort den Auslösungsbetrag erhält.
Es gibt verschiedene Möglichkeiten, vorzugehen; vergleiche sie miteinander.

Ernteertrag → Zehntbetrag → Auslösungsbetrag

Auch in Deutschland mussten Bauern im Mittelalter den zehnten Teil ihrer Ernte abliefern, Handwerker den zehnten Teil ihrer Produktion. Zur Aufbewahrung wurden spezielle große Scheunen gebaut, die oft neben der Kirche die größten Bauwerke im Dorf waren. Nach ihrem Verwendungszweck bezeichnet man sie als Zehntscheunen.
In Deutschland wurde der Zehnt erst im 19. Jahrhundert mit der Bauernbefreiung endgültig abgeschafft.

Zehntscheune in Wolfhagen

Akzise

2. Die Akzise war eine von den Städten erhobene Steuer auf den Lebensmittelverbrauch (insbesondere Zucker, Salz, Fett, Fleisch) und den Genussmittelverbrauch (Tabak, Kaffee, Tee und alkoholische Getränke). Auch das Gebäude, in dem diese Abgaben erhoben wurden, bezeichnete man als Akzise.

Am Anfang des 16. Jahrhunderts war im Unterwesergebiet die Währungseinheit die Bremer Mark, die als Silbermünze geprägt wurde.

Diese Mark war in 32 Groten unterteilt, die als Kleinsilbermünzen im Umlauf waren.

Die kleineste Einheit war der Schwaren, der in schlechterem Silber geprägt wurde.
Es galt 1 Schwaren = $\frac{1}{5}$ Groten

Bremer Mark

Groten

Schwaren

In Bremen betrug im Jahre 1628 die Akzise 3 Schwaren für 1 Mark Warenwert.

a) Gib die Akzise mit einem Bruch als Anteil am Warenwert an. Formuliere dazu auch eine Aufgabe mit Brüchen.

b) Bestimme die Akzise, die erhoben wird für
(1) eine Zuckerlieferung im Wert von 3 Mark
(2) eine Kaffeelieferung im Wert von 5 Mark und 10 Groten.

Akzise am Markt in Bremen im 16. Jahrhundert

3.4 Multiplizieren und Dividieren von Dezimalzahlen mit Stufenzahlen

Einstieg

Eine 1-Euro-Münze ist 2,125 mm dick und 7,5 g schwer.
Wie hoch ist ein Stapel aus 10, 100, 1 000 Münzen? Wie viel wiegt jeweils der Stapel?

Aufgabe 1

a) Toni weiß, dass ein einzelnes Blatt Kopierpapier ungefähr 0,045 mm dick ist.
Wie dick ist ein Stapel aus 10 Blatt, 100 Blatt, 1000 Blatt?

b) Florians Schreibblock hat 100 Blatt und ist 7,5 mm dick.
Wie dick sind 10 Blatt? Wie dick ist ein Blatt?

c) Formuliere Regeln über das Multiplizieren und Dividieren einer Dezimalzahl mit einer Stufenzahl.

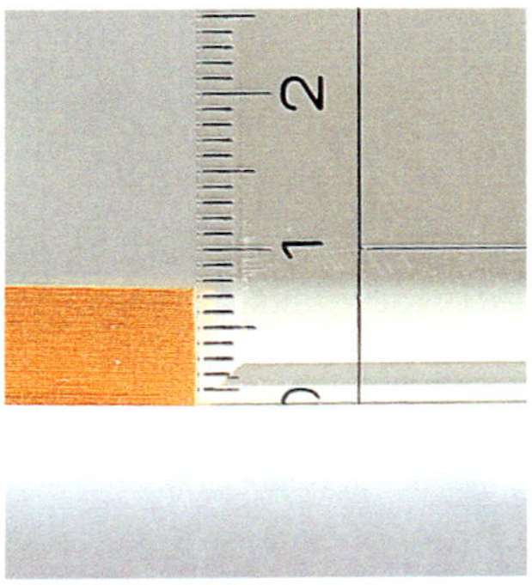

Lösung

a) Ein Blatt ist 0,045 mm, also 45 tausendstel mm dick.
Dann sind 10 Blatt 10-mal so dick, also 450 tausendstel mm. Das sind 45 hundertstel mm, also:
$10 \cdot 0{,}045 = 10 \cdot \frac{45}{1000} = \frac{45}{100} = 0{,}45$
Entsprechend sind 100 Blatt 100-mal so dick wie ein Blatt, also 4 500 tausendstel mm.
Das sind 450 hundertstel mm, also 45 zehntel mm:
$100 \cdot 0{,}045 = 100 \cdot \frac{45}{1000} = \frac{45}{10} = 4{,}5$
Entsprechend ergibt sich: $1000 \cdot 0{,}045 = 1000 \cdot \frac{45}{1000} = 45$
Ergebnis: 10 Blatt Papier sind 0,45 mm, 100 Blatt 4,5 mm und 1000 Blatt 45 mm dick.

H	Z	E	z	h	t
		0	0	4	5
		0	4	5	
		4	5		
	4	5			

(·10, ·10, ·10; ·100; ·1000)

Strategie:
Zurückführen auf das Vervielfachen und Teilen eines Bruches.

b) 100 Blatt sind 75 zehntel mm dick.
10 Blätter sind dann nur ein Zehntel so dick, also 75 hundertstel mm:
$7{,}5 : 10 = \frac{75}{10} : 10 = \frac{75}{100} = 0{,}75$
Entsprechend findest du
$7{,}5 : 100 = \frac{75}{10} : 100 = \frac{75}{1000} = 0{,}075$
Ergebnis: 10 Blatt Papier sind 0,75 mm, 1 Blatt 0,075 mm dick.

H	Z	E	z	h	t
		7	5		
		0	7	5	
		0	0	7	5

(:10, :10; :100)

c) Du findest folgende Regeln:

Multiplizieren und Dividieren einer Dezimalzahl mit einer Stufenzahl

Man multipliziert eine Dezimalzahl mit 10, 100, 1000, ..., indem man das Komma um 1, 2, 3, ... Stellen nach rechts verschiebt.
Wenn rechts nicht mehr genügend Ziffern stehen, so ergänzt man Nullen.
Beispiel: $100 \cdot 2{,}5 = 100 \cdot 2{,}50 = 250$

Man dividiert eine Dezimalzahl durch 10, 100, 1 000, ..., indem man das Komma um 1, 2, 3, ... Stellen nach links verschiebt.
Wenn links nicht mehr genügend Ziffern stehen, so ergänzt man Nullen.
Beispiel: $8{,}5 : 100 = 008{,}5 : 100 = 0{,}085$

Übungsaufgaben

2. Berechne im Kopf.

a) 100 · 3,7	**e)** 10 · 0,003	**i)** 3,7 : 10	**m)** 700 : 1 000
b) 10 · 46,46	**f)** 1 000 · 4,2	**j)** 63,63 : 100	**n)** 789,3 : 1 000
c) 10 · 2,09	**g)** 100 · 0,000 5	**k)** 2,081 : 10	**o)** 92 : 10
d) 100 · 0,63	**h)** 1 000 · 0,000 2	**l)** 60 : 100	**p)** 0,1 : 100

3. Betrachte die Dezimalzahl 8,673. Wie ändert sich der Stellenwert der Ziffer 7 [der Ziffer 6], wenn man die Dezimalzahl

a) mit 10, 100, 1 000, 10 000 multipliziert?

b) durch 10, 100, 1 000, 10 000 dividiert?

4. **a)** Berechne das Zehnfache von 0,0024.

b) Berechne das Hundertfache von 0,036.

c) Berechne das Tausendfache von 0,071.

d) Berechne ein Zehntel von 0,86.

e) Berechne ein Tausendstel von 3,71.

f) Berechne ein Hunderttausendstel von 65.

5. **a)** Ein menschliches Haar erscheint unter einem Mikroskop bei 1 000-facher Vergrößerung 60 mm dick. Wie dick ist das menschliche Haar in Wirklichkeit?

b) Wie dick erscheint ein 0,005 mm dicker Spinnwebfaden bei 1 000-facher Vergrößerung?

6. **a)** Legt 10 CDs übereinander und messt die Höhe des Stapels. Wie dick ist eine CD?

b) Die Blätter eines Telefonbuches sind sehr dünn. Überlegt ein Verfahren, um die Dicke eines Blattes zu bestimmen.

7. Der Maßstab 1 : 10 000 000 bedeutet, dass 1 cm auf der Karte einer Strecke von 10 000 000 cm in Wirklichkeit entspricht.

a) Wie lang wird ein 180 km langes Schienenstück auf einer Karte mit dem oben angegebenen Maßstab?

b) Wie weit sind die Städte voneinander entfernt (Luftlinie)?
Potsdam – Dresden
Emden – München
Berlin – Bielefeld
Frankfurt – Kiel
Leipzig – Rostock
Dresden – Passau
Mainz – Magdeburg
Regensburg – Hamburg

c) Stellt euch abwechselnd weitere Aufgaben und löst sie.

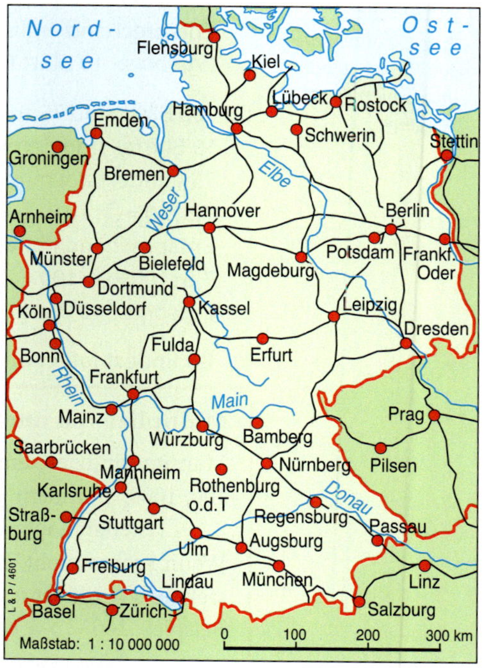

3.5 Multiplizieren von Dezimalzahlen

Einstieg

a) Berechnet die Preise für 3 kg Bananen, 1,2 kg Weintrauben und 1,125 kg Kirschen.
b) Stellt einander Fragen nach anderen Preisen und beantwortet sie.
c) Findet und begründet eine einfache Regel zum Multiplizieren von Dezimalzahlen

Aufgabe 1

Regel für das Multiplizieren von Dezimalzahlen

Der Zoll (gelegentlich auch: das Zoll) stammt vom mittelhochdeutschen Wort zol, d. h. „abgeschnittenes Stück Holz“. Diese Bedeutung passt auch heute noch zum Begriff Zollstock. Der Zoll ist eine alte Längeneinheit, die aber in bestimmten Bereichen heute noch gebräuchlich ist, z. B. in den USA – dort wird er inch genannt. In Deutschland wird der Zoll noch in bestimmten technischen Bereichen verwendet; z. B. zur Angabe von Bildschirmdiagonalen oder von Fahrradreifendurchmessern. Die Abkürzung für Zoll ist “. Es gilt 1“ = 2,54 cm.

Berechne für Digitalkameras die Bildschirmdiagonale in cm.

a) 3" **b)** 1,8" **c)** 2,75"

Lösung

a) Die Bildschirmdiagonale ist 3-mal so lang wie 2,54 cm; wir berechnen $3 \cdot 2{,}54$. Dazu schreiben wir die Dezimalzahl 2,54 zunächst als gewöhnlichen Bruch.

$3 \cdot 2{,}54 = 7{,}62$

$3 \cdot \frac{254}{100} = \frac{762}{100}$ ← Regel für das Vervielfachen von Brüchen

Nebenrechnung:
```
3·254
    6
   15
   12
  762
```

Die Bildschirmdiagonale ist $7{,}62\text{ cm} \approx 7{,}6\text{ cm}$ lang.

b) Um die Regel über das Vervielfachen von Brüchen anwenden zu können, multiplizieren wir mit 18 statt 1,8. So erhalten wir ein 10-mal zu großes Ergebnis, das anschließend wieder durch 10 dividiert werden muss.

$1{,}8 \cdot 2{,}54 = 4{,}572$

$\cdot 10 \downarrow \quad \uparrow :10$

$18 \cdot \frac{254}{100} = \frac{4572}{100} = 45{,}72$

Nebenrechnung:
```
18·254
   36
    90
    72
  4572
```

Die Bildschirmdiagonale beträgt $4{,}572\text{ cm} \approx 4{,}6\text{ cm}$.

c) Wir multiplizieren zunächst nicht mit 2,75 sondern mit dem 100-mal so großen Faktor 275 und dividieren dann durch 100.

$2{,}75 \cdot 2{,}54 = 6{,}9850$

$\cdot 100 \downarrow \quad \uparrow :100$

$275 \cdot \frac{254}{100} = \frac{69\,850}{100} = 698{,}50$

Nebenrechnung:
```
275·254
   550
   1375
    1100
  69850
```

Die Bildschirmdiagonale beträgt $6{,}9850\text{ cm} \approx 7\text{ cm}$.

Information

Multiplizieren von Dezimalzahlen

Da eine Dezimalzahl als Bruch geschrieben werden kann, ergibt sich die Regel für das Multiplizieren von Dezimalzahlen aus der entsprechenden Regel für das Vervielfachen von Brüchen.

Beispiel: $1{,}5 \cdot 1{,}09 = 1{,}635$ (·10 ↓, ↓, ↑ :10)

$15 \cdot \frac{109}{100} = \frac{1635}{100} = 16{,}35$

Nebenrechnung:

```
15 · 109
  15
   00
   135
  1635
```

Beim Vergleichen mit der Nebenrechnung erkennst du, dass man $1{,}5 \cdot 1{,}09$ in zwei Schritten berechnen kann.

1. Schritt: Multipliziere die Dezimalzahlen wie natürliche Zahlen: $15 \cdot 109$
2. Schritt: Trenne im Ergebnis 1635 mit dem Komma drei Ziffern von rechts ab. Das entspricht einer Division durch 1000.

Allgemein ergibt sich:

Regel für die Multiplikation von Dezimalzahlen

(1) Multipliziere zuerst so, als wäre kein Komma vorhanden.

(2) Setze dann das Komma. Rechts vom Komma müssen im Ergebnis so viele Ziffern stehen, wie die beiden Faktoren zusammen nach dem Komma haben.

Beispiel:

```
2,7 · 1,25
 27
  54
  135
 3,375
```

(Zehntel, Hundertstel, Tausendstel)

Weiterführende Aufgaben

Kommaverschiebungsregel für Produkte

2. a) Berechne folgende Produkte und vergleiche. Was fällt auf?

(1) $1{,}5 \cdot 0{,}06$ (2) $0{,}15 \cdot 0{,}6$ (3) $15 \cdot 0{,}006$ (4) $0{,}015 \cdot 6$

b) Begründe die folgende Kommaverschiebungsregel.

Kommaverschiebungsregel für Produkte

Der Wert des Produktes ändert sich nicht, wenn man das Komma in beiden Faktoren um gleich viele Stellen *entgegengesetzt* verschiebt.

Beispiel: $0{,}12 \cdot 0{,}07 = 1{,}2 \cdot 0{,}007$ (1 Stelle nach rechts · 10; 1 Stelle nach links : 10)

c) Die obige Kommaverschiebungsregel kannst du auch beim Überschlagsrechnen anwenden. Überlege dir, um wie viele Stellen man günstigerweise das Komma verschiebt.
Führe eine Überschlagsrechnung durch für:

(1) $243{,}2 \cdot 0{,}058$ (2) $9\,759{,}52 \cdot 0{,}0012$

$314 \cdot 0{,}047$
$= 3{,}14 \cdot 4{,}7$
$\approx 3 \cdot 5 = 15$

Multiplikation mit einem Faktor kleiner 1

3. Du weißt: Wenn man eine Zahl mit einer natürlichen Zahl außer 0 und 1 multipliziert, dann ist das Ergebnis größer als die Zahl.
Untersuche das bei der Multiplikation mit einer Dezimalzahl, indem du den Preis für 5 l, 1,5 l und 0,4 l Wasser berechnest.

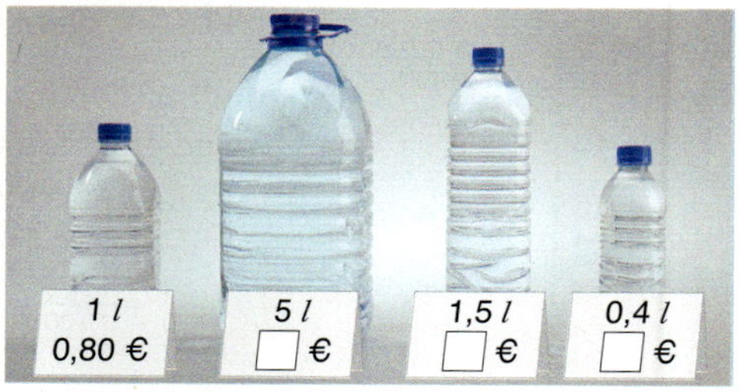

Wenn man eine Zahl mit einer Dezimalzahl größer als 1 multipliziert, dann ist das Ergebnis größer als die Zahl. Multipliziert man jedoch eine Zahl mit einer Dezimalzahl kleiner als 1, dann ist das Ergebnis kleiner als die Zahl.
Beispiele: $7 \cdot 1{,}3 = 9{,}1 > 7$ $7 \cdot 0{,}6 = 4{,}2 < 7$

Übungsaufgaben

4. a) Herr Hey füllt einen Kanister mit 5 l Benzin für den Rasenmäher. Berechne den Preis.
b) Frau May tankt 73,34 l Diesel. Wie viel muss sie bezahlen?

5. Rechne im Kopf. Beachte das Beispiel.

a) $30 \cdot 0{,}5$	e) $30 \cdot 1{,}3$	i) $200 \cdot 0{,}15$
b) $300 \cdot 0{,}6$	f) $4\,000 \cdot 1{,}2$	j) $40 \cdot 0{,}05$
c) $0{,}02 \cdot 70$	g) $1{,}5 \cdot 600$	k) $800 \cdot 1{,}25$
d) $0{,}4 \cdot 500$	h) $2{,}5 \cdot 3\,000$	l) $2\,000 \cdot 2{,}05$

$$40 \cdot 0{,}7 = 4 \cdot 10 \cdot 0{,}7 = 4 \cdot 7 = 28$$

51,75 56,68 6,872 158,7 37,5 1,05

6. Mache zuerst einen Überschlag. Rechne schriftlich.
a) $3{,}15 \cdot 7$ b) $0{,}859 \cdot 8$ c) $10{,}53 \cdot 5$ d) $6{,}9 \cdot 23$ e) $4{,}36 \cdot 13$ f) $17{,}5 \cdot 25$

7. Berechne nur eines der Produkte. Bestimme die anderen durch Kommaverschiebung.

a)	b)	c)	d)	e)	f)
$49 \cdot 17$	$52 \cdot 13$	$29 \cdot 22$	$12 \cdot 24$	$25 \cdot 18$	$36 \cdot 29$
$4{,}9 \cdot 17$	$13 \cdot 0{,}52$	$0{,}22 \cdot 29$	$1{,}2 \cdot 24$	$25 \cdot 0{,}18$	$0{,}36 \cdot 29$
$17 \cdot 0{,}049$	$5{,}2 \cdot 13$	$29 \cdot 0{,}022$	$0{,}012 \cdot 24$	$2{,}5 \cdot 18$	$2{,}9 \cdot 36$

8. Ein Teebeutel enthält 2,25 g Tee. Eine Packung enthält 25 Beutel.

9. Wie weit solltest du bei der Bildschirmgröße 101 cm [114 cm; 127 cm; 140 cm; 150 cm] vom Gerät entfernt sitzen?

Augen schonen – Abstand vom Fernseher halten

Den richtigen Abstand vom Fernsehgerät hat man, wenn das Bild gerade noch nicht pixelig wirkt, also das menschliche Auge das Bildraster am Fernseher gerade noch nicht erkennt. In den letzten Jahren ist die Bildqualität der Fernsehgeräte und auch ihre Größe stark angestiegen. In der Praxis hat sich folgende Regel bewährt: Der Abstand zum Fernseher sollte bei einem HDTV-Gerät das 1,3-fache der Bildschirmdiagonale betragen.

10. Ein Blatt Papier ist ungefähr 0,055 mm dick, ein Buchdeckel 2 mm.
Wie dick ist ein Buch mit   a) 224 Seiten,   b) 448 Seiten?

11. Leons Schule ist 1,45 km von seiner Wohnung entfernt.
a) Wie viel km legt Leon auf seinem Schulweg in einer Woche mit 5 Unterrichtstagen zurück?
b) Wie viel km legt er auf seinem Schulweg in einem Schuljahr mit 197 Schultagen zurück?

12. Ein Mathematikbuch wiegt 0,534 kg. In einem Paket sollen 24 Mathematikbücher versandt werden. Das Verpackungsmaterial wiegt 800 g.
Wie viel wiegt das Paket? Schätze das Ergebnis zunächst ab.

13. Immer zwei Aufgaben haben dasselbe Ergebnis. Suche diese Aufgaben heraus.

$0{,}12 \cdot 4$	$0{,}2 \cdot 30$	$0{,}2 \cdot 7$	$1{,}5 \cdot 6$	$0{,}35 \cdot 4$	$3 \cdot 0{,}16$	$35 \cdot 0{,}06$
$5 \cdot 1{,}8$	$0{,}15 \cdot 40$	$25 \cdot 0{,}5$	$0{,}9 \cdot 15$	$6 \cdot 2{,}25$	$3{,}125 \cdot 4$	$3 \cdot 0{,}7$

14. Führe zunächst einen Überschlag durch. Runde so, dass du im Kopf rechnen kannst. Rechne dann genau.

a) $46{,}2 \cdot 3{,}1$	**d)** $12{,}4 \cdot 11{,}55$	**g)** $12{,}3 \cdot 5{,}4$	**j)** $5{,}34 \cdot 2{,}79$
b) $73{,}2 \cdot 1{,}25$	**e)** $36{,}6 \cdot 2{,}5$	**h)** $36{,}04 \cdot 3{,}6$	**k)** $1{,}86 \cdot 8{,}01$
c) $9{,}3 \cdot 15{,}4$	**f)** $36{,}9 \cdot 1{,}8$	**i)** $9{,}01 \cdot 14{,}4$	**l)** $16{,}02 \cdot 0{,}93$

15. Wo steckt der Fehler? Berichtige und erkläre.

a) $7{,}4 \cdot 0{,}1 = 7{,}4$ *b)* $0{,}2 \cdot 0{,}4 = 0{,}8$ *c)* $4{,}7 \cdot 10 = 4{,}70$ *d)* $5{,}3 \cdot 7{,}2 = 35{,}6$

16. Multipliziere die außen stehenden Zahlen jeweils mit der Zahl im Kreis. Rechne im Kopf. Ordne die Ergebnisse der Größe nach.

a)
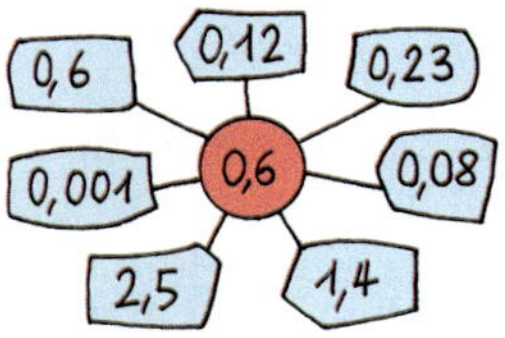

b)
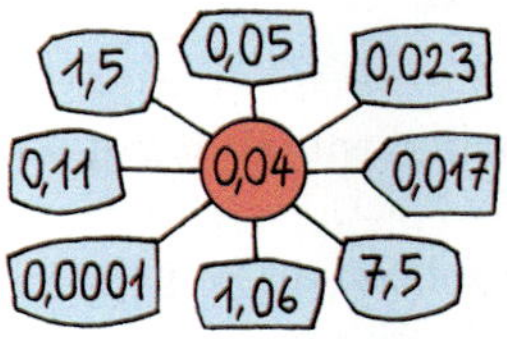

c)
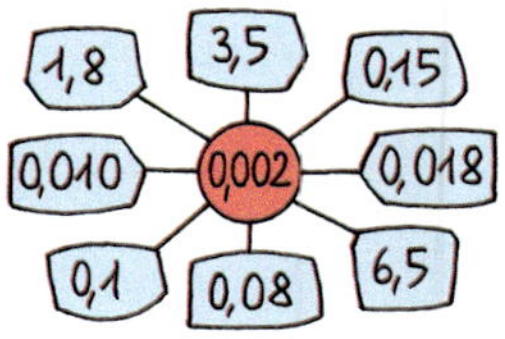

17. Multipliziere 2,7; 27; 0,027 und 0,27 der Reihe nach mit der angegebenen Zahl.

a) 1,5 **b)** 3,6 **c)** 0,72 **d)** 0,018 **e)** 12 **f)** 0,25

18. Aus diesen Zahlen kannst du neun Produkte bilden.

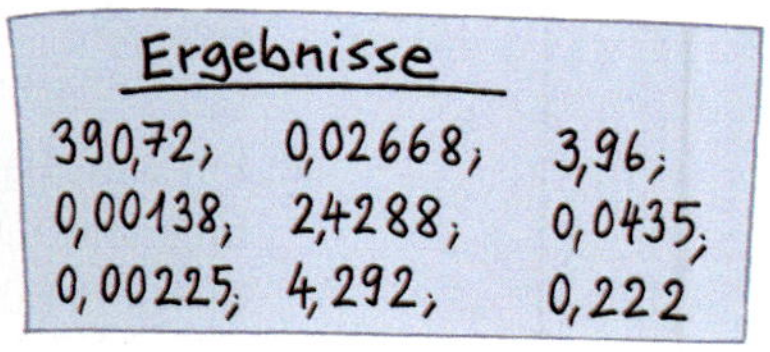

19. Berechne. Führe zunächst einen Überschlag durch.

a) $30{,}8 \cdot 0{,}29$	**e)** $9{,}93 \cdot 0{,}19$	**i)** $18{,}9 \cdot 0{,}348$
b) $5{,}46 \cdot 0{,}7$	**f)** $0{,}502 \cdot 7{,}95$	**j)** $8{,}37 \cdot 0{,}56$
c) $0{,}43 \cdot 7{,}09$	**g)** $543{,}6 \cdot 0{,}27$	**k)** $86{,}7 \cdot 0{,}19$
d) $0{,}13 \cdot 8{,}84$	**h)** $8{,}58 \cdot 0{,}74$	**l)** $0{,}508 \cdot 53{,}6$

$53{,}6 \cdot 0{,}29 = 5{,}36 \cdot 2{,}9$
Überschlag: $5 \cdot 3 = 15$

20. a) $1{,}4 \cdot 2{,}6 \cdot 3$ b) $4{,}9 \cdot 7 \cdot 1{,}5$ c) $0{,}62 \cdot 0{,}25 \cdot 17{,}8$ d) $0{,}3 \cdot 1{,}3 \cdot 10{,}3$ e) $13 \cdot 10{,}8 \cdot 0{,}34$ f) $1{,}6 \cdot 0{,}12 \cdot 28$ g) $7{,}2 \cdot 0{,}004 \cdot 0{,}08$ h) $0{,}32 \cdot 4{,}5 \cdot 0{,}005$

21. Berechne.

a) $0{,}5 \cdot 4{,}8 \cdot 0{,}25 \cdot 1{,}6$
$0{,}5 \cdot 4{,}8 - 0{,}25 \cdot 1{,}6$
$0{,}5 + (4{,}8 - 0{,}25) \cdot 1{,}6$

b) $2{,}52 \cdot (1{,}48 + 8{,}52)$
$2{,}52 \cdot 1{,}48 + 8{,}52$
$(2{,}52 + 1{,}48) \cdot 8{,}52$

c) $5{,}8 \cdot 2{,}9 - 2{,}1 \cdot 5{,}8$
$5{,}8 \cdot (2{,}9 - 2{,}1) \cdot 5{,}8$
$(5{,}8 \cdot 2{,}9 - 2{,}1) \cdot 5{,}8$

Vorrangregeln
- Klammern zuerst
- Punkt- vor Strichrechnung

22. Wie verändert sich der Wert des Produktes $0{,}6 \cdot 0{,}04$, wenn du

a) den 1. Faktor verdoppelst;
b) den 2. Faktor verdoppelst;
c) beide Faktoren verdoppelst;
d) den 1. Faktor halbierst;
e) beide Faktoren halbierst;
f) beide Faktoren verzehnfachst;
g) den 1. Faktor halbierst und gleichzeitig den 2. Faktor verdoppelst?

23. Berechne die Potenzen.

a) $1{,}5^2$ b) $8{,}9^2$ c) $0{,}23^2$ d) $0{,}06^2$ e) $1{,}2^3$ f) $2{,}5^3$ g) $0{,}6^3$

24. Rechts siehst du einen Ausschnitt aus den täglichen Produktionszahlen einer Schokoladenfabrik. Die Geschäftsleitung hat beschlossen, die Produktion auf das 1,5-fache dieser Anzahlen zu steigern.
Wie viele Tafeln Schokolade von jeder Sorte sollen hergestellt werden?

	A	B	C	D	E
1	Anzahl der Tafeln Schokolade				
2	Datum	Vollmilch	Halbbitter	Marzipan	Nuss
3	01.02.2017	110000	14000	12000	9000
4					
5					
6					
7					

25. Der Ärmelkanal ist zwischen der französischen Stadt Calais und der englischen Stadt Dover 17,8 Seemeilen breit.
1 Seemeile ist umgerechnet 1,852 km.
Wie viel km ist der Kanal breit?
Runde das Ergebnis auf ganze km.

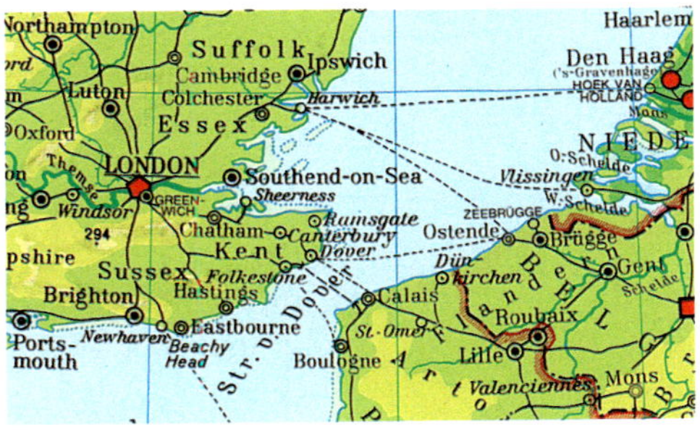

26. Rechts sind die Daten über Kraftstoffe zusammengestellt. Ein Kleinwagen-Tank fasst 43,5 l. Stellt euch geeignete Fragen und beantwortet sie.

Kraftstoff	Preis pro l	Masse pro l	So weit kommt ein Kleinwagen mit 1 l
Benzin	1,37 €	0,7 kg	16,2 km
Diesel	1,05 €	0,84 kg	20,6 km

27. Berechne. Runde sinnvoll.

a) 1 m Geschenkband kostet 0,49 €. Wie viel kosten 6,30 m?
b) 1 kg Rindfleisch kostet 10,80 €. Wie viel kosten 0,745 kg?
c) 1 l Buttermilch kostet 0,69 €. Wie viel kosten 1,5 l?
d) 1 m^2 Teppichboden kostet 9,69 €. Wie viel kosten 21,20 m^2?

28. Die Leistung von Autos wird auch noch in PS angegeben. Diese Einheit ist mittlerweile veraltet. Sie geht zurück auf James Watt, der damit die Leistung von Dampfmaschinen veranschaulichen wollte.
Im Englischen sagt man Horsepower (hp) dafür, im Französischen cheval (ch).
Die offizielle Angabe der Leistung erfolgt mittlerweile auf der ganzen Welt in Kilowatt (kW). Für die Umrechnung von PS in kW gilt: 1 PS = 0,7355 kW.

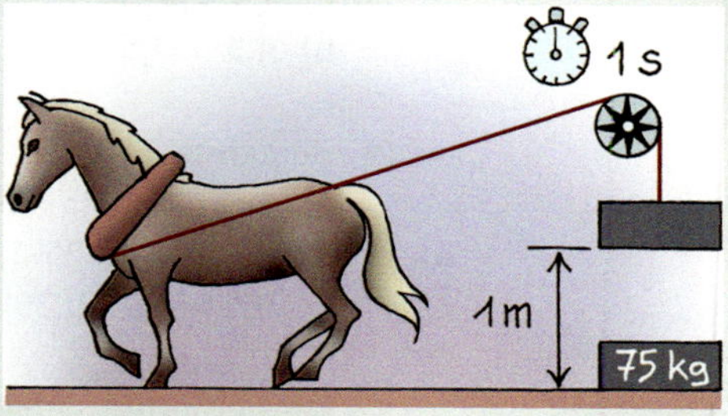

Ein Pferd ist so stark, dass es einen 75 kg schweren Klotz in einer Sekunde einen Meter hochziehen kann

a) Maiks Opa sagt, dass sein Auto 90 PS hat. Wie viele kW sind das?
b) Maiks Opa rechnet mit der Faustformel, dass 4 PS ungefähr 3 kW sind. Auf welche Leistung in kW für sein Auto kommt er?
c) Welcher Umrechnungsfaktor liegt der Faustformel zugrunde?

29. Ein rechteckiges Baugrundstück ist 32,80 m lang und 24,50 m breit. Wie groß ist es?

30. Ein rechteckiges Fenster ist 3,10 m breit und 1,30 m hoch. Wie viel m^2 Glas braucht man?

31. Rechts siehst du den Grundriss eines Wohnzimmers. Es soll einen neuen Teppichboden erhalten.
a) Wie viel m^2 Teppichboden müssen verlegt werden?
b) Die Wohnzimmertür ist 0,80 m breit. Wie viel m Fußleiste müssen angebracht werden?
c) Überlege, ob die Zeichnung entbehrliche Längenangaben enthält.

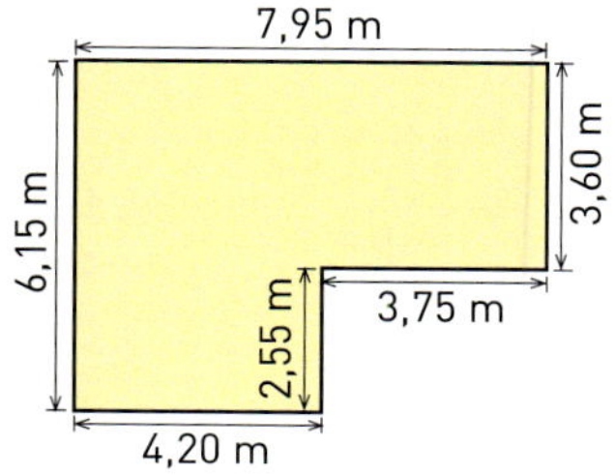

32. Die Räume einer Wohnung erhalten einen neuen Fußbodenbelag.
a) Wie groß ist jede Fußbodenfläche?
b) Berechne die Gesamtkosten.

Wohnzimmer

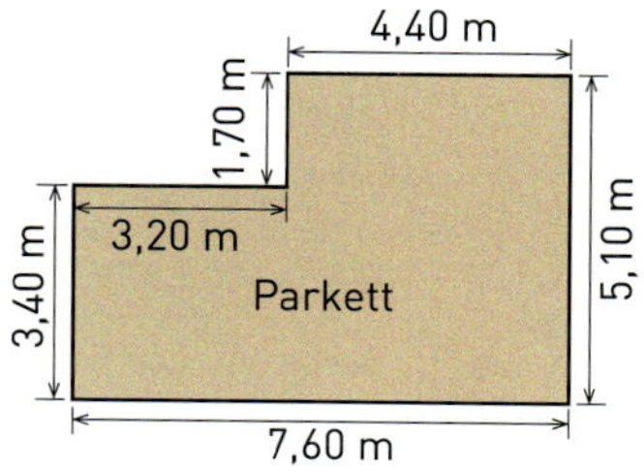

1 m^2 Parkett kostet 35,50 €.

Küche

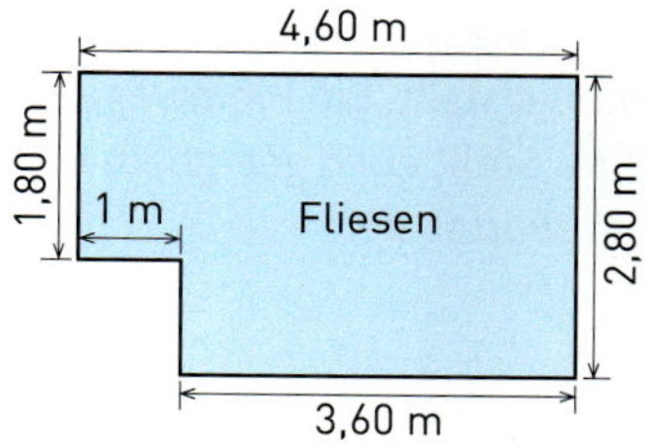

1 m^2 Fliesen kostet 22,90 €.

Diele / Flur

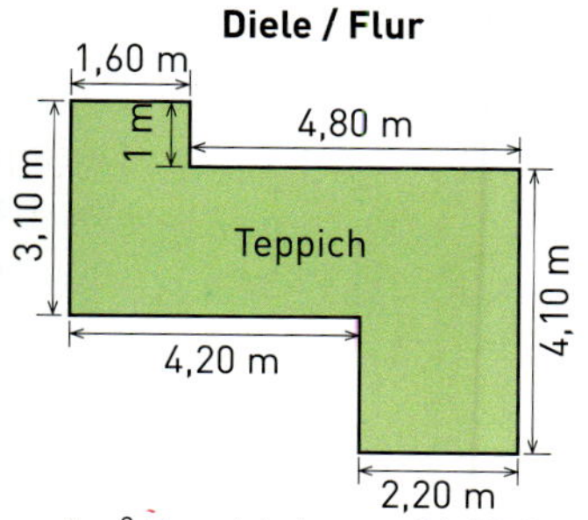

1 m^2 Teppich kostet 26,49 €.

33. Berechne das Volumen und den Oberflächeninhalt des Quaders.
a) a = 6,5 cm; b = 4,5 cm; c = 2,5 cm
b) a = 56,20 m; b = 37,30 m; c = 22,70 m
c) a = 8,48 m; b = 7,35 m; c = 6,25 cm
d) a = 1,4 cm; b = 3,2 dm; c = 37 mm

34. Ein quaderförmiges Wasserbecken ist 12,50 m lang, 6,50 m breit und 1,80 m tief. Wie viel l Wasser fasst es? Schätze zuerst.

35. Berechne das Volumen und den Oberflächeninhalt des Körpers (Maße in cm).

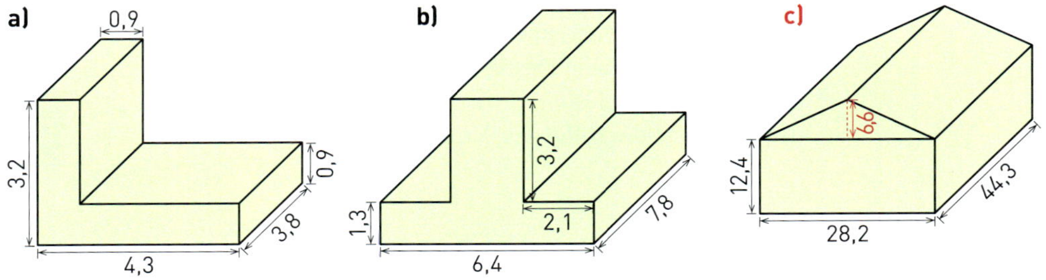

36. Linas Eltern haben eine Pelletheizung. Im Jahr benötigen sie durchschnittlich 6500 kg Pellets. 1 m³ Pellets wiegt 650 kg. Das Pelletlager hat die Maße 1,50 m × 3,20 m × 1,50 m.

a) Reicht eine Lagerfüllung für ein ganzes Jahr?

b) Erkundige dich nach den aktuellen Pellet-Preisen. Wie viel kostet eine vollständige Lagerfüllung?

Brutto-Rauminhalt
Volumen eines Gebäudes

37. Für Architekten spielt die Grundfläche und der Brutto-Rauminhalt eines geplanten Hauses eine große Rolle. Berechne beides für den Winkelbungalow rechts.

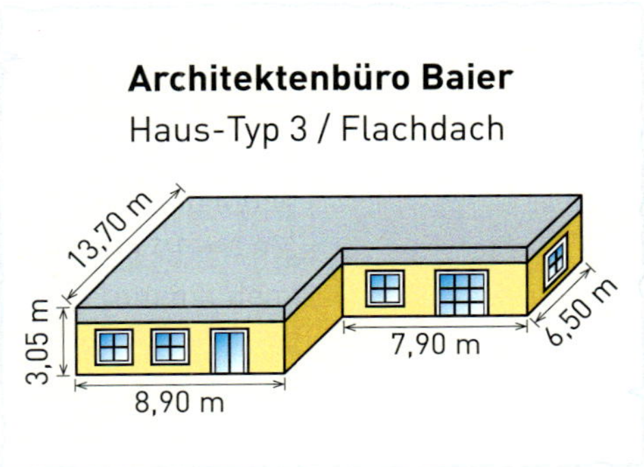

38. Ein Buchhändler möchte 30 Bücher deines Mathematik-Buches in einem einzigen Karton versenden. Entwerft zwei unterschiedliche Kartons und vergleicht sie im Hinblick auf Materialbedarf und Volumen.

39. Wie groß sind die Fußboden- und Wandflächen in eurem Klassenraum? Vergleicht eure Ergebnisse.

Das kann ich noch!

A) Schreibe zum Rechenbaum einen Term und berechne ihn.

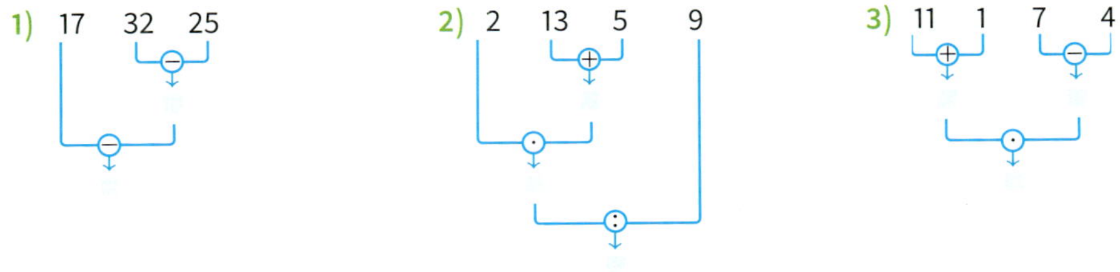

B) Nutze die Rechengesetze zum vorteilhaften Rechnen.

1) $23 \cdot 102 - 23 \cdot 2$
2) $10 \cdot 55 + 990 \cdot 55$
3) $77 \cdot 3 : 7$
4) $(142 + 376) + 58$
5) $76 + (257 + 24)$
6) $(142 + 376) - 76$

3.6 Dividieren von Dezimalzahlen

3.6.1 Dividieren von Dezimalzahlen durch natürliche Zahlen

Einstieg

Vanessa möchte gern wissen, wie dick eine Münze ist. Die Dicke einer einzelnen Münze lässt sich nur ungenau messen. Deshalb legt sie acht gleiche Münzen aus ihrem Portmonnaie übereinander und misst die Höhe des Stapels.

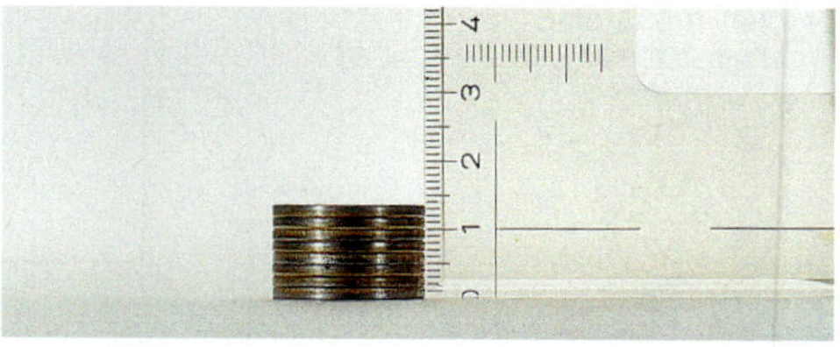

Aufgabe 1

Der menschliche Körper braucht täglich Vitamine (Vitamin C, Vitamin E und andere Vitamine) und Mineralstoffe (Calcium, Eisen, Magnesium u. a.).
Meyers ernähren sich gesundheitsbewusst. Zum Frühstück gibt es Müsli. Der Inhalt der Müsli-Packung rechts soll gleichmäßig auf 6 Mahlzeiten verteilt werden.

a) Wie viel g Vitamin C, wie viel mg Vitamin E sind in einer Mahlzeit enthalten?

b) Wie viel g Mineralstoffe sind in einer Mahlzeit enthalten? Rechne schriftlich.

Lösung

a) *Vitamin C:*
Zu berechnen: 0,18 : 6
$0{,}18 : 6 = 0{,}03$
$\frac{18}{100} : 6 = \frac{3}{100}$

Vitamin E:
Zu berechnen: 1,5 : 6
$1{,}5 : 6 = 0{,}25$
$\frac{15}{10} : 6 = \frac{15}{6 \cdot 10} = \frac{1}{4} = \frac{25}{100}$

Ergebnis: In einer Mahlzeit sind 0,03 g Vitamin C und 0,25 mg Vitamin E enthalten.

b) Berechne den Quotienten 8,97 : 6 schriftlich.
Rechne:

0 Tausendstel ergänzen

	Z	E	z	h	t	
Dividiere *die Einer:*		8	9	7	0	: 6
	–	6				← · 6
die Zehntel:		2	9			
	–	2	4			← · 6
die Hundertstel:			5	7		
		–	5	4		← · 6
die Tausendstel:				3	0	
			–	3	0	← · 6
					0	

=

E	z	h	t
1	4	9	5

Schreibe:

$$\begin{array}{l} 8{,}97 : 6 = 1{,}495 \\ \underline{-\,6} \\ \;\;29 \\ \underline{-\,24} \\ \;\;\;\;57 \\ \;\;\underline{-\,54} \\ \;\;\;\;\;\;30 \\ \;\;\;\;\underline{-\,30} \\ \;\;\;\;\;\;\;\;0 \end{array}$$

Zehntel, jetzt das Komma setzen!

Ergebnis: In einer Mahlzeit sind 1,495 g Mineralstoffe enthalten.
Zur Kontrolle kannst du einen Überschlag machen. Wähle beim Überschlag die Zahlen so, dass du im Kopf rechnen kannst, zum Beispiel 6 : 6 = 1 oder 9 : 6 = 1,5.

Information

Dividieren einer Dezimalzahl durch eine natürliche Zahl

Man dividiert eine Dezimalzahl durch eine natürliche Zahl stellenweise wie eine natürliche Zahl.
Sobald man während der Rechnung das Komma überschreitet, setzt man auch im Ergebnis ein Komma.
Zum Ende der Rechnung kann man gegebenenfalls bei der Dezimalzahl nicht geschriebene Endnullen ergänzen.

Beispiel:

2,637 : 6 = 0,4395
0
26
24
23
18
57
54
30
30
0

Nicht geschriebene Endnull

Übungsaufgaben

2. Rechne im Kopf.

a) 3,5 : 5 b) 2,4 : 3 c) 5,6 : 7 d) 3,6 : 2 e) 12 : 5 f) 13 : 4 g) 0,48 : 3 h) 0,28 : 7 i) 10,8 : 9 j) 14,4 : 12 k) 4,4 : 20 l) 8,5 : 50

3. Rechne im Kopf. Dividiere jede äußere Zahl durch die beiden anliegenden inneren Zahlen. Du erhältst jeweils 6 Aufgaben.

a) 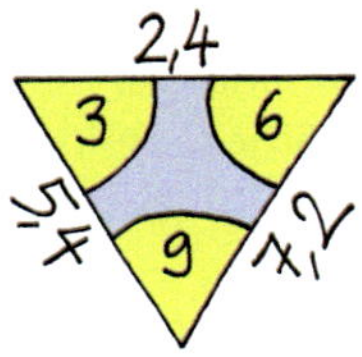

b) 

c) 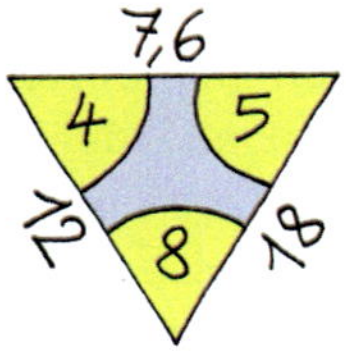

d) 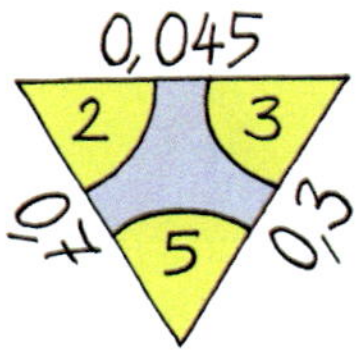

4. Mache zunächst einen Überschlag. Rechne schriftlich. Kontrolliere dein Ergebnis.

a) 8,435 : 5
b) 45,12 : 12
c) 43,52 : 17
d) 5,224 : 8
e) 2,436 : 12
f) 0,1977 : 3
g) 123,54 : 6
h) 9,36 : 8
i) 72,09 : 9
j) 0,714 : 3
k) 4,315 : 5
l) 7,028 : 7
m) 136,96 : 32
n) 106,92 : 36
o) 137,75 : 19
p) 1,9244 : 68
q) 1,0047 : 17
r) 0,2738 : 74

Überschlag: $10{,}2 : 12 \approx 10 : 10 = 1$
Rechnung: $10{,}2 : 12 = 0{,}85$
0
102
− 96
60
− 60
0

Endnull anhängen!

0,06875 0,418 0,056 0,935
Ergebnisse zu i) bis l)

5. a) 75,6 : 25 b) 11,4 : 15 c) 18,6 : 5 d) 14,9 : 4 e) 18,3 : 64 f) 21,7 : 16 g) 0,21 : 12 h) 0,609 : 7 i) 5,61 : 6 j) 4,598 : 11 k) 0,55 : 8 l) 0,504 : 9

6. Zu jedem Ergebnis gehört ein Buchstabe.
Die Buchstaben ergeben in der Reihenfolge der Ergebnisse einen Text.

2,8	A
0,54	A
3,24	A
0,38	B
0,177	C
0,903	D
4,2	E

0,17	E
0,127	E
1,305	F
2,95	H
0,076	H
2,3	I
3,7	M

0,1752	S
0,027	S
0,975	S
0,845	T
0,85	T
1,36	T

18,5 : 5
19,6 : 7
5,44 : 4
17,7 : 6
50,4 : 12
34,5 : 15
1,752 : 10

6,76 : 8
8,127 : 9
5,94 : 11
0,54 : 20
9,5 : 25
5,1 : 30
3,9 : 4

11,9 : 14
0,635 : 5
7,83 : 6
22,68 : 7
0,354 : 2
0,228 : 3

7. Aus diesen Zahlen kannst du neun Quotienten bilden.

Ergebnisse

0,019	2,72	0,498
0,68	0,1245	0,095
3,4	0,6225	0,076

8. Runde das Ergebnis auf die angegebene Stelle.

a) 8,3 : 13 (Zehntel)
b) 3,7 : 29 (Hundertstel)
c) 28,5 : 9 (Hundertstel)
d) 10,4 : 48 (Tausendstel)
e) 8,26 : 14 (Zehntel)
f) 348,4 : 18 (Hundertstel)
g) 21 : 8 (Hundertstel)
h) 12 : 7 (Tausendstel)
i) 37 : 11 (Hundertstel)

9. a) Ein Notizblock mit 75 Blatt Papier ist 4,5 mm dick. Wie dick ist ein Blatt Papier?
b) Der Notizblock wiegt 77,4 g. Wie viel g wiegt ein Blatt Papier aus diesem Block?

10. In den beiden Fahrstühlen eines Hotels sieht man diese Schilder. Vergleiche.

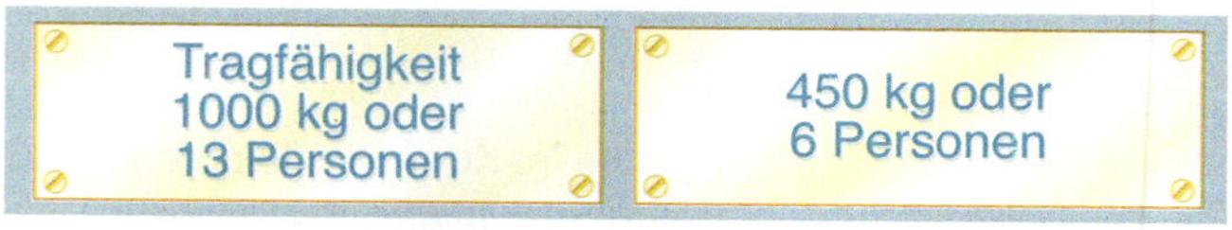

Das Anwenden der Rundungsregel ist nicht immer sinnvoll!

11. Formuliere selbst Aufgaben. Runde die Ergebnisse sinnvoll.

a) Eine Erdbeertorte kostet 11,50 €. Sie wird in 12 Stücke zerlegt.
b) Nach einer Klassenfahrt sind noch 83,00 € übrig. Der Betrag soll an die 28 Schüler der Klasse zurückgezahlt werden.
c) In einem Sonderangebot kosten 6 Schreibblöcke 8,50 €.
d) Ein Dreierpack Kugelschreiber kostet 5,50 €.
e) Eine 4-Fahrten-Karte mit der Bahn kostet 9,00 €. Ein Einzelfahrschein kostet 2,80 €.

12. Eine Schachtel mit 15 Schrauben wiegt 305 g. Die leere Schachtel wiegt 33,5 g.

13. Berechne nur einen der Quotienten schriftlich.
Gib dann die Werte der vier anderen Quotienten an.

a)	b)	c)	d)
81 : 18	0,216 : 9	8,799 : 7	1801,6 : 32
8,1 : 18	21,6 : 9	0,8799 : 7	1,8016 : 32
0,081 : 18	0,0216 : 9	87,99 : 7	180,16 : 32
0,81 : 18	2,16 : 9	879,9 : 7	18,016 : 32
810 : 18	2160 : 9	8799 : 7	0,018016 : 32

Beispiel: 18,6 : 6

14. Wie verändert sich ein Quotient, wenn du

a) den Dividenden verdoppelst;
b) den Divisor verdoppelst;
c) Dividend und Divisor gleichzeitig verdoppelst;
d) den Dividenden halbierst;
e) den Divisor halbierst;
f) Dividend und Divisor gleichzeitig halbierst;
g) den Dividenden halbiert und den Divisor verdoppelst;
h) den Dividenden verdoppelst und den Divisor halbierst?

3.6.2 Dividieren von Dezimalzahlen durch Dezimalzahlen

Einstieg

Jan und Merle fragen sich, wie viele Gummibärchen wohl in einer 300-g-Tüte sind. Das Zählen ist ihnen zu mühsam. Entnehmt dem Foto rechts ihre Idee und bestimmt so die Anzahl.

Einführung

Dividieren von Längen in Kommaschreibweise

Die 19,5 m lange und die 10,95 m lange Grundstücksgrenze sollen mit 0,75 m langen Zaunelementen versehen werden.

Wie viele werden davon benötigt?

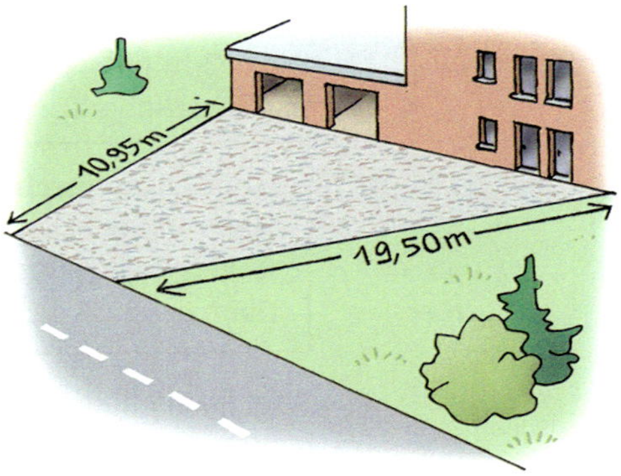

Um zu berechnen, wie viele 0,75 m lange Zaunelemente aneinandergereiht einen 19,5 m langen Zaun ergeben, muss 19,5 durch 0,75 dividiert werden. Bislang können wir nur durch natürliche Zahlen dividieren.

Gibt man beide Längen nicht in m, sondern in cm an, so sind beide Maßzahlen 100-mal so groß und damit natürliche Zahlen:

19,5 m : 0,75 m = 1 950 cm : 75 cm = 26

Es gilt also: 19,5 : 0,75 = 1 950 : 75
(·100, ·100)

Nebenrechnung:
1 950 : 75 = 26
150
 450
 450
  0

Verhundertfacht man sowohl den Dividenden als auch den Divisor, so ändert sich der Wert des Quotienten nicht.

Ergebnis: Für den 19,5 m langen Zaun werden 26 Zaunelemente benötigt.

Entsprechend bestimmt man, wie viele dieser Zaunelemente für die 10,95 m lange Grundstücksgrenze benötigt werden:

10,95 m : 0,75 m = 1095 cm : 75 cm = 14,6

Es gilt also: 10,95 : 0,75 = 1 095 : 75 = 14,6
(·100, ·100)

Nebenrechnung:
1 095 : 75 = 14,6
 75
 345
 300
  450
  450
   0

Ergebnis: Für diese Grundstückgrenze benötigt man 14 ganze Zaunelemente. Das 15. Zaunelement muss zerschnitten werden. Von ihm benötigt man nur einen Teil, etwas mehr als die Hälfte, genau $0{,}6 = \frac{6}{10} = \frac{3}{5}$.

Aufgabe 1

Dividieren von Dezimalzahlen

Vervielfache Dividend und Divisor so, bis der Divisor eine natürliche Zahl ist. Berechne dann.

a) 4,05 : 2,7 **b)** 1,875 : 3,125

Lösung

a) $4{,}05 : 2{,}7 = (4{,}05 \cdot 10) : (2{,}7 \cdot 10)$
$= 40{,}5 : 27$
$= 1{,}5$

Nebenrechnung: 40,5 : 27 = 1,5
27
135
135
0

b) $1{,}875 : 3{,}125 = (1{,}875 \cdot 1000) : (3{,}125 \cdot 1000)$
$= 1875 : 3125$
$= 0{,}6$

Nebenrechnung: 1875 : 3125 = 0,6
0
18750
18750
0

Information

Da die Multiplikation einer Dezimalzahl mit einer Stufenzahl nur eine Verschiebung des Kommas bewirkt, gilt:

Strategie: Zurückführen auf den Sonderfall Dividieren durch eine natürliche Zahl

Dividieren durch eine Dezimalzahl

Man verschiebt bei beiden Zahlen das Komma um gleich viele Stellen nach rechts, bis der Divisor eine natürliche Zahl ist. Dann dividiert man durch die natürliche Zahl.

Beispiele:
6,75 : 1,5 = 67,5 : 15 = 4,5
0,0035 : 0,07 = 0,35 : 7 = 0,05

Allgemein gilt:

Kommaverschiebungsregel für Quotienten

Der Wert eines Quotienten ändert sich nicht, wenn man das Komma bei Dividend und Divisor um gleich viele Stellen in dieselbe Richtung verschiebt.

Beispiel:
60,12 : 2,4
= 601,2 : 24
= 6,012 : 0,24

Weiterführende Aufgaben

Größenvergleich von Dividend und Wert des Quotienten

2. Du weißt: Wenn man eine Zahl durch eine natürliche Zahl größer 1 dividiert, dann ist das Ergebnis kleiner als die Zahl.
Untersuche das bei der Division durch eine von 0 verschiedene Dezimalzahl an folgendem Sachverhalt:
21 l Saft sollen in 1,5-l-Flaschen abgefüllt werden. Wie viele Flaschen benötigt man? Wie viele 0,7-l-Flaschen würde man benötigen?

Wenn man eine Zahl durch eine Dezimalzahl größer als 1 dividiert, dann ist das Ergebnis kleiner als die Zahl.
Dividiert man jedoch eine Zahl durch eine Dezimalzahl kleiner als 1, dann ist das Ergebnis größer als die Zahl.
Beispiele: 19,2 : 1,2 = 16 < 19,2 19,2 : 0,8 = 24 > 19,2

Man kann eine Zahl durch jede Dezimalzahl ungleich 0 dividieren

3. Von den natürlichen Zahlen weißt du, dass man eine Zahl nicht durch jede andere dividieren kann. Auf jeden Fall muss der Divisor kleiner sein als der Dividend.
Untersuche, ob das auch bei Dezimalzahlen so ist, an folgendem Sachverhalt:
Ein Rechteck soll 27 cm² groß sein.

a) Eine Seite ist (1) 4,5 cm, (2) 27 cm, (3) 30 cm lang. Bestimme die andere Seitenlänge.
b) Kann eine Seitenlänge 0 cm lang sein?
c) Verallgemeinere dein Ergebnis.

> Eine Zahl kann man durch jede Dezimalzahl ungleich null dividieren.

Übungsaufgaben

4. Rechne im Kopf.

a) 3,2 : 0,8 c) 3 : 0,6 e) 0,5 : 0,25 g) 0,15 : 0,03 i) 2 : 0,04 k) 2,5 : 0,02
b) 5,6 : 0,7 d) 4 : 0,5 f) 2 : 0,002 h) 0,3 : 0,06 j) 6,4 : 0,8 l) 18 : 0,06

5. Wo steckt der Fehler? Berichtige und erkläre.

a) 7 : 0,01 = 0,07 b) 12,15 : 3 = 4,5 c) 0,096 : 12 = 0,08 d) 0,24 : 0,8 = 3

6. Bilde selbst Divisionsaufgaben. Dividiere die außen stehenden Dividenden nacheinander durch die innen stehenden Divisoren. Rechne im Kopf.

a)
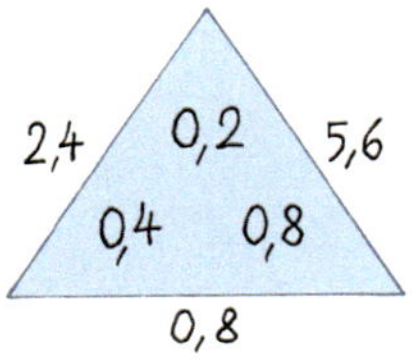

b)
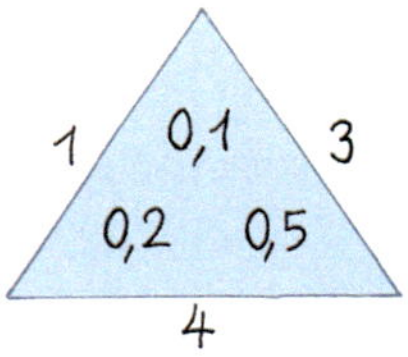

c)
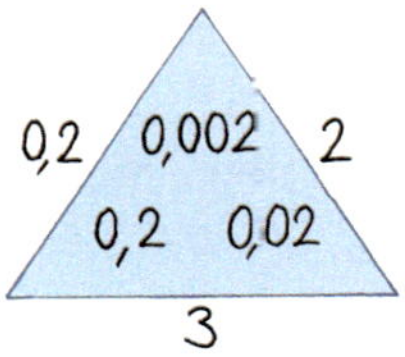

d)
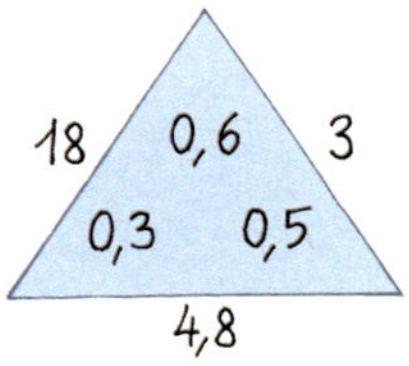

7. Berechne nur einen Quotienten schriftlich.
Bestimme dann die anderen Quotienten mithilfe von Kommaverschiebungen.

a)	b)	c)	d)	e)
8,8 : 1,6	12 : 4,8	3,6 : 15	42 : 0,14	14,25 : 0,19
88 : 1,6	120 : 4,8	3,6 : 0,15	4,2 : 0,14	14,25 : 1,9
8,8 : 0,16	0,12 : 4,8	0,36 : 0,15	4,2 : 0,014	1,425 : 1,9
0,88 : 16	1,2 : 0,48	0,0036 : 0,15	0,42 : 0,014	0,1425 : 0,19
88 : 16	120 : 0,48	36 : 0,15	420 : 1,4	142,5 : 19

8. Führe zunächst einen Überschlag durch. Berechne die Quotienten schriftlich.
Kontrolliere dein Ergebnis durch Multiplikation.

a) 123,2 : 0,8 c) 3,052 : 0,7 e) 243,96 : 0,06 g) 1,585 : 0,05 i) 2,1132 : 0,003
b) 22,95 : 0,9 d) 0,7884 : 0,4 f) 4,068 : 0,09 h) 27,93 : 0,07 j) 0,02496 : 0,004

9. a) 31,96 : 4,7 c) 9,36 : 0,72 e) 4,25 : 0,25 g) 41,04 : 0,076 i) 4,263 : 0,029
b) 41,71 : 9,7 d) 2,85 : 0,15 f) 2,88 : 0,12 h) 0,2635 : 0,31 j) 26 : 0,16

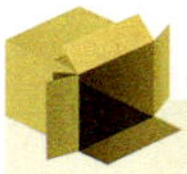

5,25
12,4
4,5
1460

Ergebnisse zu g) bis j)

10. a) 15,6 : 6,5 c) 0,945 : 0,27 e) 63 : 0,45 g) 1051,2 : 0,72 i) 4,34 : 0,35
b) 2,25 : 7,5 d) 0,9625 : 0,35 f) 8 : 0,625 h) 0,2025 : 0,045 j) 3,9375 : 0,75

11. Aus den Zahlen kannst du neun Quotienten bilden.

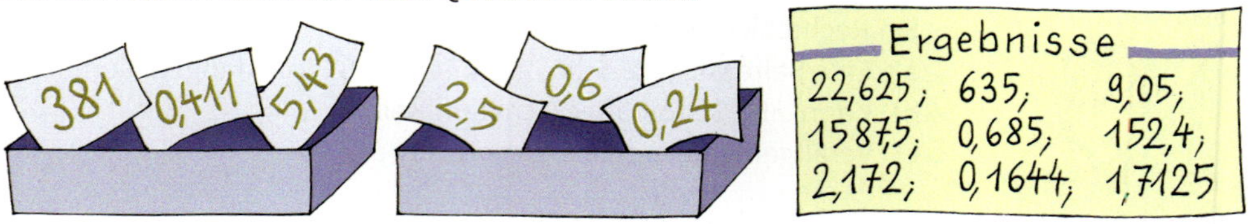

12. Finde eine passende Zahl.
a) ■ · 0,3 = 0,45 b) 2,5 · ■ = 3,75 c) ■ : 0,2 = 0,04 d) 0,8 : ■ = 5 e) ■ · 1,5 = 0,06

13. Berechne die Preise.
a) 1,5 kg Brot kosten 4,10 €. Wie viel kostet 1 kg?
b) 0,2 l Orangensaft kosten 0,28 €. Wie viel kostet 1 l?
c) 1,35 m² Klebefolie kosten 11,50 €. Wie viel kostet 1 m²?

14. Runde das Ergebnis auf die angegebene Stelle.
a) 74,3 : 2,6 (Zehntel) c) 48,15 : 0,4 (Hundertstel) e) 1,504 : 0,15 (Hundertstel)
b) 39,5 : 3,2 (Zehntel) d) 16,9 : 0,7 (Tausendstel) f) 9,45 : 0,37 (Zehntel)

15. a) Der Dividend ist 4,368; der Divisor ist 2,8. Berechne den Quotienten.
b) Der Wert des Quotienten beträgt 1,09. Der Divisor ist 3,25. Wie heißt der Dividend?
c) Der Dividend ist 33,9. Der Wert des Quotienten beträgt 13,56. Wie heißt der Divisor?

16. Berechne unter Beachtung der Vorrangregeln:
a) 4,9 – 0,9 : 1,6 c) (3,2 – 1,6) : 0,625 e) (5,6 + 0,2 · 3) : 2,5
b) 11,2 : 2,5 – 1,1 · 1,3 d) 3,6 · 1,5 : 0,8 f) 6,2 : 0,5 : 3,2

17. Wie viel Kohlenhydrate, Fett, Eiweiß und Energie enthält jedes einzelne Stück Schokolade?

18. Eine Biene sammelt auf einem Flug etwa 0,05 g Nektar.
Wie viele Flüge sind notwendig, um 500 g Nektar zu sammeln?

19. Schätze deine Schrittlänge.
Wie viele Schritte machst du bei einer 4 km langen Wanderung?

20. In einer Mosterei werden an einem Tag 1 400 l Apfelsaft hergestellt und in 0,7-l-Flaschen abgefüllt. Wie viele Flaschen werden mit Apfelsaft gefüllt?

21. Emma hat eine Burg aus Spielzeugteilen. Sie möchte um die Burg einen Palisadenzaun bauen. Jede Palisade soll 8,5 cm lang werden.
Wie viele Palisaden erhält Emma aus einer 340 cm langen Holzleiste?

22. Lotta hat auf dem Flohmarkt ihre alten Lesehefte verkauft, jedes Heft für 0,75 €. Sie hat dafür 10,50 € eingenommen. Wie viele Hefte hat sie verkauft?

23. Ein Lastkahn hat 1400 t Kohlen geladen. Die Ladung soll auf Güterwagen mit je 17,5 t Tragfähigkeit abgefahren werden. Wie viele Güterwagen sind erforderlich?

24. Überprüfe die Preisangaben.

25. Das Grundstück im Bild links ist 848,7 m² groß.
Wie „tief“ ist das Grundstück? Schätze zunächst.
Hinweis: Unter Tiefe versteht man hier die Breite des Grundstücks.

26. Der Flächeninhalt eines Rechtecks beträgt 197,5 m². Das Rechteck ist 15,8 m lang.
Wie breit ist es? Schätze zunächst.

Das kann ich noch!

Die Buchstaben für die gesuchten Punkte in A) sowie die Lösungsbuchstaben zu den richtigen Lösungen in B) ergeben zusammen ein Lösungswort.

A) 1) Denke dir die Parallele zur Geraden g durch den Punkt P.
Durch welchen weiteren Punkt verläuft sie noch?

2) Denke dir die Senkrechte zur Geraden g durch den Punkt P.
Durch welchen weiteren Punkt verläuft sie noch?

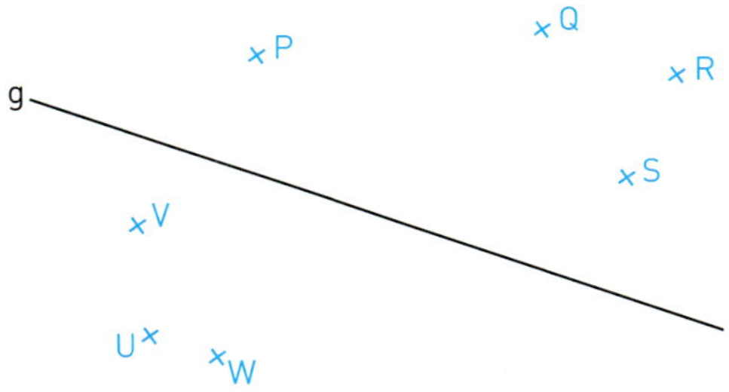

B) Welche der folgenden Geradenpaare sind senkrecht zueinander?

Geradenpaar	Lösungsbuchstabe
g und h	M
j und g	E
l und i	Q
h und i	O
j und l	F
l und g	S
h und k	P
g und k	G
l und k	R

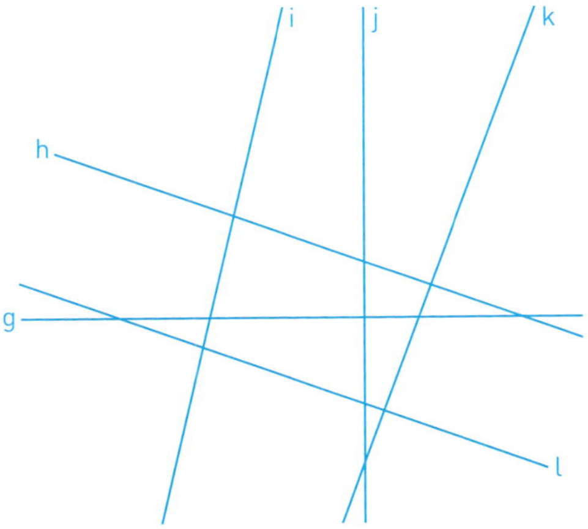

Modellieren mithilfe von Termen und Figuren

Rechnungen und Realität

1. Du hast schon oft zur Lösung von Problemen Terme aufgestellt und berechnet. Stelle bei jeder beschriebenen Situation eine Frage, erstelle zur Beantwortung einen Term und vergleiche diese.

a) (1) An ihrem 12. Geburtstag war Jana 1,15 m groß, bis zu ihrem 18. Geburtstag ist sie noch um 0,60 m gewachsen.

(2) Eine Messing-Legierung wird aus 1,15 t Kupfer und 0,6 t Zink hergestellt.

legieren (ital.) (Metalle) verschmelzen

b) (1) Von einem 12,49 m langen Baumstamm wird ein 3,75 m langes Stück abgeschnitten.

(2) Sarahs kleine Schwester spart für eine 12,49 € teure CD. Sie hat schon 3,75 €.

c) (1) Julian kauft 4 Müsli-Riegel, die pro Stück 0,60 € kosten.

(2) Ein schmales Fenster ist 0,6 m breit. Die Stoffbreite für die Gardine soll 2,5-mal so groß sein.

d) (1) 56 € sollen an 4 Kinder verteilt werden.

(2) 56 g eines teuren Gewürzes sollen in Tüten zu 4 g abgefüllt werden.

2. Du erkennst an den obigen Beispielen, dass ganz verschiedene Situationen und Fragen zu ein- und demselben Term führen können. Zu jeder Rechenart können mehrere Grundbedeutungen gehören. Beim Lösen von Sachaufgaben (Modellieren) ist es eine große Hilfe beim Übersetzen in die Sprache der Mathematik, wenn man die verschiedenen Bedeutungen der Rechenoperationen genau kennt.
Ordne daher die Bedeutungen aus der folgenden Tabelle den Beispielen aus Aufgabe 1 zu.

Rechenart	Zugehörige Bedeutungen	Figur
Addieren	Zusammenfassen von Teilen Hinzufügen von Teilen	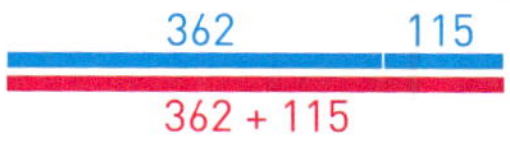
Subtrahieren	Wegnehmen eines Teils von einem Ganzen Ergänzen eines Teils zu einem Ganzen	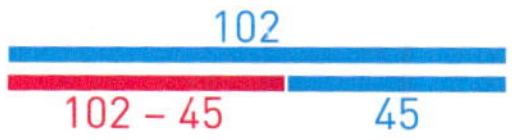
Multiplizieren	Vervielfachen eines Teils	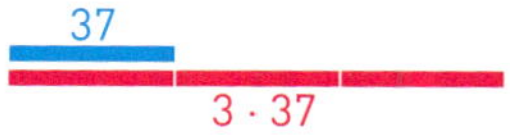
Dividieren	Aufteilen eines Ganzen in gleiche Teile Gerechtes Verteilen eines Ganzen	

3. a) (1) Frank bereitet eine Konfitüre in größerer Menge zu: Statt 2,5 kg Früchten nimmt er die 1,5-fache Menge. Wie viel Früchte nimmt er?

(2) Seine Schwester Vivian hat 3,2 kg Konfitüre gekocht. Sie füllt diese in 0,25-kg-Gläsern ab. Wie viele Gläser erhält sie?

b) Auch beim Rechnen mit Dezimalzahlen kann man wie bei natürlichen Zahlen das Multiplizieren als Vervielfachen auffassen.

(1) Erläutere das an eigenen Bespielen.

(2) Benenne auch Unterschiede zum Multiplizieren bei natürlichen Zahlen.

c) Das Dividieren von Dezimalzahlen kann man auch als Aufteilen eines Ganzen in gleiche Teile auffassen. Nenne eigene Beispiele.

d) Überlege, ob das gerechte Aufteilen eines Ganzen auch beim Dividieren von Dezimalzahlen als Bedeutung vorkommt.

4. Ein Läufer ist 2,5 m lang und 0,60 m breit. Er soll in den Flur einer Wohnung, der 3,00 m lang und 1,50 m breit ist, gelegt werden.
Stelle dir selbst Fragen und beantworte sie.

Läufer
Lange schmale Teppiche werden auch Läufer genannt.

Multiplikationsaufgaben lassen sich oft als rechteckige Fläche veranschaulichen.

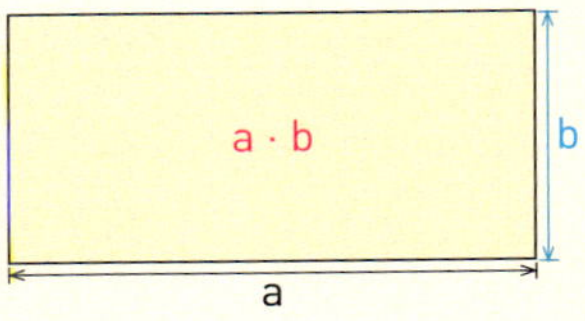

5. Erfinde zu jedem Term zwei möglichst verschiedene Rechengeschichten.

a) $1{,}75 + 5{,}82$
b) $25{,}19 - 16{,}94$
c) $2{,}9 \cdot 3$
d) $34 \cdot 6{,}4$
e) $4{,}5 \cdot 2{,}3$
f) $7{,}29 : 9$
g) $4{,}8 : 1{,}2$
h) $3{,}6 : 0{,}6$

Term: $4{,}25 - 3{,}50$
1. Rechengeschichte: Tim hat durch häufiges Training seine Weitsprung-Leistung von 3,50 m auf 4,25 m verbessert. Wie viel weiter springt er jetzt?
2. Rechengeschichte: Tim hat 4,25 € im Portmonee und kauft sich eine Zeitschrift für 3,5 €. Wie viel Geld hat er dann noch im Portmonee?

3.7 Abbrechende und periodische Dezimalzahlen

3.7.1 Umformen von Brüchen in Dezimalzahlen

Einstieg

Sebastian, Tim und Jan teilen sich eine 1-Liter-Flasche Cola.
Ihre Schwester Anna trinkt aus einer 0,33-l-Dose.
Sie fragen sich: „Wer hat mehr Cola?“

Aufgabe 1

Bisher hast du gewöhnliche Brüche in Dezimalzahlen umgewandelt, indem du den Nenner auf eine Stufenzahl erweitert hast.
Bei dem Bruch $\frac{2}{3}$ kann dieses Verfahren nicht gelingen.
Du weißt aber auch, dass der Bruchstrich das Dividieren von Zähler und Nenner bedeutet.
Forme die Brüche in Dezimalzahlen um, indem du den Zähler durch den Nenner dividierst. Was fällt auf?

a) $\frac{3}{8}$ **b)** $\frac{2}{3}$ **c)** $\frac{3}{11}$ **d)** $\frac{5}{6}$

Lösung

a) $\frac{3}{8} = 3 : 8 = 0{,}375$ Die Dezimalzahl bricht nach der dritten Stelle rechts vom Komma ab.

b)

E	z	h	t	…
2	0	0	0	…
0				
2	0			
1	8			
	2	0		
	1	8		
		2	0	
		1	8	

: 3 =

E	z	h	t	…
0	6	6	6	…

Die Rechnung bricht nicht ab, da du jedesmal den Rest 2 erhältst.
Insgesamt gilt:

$$\frac{2}{3} = \frac{6}{10} + \frac{6}{100} + \frac{6}{1\,000} + \frac{6}{10\,000} + \ldots$$
$$= 0{,}6666\ldots$$

Die Dezimalzahl bricht nicht ab.
Die Ziffer 6 wiederholt sich unbegrenzt.

c)

E	z	h	t	zt	…
3	0	0	0	0	…
0					
3	0				
2	2				
	8	0			
	7	7			
		3	0		
		2	2		
			8	0	
			7	7	

: 11 =

E	z	h	t	zt	…
0	2	7	2	7	…

Auch hier bricht die Rechnung nicht ab, da du abwechselnd den Rest 3 und den Rest 8 erhältst. Insgesamt gilt:

$$\frac{3}{11} = \frac{2}{10} + \frac{7}{100} + \frac{2}{1\,000} + \frac{7}{10\,000} + \ldots$$
$$= 0{,}2727\ldots$$

Die Dezimalzahl bricht nicht ab.
Das Ziffernpaar 2 und 7 wiederholt sich unbegrenzt.

d)

E	z	h	t	zt	...
5	0	0	0	0	...
0					
5	0				
4	8				
	2	0			
	1	8			
		2	0		
		1	8		
			2	0	
			1	8	

: 6 =

E	z	h	t	zt	...
0	8	3	3	3	...

Auch hier bricht die Rechnung nicht ab. Du erhältst den sich wiederholenden Rest 2 aber nicht sofort.
Insgesamt gilt:
$\frac{5}{6} = \frac{8}{10} + \frac{3}{100} + \frac{3}{1000} + \frac{3}{10\,000} + \ldots$
$= 0{,}8333\ldots$
Die Dezimalzahl bricht nicht ab. Die Ziffer 3 wiederholt sich aber nicht sofort nach dem Komma.

Information

(1) Umwandeln von Brüchen in Dezimalzahlen durch Division
Man kann jeden Bruch in eine Dezimalzahl umwandeln, indem man den Zähler durch den Nenner dividiert. Bei dieser Division können zwei Fälle auftreten:

1. Fall: Die Division bricht ab, da der Rest 0 auftritt.
Die Dezimalzahl hat dann eine bestimmte Anzahl von Stellen nach dem Komma.
Beispiel: $\frac{3}{8} = 3:8 = 0{,}375$
Man nennt eine solche Dezimalzahl auch **abbrechende Dezimalzahl**.

2. Fall: Die Division bricht nicht ab, da ein Rest oder eine Folge von Resten sich stets wiederholt. Bei der Division können nur die natürlichen Zahlen als Reste auftreten, die kleiner als der Nenner des Bruches sind. Tritt die Zahl 0 nie als Rest auf, so muss sich nach einigen Schritten ein anderer Rest wiederholen. Die Dezimalzahl hat dann eine Ziffer oder eine Zifferngruppe, die sich stets wiederholt; diese nennt man **Periode**.
Beispiel: $\frac{3}{11} = 3:11 = 0{,}272727\ldots$
Man nennt eine solche Dezimalzahl auch eine **periodische Dezimalzahl**.

Merke dir:
$\frac{1}{3} = 0{,}\overline{3}$ $\frac{2}{3} = 0{,}\overline{6}$
$\frac{1}{9} = 0{,}\overline{1}$ $\frac{2}{9} = 0{,}\overline{2}$

(2) Schreibweisen für periodische Dezimalzahlen

$\frac{2}{3} = 2:3 = 0{,}666\ldots$
Wir schreiben: $0{,}\overline{6}$
Wir lesen: *null Komma Periode sechs*
Es gilt: $\frac{2}{3} = 0{,}\overline{6}$

$\frac{5}{6} = 5:6 = 0{,}8333\ldots$
Wir schreiben: $0{,}8\overline{3}$
Wir lesen: *null Komma acht Periode drei*
Es gilt: $\frac{5}{6} = 0{,}8\overline{3}$

$\frac{3}{11} = 3:11 = 0{,}27272727\ldots$
Wir schreiben: $0{,}\overline{27}$
Wir lesen: *null Komma Periode zwei sieben*
Es gilt: $\frac{3}{11} = 0{,}\overline{27}$

(3) Einteilung der Dezimalzahlen
Dezimalzahlen kann man nach den verschiedenen Fällen, die bei den Nachkommastellen vorkommen können, einteilen.

Abbrechende Dezimalzahlen	Nichtabbrechende Dezimalzahlen mit Periode	
	reinperiodisch	gemischtperiodisch
0,125; 0,75; 0,375	$0{,}\overline{6}$; $0{,}\overline{27}$; $0{,}\overline{348}$ Die Periode beginnt sofort hinter dem Komma.	$0{,}8\overline{3}$; $0{,}2\overline{16}$; $0{,}06\overline{2}$ Zwischen Komma und Periode sind eine oder mehrere Ziffern, die nicht zur Periode gehören.

Übungsaufgaben

2. Forme die Brüche in Dezimalzahlen um. Gib an, ob eine abbrechende oder eine periodische Dezimalzahl entstanden ist.

a) $\frac{7}{30}$ c) $\frac{19}{8}$ e) $3\frac{1}{16}$ g) $\frac{8}{15}$ i) $\frac{8}{25}$ k) $\frac{111}{200}$ m) $\frac{6}{11}$ o) $\frac{9}{10}$

b) $\frac{1}{4}$ d) $2\frac{2}{3}$ f) $\frac{3}{11}$ h) $\frac{8}{13}$ j) $\frac{5}{9}$ l) $\frac{16}{7}$ n) $\frac{101}{400}$ p) $4\frac{7}{22}$

3. Wandle in eine Dezimalzahl um.

a) $\frac{1}{4}; \frac{1}{40}; \frac{1}{400}$ b) $\frac{2}{3}; \frac{2}{30}; \frac{2}{300}$ c) $\frac{7}{15}; \frac{7}{150}; \frac{7}{1500}$ d) $\frac{5}{6}; \frac{50}{6}; \frac{500}{6}$ e) $\frac{2}{21}; \frac{20}{21}; \frac{2000}{21}$

4. Welche der Brüche führen auf eine abbrechende, eine reinperiodische oder eine gemischt-periodische Dezimalzahl?
Arbeitet in Dreiergruppen und führt bei den abbrechenden Dezimalzahlen die entsprechende Umformung durch, indem ihr den Bruch auf Zehntel, Hundertstel, ... erweitert.

(1) $\frac{7}{8}; \frac{5}{13}; \frac{9}{50}; \frac{8}{15}; \frac{10}{21}; \frac{9}{125}$ (2) $\frac{3}{20}; \frac{8}{9}; \frac{6}{25}; \frac{9}{17}; \frac{7}{36}; \frac{1}{80}$ (3) $\frac{15}{16}; \frac{5}{14}; \frac{25}{78}; \frac{23}{40}; \frac{25}{36}; \frac{4}{105}$

Tragt eure Ergebnisse zusammen und formuliert eure Beobachtungen.

5. Wandle die Brüche $\frac{2}{12}; \frac{3}{12}; \frac{4}{12}; \frac{5}{12}; \frac{6}{12}; \frac{7}{12}; \frac{8}{12}; \frac{9}{12}; \frac{10}{12}$ in eine Dezimalzahl um.
Was für eine Dezimalzahl entsteht? Woran liegt das?

6. Prüfe nach:

$\frac{6}{25} = 0{,}24$ $\frac{8}{33} = 0{,}\overline{24}$ $\frac{11}{45} = 0{,}2\overline{4}$ $\frac{14}{33} = 0{,}\overline{42}$ $\frac{19}{45} = 0{,}4\overline{2}$ $\frac{21}{50} = 0{,}42$

7. Runde die periodischen Dezimalzahlen $0{,}\overline{5}$; $0{,}1\overline{6}$; $0{,}41\overline{6}$; $0{,}2\overline{7}$; $0{,}04\overline{5}$; $0{,}0\overline{45}$

a) auf Hundertstel, b) auf Tausendstel.

8. Setze im Heft eines der Zeichen < oder > ein.

a) $0{,}45 \;\square\; 0{,}\overline{4}$ c) $0{,}\overline{2} \;\square\; 0{,}23$ e) $0{,}\overline{3} \;\square\; 0{,}34$ g) $0{,}67 \;\square\; 0{,}\overline{6}$ i) $1{,}4\overline{2} \;\square\; 1{,}4223$

b) $0{,}\overline{7} \;\square\; 0{,}77$ d) $0{,}56 \;\square\; 0{,}\overline{5}$ f) $0{,}\overline{5} \;\square\; 0{,}5555$ h) $0{,}8\overline{2} \;\square\; 0{,}83$ j) $4{,}\overline{1} \;\square\; 4{,}1\overline{9}$

9. Rechne den Bruch in eine Dezimalzahl um. Setze dann im Heft eines der Zeichen < oder > ein.

a) $\frac{3}{5} \;\square\; 0{,}\overline{6}$ c) $\frac{2}{5} \;\square\; 0{,}3\overline{5}$ e) $1{,}3\overline{7} \;\square\; 1\frac{3}{8}$ g) $0{,}2\overline{5} \;\square\; \frac{1}{4}$ i) $4\frac{3}{16} \;\square\; 4{,}\overline{1}$

b) $0{,}\overline{7} \;\square\; \frac{3}{4}$ d) $0{,}\overline{3} \;\square\; \frac{7}{20}$ f) $3\frac{1}{8} \;\square\; 3{,}\overline{12}$ h) $\frac{5}{8} \;\square\; 0{,}6\overline{25}$ j) $0{,}\overline{23} \;\square\; \frac{3}{8}$

10. Ordne die Zahlen nach der Größe.

a) $0{,}3$; $0{,}\overline{3}$; $0{,}33$; $0{,}334$; $0{,}333$

b) $0{,}\overline{1}$; $0{,}1$; $0{,}11$; $0{,}\overline{01}$; $0{,}01$

c) $0{,}8$; $\frac{3}{4}$; $0{,}6$; $0{,}7\overline{2}$; $0{,}\overline{7}$; $\frac{7}{8}$

d) $\frac{7}{10}$; $0{,}\overline{71}$; $\frac{16}{20}$; $\frac{1}{7}$; $0{,}57$; $\frac{3}{4}$

e) $0{,}16$; $0{,}1\overline{6}$; $0{,}166$; $0{,}167$; $0{,}17$

f) $0{,}7$; $0{,}78$; $0{,}\overline{7}$; $0{,}77$; $0{,}\overline{78}$

g) $1{,}0\overline{8}$; $\frac{17}{10}$; $\frac{8}{5}$; $\frac{4}{3}$; $\frac{25}{15}$; $1{,}\overline{08}$

h) $\frac{9}{40}$; $0{,}170$; $\frac{4}{25}$; $0{,}0\overline{17}$; $\frac{18}{100}$; $0{,}\overline{017}$

Periodenlänge: Anzahl der Ziffern unter dem Periodenstrich

11. Gib jedesmal drei periodische Brüche an, nämlich mit Perioden der Länge 1, 2 und 3, die zwischen den beiden angegebenen Zahlen liegen:

a) 4; 5 b) $0{,}2$; $0{,}3$ c) $1{,}45$; $1{,}46$ d) $\frac{1}{3}$; $\frac{1}{2}$ e) 0; $\frac{1}{1000}$

3.7.2 Umformen von Dezimalzahlen in Brüche

Bei der Einführung der Dezimalzahlen hast du auf Seite 32 kennengelernt, wie man eine abbrechende Dezimalzahl in einen gewöhnlichen Bruch umformt. Wir wollen jetzt auch periodische Dezimalzahlen in gewöhnliche Brüche umformen.

Einstieg

a) Forme die folgenden Brüche in Dezimalzahlen um.
$\frac{1}{9}$; $\frac{1}{99}$; $\frac{1}{999}$; $\frac{2}{9}$; $\frac{2}{99}$; $\frac{2}{999}$
Was fällt auf?

b) Nutze die Beobachtungen aus Teilaufgabe a), um Bruchdarstellungen für die Dezimalzahlen $0{,}\overline{4}$; $0{,}\overline{18}$; $0{,}\overline{120}$ zu finden.
Überprüfe deine Ergebnisse.

Einführung

Periodische Dezimalzahlen kann man nicht so einfach wie abbrechende Dezimalzahlen in gewöhnliche Brüche umwandeln.
Zum Umwandeln von $0{,}\overline{7}$ in einen gewöhnlichen Bruch vergleichen wir $0{,}\overline{7}$ mit dem Zehnfachen von $0{,}\overline{7}$. Beide Zahlen stimmen in den unendlich vielen Nachkommastellen überein. Das Zehnfache von $0{,}\overline{7}$ ist $7{,}\overline{7}$.
$7{,}\overline{7}$ und $0{,}\overline{7}$ unterscheiden sich um genau 7.

$$\begin{aligned} 10 \cdot 0{,}\overline{7} &= 7{,}7777\ldots \\ 0{,}\overline{7} &= 0{,}7777\ldots \quad | - \\ \hline 9 \cdot 0{,}\overline{7} &= 7 \\ 0{,}\overline{7} &= \tfrac{7}{9} \end{aligned}$$

Entsprechend verwandelt man gemischtperiodische Dezimalzahlen wie z. B. $0{,}0\overline{18}$ in gewöhnliche Brüche: Durch geeignetes Vervielfachen stellt man zwei verschiedene reinperiodische Dezimalzahlen her, die in allen Nachkommastellen übereinstimmen.

$$\begin{aligned} 1000 \cdot 0{,}0\overline{18} &= 18{,}\overline{18} \\ 10 \cdot 0{,}0\overline{18} &= 0{,}\overline{18} \quad | - \\ \hline 990 \cdot 0{,}0\overline{18} &= 18 \\ 0{,}0\overline{18} &= \tfrac{18}{990} = \tfrac{1}{55} \end{aligned}$$

Übungsaufgaben

1. Forme in gewöhnliche Brüche um. Kürze, wenn möglich.
a) $0{,}\overline{2}$ b) $7{,}\overline{7}$ c) $1{,}\overline{5}$ d) $13{,}\overline{6}$ e) $0{,}\overline{09}$ f) $2{,}\overline{12}$ g) $2{,}\overline{27}$ h) $11{,}\overline{11}$ i) $4{,}\overline{033}$ j) $0{,}\overline{123}$ k) $12{,}\overline{092}$ l) $10{,}\overline{003}$

2. Wandle in gewöhnliche Brüche um. Kürze, wenn möglich.
a) $0{,}3$ b) $0{,}\overline{3}$ c) $1{,}\overline{7}$ d) $1{,}7$ e) $0{,}05$ f) $0{,}\overline{05}$ g) $13{,}35$ h) $13{,}\overline{35}$ i) $9{,}\overline{045}$ j) $9{,}045$ k) $0{,}\overline{555}$ l) $0{,}555$

3. Wandle in gewöhnliche Brüche um. Kürze, wenn möglich.
a) $0{,}0\overline{8}$; $0{,}08$; $0{,}\overline{08}$ b) $0{,}\overline{27}$; $0{,}2\overline{7}$; $0{,}27$ c) $2{,}07\overline{5}$; $2{,}0\overline{75}$; $2{,}\overline{075}$

4. Kontrolliere Leonards Hausaufgaben.

a) $0{,}\overline{5} = \frac{1}{2}$ *b)* $\frac{1}{3} = 0{,}3$ *c)* $0{,}2\overline{1} = \frac{21}{99}$ *d)* $0{,}0\overline{3} = \frac{1}{33}$

5. a) Verwandle die periodische Dezimalzahl $0{,}\overline{9}$ in einen gewöhnlichen Bruch.
Welche erstaunliche Entdeckung machst du?
b) Äußere eine Vermutung für $1{,}2\overline{9}$. Kontrolliere durch Umwandeln.

3.8 Rechnen mit Brüchen und Dezimalzahlen

Einstieg

Bildet acht (ungefähr) gleich große Teams in der Klasse. Jedes Team bearbeitet für sich eines der Probleme unten, und zwar

Team 1 und 5: Problem 1 | Team 3 und 7: Problem 3
Team 2 und 6: Problem 2 | Team 4 und 8: Problem 4

Nachdem jedes Team sein Problem gelöst hat, vergleichen die beiden Teams, die dasselbe Problem bearbeitet haben, ihre Lösungen. Gemeinsam erarbeiten sie dann eine Vorstellung der Lösung in der Klasse.

Jedes Doppelteam stellt nun das Problem und seine Lösung der ganzen Klasse vor.

Vergleicht anschließend alle gemeinsam die bearbeiteten Probleme: Wo gibt es Gemeinsamkeiten, wo gibt es Unterschiede?

Problem 1

a) Eine Maracujasaft-Schorle wird aus $\frac{5}{8}$ l Maracujasaft und 1,5 l Mineralwasser hergestellt. Wie viel Saft erhält man?

b) Berechne $0{,}9 + \frac{3}{4}$ auf zwei Weisen.

c) $0{,}8 + \frac{5}{7}$ lässt sich nur auf eine Weise günstig berechnen. Erläutere warum; berechne dann.

Problem 2

a) Für einen Kuchenteig wird $\frac{3}{8}$ l Milch benötigt. Diese wird aus einer 0,5-l-Milchtüte abgefüllt. Wie viel Milch bleibt in der Milchtüte zurück?

b) Berechne $0{,}4 - \frac{1}{4}$ auf zwei Weisen.

c) $0{,}75 - \frac{3}{7}$ lässt sich nur auf eine Weise günstig berechnen. Erläutere warum; berechne dann.

Problem 3

a) Jana kauft $\frac{3}{4}$ kg Cox Orange. Wie viel muss sie bezahlen?

b) Berechne $0{,}4 \cdot \frac{3}{4}$ auf zwei Weisen.

c) $0{,}6 \cdot \frac{3}{7}$ lässt sich nur auf eine Weise günstig berechnen. Erläutere warum; berechne dann.

Problem 4

a) Zum Preisvergleich möchte Hannes berechnen, wie viel 1 l Olivenöl kostet.

b) Berechne sowohl $\frac{5}{4} : 0{,}4$ als auch $0{,}4 : \frac{5}{4}$ auf zwei Weisen.

c) $0{,}8 : \frac{7}{11}$ lässt sich nur auf eine Weise günstig berechnen. Erläutere warum; berechne dann.

Aufgabe 1

a) Zum Herstellen einer Schorle wird $\frac{1}{2}$ l Mineralwasser benötigt.
Nele gießt diese Menge aus einer 0,7-l-Flasche in einen Messzylinder.
Wie viel Liter Mineralwasser bleibt in der Flasche zurück?

b) Berechne $0{,}5 - \frac{1}{6}$.

Lösung

a) In der Flasche bleiben zurück: $0{,}7\,\text{l} - \frac{1}{2}\,\text{l}$.
In der Aufgabe $0{,}7 - \frac{1}{2}$ kommt sowohl ein Bruch als auch eine Dezimalzahl vor.
Zur Berechnung gibt es also zwei Möglichkeiten.
1. Möglichkeit: Wandle $\frac{1}{2}$ in eine Dezimalzahl um: $0{,}7 - \frac{1}{2} = 0{,}7 - 0{,}5 = 0{,}2$
2. Möglichkeit: Wandle 0,7 in einen Bruch um: $0{,}7 - \frac{1}{2} = \frac{7}{10} - \frac{5}{10} = \frac{2}{10} = \frac{1}{5}$
Ergebnis: In der Flasche verbleiben $\frac{1}{5}\,\text{l} = 0{,}2\,\text{l}$ Mineralwasser.

b) *1. Möglichkeit:*
Wandle 0,5 in einen Bruch um: $0{,}5 - \frac{1}{6} = \frac{1}{2} - \frac{1}{6} = \frac{3}{6} - \frac{1}{6} = \frac{2}{6} = \frac{1}{3}$
2. Möglichkeit:
Beim Umwandeln von $\frac{1}{6}$ in eine Dezimalzahl erhältst du eine gemischtperiodische, also nicht abbrechende Dezimalzahl: $\frac{1}{6} = 0{,}1\overline{6}$.
Mit dieser kann man schlecht rechnen: $0{,}5 - 0{,}1\overline{6} = ?$
Daher scheidet diese Möglichkeit bei dieser Aufgabe aus.

Information

Brüche, die nicht als abbrechende, sondern nur als periodische Dezimalzahlen geschrieben werden können, sollte man beim Berechnen von Termen nicht in Dezimalzahlen umwandeln.
Beispiel: $0{,}8 \cdot \frac{1}{3} = \frac{4}{5} \cdot \frac{1}{3} = \frac{4}{15}$

Übungsaufgaben

2. Lassen sich die folgenden Rechnungen besser mit Brüchen oder mit Dezimalzahlen durchführen? Entscheide mit Begründung und berechne anschließend.

a) $0{,}2 + \frac{3}{4}$
b) $0{,}2 + \frac{2}{3}$
c) $0{,}75 - \frac{5}{12}$
d) $0{,}75 - \frac{1}{4}$
e) $\frac{1}{8} + 0{,}75$
f) $\frac{1}{8} + 0{,}7$
g) $\frac{1}{3} + 0{,}3$
h) $0{,}7 + \frac{1}{15}$
i) $0{,}9 - \frac{3}{25}$
j) $\frac{7}{9} - 0{,}3$

3. a) Berechne $\frac{3}{4} \cdot 0{,}7$ auf zwei Weisen wie im Beispiel rechts.
b) $\frac{1}{3} \cdot 0{,}7$ lässt sich nur auf eine Weise günstig berechnen. Erläutere, warum.
c) Entscheide dich, ob du mit Brüchen oder mit Dezimalzahlen rechnest. Begründe deine Entscheidung.

$\frac{1}{4} \cdot 0{,}3$	$\frac{1}{4} \cdot 0{,}3$
$= 0{,}25 \cdot 0{,}3$	$= \frac{1}{4} \cdot \frac{3}{10}$
$= 0{,}075$	$= \frac{3}{40}$

(1) $\frac{1}{4} \cdot 0{,}9$
(2) $\frac{2}{3} \cdot 0{,}7$
(3) $0{,}4 : \frac{3}{2}$
(4) $0{,}6 : 0{,}05$
(5) $1{,}5 : 2{,}5$
(6) $4 : 1{,}5$
(7) $\frac{3}{8} \cdot 1{,}2$
(8) $\frac{2}{9} \cdot 1{,}4$
(9) $\frac{2}{7} \cdot 5$
(10) $7 : \frac{3}{4}$

4. **a)** Eine Flasche enthält 0,75 l Mineralwasser.
Wie viel Liter Mineralwasser sind in 12 Flaschen?
Vergleiche die Rechnungen von Jonas und Linda. Nimm dazu Stellung.

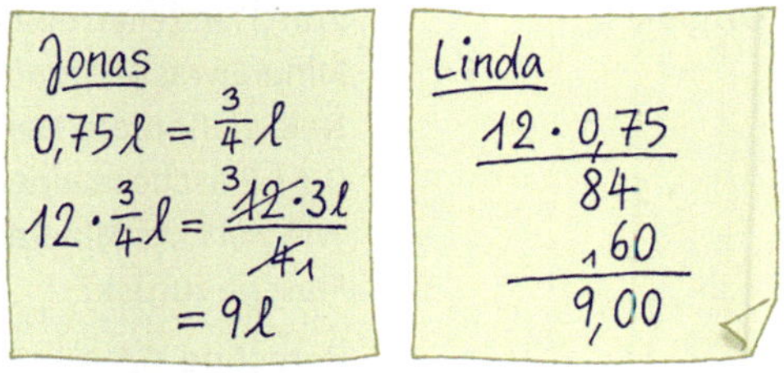

b) Berechne mit einem Verfahren, das deiner Meinung nach besonders geeignet ist.
(1) Im Keller stehen 15 Mineralwasserflaschen. Jede Flasche enthält 0,7 l.
(2) Das Backrezept für einen Kuchen sieht $\frac{3}{8}$ l Sahne vor. Für die Hochzeitsfeier will Franziska vier Kuchen backen.

5. **a)** Eine 1,5-l-Flasche ist noch zu $\frac{2}{3}$ mit Obstsaft gefüllt. Wie viel Obstsaft ist noch in der Flasche?
b) Ein Gefäß fasst 0,7 l. Es ist zu $\frac{4}{5}$ mit Milch gefüllt. Wie viel Milch enthält das Gefäß?
c) Ein 0,2-l-Glas Multivitaminsaft enthält 0,04 g Vitamin C. Jan trinkt $2\frac{1}{2}$ Gläser davon. Wie viel Vitamin C hat er damit zu sich genommen?

6. Lassen sich die folgenden Rechnungen besser mit Brüchen oder mit Dezimalzahlen durchführen? Entscheide mit Begründung und führe anschließend die Rechnung durch.

a) $0{,}2 \cdot \frac{3}{4}$ **c)** $0{,}75 : \frac{5}{12}$ **e)** $\frac{1}{8} \cdot 0{,}75$ **g)** $0{,}75 + \frac{1}{8}$ **i)** $0{,}9 - \frac{3}{25}$

b) $0{,}3 + \frac{2}{3}$ **d)** $0{,}75 - \frac{1}{4}$ **f)** $\frac{1}{5} : 0{,}7$ **h)** $0{,}7 : \frac{1}{15}$ **j)** $\frac{3}{8} \cdot 0{,}25$

7.
a) $\frac{7}{6} \cdot \frac{5}{6}$; $\frac{7}{6} + \frac{5}{6}$; $\frac{7}{6} : \frac{5}{6}$; $\frac{7}{6} - \frac{5}{6}$
b) $5{,}6 \cdot 0{,}7$; $5{,}6 - 0{,}7$; $5{,}6 : 0{,}7$; $5{,}6 + 0{,}7$
c) $\frac{3}{4} + 0{,}4$; $\frac{3}{4} - 0{,}4$; $\frac{3}{4} \cdot 0{,}4$; $\frac{3}{4} : 0{,}4$
d) $\frac{8}{9} \cdot 0{,}8$; $\frac{8}{9} + 0{,}8$; $\frac{8}{9} : 0{,}8$; $\frac{8}{9} - 0{,}8$
e) $5{,}5 \cdot 1\frac{4}{10}$; $5{,}5 - 1\frac{4}{10}$; $5{,}5 : 1\frac{4}{10}$; $5{,}5 + 1\frac{4}{10}$
f) $3\frac{1}{3} - 2{,}4$; $3\frac{1}{3} : 2{,}4$; $3\frac{1}{3} \cdot 2{,}4$; $3\frac{1}{3} + 2{,}4$

8. Stellt zu jedem abgebildeten Sachverhalt eine Frage. Notiert dann eine Aufgabe und löst sie.

9. Erfinde Aufgaben mit Brüchen und Dezimalzahlen, sodass sich manche geschickter mit Brüchen, andere geschickter mit Dezimalzahlen lösen lassen und lass sie von deinem Partner lösen. Geht er so vor, wie du erwartet hast?

10. Ein Liter Spiritus wiegt etwa 0,8 kg. Wie viel wiegen folgende Mengen?

a) 3 l **b)** $\frac{1}{2}$ l **c)** $\frac{3}{4}$ l **d)** $\frac{7}{8}$ l **e)** $1\frac{1}{2}$ l **f)** $2\frac{3}{4}$ l

11. Für die Verglasung der Türen eines Spiegelschränkchens mit drei gleich großen Türen wird insgesamt 0,5 m^2 Glas bestellt. Wie viel m^2 Glas rechnet man für eine Tür?

12. Für ein Erfrischungsgetränk mischt Elke 0,75 l Mineralwasser und $\frac{3}{8}$ l Zitronensaft und verteilt es gleichmäßig in 7 Gläser. Wie viel Getränk ist in jedem Glas?

13. Ein Läufer atmet bei einem Atemzug ungefähr 0,75 l Luft ein. Ungefähr $\frac{1}{5}$ der eingeatmeten Luft ist Sauerstoff. Wie viel Sauerstoff atmet der Läufer mit einem Atemzug ein?

14. Marie braucht zur Bushaltestelle eine Viertelstunde zu Fuß. Dann fährt sie eine Dreiviertelstunde mit dem Bus und muss anschließend noch 15 Minuten zu Fuß bis zur Schule gehen. Wie viele Stunden braucht sie für ihren Schulweg in einer Unterrichtswoche?

15. In einer Gaststätte werden morgens zwei Fässer mit Bier angeschlossen, das eine fasst 30 l, das andere 15 l. Nachts ist das kleinere Fass noch zur Hälfte voll, das große ist leer.
Wie viel 0,3-l-Gläser sind gefüllt worden?

16. Karina spart für ein Fahrrad, das 480 € kostet. Ihre Oma sagt ihr zu, $\frac{1}{3}$ des Preises zu übernehmen, ihre Patentante will ihr $\frac{1}{4}$ des Preises geben und ihre Mutter $\frac{1}{5}$ des Preises.
Sie selbst möchte monatlich 10 € von ihrem Taschengeld zurücklegen.
Wie viele Monate muss sie für das Fahrrad sparen?

17. a) Frau Schenk kauft $2\frac{1}{2}$ kg Äpfel und $3\frac{1}{2}$ kg Pflaumen sowie $4\frac{1}{4}$ kg Erdbeeren. Sie zahlt mit einem 50-€-Schein. Wie viel Euro bekommt sie zurück?

b) Lena kauft zunächst $1\frac{1}{2}$ kg Äpfel und dann noch $2\frac{1}{4}$ kg Pflaumen. Dann sieht sie die Erdbeeren. Sie überlegt: „Wie viel kg Erdbeeren hätte ich für dasselbe Geld kaufen können?“

18. Die Schmetterlinge sind auf $\frac{2}{3}$ verkleinert, die Käfer auf $1\frac{1}{2}$ vergrößert.
Bestimme durch Messen und Rechnen
a) die Länge des Körpers (ohne Flügel und Fühler);
b) die Spannweite der vorderen Flügel der Schmetterlinge;
c) die Länge der Fühler.

19. Stelle selbst geeignete Fragen und beantworte sie.

a) Gärtner Maier verwendet 0,8 ha Land für den Anbau von Blumen. Davon hat er $\frac{3}{10}$ mit Rosen und $\frac{5}{16}$ mit Nelken bepflanzt.

b) Gärtnerin Schulze hat 1,2 ha Land. Sie verwendet $\frac{3}{4}$ davon für den Anbau von Blumen und $\frac{1}{20}$ für die Züchtung von Gemüsepflanzen.

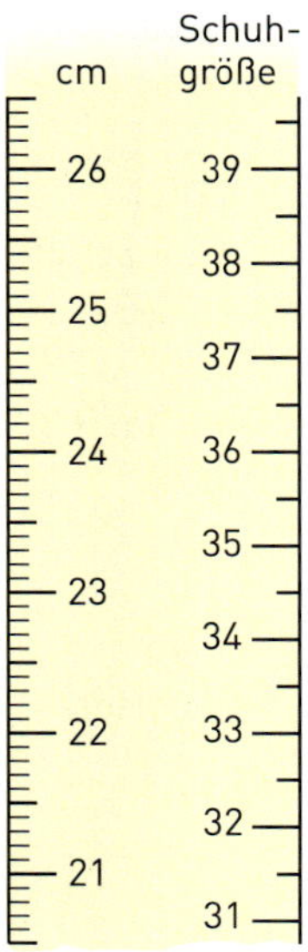

20. Susanne will sich ein Paar Schuhe kaufen. „Welche Schuhgröße hast du?", fragt die Verkäuferin. Susanne antwortet: „Ich habe Schuhgröße 36." Zuhause misst sie nach. Die Länge ihres Fußes beträgt 24 cm. Susanne überlegt: „Ist 1 Schuhgröße so viel wie $\frac{2}{3}$ cm?"

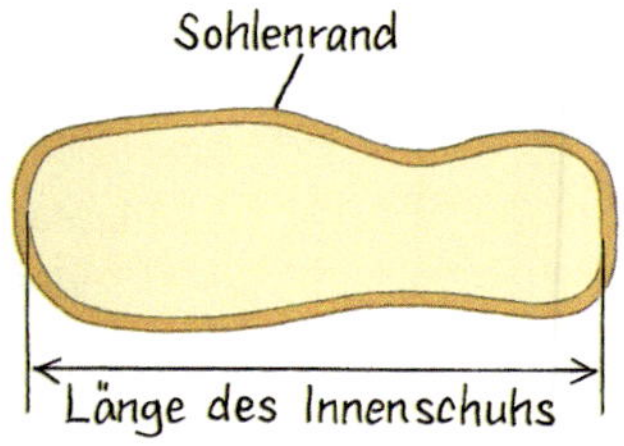

a) Prüfe das bei deinen Schuhen nach.

b) Stelle aus Pappe ein Lineal her, dem die Maßeinheit 1 Schuhgröße zugrunde liegt. Miss damit Schuhgrößen.

c) Wie lang ist der Innenschuh bei den Schuhgrößen
(1) $40\frac{1}{2}$; (2) $37\frac{1}{2}$; (3) 35?

d) Welche Schuhgröße liegt vor bei folgenden Innenschuhlängen
(1) 30 cm; (2) 28 cm; (3) 23 cm?

e) Paul überlegt: „Mein Fuß ist 28,2 cm lang, also Schuhgröße $28{,}2 \cdot \frac{3}{2} = 42{,}3$. Das muss ich abrunden, also kaufe ich Größe 42."

21. Setze im Heft für $\square$ eine passende Zahl ein.

a) $\square + 0{,}4 = \frac{7}{5}$	d) $\square - \frac{7}{8} = \frac{5}{8}$	g) $\frac{4}{5} + \square = 1{,}1$	j) $0{,}75 : \square = \frac{5}{8}$
b) $\square - \frac{4}{3} = \frac{1}{3}$	e) $\square + \frac{1}{3} = \frac{7}{9}$	h) $5\frac{1}{2} - \square = 3\frac{1}{4}$	k) $\square - 1\frac{4}{7} = \frac{19}{21}$
c) $\square \cdot \frac{2}{7} = \frac{6}{7}$	f) $\square : \frac{1}{4} = 0{,}125$	i) $\frac{3}{5} \cdot \square = 0{,}4$	l) $\square \cdot \frac{9}{8} = \frac{27}{16}$

22. a) Welche Zahl muss man zu $3\frac{4}{7}$ addieren, um 5,5 zu erhalten?

b) Von welcher Zahl muss man $2\frac{1}{9}$ subtrahieren, um $4\frac{1}{2}$ zu erhalten?

c) Mit welcher Zahl muss man $1\frac{2}{5}$ multiplizieren, um 0,4 zu erhalten?

d) Welche Zahl muss man durch $\frac{5}{8}$ dividieren, um $\frac{5}{8}$ zu erhalten?

23. Gegeben sind die beiden gebrochenen Zahlen $\frac{8}{9}$ und $\frac{5}{7}$.
Beantworte die Fragen zunächst ohne zu rechnen. Überprüfe dann durch Rechnung.

a) Was ist kleiner: Das Produkt der beiden Zahlen oder der Quotient der beiden Zahlen?

b) Was ist größer: Das Produkt der beiden Zahlen oder die Summe der beiden Zahlen?

c) Was ist kleiner: Der Quotient der beiden Zahlen oder die Differenz der beiden Zahlen?

Das kann ich noch!

A) Welche Spielkarten sind achsensymmetrisch?

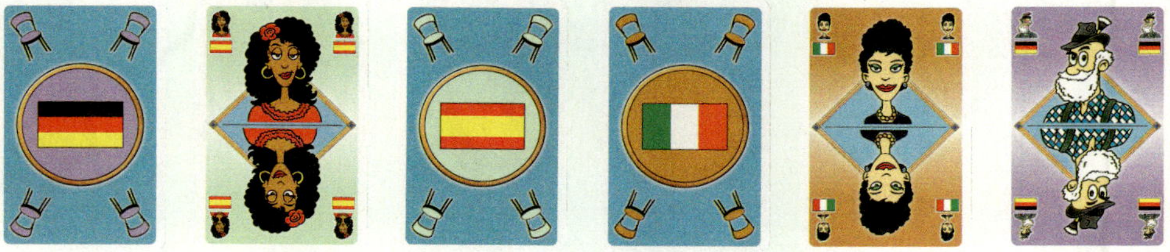

Planen einer Klassenfahrt

Die 14 Mädchen und 13 Jungen der 6. Klasse des Gymnasiums aus Lübbenau möchten zusammen mit ihrer Klassenlehrerin und einer weiteren Lehrerin eine Klassenfahrt nach Ehrenfriedersdorf machen.
Malin und Nico finden im Internet folgende Informationen zur Jugendherberge.

Jugendherberge Ehrenfriedersdorf

Raumangebot:
2 Zwei-Bett-Zimmer 1 Elf-Bett-Zimmer 1 15-Bett-Zimmer 2 Vier-Bett-Zimmer

Übernachtung mit	Preis pro Person (Stand 2017)
Frühstück	18,00 €
Halbpension	24,00 €
Vollpension	30,00 €

Die genannten Preise sind Juniorenpreise (bis einschließlich 26 Jahre).
Gäste ab 27 Jahren zahlen einen Aufpreis von 4,00 € pro Übernachtung.
Alle Gäste einer Gruppe (inklusive Begleitpersonen) zahlen den Preis für Junioren.

1. Die Klasse plant, am Montagnachmittag anzukommen und am Freitag nach dem Frühstück abzufahren. Am Mittwoch und Donnerstag möchte die Klasse jeweils eine Ganztagestour unternehmen und benötigt an diesen Tagen kein Mittagessen.
   a) In jedem Zimmer der Jugendherberge schlafen natürlich entweder nur Mädchen oder nur Jungen. Die begleitenden Lehrerinnen schlafen in einem Zwei-Bett-Zimmer. Überlege, wie du die Mädchen und Jungen auf die Zimmer verteilen würdest, sodass möglichst wenig Betten pro Zimmer leer bleiben.
   b) Berechne die Kosten pro Person für Unterkunft und Verpflegung.

2. Max und Lissi planen die An- und Abreise. Sie überlegen, ob die Klasse einen Reisebus mieten oder mit Bahn und Linienbus fahren soll. Sie haben folgendes recherchiert.

Bahn	**Zeit**	**Preis Erwachsener**	**Preis Schüler**
Lübbenau (Spreewald)	9:03	41,40 €	20,70 €
Chemnitz, Hbf.	12:25		
Linienbus 210			
Chemnitz, Hbf.	13:02	5,10 €	3,40 €
Ehrenfriedersdorf, Neumarkt	13:48		

   a) Welchen Betrag für An- und Abreise müssen die Schülerinnen und Schüler und die Lehrerinnen einplanen?
   b) Das Angebot eines Busunternehmens besagt, dass für die Hin- und Rückreise 1650 € bezahlt werden müssen. Welcher Betrag ist bei diesem Angebot von jedem Teilnehmer zu bezahlen?

3. Am Mittwoch möchte die Klasse um 11.00 Uhr eine Führung im Besucherbergwerk „Markus-Röhling-Stolln“ mitmachen. Für die Fahrt zum Besucherbergwerk soll ein Bus gemietet werden.

a) Das Busunternehmen verlangt eine Grundgebühr von 140 € und für jeden gefahrenen Kilometer 1,80 €.
Welchen Preis muss jeder bezahlen, wenn die Kosten gleich verteilt werden?

b) Welchen Betrag muss die Lehrerin für alle Schüler und sich selbst einplanen, wenn sie davon den Eintritt und für jedes Kind ein Eis für 2,50 € bezahlen möchte?

Eintrittspreise ab 15 Personen	
Erwachsene	8,00 €/Person
Schüler (6 – 17 Jahre)	5,00 €/Person

4. Am Donnerstag ist eine Wanderung entlang des Planetenwanderweges und des Erdgeschichtpfades geplant.
Der Rückweg soll entlang des blauen Wanderweges zurück zum Ausgangspunkt erfolgen.

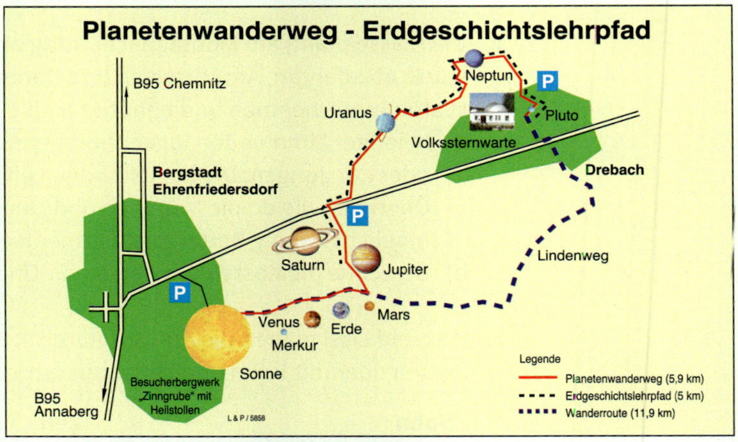

a) Bestimme die ungefähre Weglänge, den die Schüler gehen müssen.

b) Gehen die Schüler gemütlich, so legen sie in einer Stunde 3 km zurück.
Wie lange brauchen die Schüler für die gesamte Wanderung?

c) Da die Lehrerin den Schülern an den einzelnen Punkten des Planetenwanderweges zu den Planeten einiges erzählt, müssen zusätzlich ungefähr 45 Minuten eingeplant werden. Außerdem werden zwei Pausen von jeweils 30 Minuten eingeplant.
Wann muss die Klasse spätestens aufbrechen, um 17.00 Uhr wieder in der Jugendherberge zu sein?

5. Die Klasse entscheidet sich mit dem gemieteten Reisebus zur Jugendherberge zu fahren.
Wie viel Geld sollte die Klassenlehrerin von jedem Schüler für die Klassenfahrt einsammeln?

3.9 Berechnen von Termen

Einstieg

Für das Berechnen von Termen mit natürlichen Zahlen hast du Regeln gelernt, die auf *Vereinbarungen* beruhen (z. B. die Regel *Klammer zuerst*). Diese Regeln sollen auch für gebrochene Zahlen gelten.

Maria und Jonas vergleichen ihre Hausaufgaben. Was meint ihr dazu?

Aufgabe 1

Vorrangregeln beim Addieren, Subtrahieren, Multiplizieren und Dividieren

Berechne nach den Vorrangregeln, die du schon für natürliche Zahlen kennst.

a) $6 : \left(\frac{3}{4} - \frac{1}{8}\right)$
b) $1{,}2 - 0{,}2 \cdot 0{,}3$
c) $6 : \frac{2}{3} : \frac{1}{2}$
d) $\frac{0{,}4 + 0{,}5}{0{,}4 \cdot 0{,}5}$

Lösung

a) *Klammern zuerst*

$6 : \left(\frac{3}{4} - \frac{1}{8}\right)$
$= 6 : \left(\frac{6}{8} - \frac{1}{8}\right)$
$= 6 : \frac{5}{8}$
$= \frac{48}{5}$
$= 9\frac{3}{5}$

b) *Punkt- vor Strichrechnung*

$1{,}2 - 0{,}2 \cdot 0{,}3$
$= 1{,}2 - 0{,}06$
$= 1{,}14$

c) *Rechne von links nach rechts*

$6 : \frac{2}{3} : \frac{1}{2}$
$= 6 \cdot \frac{3}{2} : \frac{1}{2}$
$= 9 : \frac{1}{2}$
$= 9 \cdot 2$
$= 18$

d) *Zähler und Nenner vereinfachen*

$\frac{0{,}4 + 0{,}5}{0{,}4 \cdot 0{,}5}$
$= \frac{0{,}9}{0{,}2}$
$= \frac{9}{2}$
$= 4{,}5$

Weiterführende Aufgaben

Terme mit Potenzen; geschachtelte Klammern

2. Berechne: a) $1{,}5 \cdot [3{,}7 - (1{,}2 - 0{,}5)]$ *Innere Klammer zuerst* b) $1\frac{3}{4} + \frac{3}{8} \cdot \left(\frac{2}{3}\right)^2$ *Potenz zuerst*

Vorrangregeln für das Berechnen von Termen

(1) Das Innere einer Klammer wird zuerst berechnet.
(2) Bei ineinander geschachtelten Klammern wird die innerste Klammer zuerst berechnet.
(3) Wo keine Klammer steht, geht Punkt- vor Strichrechnung.
(4) Das Berechnen einer Potenz geht noch vor Punkt- und Strichrechnung.
(5) Sonst wird von links nach rechts gerechnet.

Ein Bruchstrich setzt unsichtbare Klammern um Zähler und Nenner

3. a) Kontrolliere Toms Rechnung.

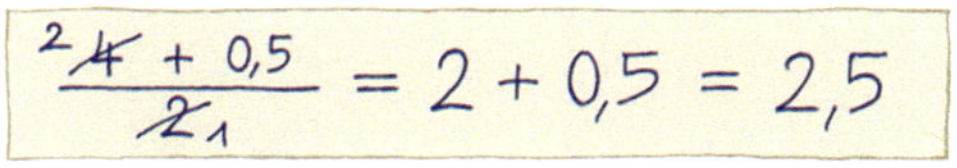

b) Mia und Ken sollten den Term $\frac{4}{2 \cdot 0{,}8}$ mit dem Taschenrechner berechnen. Entscheide, welche Rechnung korrekt ist.

Rechenbäume verdeutlichen den Rechenweg.

Rechenbaum

4. Die Reihenfolge der Berechnungen in einem Term kann man gut mit einem Rechenbaum veranschaulichen.
- **a)** Erstelle den Term zum Rechenbaum rechts.
- **b)** Zeichne den Rechenbaum für den Term $\frac{3}{4} + \left(\frac{5}{6} - \frac{1}{3}\right) \cdot \frac{3}{2}$

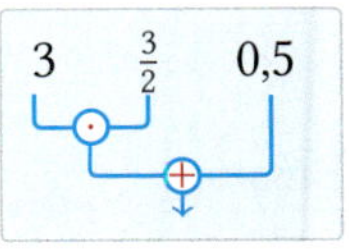

Übungsaufgaben

5. Berechne.

a) $9 : \left(\frac{2}{5} + \frac{2}{3}\right)$ **b)** $9 - \left(\frac{2}{5} + \frac{2}{3}\right)$ **c)** $9 \cdot \left(\frac{2}{5} + \frac{2}{3}\right)$ **d)** $\left(\frac{2}{5} + \frac{2}{3}\right) : 9$ **e)** $9 + \left(\frac{2}{5} + \frac{2}{3}\right)$

6. Berechne.

a) $7 - \left(\frac{1}{5} + \frac{3}{5}\right)$ **c)** $\frac{7}{9} - \left(\frac{5}{18} + \frac{1}{9}\right)$ **e)** $\left(\frac{8}{9} - \frac{2}{9}\right) : 4$ **g)** $\frac{8}{25} : \left(\frac{1}{3} - \frac{1}{5}\right)$

b) $0{,}8 - (1{,}3 - 0{,}95)$ **d)** $(2{,}7 - 1{,}8) \cdot 0{,}5$ **f)** $1{,}2 : (0{,}13 + 0{,}27)$ **h)** $(1{,}9 + 3{,}2) \cdot 0{,}1$

7. Fertigt euch die nebenstehenden Karten an. *Partner A* stellt aus den vorhandenen Karten eine *lösbare* Aufgabe auf. Dabei müssen alle drei Zahlenkarten verwendet werden.
Partner B löst die Aufgabe.
Hat Partner B die Aufgabe richtig gerechnet, darf er die nächste Aufgabe aufstellen usw.

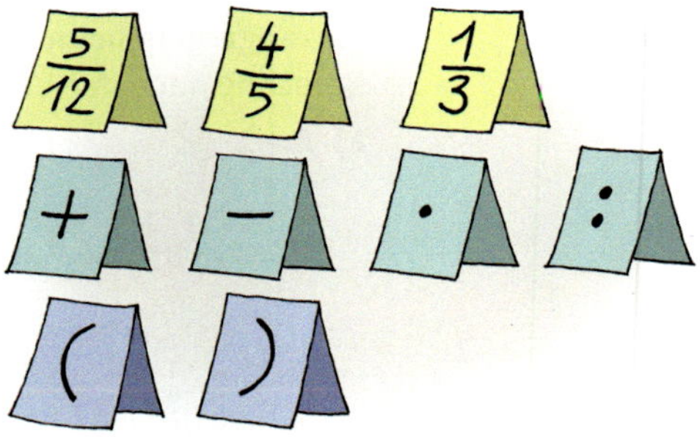

8. Berechne.

a) $\frac{2}{5} \cdot \frac{5}{8} + 0{,}5$ **d)** $1{,}5 : \frac{1}{2} + 5$ **g)** $\frac{7}{3} - \frac{2}{3} : \frac{1}{3}$ **j)** $4\frac{5}{6} + \frac{3}{5} : \frac{2}{25}$

b) $\frac{5}{6} : \frac{2}{3} - \frac{3}{4}$ **e)** $\frac{2}{15} + \frac{3}{10} \cdot \frac{2}{9}$ **h)** $\frac{4}{5} + \frac{3}{2} \cdot 0{,}4$ **k)** $\frac{7}{6} : \frac{2}{3} + \frac{1}{4}$

c) $2 \cdot 0{,}49 + 0{,}13$ **f)** $5{,}1 - 2{,}1 : 0{,}7$ **i)** $7 - 1{,}4 \cdot 0{,}3$ **l)** $5 - 7{,}6 : 1{,}9$

9. Für ein Erfrischungsgetränk werden $\frac{3}{8}$ l Johannisbeernektar und $\frac{1}{2}$ l Mineralwasser gemischt. Das fertige Getränk wird auf 6 Gläser gleichmäßig verteilt.
Wie viel Getränk enthält jedes Glas? Stelle zunächst einen einzigen Term auf.

10. Aus dem Orangensaftspender werden 7 Gläser zu $\frac{1}{4}$ l und 3 Gläser zu $\frac{1}{8}$ l abgefüllt.
Wie viel Orangensaft ist noch im Behälter?
Stelle zunächst einen einzigen Term auf.

11. Eine Tomatencremesuppe wird zubereitet aus $1\frac{1}{4}$ l Wasser, 2 Dosen mit je $\frac{1}{8}$ l Tomatenmark und $\frac{1}{4}$ l Sahne.
Wie viel Suppe erhält man? Stelle zunächst einen einzigen Term auf.

12. a) $\left(\frac{1}{2}+\frac{3}{8}\right)\cdot\left(\frac{3}{7}+\frac{1}{14}\right)$ c) $\left(2\frac{1}{6}-1\frac{1}{3}\right):\left(2\frac{1}{9}-1{,}5\right)$ e) $\left(1{,}2+6-\frac{3}{4}\right):\left(0{,}5+1\frac{1}{3}\right)$

b) $(5{,}3+0{,}9)\cdot(2{,}4-0{,}9)$ d) $\left(\frac{7}{9}-0{,}5+\frac{5}{6}\right):\left(\frac{2}{3}+\frac{1}{6}\right)$ f) $(1{,}2+6)-\left(\frac{3}{4}:0{,}5+1\frac{1}{3}\right)$

13. a) $\frac{5}{9}+\left(\frac{2}{3}\right)^2$ c) $\frac{3}{8}\cdot\left(\frac{2}{3}\right)^4$ e) $\left(\frac{1}{2}\right)^3\cdot\left(\frac{1}{3}\right)^2\cdot\left(1\frac{1}{5}\right)^2$

b) $0{,}42+0{,}62$ d) $15\cdot\left(1-\frac{4}{5}\right)^2$ f) $1-\left(\frac{2}{3}\right)^2\cdot 1{,}5^2$

14. a) $\frac{9}{4}\cdot\left[\frac{8}{9}-\left(\frac{1}{2}+\frac{1}{6}\right)\right]$ c) $3{,}5+[(5{,}5+1{,}25):4{,}5]$ e) $3\cdot\left[\left(\frac{3}{5}+\frac{1}{2}\right)\cdot\left(\frac{2}{3}-\frac{1}{9}\right)-\frac{1}{2}\right]$

b) $\left[1\frac{1}{2}\cdot\frac{2}{3}-\left(\frac{1}{2}+\frac{1}{4}\right)\right]\cdot 2\frac{1}{2}$ d) $9\frac{4}{5}-\left[\left(\frac{9}{10}:\frac{3}{8}\right):\frac{1}{4}\right]$ f) $2{,}4:[0{,}8:0{,}4+(0{,}5-0{,}5:5)]$

15. a) $\dfrac{\frac{1}{2}-\frac{3}{8}}{\frac{3}{4}+\frac{1}{8}}$ c) $\dfrac{1\frac{1}{2}\cdot\frac{4}{9}}{1\frac{5}{6}+\frac{2}{3}}$ e) $\dfrac{\frac{4}{5}-\frac{1}{2}}{\frac{4}{5}:\frac{5}{2}}$ g) $\dfrac{\frac{3}{5}:\frac{3}{4}-\frac{3}{10}}{\frac{2}{9}:\frac{1}{3}-\frac{1}{6}}$ i) $\dfrac{5\cdot\frac{3}{4}-0{,}5}{26}$ k) $4-\dfrac{6{,}25}{1\frac{7}{8}}$

b) $\dfrac{\frac{9}{8}-\frac{7}{12}}{\frac{5}{6}+\frac{1}{4}}$ d) $\dfrac{9}{4{,}8:1{,}2}$ f) $\dfrac{3\frac{1}{2}-2\frac{5}{6}}{7\frac{1}{5}+2\frac{7}{10}}$ h) $\dfrac{4\frac{1}{2}\cdot 5\frac{1}{6}}{7\frac{1}{2}\cdot 4\frac{1}{6}-8}$ j) $\dfrac{2-\frac{8}{9}:\frac{2}{3}}{1-\frac{3}{4}\cdot\frac{2}{15}}$ l) $\left(\dfrac{1\frac{1}{2}}{0{,}6}\cdot\dfrac{2\frac{1}{4}}{1{,}8}\right)^2$

16. a) $\dfrac{\left(\frac{5}{6}\right)^2}{1-\frac{1}{36}}$ b) $\dfrac{\frac{3}{8}}{\left(1+\frac{1}{2}\right)^2}$ c) $\dfrac{5}{(0{,}27+0{,}23)^2}$ d) $\dfrac{1-0{,}4^2}{(1-0{,}4)^2}$ e) $\left(\dfrac{\frac{1}{4}-\frac{1}{5}}{\frac{1}{5}-\frac{1}{6}}\right)^2$

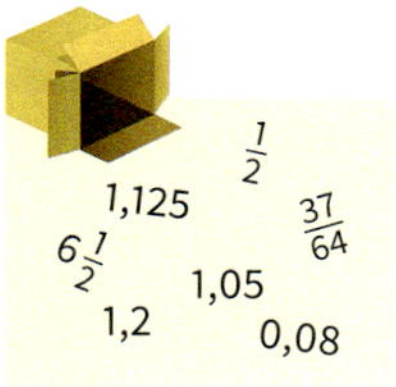

17. Stelle zunächst den Term auf. Berechne ihn dann.

a) Multipliziere die Summe der Zahlen $\frac{3}{4}$ und $\frac{1}{2}$ mit $\frac{2}{5}$.

b) Dividiere die Differenz der Zahlen 0,51 und 0,11 durch $\frac{1}{3}$.

c) Subtrahiere von dem Quotienten der Zahlen 0,5 und 0,4 das Produkt dieser Zahlen.

d) Dividiere die Summe der Zahlen $\frac{1}{3}$ und $\frac{2}{7}$ durch das Produkt dieser Zahlen.

e) Addiere die Summe der Zahlen $\frac{1}{3}$, 0,5 und 0,25 zu dem Produkt dieser Zahlen.

f) Subtrahiere von 1 die 3. Potenz von $\frac{3}{4}$.

g) Berechne das Zehnfache der 3. Potenz von 0,2.

18. Gib zu dem Rechenbaum den Term an und berechne seinen Wert.

a) $\frac{2}{3}$ $\frac{3}{8}$ $\frac{1}{2}$ $\frac{1}{6}$

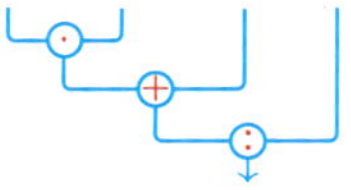

b) $\frac{9}{10}$ $\frac{1}{2}$ 0,2 $\frac{3}{10}$

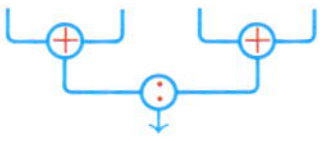

c) 4 $1\frac{1}{2}$ $3\frac{3}{4}$ 2,25

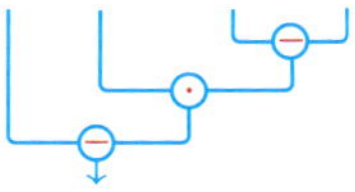

19. Schreibe in der Wortform und zeichne den Rechenbaum; berechne auch.

a) $7:\left(\frac{3}{5}+\frac{1}{10}\right)$ c) $4-1{,}5:\frac{6}{7}$ e) $\left(\frac{1}{2}+\frac{3}{4}\right)+\left(\frac{2}{3}+\frac{5}{6}\right)$ g) $1{,}4\cdot(0{,}6-0{,}1):\frac{2}{3}$

b) $\frac{3}{5}\cdot\frac{1}{6}+\frac{7}{10}$ d) $\left(\frac{1}{3}-\frac{1}{5}\right)\cdot\left(\frac{3}{5}\right)^2$ f) $\left(\frac{7}{9}-\frac{1}{3}\right):(0{,}9-0{,}8)$ h) $\frac{1}{2}\cdot\left(\frac{4}{5}+\frac{2}{3}\right)-\left(\frac{3}{4}-\frac{3}{12}\right)$

20. In der Aufgabe fehlen Klammern. Setze im Heft diese so ein, dass das Ergebnis richtig ist.

a) $\frac{3}{5}+\frac{2}{3}\cdot\frac{12}{19}=\frac{4}{5}$ c) $\frac{1}{5}\cdot\frac{1}{2}+\frac{1}{3}\cdot\frac{6}{11}=\frac{1}{11}$ e) $\frac{3}{5}+\frac{12}{5}:\frac{3}{8}:\frac{9}{4}=18$

b) $6-\frac{3}{4}:\frac{7}{8}=6$ d) $\frac{1}{5}\cdot\frac{1}{2}+\frac{1}{3}\cdot\frac{6}{11}=\frac{3}{22}$ f) $\frac{3}{5}+\frac{12}{5}:\frac{3}{8}:\frac{9}{4}=3\frac{5}{9}$

21. *Stelle zu den folgenden Aufgaben zunächst einen Term auf; berechne dann.*

a) In Tims Klasse kann $\frac{6}{7}$ aller Kinder schwimmen; ein Drittel hiervon hat das silberne Schwimmabzeichen.
Welcher Anteil von Tims Klasse hat das silberne Schwimmabzeichen?

b) In Daniels Klasse sind zwei Drittel aller Kinder in einem Sportverein.
Die Hälfte davon ist in einem Fußballverein.
Welcher Anteil von Daniels Klasse ist in einem Fußballverein?

c) In Annes Klasse haben drei Viertel aller Kinder bei den Bundesjugendspielen eine Urkunde erreicht. Zwei Fünftel der Urkunden sind Ehrenurkunden.
Welcher Anteil von Annes Klasse hat eine Ehrenurkunde bekommen?

22. Ein Landwirt will auf $\frac{3}{4}$ seines Grundbesitzes Getreide anbauen.
Von dieser Anbaufläche ist ein Drittel für Weizen und $\frac{2}{5}$ für Gerste vorgesehen.
Wie groß ist der Flächenanteil der Weizenfelder bzw. Gerstenfelder am gesamten Grundbesitz des Landwirtes?

23. Bei einer Verkehrszählung wurden von 1200 gezählten Autos insgesamt 450 Lkw gezählt. Zwei Drittel davon fuhren in Richtung Potsdam. Welchen Anteil hatten die in Richtung Potsdam fahrenden Lkw?

24. Ein Wassereimer fasst 7,5 l Wasser, ein Wasserbehälter fasst 100 l.
Beim Tragen kann der Eimer zu $\frac{9}{10}$ gefüllt werden. Wie oft muss man mit dem Eimer von einer Zapfstelle zum Wasserbehälter gehen, bis dieser gefüllt ist?

25. Eine Klasse besteht zu $\frac{2}{3}$ aus Mädchen und zu $\frac{1}{3}$ aus Jungen. $\frac{3}{4}$ aller Mädchen und $\frac{2}{3}$ aller Jungen sind krank.
Wie groß ist der Anteil der kranken Kinder an der Gesamtzahl der Schülerinnen und Schüler der Klasse? Schätze zunächst ohne zu rechnen ab, ob mehr als $\frac{2}{3}$ aller Kinder krank sind.

26. Berechne folgende Terme. Schreibe auch Rechengeschichten und Antworten.

a) $3 \cdot 4\,m + 6 \cdot 12\,m$
b) $\frac{1}{3} \cdot 600\,g - \frac{1}{2} \cdot 150\,g$
c) $15\,kg : 3 + 6\,kg$
d) $8\,cm \cdot 4\,cm \cdot 7$
e) $17\,m^2 + 4\,m^2 - 6{,}5\,m \cdot 2{,}5\,m$
f) $14 \cdot 12\,cm \cdot 30\,mm$

Spiel (3 Spieler)

27. *Erfinden und Finden von Rechengeschichten*
Setzt euch zu dritt um einen Tisch, jeder hat mehrere leere Zettel vor sich.

- Jeder schreibt verdeckt einen Term auf, der mindestens drei und höchstens fünf Zahlen enthält, und gibt den Zettel an seinen rechten Nachbarn.
- Nun erfindet der Nachbar eine Rechengeschichte zu dem Term und schreibt diese auf einen zweiten Zettel, den er dann weiter nach rechts gibt. Den ersten Zettel behält er.
- Jetzt bildet der jeweils dritte Mitspieler aus der Geschichte, die er gerade bekommen hat, wieder einen Term, den er auf einen neuen Zettel schreibt.
- Nun werden alle Zettel in die Mitte gelegt, sortiert und besprochen.
Eigentlich müssten ja auf jeweils zwei Zetteln gleiche Terme stehen. Wenn nicht, …

3.10 Rechengesetze – Vorteilhaft mit gebrochenen Zahlen rechnen

3.10.1 Kommutativ- und Assoziativgesetze

Einstieg

a) Ben sieht in einem Geschäft die folgenden Angebote:

Wie viel kosten die drei Angebote zusammen? Rechnet geschickt.

b) Ein Spielegroßhändler hat 5000 Spiele „MYSTYS“ bestellt. Wie viel Stauraum muss er im Lager dafür bereithalten? Rechnet geschickt.

c) Welche Rechengesetze habt ihr verwendet?

Aufgabe 1

Verwenden von Rechengesetzen beim vorteilhaften Rechnen

a) Wie kannst du die Aufgaben geschickt berechnen?
Welche Rechengesetze hast du dabei angewendet?

(1) $\frac{3}{20} + \frac{8}{55} + \frac{9}{20}$ (2) $\frac{3}{10} + \frac{1}{8} + \frac{3}{8}$

b) Wie kannst du trotz der großen Zahlen im Zähler und Nenner die Aufgaben rechts im Kopf lösen?
Welche Rechengesetze hast du dabei angewendet?

(1) $\frac{3}{37} \cdot \frac{5}{2} \cdot \frac{37}{9}$ (2) $\frac{4}{19} \cdot \frac{43}{17} \cdot \frac{34}{43}$

Lösung

a) (1) Nach den Vorrangregeln für die Berechnung von Termen müsstest du zunächst $\frac{3}{20}$ und $\frac{8}{55}$ addieren; das ist aber wegen der verschiedenen Nenner ungünstig. Du müsstest die beiden Brüche auf den Hauptnenner 220 erweitern.
Günstiger ist es, den zweiten und dritten Summanden zu vertauschen: Danach ist zuerst die Summe von $\frac{3}{20}$ und $\frac{9}{20}$ zu berechnen. Diese Summe hat den gekürzten Wert $\frac{3}{5}$, sodass der Hauptnenner für die folgende Addition des dritten Summanden nun nur noch 55 ist.

$$\frac{3}{20} + \frac{8}{55} + \frac{9}{20} = \frac{3}{20} + \frac{9}{20} + \frac{8}{55} = \frac{12}{20} + \frac{8}{55} = \frac{3}{5} + \frac{8}{55} = \frac{33}{55} + \frac{8}{55} = \frac{41}{55}$$

Vertausche den 2. und den 3. Summanden.

(2) Nach den Vorrangregeln für das Berechnen von Termen müsstest du von links nach rechts rechnen und zunächst $\frac{3}{10}$ und $\frac{1}{8}$ addieren. Das ist wegen der verschiedenen Nenner ungünstig: Du müsstest beide Brüche auf den Hauptnenner 40 erweitern.
Addierst du dagegen zunächst die gleichnamigen zweiten und dritten Summanden, so kannst du das Ergebnis sofort bestimmen und kürzen. Zum Addieren des ersten Summanden reicht dann der Hauptnenner 10.

$$\frac{3}{10} + \frac{1}{8} + \frac{3}{8} = \frac{3}{10} + \frac{4}{8} = \frac{3}{10} + \frac{1}{2} = \frac{3}{10} + \frac{5}{10} = \frac{8}{10} = \frac{4}{5}$$

Rechne nicht von links nach rechts. Verbinde zuerst die beiden letzten Summanden.

b) Auch bei diesen Aufgaben ist es geschickter, nicht von links nach rechts zu rechnen.

(1) $\frac{3}{37} \cdot \frac{5}{2} \cdot \frac{37}{9}$

$= \frac{3}{37} \cdot \frac{37}{9} \cdot \frac{5}{2}$ — Vertausche den 2. und 3. Faktor.

$= \frac{3 \cdot 37}{37 \cdot 9} \cdot \frac{5}{2}$

$= \frac{1 \cdot 5}{3 \cdot 2}$

$= \frac{5}{6}$

Es wurde das *Kommutativgesetz der Multiplikation* angewendet.

(2) $\frac{4}{19} \cdot \frac{43}{17} \cdot \frac{34}{43}$

$= \frac{4}{19} \cdot \left(\frac{43}{17} \cdot \frac{34}{43}\right)$ — Rechne nicht von links nach rechts; verbinde zuerst die beiden letzten Faktoren.

$= \frac{4}{19} \cdot \frac{43 \cdot 34}{17 \cdot 43}$

$= \frac{4 \cdot 2}{19 \cdot 1}$

$= \frac{8}{19}$

Es wurde das *Assoziativgesetz der Multiplikation* angewendet.

Information

(1) Kommutativgesetze

Oben hast du Terme mit Brüchen geschickt berechnen können, indem du Rechengesetze angewendet hast, die du aus Klasse 5 für natürliche Zahlen kennen gelernt hast. Wir notieren sie noch einmal für gebrochene Zahlen:

kommutativ (lat.) vertauschbar

Kommutativgesetze

Kommutativgesetz der Addition
In einer Summe darf man die Reihenfolge der Summanden vertauschen.
Denke dir gebrochene Zahlen anstelle von a und b. Stets gilt:
a + b = b + a

Beispiel: $\frac{2}{3} + \frac{3}{8} = \frac{3}{8} + \frac{2}{3}$

Kommutativgesetz der Multiplikation
In einem Produkt darf man die Reihenfolge der Faktoren vertauschen.
Denke dir gebrochene Zahlen anstelle von a und b. Stets gilt:
a · b = b · a

Beispiel: $3{,}1 \cdot 1{,}3 = 1{,}3 \cdot 3{,}1$

Begründung für die Gültigkeit der Kommutativgesetze
Wir begründen die Kommutativgesetze an einem Beispiel, aber dieselbe Begründung ist für alle Zahlen möglich.

(1) Kommutativgesetz der Addition
Zum Addieren der beiden gleichnamigen Brüche sind die Zähler zu addieren. Die Summe der Zähler ist die Summe natürlicher Zahlen. Für diese gilt das Kommutativgesetz: $7 + 2 = 2 + 7$
Der Bruch ist $\frac{2+7}{25}$ dann aber das Ergebnis der Additionsaufgabe mit den vertauschten Brüchen. Diese Begründung ist nicht an die konkreten Zahlen 7, 2 und 25 gebunden. Man kann sie so genau für die Addition beliebiger gleichnamiger Brüche geben.

$\frac{7}{25} + \frac{2}{25} = \frac{7+2}{25} = \frac{2+7}{25} = \frac{2}{25} + \frac{7}{25}$ — Kommutativgesetz für das Addieren natürlicher Zahlen

Sind die beiden Summanden nicht gleichnamig, dann kann man sie so erweitern, dass sie gleichnamig werden. Anschließend kann man wieder so begründen wie oben.
Damit gilt das Kommutativgesetz auch für die Addition nicht gleichnamiger Brüche.

(2) Kommutativgesetz der Multiplikation
Beim Multiplizieren kann man genauso begründen wie beim Addieren.

$\frac{2}{5} \cdot \frac{7}{11} = \frac{2 \cdot 7}{5 \cdot 11} = \frac{7 \cdot 2}{11 \cdot 5} = \frac{7}{11} \cdot \frac{2}{5}$

Anwenden des Kommutativgesetzes für natürliche Zahlen in Zähler und Nenner

(2) Assoziativgesetze

assoziativ (lat.) verbindend

Assoziativgesetze

Assoziativgesetz der Addition
In einer Summe aus drei oder mehr Summanden darf man beliebig Klammern setzen. Der Wert der Summe ist unabhängig von der Stellung der Klammern.
Denke dir gebrochene Zahlen anstelle von a und b. Stets gilt:
(a + b) + c = a + (b + c)
Man darf daher die Klammern auch weglassen: **a + b + c**

Beispiel:
$(1{,}3 + 0{,}14) + 0{,}56 = 1{,}3 + (0{,}14 + 0{,}56)$
$= 1{,}3 + 0{,}14 + 0{,}56$

Assoziativgesetz der Multiplikation
In einem Produkt aus drei oder mehr Faktoren darf man beliebig Klammern setzen. Der Wert des Produkts ist unabhängig von der Stellung der Klammern.
Denke dir gebrochene Zahlen anstelle von a und b. Stets gilt:
(a · b) · c = a · (b · c)
Man darf daher die Klammern auch weglassen: **a · b · c**

Beispiel:
$\left(\frac{1}{3} \cdot \frac{3}{8}\right) \cdot \frac{4}{7} = \frac{1}{3} \cdot \left(\frac{3}{8} \cdot \frac{4}{7}\right) = \frac{1}{3} \cdot \frac{3}{8} \cdot \frac{4}{7}$

Begründung für die Gültigkeit der Assoziativgesetze
Wir begründen auch diese Gesetze nur an einem Zahlenbeispiel – stellvertretend für beliebige Zahlen.

(1) Assoziativgesetz der Addition
Wegen der gleichen Nenner reicht es, die Zähler zu addieren. Die Zähler sind aber natürliche Zahlen, für die das Assoziativgesetz der Addition gilt: Es ist gleich, ob man zunächst 13 und 8 addiert und dies zu 7 addiert, oder ob man erst 7 und 13 addiert und dann 8.
Es reicht auch hier, die Begründung für gleichnamige Brüche zu geben, da man alle Brüche so erweitern kann, dass sie gleichnamig werden.

$$\frac{7}{15} + \left(\frac{13}{15} + \frac{8}{15}\right)$$
$$= \frac{7}{15} + \frac{13+8}{15}$$
$$= \frac{7+(13+8)}{15}$$
$$= \frac{(7+13)+8}{15}$$
$$= \frac{7+13}{15} + \frac{8}{15}$$
$$= \left(\frac{7}{15} + \frac{13}{15}\right) + \frac{8}{15}$$

Assoziativgesetz für das Addieren natürlicher Zahlen

(2) Assoziativgesetz der Multiplikation
Beim Multiplizieren kann man genauso begründen wie beim Addieren:

$$\left(\frac{2}{3} \cdot \frac{4}{5}\right) \cdot \frac{7}{9} = \frac{2 \cdot 4}{3 \cdot 5} \cdot \frac{7}{9}$$
$$= \frac{(2 \cdot 4) \cdot 7}{(3 \cdot 5) \cdot 9}$$
$$= \frac{2 \cdot (4 \cdot 7)}{3 \cdot (5 \cdot 9)}$$
$$= \frac{2}{3} \cdot \frac{4 \cdot 7}{5 \cdot 9}$$
$$= \frac{2}{3} \cdot \left(\frac{4}{5} \cdot \frac{7}{9}\right)$$

Anwenden des Assoziativgesetzes für natürliche Zahlen in Zähler und Nenner

Übungsaufgaben

2. Rechne vorteilhaft.

a) $\frac{9}{14} + \frac{7}{20} + \frac{3}{20}$
b) $\frac{2}{9} + \frac{1}{9} + \frac{5}{12}$
c) $\frac{1}{20} + \frac{7}{24} + \frac{11}{24}$
d) $\frac{3}{25} + \frac{7}{15} + \frac{2}{25}$
e) $\frac{1}{10} + \frac{1}{15} + \frac{7}{10}$
f) $\frac{5}{12} + \frac{3}{14} + \frac{1}{12}$
g) $3{,}72 + 1{,}8 + 1{,}28$
h) $7{,}125 + 0{,}45 + 9{,}55$
i) $8{,}13 + 9{,}4 + 4{,}87 + 3{,}6$
j) $\frac{19}{88} + \frac{3}{7} + \frac{3}{88} + \frac{1}{14} + \frac{1}{4}$
k) $\frac{5}{32} + \frac{4}{27} + \frac{1}{5} + \frac{5}{27} + \frac{3}{32} + \frac{1}{10}$
l) $\frac{11}{18} + \frac{3}{50} + \frac{2}{9} + \frac{11}{25} + \frac{1}{6} + \frac{1}{10}$

3. Setze im Heft für $\square$ eine passende gebrochene Zahl ein.

a) $\frac{14}{19}+\frac{3}{11}=\frac{3}{11}+\square$
c) $\square+\frac{1}{3}=\left(\frac{1}{3}+\frac{3}{8}\right)+\frac{1}{8}$
e) $\left(\frac{2}{15}+\frac{3}{14}\right)+\frac{7}{8}=\frac{7}{8}+\left(\frac{2}{15}+\square\right)$

b) $\frac{6}{27}+\square=\frac{7}{18}+\frac{2}{9}$
d) $\frac{5}{18}+\left(\square+\frac{3}{18}\right)=\left(\frac{1}{6}+\frac{3}{7}\right)+\frac{5}{18}$
f) $\frac{4}{9}+\left(\frac{2}{9}+\frac{5}{7}\right)=\square+\frac{2}{3}$

4. Zeige an $\left(\frac{1}{2}-\frac{1}{4}\right)-\frac{1}{8}$ und $\frac{1}{2}-\left(\frac{1}{4}-\frac{1}{8}\right)$, dass das Assoziativgesetz nicht für die Subtraktion gilt.

5. a) $\frac{4}{9}\cdot\frac{5}{7}\cdot\frac{3}{11}\cdot 2\frac{1}{4}$
c) $2\frac{4}{5}\cdot 7\frac{1}{3}\cdot 2\frac{1}{7}\cdot 1\frac{7}{11}$
e) $3{,}4\cdot 2\cdot 0{,}4\cdot 1{,}5\cdot 2{,}5$
g) $1\frac{1}{8}\cdot 6\frac{1}{4}\cdot 10\frac{2}{3}\cdot 3\frac{1}{5}$

b) $3\frac{3}{4}\cdot\frac{6}{7}\cdot\frac{4}{15}\cdot\frac{7}{12}$
d) $5\frac{1}{4}\cdot 5\frac{1}{5}\cdot 1\frac{5}{7}\cdot 1\frac{2}{13}$
f) $1{,}25\cdot 5{,}9\cdot 8\cdot 1{,}5$
h) $\frac{5}{6}\cdot\frac{7}{8}\cdot\frac{4}{5}\cdot\frac{6}{7}\cdot\frac{3}{4}$

6. Rechne vorteilhaft.

a) $\frac{3}{5}:\frac{8}{17}\cdot\frac{5}{3}$
d) $\frac{8}{39}\cdot\frac{5}{9}:\frac{2}{13}$
g) $\frac{5}{9}:1\frac{2}{7}\cdot\frac{9}{5}$

b) $\frac{25}{44}:\frac{35}{36}\cdot\frac{11}{5}$
e) $1\frac{3}{7}\cdot\frac{3}{11}:\frac{5}{7}$
h) $\frac{7}{8}:\frac{21}{64}\cdot\frac{3}{4}$

c) $\frac{8}{9}\cdot\frac{17}{7}:\frac{4}{9}$
f) $\frac{21}{38}\cdot\frac{10}{9}:\frac{7}{19}$
i) $2\frac{4}{9}\cdot\frac{3}{5}:1\frac{2}{9}$

7. Erfindet Aufgaben, die sich mithilfe von Rechengesetzen vorteilhaft lösen lassen.

3.10.2 Distributivgesetze

Einstieg

Zwei Tücher werden als Dekor benötigt. Jedes Tuch soll zu $\frac{2}{5}$ aus rotem, im übrigen aus weißem Stoff sein. Das erste Tuch soll 1,25 m² groß sein, das zweite 0,75 m² groß.
Wie viel Quadratmeter vom roten Stoff werden insgesamt benötigt? Rechnet auf zwei Wegen.

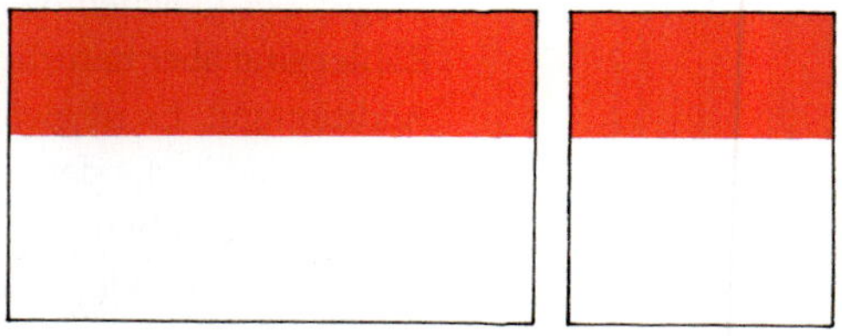

Aufgabe 1

Distributivgesetz für die Multiplikation
Dominik und sein Vater bereiten für ein Gartenfest zwei große Schüsseln mit Salaten zu: eine mit griechischem Bauernsalat und eine mit Blattsalat. Beide Salate erhalten eine gemeinsame Salatsoße aus $\frac{3}{8}$ l Olivenöl und $\frac{1}{4}$ l Essig. $\frac{2}{3}$ der Salatsoße sind für den griechischen Bauernsalat vorgesehen, der Rest für den Blattsalat.

Wie viel Salatsoße kommt an den Bauernsalat? Rechne auf verschiedenen Wegen und schreibe jeweils einen einzigen Term für den Rechenweg.

Lösung

1. Weg: Man könnte zunächst das Olivenöl und den Essig mischen und dann $\frac{2}{3}$ von der fertigen Salatsoße für den Bauernsalat verwenden:
$\frac{2}{3}\cdot\left(\frac{3}{8}+\frac{1}{4}\right)=\frac{2}{3}\cdot\left(\frac{3}{8}+\frac{2}{8}\right)=\frac{2}{3}\cdot\frac{5}{8}=\frac{5}{12}$

Vielleicht sind dir noch andere Wege eingefallen.

2. Weg: Man könnte $\frac{2}{3}$ von dem Olivenöl und $\frac{2}{3}$ von dem Essig für den Bauernsalat mischen:
$\frac{2}{3}\cdot\frac{3}{8}+\frac{2}{3}\cdot\frac{1}{4}=\frac{1}{4}+\frac{1}{6}=\frac{3}{12}+\frac{2}{12}=\frac{5}{12}$

Ergebnis: $\frac{5}{12}$ l Salatsoße kommt auf den Bauernsalat, der Rest, also $\frac{5}{24}$ l auf den Blattsalat.

Information

In der Aufgabe 1 kann man $\frac{2}{3}$ von der Summe der Volumina des Essigs und Öls nehmen, oder $\frac{2}{3}$ von dem Essig-Volumen und $\frac{2}{3}$ von dem Öl-Volumen und beide Teilvolumina addieren.

Auf beiden Wegen erhält man dasselbe Ergebnis: $\frac{2}{3} \cdot \left(\frac{3}{8} + \frac{1}{4}\right) = \frac{2}{3} \cdot \frac{3}{8} + \frac{2}{3} \cdot \frac{1}{4}$

Dies ist das Distributivgesetz für die Multiplikation einer Summe. Für natürliche Zahlen kennst du es schon. Es gilt auch für gebrochene Zahlen. Entsprechendes gilt für die Multiplikation einer Differenz.

Distributivgesetze (Verteilungsgesetze) für die Multiplikation einer Summe bzw. Differenz

Wenn du eine Summe oder Differenz mit einem Faktor multiplizieren sollst, dann kannst du jede Zahl der Summe bzw. Differenz mit diesem Faktor multiplizieren und dann die Ergebnisse addieren bzw. subtrahieren.

Denke dir gebrochene Zahlen anstelle von a, b, c. Stets gilt:

$\mathbf{a \cdot (b + c) = a \cdot b + a \cdot c}$ $\mathbf{a \cdot (b - c) = a \cdot b - a \cdot c}$ (falls die Subtraktion ausführbar ist.)

Beispiel:

$\frac{2}{3} \cdot \left(\frac{3}{5} + \frac{5}{8}\right) = \frac{2}{3} \cdot \frac{3}{5} + \frac{2}{3} \cdot \frac{5}{8}$ $1{,}2 \cdot (1{,}2 - 0{,}5) = 1{,}2 \cdot 1{,}2 - 1{,}2 \cdot 0{,}5$

Man muss begründen, dass die Distributivgesetze auch für gebrochene Zahlen gelten. Dazu genügt es, die Begründung für gleichnamige Brüche in der Klammer durchzuführen, da man die gebrochenen Zahlen als gleichnamige Brüche schreiben kann. Überlege dir, dass die Begründung für eine Differenz in der Klammer entsprechend verläuft.

$$\frac{2}{3} \cdot \left(\frac{5}{7} + \frac{4}{7}\right) = \frac{2}{3} \cdot \frac{5+4}{7} = \frac{2 \cdot (5+4)}{3 \cdot 7} = \frac{2 \cdot 5 + 2 \cdot 4}{3 \cdot 7} = \frac{2 \cdot 5}{3 \cdot 7} + \frac{2 \cdot 4}{3 \cdot 7} = \frac{2}{3} \cdot \frac{5}{7} + \frac{2}{3} \cdot \frac{4}{7}$$

Wende das Distributivgesetz für natürliche Zahlen im Zähler an.

Weiterführende Aufgabe

Weitere Distributivgesetze

2. a) Unten siehst du die Distributivgesetze der Division.
Begründe diese Gesetze. Formuliere diese Gesetze auch mit Worten.

Distributivgesetze für die Division

Denke dir gebrochene Zahlen anstelle von a, b, c. Stets gilt, falls $c \neq 0$:

$\mathbf{(a + b) : c = a : c + b : c}$

$\mathbf{(a - b) : c = a : c - b : c}$ (falls die Subtraktion ausführbar ist.)

b) Wie kann man die Aufgaben vorteilhaft lösen? (1) $\left(\frac{19}{17} + \frac{38}{17}\right) : \frac{19}{17}$ (2) $\left(\frac{10}{3} - \frac{7}{3}\right) : \frac{17}{15}$

Übungsaufgaben

3. Rechne auf zweierlei Weise. Welcher Weg ist vorteilhafter? Begründe.

a) $\frac{4}{5} \cdot \left(\frac{5}{8} + \frac{15}{4}\right)$ c) $\frac{3}{11} \cdot \left(\frac{4}{7} + \frac{5}{21}\right)$ e) $\left(\frac{9}{8} + \frac{1}{4}\right) \cdot \frac{1}{7}$

b) $\frac{45}{14} \cdot \left(\frac{14}{15} + \frac{7}{9}\right)$ d) $\frac{1}{3} \cdot \left(\frac{3}{5} + \frac{3}{10}\right)$ f) $\left(\frac{3}{4} + \frac{1}{7}\right) \cdot \frac{7}{2}$

1. Weg	2. Weg
$\frac{4}{3} \cdot \left(\frac{3}{4} + \frac{3}{5}\right)$	$\frac{4}{3} \cdot \left(\frac{3}{4} + \frac{3}{5}\right)$
$= \frac{4}{3} \cdot \left(\frac{15}{20} + \frac{12}{20}\right)$	$= \frac{4}{3} \cdot \frac{3}{4} + \frac{4}{3} \cdot \frac{3}{5}$
$= \frac{4}{3} \cdot \frac{27}{20}$	$= 1 + \frac{4}{5}$
$= \frac{9}{5}$	$= 1\frac{4}{5}$
$= 1\frac{4}{5}$	

Der 2. Weg ist hier vorteilhafter.

4. Rechne vorteilhaft.

a) $\frac{5}{6} \cdot \left(\frac{6}{5} + \frac{2}{3}\right)$ c) $\left(\frac{3}{11} + \frac{3}{8}\right) \cdot \frac{8}{3}$ e) $\left(\frac{3}{7} + \frac{3}{4}\right) \cdot \frac{28}{33}$

b) $\frac{3}{4} \cdot \left(\frac{8}{3} + \frac{4}{9}\right)$ d) $\left(\frac{7}{5} + \frac{4}{15}\right) \cdot \frac{15}{7}$ f) $\frac{63}{79} \cdot \left(\frac{8}{9} + \frac{7}{9}\right)$

5. Jeder Partner entscheidet, ob er diese nach der Vorrangregel oder nach Anwenden des Distributivgesetzes rechnen will. Vergleicht eure Ansichten und begründet sie.

a) $\left(\frac{8}{5}+\frac{2}{3}\right):\frac{8}{15}$
c) $\left(\frac{7}{5}+\frac{5}{13}\right):5$
e) $(3{,}6+10{,}8):3{,}6$
b) $\left(\frac{3}{4}+\frac{1}{7}\right):\frac{3}{28}$
d) $\left(\frac{8}{9}-\frac{5}{18}\right):\frac{1}{3}$
f) $(4{,}53-3{,}13):0{,}4$

6. Erfindet Aufgaben mit einer Summe oder Differenz in einer Klammer, bei denen es **(1)** günstig ist, **(2)** ungünstig ist, eines der Distributivgesetze anzuwenden.

7. Rechts siehst du ein Feld einer Gärtnerei. Berechne seine Größe auf zwei Wegen.

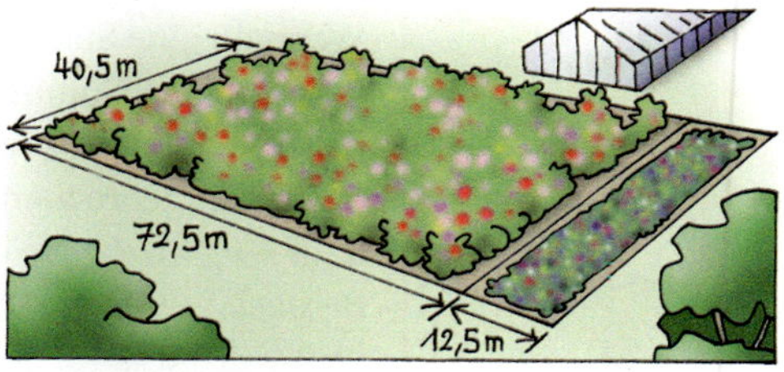

8. Das Produkt zweier Zahlen kann man als Flächeninhalt eines Rechtecks geometrisch deuten. Veranschauliche mithilfe von Rechtecken.

a) $2{,}4\cdot5{,}3+2{,}4\cdot1{,}7=2{,}4\cdot(5{,}3+1{,}7)$
b) $3{,}9\cdot7{,}2-3{,}9\cdot5{,}2=3{,}9\cdot(7{,}2-5{,}2)$

9. Rechne vorteilhaft.

a) $\frac{4}{9}\cdot\frac{3}{7}+\frac{4}{9}\cdot\frac{4}{7}$
d) $\frac{11}{25}\cdot\frac{3}{7}+\frac{3}{25}\cdot\frac{3}{7}$
g) $\frac{8}{9}:\frac{2}{3}+\frac{4}{3}:\frac{2}{3}$
b) $\frac{4}{5}\cdot\frac{7}{9}-\frac{4}{5}\cdot\frac{2}{9}$
e) $\frac{15}{4}\cdot\frac{12}{5}-\frac{10}{3}\cdot\frac{12}{5}$
h) $\frac{9}{10}:\frac{3}{5}-\frac{3}{20}:\frac{3}{5}$
c) $\frac{5}{8}:\frac{2}{3}+\frac{3}{8}:\frac{2}{3}$
f) $\frac{23}{7}:\frac{3}{5}-\frac{2}{7}:\frac{3}{5}$
i) $\frac{5}{6}:\frac{3}{7}+\frac{1}{6}:\frac{3}{7}$

$$\frac{4}{9}\cdot\frac{2}{5}+\frac{4}{9}\cdot\frac{1}{10}$$
$$=\frac{4}{9}\cdot\left(\frac{2}{5}+\frac{1}{10}\right)$$
$$=\frac{4}{9}\cdot\left(\frac{4}{10}+\frac{1}{10}\right)$$
$$=\frac{4}{9}\cdot\frac{5}{10}=\frac{2}{9}$$

1,3206 5,87675 8,875 68,8608 24 99,72 99,753 121,25 194,35

10. Berechne möglichst geschickt.

a) $16{,}9\cdot7{,}15+16{,}9\cdot4{,}35$
d) $74{,}6\cdot0{,}9+0{,}9\cdot36{,}2$
g) $42{,}7:0{,}4+5{,}8:0{,}4$
b) $0{,}275\cdot14{,}6+0{,}275\cdot6{,}77$
e) $4{,}88\cdot0{,}62-0{,}62\cdot2{,}75$
h) $5{,}94:0{,}6+8{,}46:0{,}6$
c) $8{,}64\cdot19{,}47-8{,}64\cdot11{,}5$
f) $3{,}14\cdot12{,}3+12{,}3\cdot4{,}97$
i) $21{,}6:1{,}6-7{,}4:1{,}6$

11. Wende Rechengesetze an.

a) $\left(3\frac{4}{7}+6\frac{1}{4}\right)\cdot\frac{7}{25}$
c) $\frac{8}{9}\cdot\left(2\frac{1}{4}-1\frac{4}{5}\right)$
e) $\left(\frac{7}{6}+\frac{7}{4}\right):3\frac{1}{2}$
g) $\left(1\frac{1}{10}-\frac{1}{5}\right):4\frac{1}{2}$
b) $\frac{11}{16}\cdot2\frac{1}{3}+\frac{11}{16}\cdot5\frac{2}{3}$
d) $3\frac{1}{5}\cdot\frac{7}{8}-3\frac{1}{5}\cdot\frac{1}{4}$
f) $\frac{5}{9}:2\frac{1}{3}+\frac{2}{9}:2\frac{1}{3}$
h) $\frac{8}{9}:2\frac{1}{3}-\frac{1}{9}:2\frac{1}{3}$

12. Auf einem Tisch stehen zwei Krüge mit Saft und mehrere leere Gläser. Der eine Krug enthält $2\frac{1}{2}$ l Saft, der andere $1\frac{3}{4}$ l. Jedes Glas kann mit $\frac{1}{8}$ l gefüllt werden.

a) Wie viele Gläser kann man aus beiden Krügen füllen? Rechne auf zwei Weisen. Notiere jeweils einen Term.
b) Welches Gesetz kann durch diesen Sachverhalt gedeutet werden?

Das kann ich noch!

A) Zeichne das Schrägbild eines Würfels mit der Kantenlänge 2 cm und berechne Volumen und Oberflächeninhalt.
B) Ein Quader hat als Grundfläche ein Rechteck mit den Seitenlängen 3 cm und 5 cm. Sein Volumen beträgt 60 cm³. Wie hoch ist er? Zeichne ein Schrägbild und berechne den Oberflächeninhalt.

Problemlösestrategien „Beispiele finden“, „Überprüfen durch Probieren“

Probleme erfassen, erkunden und lösen
Du hast im Mathematikunterricht schon an vielen Stellen Probleme gelöst. Hier soll dir bewusst werden, über welche möglichen Strategien du dabei verfügst.

1. Lars und Yannic treffen sich an einem Sonntag beim Joggen im Park. Lars erzählt, dass er immer zwei Tage Pause zwischen zwei Laufterminen macht. Yannic legt immer vier Tage Pause ein. Wann treffen sich die beiden frühestens wieder beim Joggen im Park?
Dieses Problem kann man auf verschiedene Weisen lösen:
(1) Du könntest z. B. in einem Kalender oder einer Tabelle die Tage markieren, an denen Lars bzw. Yannic joggen. Ergänze dazu die folgende Tabelle:

Tag	Sonntag	Montag	Dienstag	Mittwoch	Donnerstag	Freitag
Lars	x			x		
Yannic	x					x

(2) Du könntest die Treffzeitpunkte auch mit Zahlen beschreiben: Nach dem Sonntag joggt Lars an jedem 3. Tag, Yannic an jedem 5. Tag. Zählst du den Montag nach dem Sonntag als ersten Tag, so kannst du für jeden Läufer die Nummern der Tage angeben, an denen er joggt. Ergänze folgende Übersicht:
Lars: 3, 6, 9, ...
Yannic: 5, 10, ...
(3) Beschreibe das Problem mit dem Begriff „Vielfaches“. Welche Vielfachen werden zur Lösung des Problems benötigt?

2. Löse mit einer Strategie, die dir am besten zusagt, folgendes Problem:

Wie viele Tage vergehen mindestens, bis sich Lars und Yannic wieder an einem Sonntag beim Joggen im Stadtpark treffen?

3. Ragobert Ruck hat schon viele Goldtaler gesammelt, will aber nicht verraten, wie viele er genau hat. Er antwortet daher mit einem Rätsel:
„Es sind leider noch weniger als 400. Wollte ich sie an zwei Enkel verteilen, so würde ein Taler übrig bleiben. Beim Verteilen an drei, vier, fünf und sechs Enkel wäre es genauso. Nur wenn ich sieben Enkel hätte, könnte ich die Taler gleichmäßig ohne Rest verteilen.
Da das leider nicht der Fall ist, muss ich noch weiter sparen.“
Versuche herauszufinden, wie viele Münzen Ragobert Ruck schon gesammelt hat.

4. a) Du hast das Distributivgesetz kennen gelernt: $\mathbf{a \cdot (b + c) = a \cdot b + a \cdot c}$
Eine informative Figur zu diesem Gesetz ist die folgende. Begründe an ihr das Distributivgesetz.

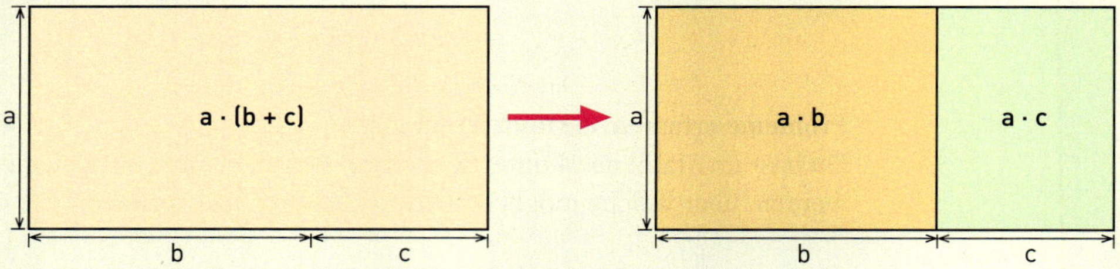

b) Ein anderes Distributivgesetz ist: $\mathbf{(a + b) : c = a : c + b : c}$
Zeige an Zahlenbeispielen, dass es gilt. Begründe dann mithilfe einer informativen Figur.

c) Wähle auch andere Rechenzeichen als + und –. Stelle zum Distributivgesetz verwandte Regeln auf und überprüfe, ob sie gelten. Begründe gegebenenfalls auch mit einer informativen Figur.

5. Erläutere die folgende Zusammenfassung an den obigen Beispielen.

Einige Problemlösestrategien
1. Oft hilft das *Anfertigen einer informativen Figur*, die den wesentlichen Kern des Problems veranschaulicht.
2. Hilfreich ist auch das *Auffinden von Beispielen* für Lösungen des Problems, aus denen man dann Gesetzmäßigkeiten für die allgemeine Lösung ablesen kann.
   Um solche Beispiele zu finden, muss man vermutete mögliche Lösungen durch *Probieren überprüfen*.

6. Der alte Scheich Abh el Chare beklagt sich: „Allah hat mich bestraft mit der Anzahl meiner Kamele: Verteile ich sie an meine beiden Lieblingssöhne, bleibt eines übrig. Verteile ich sie an meine drei liebsten Söhne, bleiben zwei übrig. Verteile ich sie sogar gleichmäßig an alle vier Söhne, so bleiben sogar drei übrig."
Wie viele Kamele kann der Scheich haben? Welche Problemlösestrategie hast du verwendet?

7. Nora, Malte und Jonas unterhalten sich über das Dividieren von Brüchen. Was meinst du zu Maltes Vorschlag? Welche Problemlösestrategie hast du verwendet?

3.11 Vergleich der Zahlbereiche der natürlichen Zahlen und der gebrochenen Zahlen

Ziel

Du hast bisher zwei Zahlbereiche kennengelernt: die Menge der natürlichen Zahlen, die Menge der gebrochenen Zahlen.
Du weißt: Jede natürliche Zahl ist auch eine gebrochene Zahl, aber nicht jede gebrochene Zahl ist auch eine natürliche Zahl.

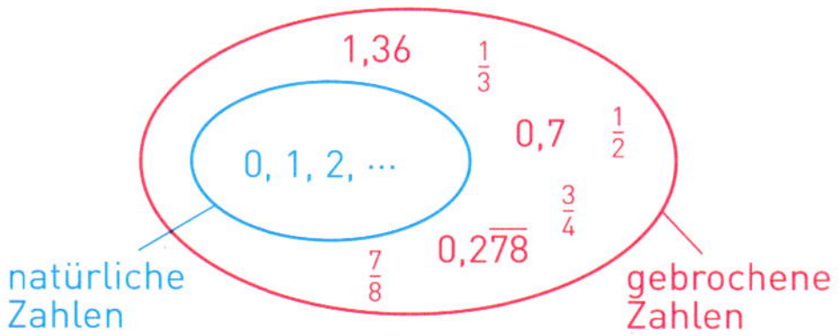

Du hast erfahren: Die Rechengesetze, die du bei den natürlichen Zahlen kennen gelernt hast, gelten auch für die gebrochenen Zahlen: Assoziativgesetze, Kommutativgesetze, Distributivgesetze.
In diesem Abschnitt wollen wir gebrochene Zahlen und natürliche Zahlen vergleichen.

Zum Erarbeiten

Zahlen zwischen zwei vorgegebenen Zahlen finden

a) Suche eine natürliche Zahl zwischen
(1) den natürlichen Zahlen 2 und 5; **(2)** den natürlichen Zahlen 8 und 9.

b) Suche eine gebrochene Zahl zwischen
(1) den gebrochenen Zahlen $\frac{1}{10}$ und $\frac{6}{10}$; **(2)** den gebrochenen Zahlen $\frac{8}{10}$ und $\frac{9}{10}$.

➔ Du findest:

a) **(1)** Zwischen den natürlichen Zahlen 2 und 5 liegen die natürlichen Zahlen 3 und 4.

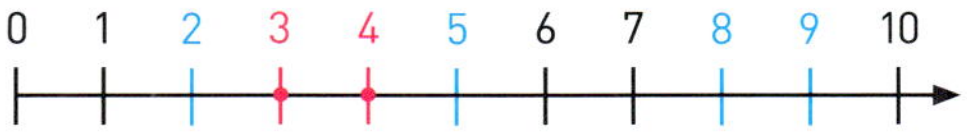

(2) Zwischen den natürlichen Zahlen 8 und 9 findest du keine natürliche Zahl.

b) **(1)** Zwischen den gebrochenen Zahlen $\frac{1}{10}$ und $\frac{6}{10}$ findest du leicht mehrere gebrochene Zahlen, zum Beispiel die gebrochene Zahl $\frac{3}{10}$.

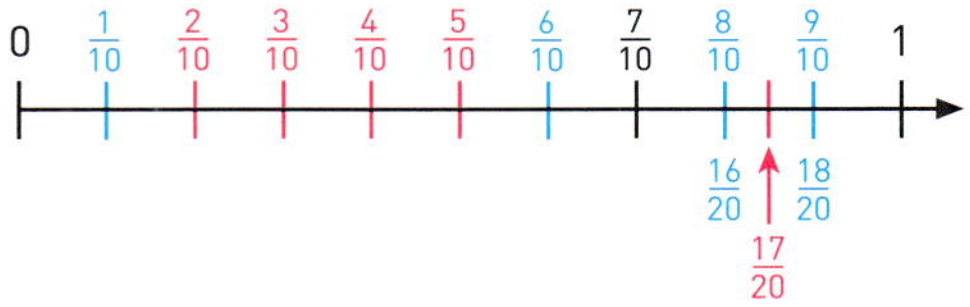

(2) Zwischen den gebrochenen Zahlen $\frac{8}{10}$ und $\frac{9}{10}$ findest du zwar keine gebrochene Zahl mit dem Nenner 10, aber zum Beispiel die gebrochene Zahl $\frac{17}{20}$, da $\frac{8}{10} = \frac{16}{20}$ und $\frac{9}{10} = \frac{18}{20}$.

Beliebig viele Zahlen zwischen zwei gebrochenen Zahlen

Erweitere die Brüche $\frac{8}{10}$ und $\frac{9}{10}$ so, dass du zwischen $\frac{8}{10}$ und $\frac{9}{10}$ mindestens
a) 2, **b)** 9, **c)** 999
gebrochene Zahlen leicht angeben könntest.

➔ **a)** Beim Erweitern von $\frac{8}{10}$ und $\frac{9}{10}$ mit 2 konntest du leicht noch eine weitere gebrochene Zahl dazwischen angeben. Erweiterst du mit 3, so ergibt sich $\frac{8}{10} = \frac{24}{30}$ und $\frac{9}{10} = \frac{27}{30}$.
Zwischen diesen beiden gebrochenen Zahlen liegen $\frac{25}{30}$ und $\frac{26}{30}$.

b) Erweiterst du mit 10, so ergibt sich $\frac{8}{10} = \frac{80}{100}$ und $\frac{9}{10} = \frac{90}{100}$.
Zwischen diesen beiden gebrochenen Zahlen liegen die neun Zahlen $\frac{81}{100}, \frac{82}{100}, \ldots, \frac{89}{100}$.

c) Hierzu erweiterst du mit 1000, also: $\frac{8}{10} = \frac{8000}{10000}$ und $\frac{9}{10} = \frac{9000}{10000}$.
Zwischen diesen beiden Zahlen liegen die folgenden 999 Zahlen:
$\frac{8001}{10000}, \frac{8002}{10000}, \frac{8003}{10000}, \ldots, \frac{8098}{10000}, \frac{8099}{10000}$.

Zwischen zwei verschiedenen natürlichen Zahlen findest du nicht immer eine weitere natürliche Zahl. Zwischen zwei verschiedenen gebrochenen Zahlen findest du immer beliebig viele weitere gebrochene Zahlen.

Ausführbarkeit der Division

Betrachte die folgenden Aufgaben. In welchen Fällen ist der Quotient eine natürliche Zahl? In welchen Fällen ist der Quotient eine gebrochene Zahl? In welchen Fällen kann man nicht dividieren?

(1) $12:3$ (3) $\frac{1}{2}:\frac{3}{4}$ (5) $0:\frac{4}{7}$ (7) $0:0$

(2) $14:5$ (4) $\frac{3}{5}:6$ (6) $\frac{4}{9}:0$

→ Es gilt:

(1) $12:3=4$ (3) $\frac{1}{2}:\frac{3}{4}=\frac{1}{2}\cdot\frac{4}{3}=\frac{2}{3}$ (5) $0:\frac{4}{7}=0$, denn $0\cdot\frac{4}{7}=0$

(2) $14:5=\frac{14}{5}=2\frac{4}{5}$ (4) $\frac{3}{5}:6=\frac{3}{5\cdot 6}=\frac{1}{10}$

(6) $\frac{4}{9}:0$ kann nicht berechnet werden, denn welche Zahl z man als Ergebnis wählen würde, stets würde die Probe $z\cdot 0=0$, aber nicht $\frac{4}{9}$ ergeben.

(7) Auch $0:0$ kann nicht berechnet werden, da hier die Probe für jede beliebige Zahl z als Ergebnis stimmen würde: $0\cdot z=0$.

Als Zusammenfassung erhältst du:

Durch 0 kann man nicht dividieren.
In allen anderen Fällen gilt:
Der Quotient zweier natürlicher Zahlen ist *nicht immer* eine natürliche Zahl (d.h. die Division ist in der Menge der natürlichen Zahlen nicht immer ausführbar).
Der Quotient zweier gebrochener Zahlen ist *immer* eine gebrochene Zahl (d.h. die Division ist in der Menge der gebrochenen Zahlen immer ausführbar).

Zum Üben

1. Gib zwei gebrochene Zahlen an, die zwischen den beiden gebrochenen Zahlen liegen.

a) $\frac{2}{5}$ und $\frac{4}{5}$ c) $\frac{1}{3}$ und $\frac{5}{6}$ e) 8 und 9 g) $2\frac{1}{4}$ und $2\frac{1}{3}$ i) 7,2 und 7,3

b) 1 und $\frac{3}{5}$ d) 0 und $\frac{1}{8}$ f) $\frac{1}{10}$ und $\frac{1}{11}$ h) 0,18 und 0,19 j) 0,9 und 1,1

2. a) Gibt es eine kleinste natürliche Zahl? c) Gibt es eine größte natürliche Zahl?
b) Gibt es eine kleinste gebrochene Zahl? d) Gibt es eine größte gebrochene Zahl?

3. Überprüfe Stefans Vermutungen.

(1) *Der Quotient von zwei natürlichen Zahlen ist auch eine natürliche Zahl, wenn der Divisor ein Teiler des Dividenden ist.*

(2) *Der Quotient von zwei gebrochenen Zahlen, die keine natürlichen Zahlen sind, kann auch keine natürliche Zahl sein.*

4. Die Division ist in der Menge der natürlichen Zahlen nicht immer ausführbar, dagegen aber in der Menge der von 0 verschiedenen gebrochenen Zahlen. Untersuche Entsprechendes für a) die Addition; b) die Subtraktion; c) die Multiplikation.

3.12 Aufgaben zur Vertiefung

1. a) Laura kocht mit ihrer Freundin Sarah.
Sie haben noch $\frac{7}{10}$ l Kirschsaft. Für eine Rote Grütze benötigen sie $\frac{1}{2}$ l Kirschsaft, für ein Mixgetränk $\frac{1}{8}$ l Kirschsaft. Wie viel bleibt übrig?
Rechne auf zwei Wegen. Notiere in einem einzigen Term.

b) Erläutere folgendes Gesetz an einem selbst gewählten Sachverhalt.

Gesetz über die mehrfache Subtraktion
Statt zwei gebrochene Zahlen nacheinander zu subtrahieren, darf man ihre Summe subtrahieren. Denke dir gebrochene Zahlen anstelle von a, b und c. Stets gilt:
a − b − c = a − (b + c), falls die Subtraktion ausführbar ist.

2. Rechne vorteilhaft.

a) $\frac{3}{5} - \frac{3}{10} - \frac{1}{10}$ d) $\frac{19}{22} - \frac{1}{3} - \frac{1}{6}$ g) 1,8 − 0,93 − 0,07

b) $\frac{7}{9} - \frac{7}{18} - \frac{1}{18}$ e) $\frac{17}{40} - \frac{1}{6} - \frac{1}{12}$ h) 5,1 − 0,37 − 1,63

c) $\frac{6}{7} - \frac{11}{35} - \frac{4}{35}$ f) $\frac{13}{66} - \frac{1}{10} - \frac{1}{15}$ i) 7,23 − 1,985 − 0,015

$$\frac{7}{8} - \frac{3}{16} - \frac{7}{16} = \frac{7}{8} - \left(\frac{3}{16} + \frac{7}{16}\right) = \frac{7}{8} - \frac{10}{16} = \frac{7}{8} - \frac{5}{8} = \frac{2}{8} = \frac{1}{4}$$

3. Begründe die folgende Regel an einigen Beispielen.

Gesetz über die mehrfache Division
Statt durch mehrere gebrochene Zahlen nacheinander zu dividieren, darf man auch durch das Produkt dieser gebrochenen Zahlen dividieren. Dabei ändert sich der Wert des Terms nicht. Denke dir gebrochene Zahlen anstelle von a, b, c. Stets gilt:
a : b : c = a : (b · c)

4. Berechne und vergleiche: a) $\left(\frac{3}{5} : \frac{7}{10}\right) : \frac{3}{14}$; $\frac{3}{5} : \left(\frac{7}{10} : \frac{3}{14}\right)$ b) (0,8 : 0,2) : 2,5; 0,8 : (0,2 : 2,5)

5. Rechne vorteilhaft.

a) $\frac{4}{7} : \frac{2}{3} : \frac{3}{5}$ c) $\frac{2}{3} : \frac{9}{16} : \frac{5}{4}$ e) $\frac{5}{4} : \frac{2}{3} : \frac{3}{5}$ g) $\frac{5}{11} : \frac{11}{20} : \frac{5}{22}$

b) $\frac{7}{8} : \frac{5}{6} : \frac{3}{4}$ d) $\frac{3}{8} : \frac{3}{4} : \frac{2}{5}$ f) $\frac{15}{16} : \frac{5}{8} : \frac{1}{2}$ h) $\frac{2}{3} : 1\frac{1}{2} : \frac{3}{7}$

$$\frac{5}{9} : \frac{1}{2} : \frac{2}{5} = \frac{5}{9} : \left(\frac{1}{2} \cdot \frac{2}{5}\right) = \frac{5}{9} : \frac{1}{5} = \frac{25}{9}$$

6. Ein reicher Mann im alten Rom war todkrank und hatte eine schwangere Frau. Kurz vor seinem Tod bestimmte er:
Sollte das Kind ein Sohn sein, so sollte dieser doppelt so viel Vermögen haben wie seine Frau. Sollte es dagegen eine Tochter werden, so sollte diese halb so viel erhalten wie seine Frau. Kurz nach seinem Tod wurden Zwillinge geboren, und zwar ein Junge und ein Mädchen.
Welchen Anteil seines Vermögens erhielten nun seine Frau, sein Sohn und seine Tochter? Erläutere deine Strategie zur Lösung des Problems.

Das Wichtigste auf einen Blick

Vervielfachen und Teilen

Ein Bruch wird mit einer natürlichen Zahl *vervielfacht*, indem der Zähler mit der Zahl multipliziert wird. Der Nenner des Bruches wird nicht verändert.
Beim *Teilen* eines Bruches durch eine natürliche Zahl wird der Nenner des Bruches mit dieser Zahl multipliziert. Der Zähler des Bruches wird nicht verändert.

Beispiele:

$2 \cdot \frac{3}{7} = \frac{6}{7}$

$\frac{3}{4} : 2 = \frac{3}{8}$

Multiplikation von Brüchen

Brüche *multipliziert* man, indem man die Zähler multipliziert und auch die Nenner multipliziert.
Die Rechnung kann man häufig vereinfachen, indem man frühzeitig kürzt.

Beispiele:

$\frac{6}{7} \cdot \frac{5}{11} = \frac{6 \cdot 5}{7 \cdot 11} = \frac{30}{77}$

$\frac{\overset{1}{\cancel{3}}}{\underset{2}{\cancel{4}}} \cdot \frac{\overset{1}{\cancel{2}}}{\underset{1}{\cancel{3}}} = \frac{1}{2}$

Division von Brüchen

Durch einen Bruch dividiert man, indem man mit dem Kehrwert des Bruches multipliziert. Den Kehrwert eines Bruches erhält man durch Vertauschen von Zähler und Nenner.

Beispiel:

$\frac{6}{7} : \frac{5}{11} = \frac{6}{7} \cdot \frac{11}{5} = \frac{66}{35} = 1\frac{31}{35}$

Doppelbruch

Den Quotienten zweier Brüche nennt man *Doppelbruch*. Das Divisionszeichen wird hierbei durch den *Hauptbruchstrich* ersetzt.

Beispiel: $\frac{\frac{2}{5}}{\frac{3}{4}} = \frac{2}{5} : \frac{3}{4} = \frac{8}{15}$

Multiplikation von Dezimalzahlen

Multipliziere zunächst so, als wäre kein Komma vorhanden. Trenne dann im Ergebnis so viele Ziffern rechts durch ein Komma ab, wie die beiden Faktoren zusammen nach dem Komma haben.

Beispiel:

```
 2,65 · 3,9
     795
     2385
   10,335
```

2,65: 2 Nachkommastellen; 3,9: 1 Nachkommastelle; 10,335: 3 Nachkommastellen

Division durch natürliche Zahlen

Dividiere zunächst wie bei natürlichen Zahlen stellenweise. Wird das Komma in der Rechnung überschritten, setze auch im Ergebnis das Komma.

Beispiel:

```
127,8 : 6 = 21,3
12
 07
  6
  18
  18
   0
```

Division durch Dezimalzahlen

Verschiebe bei beiden Zahlen das Komma um eine gleiche Anzahl von Stellen nach rechts, bis der Divisor eine natürliche Zahl ist. Dividiere dann durch die natürliche Zahl.

Beispiel:

15,48 : 4,3 = 154,8 : 43 = 3,6

Endliche und unendliche Dezimalzahlen

Teilt man in einem Bruch den Zähler durch den Nenner, so erhält man stets eine Dezimalzahl.
Bricht die Division ab, da der Rest 0 auftritt, erhält man eine *abbrechende Dezimalzahl.*
Bricht die Division nicht ab, weil sich eine Folge von Resten stets wiederholt, so nennt man die entstehende Dezimalzahl periodisch. Die sich wiederholende Ziffer oder Ziffernfolge heißt *Periode*.

Beispiele für $\frac{1}{4}$ *und* $\frac{29}{22}$*:*

abbrechend:

```
1 : 4 = 0,25
0
10
 8
 20
 20
  0
```

periodisch: $29 : 22 = 1{,}3\overline{18}$

```
29 : 22 = 1,318
22
 70
 66
  40
  22
  180
  176
    4
```

Terme

Ein *Term* beschreibt einen *Rechenweg*; er besteht aus Zahlen, Rechenzeichen und Klammern.

Beachte: Berechne zuerst, was in Klammern steht.
Potenzrechnung geht vor Punktrechnung.
Punktrechnung geht vor Strichrechnung.
Sonst rechne von links nach rechts.

Beispiel:

$24:2\cdot 3 - 2\cdot(3^2+4)$

Quotient: $24:2$; Potenz: 3^2; Produkt: $24:2\cdot 3$; Summe: (3^2+4); Produkt: $2\cdot(3^2+4)$; Differenz: gesamter Term

$24:2\cdot 3 - 2\cdot(3^2+4)$
$= 12\cdot 3 - 2\cdot(9+4)$
$= 36 - 2\cdot 13$
$= 36 - 26$
$= 10$

Rechengesetze

Kommutativgesetz für die Addition:
Summanden kann man vertauschen.
$a + b = b + a$

Kommutativgesetz für die Multiplikation
Faktoren kann man vertauschen.
$a\cdot b = b\cdot a$

Assoziativgesetz für die Addition
$(a + b) + c = a + (b + c) = a + b + c$

Assoziativgesetz für die Multiplikation
$(a\cdot b)\cdot c = a\cdot(b\cdot c) = a\cdot b\cdot c$

Distributivgesetze
$a\cdot(b + c) = a\cdot b + a\cdot c$
$a\cdot(b - c) = a\cdot b - a\cdot c$

Beispiele:

$\frac{3}{4}+\frac{4}{5}=\frac{4}{5}+\frac{3}{4}$; $1{,}2 + 4{,}3 = 4{,}3 + 1{,}2$

$\frac{4}{7}\cdot\frac{5}{9}=\frac{5}{9}\cdot\frac{4}{7}$; $3{,}5\cdot 4{,}2 = 4{,}2\cdot 3{,}5$

$\frac{3}{5}+\left(\frac{4}{9}+\frac{2}{3}\right)=\left(\frac{3}{5}+\frac{4}{9}\right)+\frac{2}{3}=\frac{3}{5}+\frac{4}{9}+\frac{2}{3}$

$(3{,}2 + 2{,}5) + 4{,}7 = 3{,}2 + (2{,}5 + 4{,}7)$
$= 3{,}2 + 2{,}5 + 4{,}7$

$\left(\frac{3}{2}\cdot\frac{5}{8}\right)\cdot\frac{3}{4}=\frac{3}{2}\cdot\left(\frac{5}{8}\cdot\frac{3}{4}\right)=\frac{3}{2}\cdot\frac{5}{8}\cdot\frac{3}{4}$

$(4{,}1\cdot 2{,}5)\cdot 7{,}3 = 4{,}1\cdot(2{,}5\cdot 7{,}3) = 4{,}1\cdot 2{,}5\cdot 4{,}7$

$\frac{2}{3}\cdot\left(\frac{2}{5}+\frac{7}{8}\right)=\frac{2}{3}\cdot\frac{2}{5}+\frac{2}{3}\cdot\frac{7}{8}$

$3{,}4\cdot(8{,}8 - 3{,}1) = 3{,}4\cdot 8{,}8 - 3{,}4\cdot 3{,}1$

Bist du fit?

1. Berechne. Kürze, wenn möglich.

a) $\frac{7}{8}\cdot 4$ b) $6\cdot\frac{8}{9}$ c) $\frac{7}{8}\cdot\frac{5}{9}$
d) $\frac{12}{13}\cdot\frac{26}{15}$ e) $\frac{3}{4}:5$ f) $\frac{3}{7}:\frac{4}{5}$
g) $\frac{15}{8}:\frac{9}{10}$ h) $\frac{15}{17}:\frac{18}{17}$ i) $\frac{24}{25}\cdot\frac{35}{36}$
j) $\frac{48}{27}\cdot\frac{56}{45}$ k) $\frac{72}{49}\cdot\frac{63}{64}$ l) $\frac{15}{16}\cdot\frac{12}{25}$
m) $\frac{32}{15}:\frac{24}{5}$ n) $7\frac{1}{2}\cdot 6\frac{2}{5}$ o) $3\frac{7}{9}:5\frac{2}{3}$
p) $\left(\frac{1}{2}\right)^2$ q) $\left(\frac{2}{3}\right)^2$ r) $\left(1\frac{3}{4}\right)^2$

2. Formuliere eine Frage. Beantworte sie mit einer Skizze und einer Rechnung.

a) Jan kauft fünf $\frac{1}{2}$-l-Packungen Milch.
b) Jan, Marc und Tom teilen sich $2\frac{1}{4}$ Pizzas.
c) Tom soll $1\frac{3}{4}$ kg Butter einkaufen. Ein Päckchen Butter enthält $\frac{1}{4}$ kg.

3. Berechne im Kopf.

a) $1{,}567\cdot 100$ b) $7{,}834:10$ c) $3{,}4711:100$ d) $1{,}23\cdot 3$ e) $3:0{,}2$ f) $3{,}4\cdot 1{,}1$

4. Berechne schriftlich.

a) $12{,}43 \cdot 32$ b) $13{,}2 \cdot 4{,}7$ c) $95{,}7 \cdot 2{,}3$ d) $18{,}65 \cdot 17{,}24$ e) $162{,}72 : 12$ f) $1{,}053 : 3{,}9$ g) $129{,}108 : 8{,}4$ h) $10{,}64 : 0{,}19$

5. a) Die Klasse 6 b hat ein Klassenfest gefeiert. Dabei sind 51,75 € Kosten entstanden. In der Klasse sind 25 Schüler(innen). Wie viel muss jede(r) Schüler(in) zahlen?

b) Ein Lkw mit einer Ladefähigkeit von 3 t soll Dachziegel zu einer Baustelle bringen. Ein Dachziegel wiegt 2,5 kg. Wie viele Dachziegel kann er laden?

6. Ein quaderförmiges Schwimmbecken ist 9,60 m lang, 4,50 m breit und 1,80 m tief.

a) Die Fliesen erhalten einen Schutzanstrich. Wie groß ist die zu streichende Fläche?

b) Es wird bis 20 cm unter den Rand mit Wasser gefüllt. Wie viel Wasser wird benötigt?

7. a) Wandle in eine Dezimalzahl um: $\frac{5}{9}$; $\frac{5}{6}$; $\frac{3}{14}$; $\frac{20}{11}$; $1\frac{2}{7}$.

b) Wandle in einen Bruch um: $2{,}\overline{7}$; $2{,}\overline{07}$; $2{,}\overline{108}$.

8. Eine Kiste enthält 6 Cola-Flaschen mit jeweils $1\frac{1}{2}$ l. Wie viele 0,2-l-Gläser kann man damit füllen?

9. Eine Warenlieferung besteht aus 7 Paketen zu je $2\frac{3}{4}$ kg und aus 9 Paketen zu je $1\frac{4}{5}$ kg. Wie groß ist die Gesamtmasse? Stelle zunächst einen Term auf; berechne dann.

10. a) $\frac{5}{12} \cdot \left(\frac{8}{15} - \frac{2}{5}\right)$ b) $\left(\frac{7}{20} + \frac{3}{4}\right) : \frac{11}{25}$ c) $8\frac{1}{2} - \left(3\frac{3}{4} + 2\frac{5}{8}\right)$ d) $1{,}8 + 0{,}2 \cdot 0{,}6$

e) $\left(4\frac{2}{3} - 1\frac{5}{6}\right) \cdot \frac{9}{17}$ f) $4{,}6 : (5{,}5 + 3{,}7)$ g) $11{,}6 - 2{,}6 \cdot 1{,}5$ h) $\frac{7}{15} + 4\frac{1}{5} : 9\frac{1}{3}$

i) $2\frac{5}{6} - 0{,}12 - \frac{1}{3}$ j) $\frac{3}{4} \cdot 2\frac{2}{9} + \frac{5}{16} \cdot 1\frac{3}{5}$ k) $7\frac{11}{20} - 2\frac{4}{9} - 3\frac{1}{18}$ l) $\frac{1}{9} \cdot \left[\left(\frac{3}{4} - \frac{2}{3}\right) : \frac{1}{12} + \frac{1}{5}\right]$

m) $\frac{1}{2} : \left(\frac{3}{4} \cdot \frac{4}{5}\right)$ n) $8{,}4 : (0{,}7 \cdot 3)$ o) $10 : (0{,}24 : 0{,}6)$ p) $\left(2\frac{1}{3}\right)^2 \cdot \left(1\frac{1}{2} : 3\frac{1}{2}\right)$

11. Stelle zunächst den Term auf. Zeichne einen Rechenbaum. Berechne den Wert des Terms.

a) Multipliziere die Summe aus $\frac{5}{9}$ und $\frac{5}{6}$ mit $1\frac{4}{5}$.

b) Dividiere 10 durch die Differenz aus $2\frac{1}{2}$ und $1\frac{2}{3}$.

c) Subtrahiere das Produkt aus 5,5 und 1,2 von 8,9.

d) Addiere den Quotienten aus $6\frac{3}{5}$ und $3\frac{1}{7}$ zur 2. Potenz von $\frac{9}{10}$.

e) Addiere 1,23 zu der 2. Potenz von $\frac{2}{5}$.

12. Rechne vorteilhaft.

a) $4\frac{2}{5} + 2\frac{1}{3} + 3\frac{3}{5} + 1\frac{1}{9} + \frac{2}{3}$ b) $5\frac{1}{3} \cdot 2\frac{1}{9} \cdot 1\frac{1}{8}$

c) $\frac{11}{12} \cdot 4\frac{2}{9} + \frac{11}{12} \cdot 1\frac{7}{9}$ d) $2\frac{3}{8} \cdot 1{,}3 + 1{,}3 \cdot 4\frac{5}{8}$

13. Berechne:

a) $\frac{143 + 57}{25}$ b) $\frac{221}{80 - 63}$ c) $\frac{3{,}7 + 1{,}5}{45{,}5 : 5}$ d) $\frac{\frac{2}{5} + \frac{1}{8}}{\frac{9}{10} - \frac{3}{20}}$ e) $\frac{\frac{1}{12} : \left(\frac{7}{8} - \frac{5}{6}\right)}{5\frac{1}{7} - 1{,}5}$

14. Untersuche an Zahlenbeispielen, ob es ein Distributivgesetz für das Dividieren durch eine Summe gibt: $a : (b + c) = \ldots$

4. Statistische Daten

Wetterstationen sammeln täglich Wetterdaten.
Diese werden aufbereitet und weitergegeben.
Dazu fasst man sie in Tabellen zusammen und veranschaulicht sie in Diagrammen.

- Welche Informationen kann man dem Klimadiagramm entnehmen?
- Werte das Diagramm aus, indem du charakteristische Werte wie Maximum oder Minimum bestimmst.

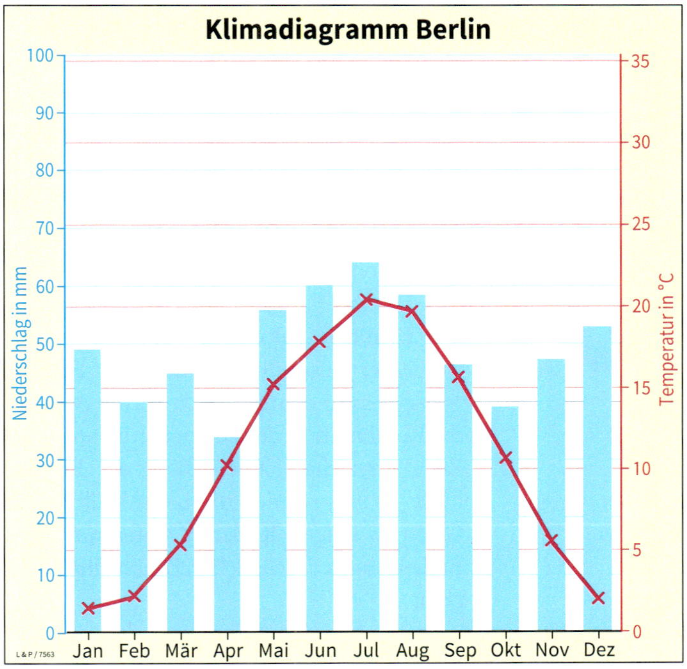

In diesem Kapitel ...
lernst du, Daten auszuwerten und in Diagrammen darzustellen.
Weiterhin wirst du Zufallsexperimente kennenlernen und Gewinnchancen einschätzen.

Lernfeld: Daten, Daten, Daten

Rote Liste geschützter Arten

Daten über gefährdete Tier- und Pflanzenarten sind in so genannten *Roten Listen* verzeichnet. Diese werden sowohl durch die Weltnaturschutzunion (IUCN) als auch von einzelnen Staaten und Bundesländern herausgegeben.

In Deutschland ist dafür das Bundesamt für Naturschutz in Bonn zuständig. Der Grad der Gefährdung einer Tier- oder Pflanzenart wird durch Einstufung in die Klassen 0, 1, 2, 3, R, G, V und D wiedergegeben.

→ Informiert euch über die Bedeutung dieser Gefährdungsklassen.

Eine Untersuchung an 13 907 von insgesamt ca. 28 000 in Deutschland beheimateten Pflanzenarten ergab nebenstehende Gefährdungssituation.

	Gefährdungsklasse	Anteil der Pflanzenarten in %
0	ausgestorben oder verschollen	4
1	vom Aussterben bedroht	5
2	stark gefährdet	9
3	gefährdet	12
G	Gefährdung anzunehmen	3
R	extrem selten	7
V	zurückgehend, aber ungefährdet	51
D	Daten unzureichend	9

→ Stellt die Daten in einem geeigneten Diagramm dar.

→ Informiert euch, wie man mit einem Tabellenkalkulationsprogramm Diagramme erstellen kann.

→ Recherchiert, welche Ursachen die Gefährdung der Pflanzenarten haben kann.
Präsentiert eure Ergebnisse den anderen Gruppen.

Der Ernährungskreis

Bei einer gesundheitsfördernden Ernährungsweise kommt es auf die Menge, die Auswahl und die Kombination der Lebensmittel an.

Zur Veranschaulichung dient der Ernährungskreis. In ihm werden die Lebensmittel in sieben Gruppen eingeteilt, deren Anteil am Kreis ihre Bedeutung in der täglichen Ernährung widerspiegeln.

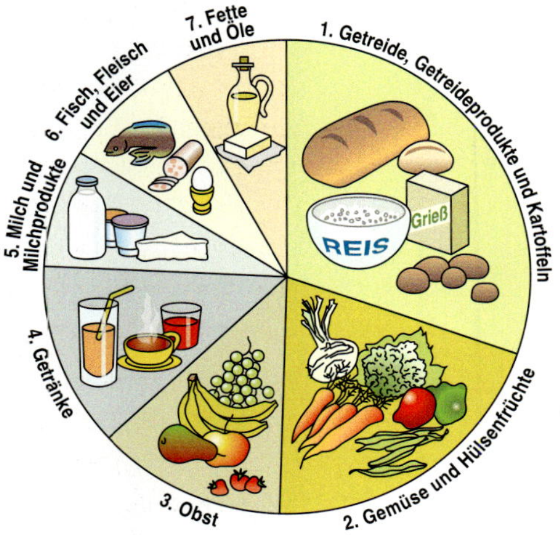

→ Schätzt mithilfe des Kreisdiagramms, welchen Anteil die einzelnen Gruppen einnehmen sollten.

→ Ermittelt die genauen Anteile aus dem Ernährungskreis.

→ Überlegt, wie sich eure tägliche Nahrung zusammensetzt und zeichnet dafür ein Kreisdiagramm.

4.1 Absolute und relative Häufigkeiten

Einstieg

Bei einer Hitparade hat der „Top-Hit der Woche" in den letzten acht Wochen unterschiedliche Stimmenanzahlen erreicht. In welcher Woche war der Top-Hit am erfolgreichsten?
Erstellt eine mögliche Rangfolge. Überlegt zunächst, was in diesem Zusammenhang „erfolgreich" bedeuten könnte.

Woche	1	2	3	4	5	6	7	8
Stimmen für Top-Hit	1 100	1 000	945	900	630	1 260	600	1 170
abgegebene Stimmen	2 200	2 500	2 700	1 500	2 100	2 800	2 400	1 800

Aufgabe 1

Für die Tombola eines Schulfestes haben die Schülerinnen und Schüler der Klassen 6 a und Klasse 6 b Behälter mit Losen vorbereitet.
Tim verkauft die Lose für die Klasse 6 a, Anne die Lose für die Klasse 6 b. Beide werben mit dem Spruch:
„Bei uns mehr Gewinnlose!"
Was meinst du dazu?

Lösung

Für den Werbespruch verwendet jede Klasse eine andere Art des Vergleichs.
Die Klasse 6 a hat mehr Gewinnlose als die Klasse 6 b (129 Gewinnlose statt 126). Tim vergleicht nur die Anzahl der Gewinnlose; dabei berücksichtigt er die Gesamtzahl der Lose der jeweiligen Klasse nicht.
Anne berücksichtigt bei ihrer Aussage jedoch die Gesamtzahl der Lose. Sie muss die Anteile der Gewinnlose an der Gesamtzahl der Lose vergleichen.
Der Anteil der Gewinnlose an der Gesamtzahl der Lose beträgt bei der Klasse 6 a also $\frac{129}{300}$.
Für die Klasse 6 b gilt: 126 von 280 Losen sind Gewinnlose.
Der Anteil der Gewinnlose an der Gesamtzahl der Lose beträgt hier $\frac{126}{280}$.
Um diese Anteile besser vergleichen zu können, notieren wir sie als Brüche mit gemeinsamem Nenner oder als Dezimalzahlen oder in der Prozentschreibweise:
Klasse 6 a: $\frac{129}{300} = \frac{43}{100} = 0{,}43 = 43\ \%$
Klasse 6 b: $\frac{126}{280} = \frac{9}{20} = \frac{45}{100} = 0{,}45 = 45\ \%$
Bei Klasse 6 b ist der Anteil an Gewinnlosen größer als bei der Klasse 6 a (45 % statt 43 %).

Information

Absolute und relative Häufigkeit

Beim Vergleich statistischer Daten spricht man oft von absoluten und relativen Häufigkeiten. Die absolute Häufigkeit gibt an, wie oft etwas vorkommt. Um die absolute Häufigkeit zu bestimmen, muss man also zählen. Die relative Häufigkeit gibt an, wie groß der Anteil an der Gesamtanzahl ist.

$$\textbf{relative Häufigkeit} = \frac{\textbf{absolute Häufigkeit}}{\textbf{Gesamtanzahl}}$$

Beispiel: $\frac{6}{24} = \frac{1}{4} = 0{,}25 = 25\,\%$

Relative Häufigkeiten kann man als Brüche, Dezimalzahlen oder in Prozent angeben.

Beispiel:
20 Fußballer der C-Jugend wurden nach der Anzahl der in der letzten Saison geschossenen Tore befragt.

Anzahl der geschossenen Tore	0	1	2	3	mehr als 3
Absolute Häufigkeit	5	6	4	1	4
Relative Häufigkeit	$\frac{5}{20} = \frac{1}{4}$	$\frac{6}{20} = \frac{3}{10}$	$\frac{4}{20} = \frac{1}{5}$	$\frac{1}{20}$	$\frac{4}{20} = \frac{1}{5}$
Relative Häufigkeit in Prozent	25 %	30 %	20 %	5 %	20 %

Beachte: In der Statistik und in der Bruchrechnung verwendet man verschiedene Begriffe für gleiche Sachverhalte.

Statistik:	Gesamtanzahl	absolute Häufigkeit	relative Häufigkeit
Bruchrechnung:	Ganzes	Teil des Ganzen	Anteil

Übungsaufgaben

2. Beim Schulsportfest gibt es Siegerurkunden.
Vergleiche die Erfolge der einzelnen Klassenstufen (siehe Tabelle rechts).

Klassenstufe	Anzahl der Schüler	Anzahl der Urkunden
5	69	23
6	72	24
7	75	27
8	80	28
9	75	25
10	78	26

3. Am Goethe-Gymnasium mit 580 Schülerinnen und Schülern gibt es für die neuen Klassen 87 Anmeldungen. Am Wilhelm-Busch-Gymnasium mit 784 Schülerinnen und Schülern sind 112 Neuanmeldungen. Welche Schule hat den größten Zuwachs?

4. In der Tabelle siehst du, was Schülerinnen und Schüler eines Gymnasiums in ihrer Freizeit am liebsten tun. Es wurden insgesamt 250 Schülerinnen und Schüler befragt.

a) Berechne die relativen Häufigkeiten für die einzelnen Aktivitäten.

b) Führt selbst Befragungen in eurer Klasse durch.

Aktivität	Anzahl
Sport treiben	40
Fernsehen	46
Computer spielen	55
Musik hören	32
Lesen	42
Sonstiges	35

5. Bei Fahrradunfällen kommt es immer wieder zu schweren Kopfverletzungen, weil keine Helme getragen werden.
Eine Umfrage in einer Schule ergab:
In Klassenstufe 6 tragen von 150 Schülerinnen und Schülern nur 36 regelmäßig einen Helm; in Klassenstufe 7 mit 132 Schülerinnen und Schülern tragen 33 regelmäßig einen Helm.
In welcher Klassenstufe sind die Schülerinnen und Schülern sicherheitsbewusster?

6. In einem Storchendorf in Brandenburg werden seit vielen Jahren erfolgreich Jungstörche ausgebrütet und aufgezogen. Die Anzahl der Jungen variiert dabei in Abhängigkeit vom Wetter und vom Nahrungsangebot von Jahr zu Jahr. In der Tabelle ist die Anzahl der Horste in Abhängigkeit von den aufgezogenen Jungtieren der letzten Jahre dargestellt.

Anzahl der Jungtiere	0	1	2	3	4
Anzahl der Horste	5	12	24	9	2

a) Berechne die relativen Häufigkeiten als Bruch und in Prozent.
b) Recherchiert, wo sich in eurer Nähe Storchenhorste befinden und wie viele Störche in den letzten Jahren aufgezogen wurden. Erfasst die absoluten Häufigkeiten und berechnet die relativen Häufigkeiten.

7. Die Klasse 6a führt eine Projektwoche zum Thema „Bäume“ durch. Miriam und Nora haben sich entschieden, den Zustand der Bäume in einem nahe gelegenen Waldstück zu untersuchen. Da sie es nicht schaffen, sich alle Bäume anzusehen, führen sie ihre Untersuchung an 80 Bäumen durch. Anhand einer Merkmalsliste, die sie von ihrer Lehrerin bekommen haben, ordnen sie die Bäume den folgenden Schadstufen zu:

Stufe 0
nicht geschädigt: Kronenverlichtung bis 10 %

Stufe 1
schwach geschädigt: Kronenverlichtung über 10 % bis 25 %

Stufe 2
mittelstark geschädigt: Kronenverlichtung über 25 % bis 60 %

Stufe 3
stark geschädigt: Kronenverlichtung über 60 %

Stufe 4
abgestorben

Das Ergebnis ihrer Untersuchung halten Miriam und Nora in einer Strichliste fest:

Schadstufe 0	Schadstufe 1	Schadstufe 2	Schadstufe 3	Schadstufe 4
卌 卌 卌 卌 ||	卌 卌 卌 卌 卌 卌 |	卌 卌 卌 |||	卌 卌 卌 |	|||

a) Wie viele Bäume waren ohne erkennbare Schäden, wie viele leicht geschädigt, wie viel stark geschädigt, wie viele abgestorben?
Wie hoch war der Anteil jeder der fünf Schadstufen? Gib diesen Anteil als Bruch, als Dezimalzahl und in Prozent an. Lege dazu eine Tabelle an.
b) Zeichne ein Säulendiagramm für die Anteile.

Arbeit im Team organisieren

Erarbeiten im Team

Beim gemeinsamen Arbeiten in einer Gruppe muss darauf geachtet werden, dass sich jedes Gruppenmitglied gut beteiligen kann. Dies ist auch wichtig dafür, dass die Gruppe als Ganzes ein möglichst gutes Ergebnis erzielt. Dafür ist die ganze Gruppe und nicht nur ein Teil oder sogar nur ein Einzelner verantwortlich. Damit das alles reibungslos klappt, ist es sinnvoll, dass eine zusammen arbeitende Gruppe sich Regeln gibt. Unten seht ihr die Regeln, die zwei Gruppen aufgestellt haben.

- Was erscheint euch besonders wichtig? Was würdet ihr ergänzen? Setzt euch eigene Regeln für eure Gruppe.

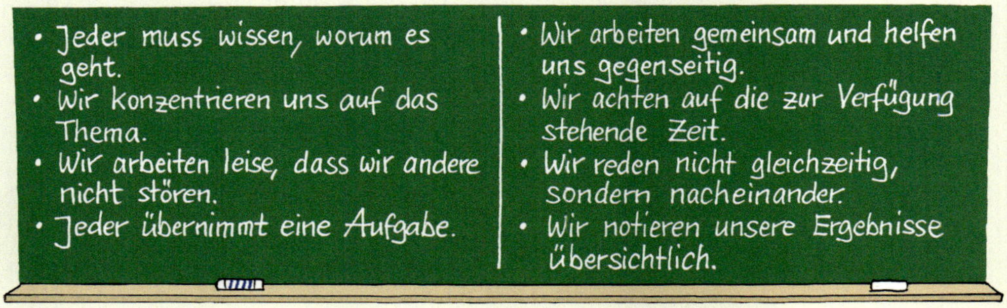

Präsentieren von Ergebnissen

Für das Vorstellen von Gruppenergebnissen in der Klasse gibt es einige wichtige Tipps:

- Plant gemeinsam, was ihr vorstellen wollt.
  Überlegt euch Hilfsmittel wie Plakate, Folien, Handzettel, …
- Teilt auf, wer was vorbereitet und wer was vorträgt.
- Spielt euren Vortrag einmal zur Probe durch.

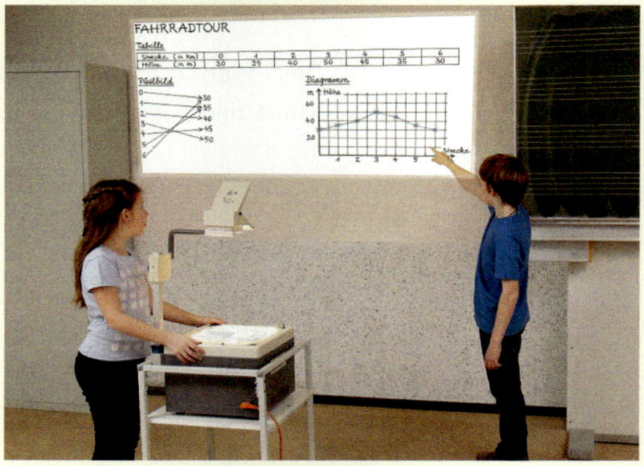

4.2 Erstellen und Auswerten von Diagrammen

Einstieg

Tiefkühlerzeugnisse werden bei den Deutschen immer beliebter. In der Tabelle ist der Pro-Kopf-Verbrauch von Tiefkühlkost in Deutschland (in kg, ohne Speiseeis) zwischen 1992 und 2012 dargestellt. Erstelle ein Säulen- und ein Balkendiagramm zur Veranschaulichung des Verbrauchs. Werte die Diagramme aus.

Jahr	Pro-Kopf-Verbrauch
1992	23,1 kg
1997	26,6 kg
2002	34,5 kg
2007	38,1 kg
2012	41,0 kg

Aufgabe 1

Der Tabelle kann man den prozentualen Anteil an Wohnungen mit 1, 2, … 6 und mehr Räumen in Deutschland im Jahr 2014 entnehmen. Die Daten sollen in einem Kreis- und Säulendiagramm dargestellt werden.

Anzahl der Räume	Anteil (in %)
1	3
2	9
3	22
4	26
5	17
6 und mehr	23

a) Stelle die Daten in einem Säulendiagramm dar. Werte dieses aus.

b) Übernimm die Tabelle in dein Heft und ergänze in einer weiteren Spalte jeweils die Größe des Mittelpunktswinkels im Kreisdiagramm. Zeichne ein Kreisdiagramm. Welche Aussagen kannst du dem Diagramm entnehmen?

Lösung

a) Beim Säulendiagramm zeichnen wir 1 cm für 10 %. Dem Säulendiagramm kann man auf einem Blick entnehmen, dass die meisten Wohnungen 3, 4 oder 6 und mehr Räume haben. Ferner erkennt man, dass es mehr als doppelt so viele 3- und 4-Raum- Wohnungen als 2-Raum-Wohnungen gibt. Die Anzahl der 1-Raum-Wohnungen ist nur sehr gering.

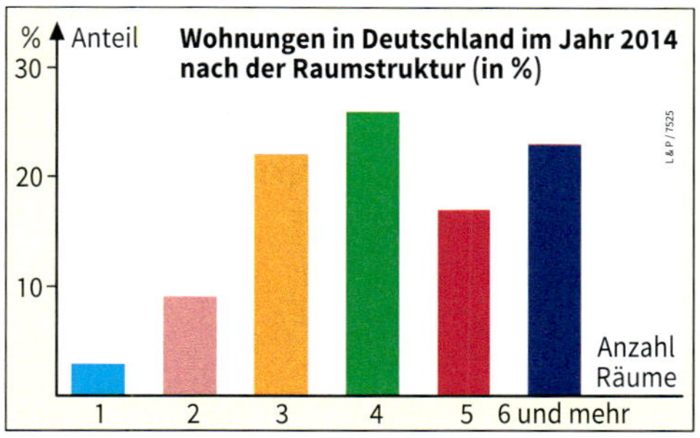

b) Zum Zeichnen des Kreisdiagramms müssen wir zunächst die Mittelpunktswinkel berechnen. Da einem Prozentsatz von 100 % der Vollwinkel mit 360° entspricht, muss man für die 1-Raum-Wohnung 3 % von 360° berechnen: $3\,\% \cdot 360° = 0{,}03 \cdot 360° = 10{,}8° \approx 11°$. Entsprechend erhält man die anderen Werte.

Anzahl der Räume	Anteil (in %)	Mittelpunkts-winkel (in °)
1	3	11
2	9	32
3	22	79
4	26	94
5	17	61
6 und mehr	23	83

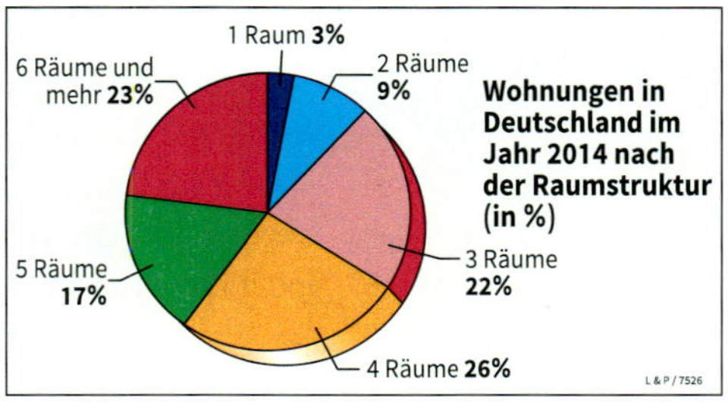

Dem Kreisdiagramm kann man sehr gut entnehmen, dass ca. ein Viertel aller Wohnungen 4-Raum-Wohnungen sind, knapp unter einem Viertel sind 3-Raum-Wohnungen oder Wohnungen mit 6 und mehr Räumen. Es gibt dreimal so viel 2-Raum-Wohnungen wie 1-Raum-Wohnungen.

Information

(1) Erstellen von Diagrammen

Wie du in der Aufgabe 1 gesehen hast, kann man einem Diagramm schnell wichtige Informationen entnehmen. Dazu sollten Diagramme aber bestimmte *Gütekriterien* einhalten.

- Jedes Diagramm hat eine Überschrift.
- Für **Säulendiagramme** gilt weiterhin:
  Die Achsen stehen senkrecht aufeinander und sind gleichmäßig eingeteilt und beschriftet. In der Regel beginnt die senkrechte Achse bei null. Ausnahmen werden besonders hervorgehoben.
  Zeichnet man die Säulen waagerecht, so bezeichnet man das Säulendiagramm auch als **Balkendiagramm**.

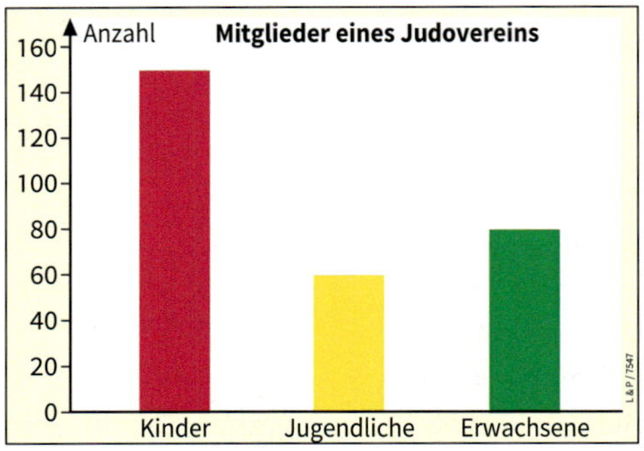

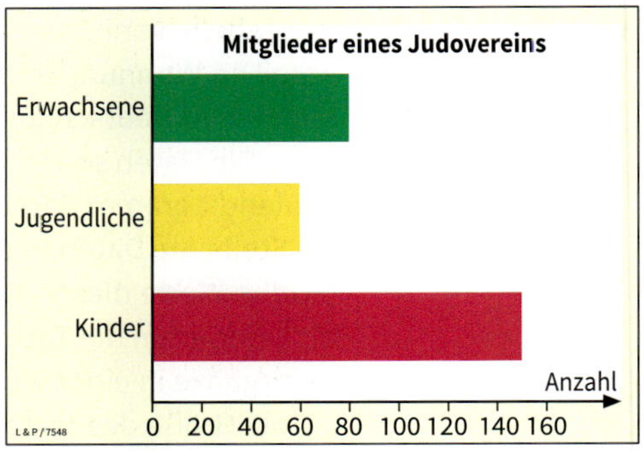

- Für **Kreisdiagramme** gilt:
  Die Mittelpunktswinkel der Kreisausschnitte entsprechen den dargestellten Anteilen. Die Summe der einzelnen Anteile ergibt (auch nach erfolgten Rundungen) ein Ganzes bzw. 100 %.

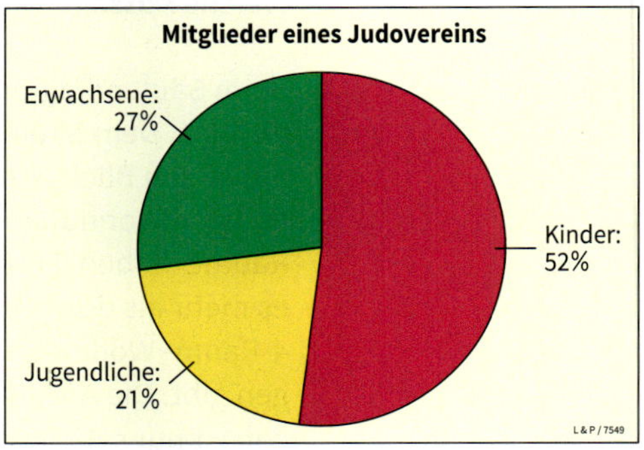

(2) Auswerten von Diagrammen

Trägt ein Diagramm eine Überschrift, so kann man sofort erkennen, worum es geht. Beim „Lesen“ von Diagrammen musst du sorgfältig arbeiten, denn sie enthalten oft mehr Informationen als auf einen Blick ersichtlich ist. Oberflächliche Betrachtungen können zu falschen Aussagen führen. Deshalb ist es notwendig, die Beschreibung des Diagramms von seiner Auswertung zu trennen.

1. Beschreiben des Diagramms

- Welchen Typ hat das Diagramm?
- Was ist im Diagramm dargestellt?
- Werden absolute oder relative Zahlenangaben (in %) benutzt?
- Spielt die Anordnung der Daten eine Rolle?

2. Auswerten des Diagramms

- Welche Aussagen lassen sich treffen?
- Wo liegt das Maximum, wo das Minimum der Daten?
- Welche Aussagen zum größten Anstieg oder größten Abfall kann man treffen?
- Welche Zusammenhänge, Trends, … sind erkennbar?
- Ist das Diagramm geeignet oder werden vielleicht Sachverhalte verfälscht?

Übungsaufgaben

2. Bei der Klassensprecherwahl der Klasse 6 b haben sich Bea, Christoph und Fabienne der Wahl gestellt. Die Wahlergebnisse sind in der Tabelle dargestellt.

a) Ermittle die absoluten und die relativen Häufigkeiten.

b) Stelle die Daten in einem Säulen- und einem Kreisdiagramm dar.

Name	Stimmen
Bea	𝍸
Christoph	𝍸 ||||
Fabienne	𝍸 𝍸 ||||

3. a) Notiere im Heft eine Woche lang deinen Tagesablauf. Erfasse dabei Aktivitäten wie Unterricht, Hilfe im Haushalt, Lernen und Hausaufgaben, Sport, Freizeit, Schlafen und Essen.

b) Stelle die jeweiligen Zeitanteile einer Woche in einem Kreisdiagramm dar.

c) Vergleiche die Zeiten miteinander, die du mit Freizeitaktivitäten verbringst und die du für Unterricht, Lernen und Hausaufgaben aufwendest.
Veranschauliche den Sachverhalt in einem geeigneten Diagramm.

Mo	Die	Mi	Do	Frei	Sa	So

4. a) Welche Informationen kannst du der Grafik rechts entnehmen?
Formuliere dazu einen Artikel für eine Zeitung.

b) Erstelle ein aussagekräftiges Diagramm.

Prozentanteil der Nutzer des mobilen Internet nach Altersklassen.

14 – 19 Jahre	35
20 – 29 Jahre	37
30 – 39 Jahre	33
40 – 49 Jahre	27
50+ Jahre	15

5. Beschreibe nebenstehendes Diagramm und werte es aus.

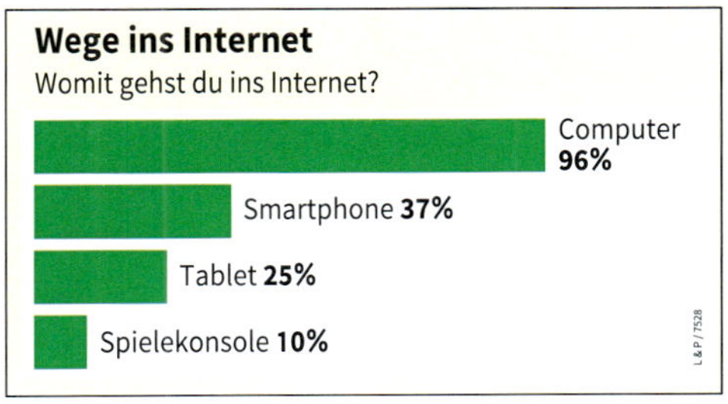

6. a) Erkundet, wie viele Schülerinnen und Schüler eurer Schule
- mit dem Fahrrad zur Schule kommen;
- in der Mensa essen;
- im Fußballverein spielen;
- Schach spielen können;
- Geschwister haben.

b) Veranschaulicht diese Sachverhalte in Diagrammen.

c) Findet noch andere geeignete Fragestellungen und wertet sie grafisch aus.

7. a) Beschreibe die Grafik rechts und werte sie aus. Notiere mindestens drei Aussagen.

b) Gib an, wie viel Liter kräftig sprudelndes Mineralwasser 2014 jeder Bundesbürger im Schnitt getrunken hat.

c) Berechne den Pro-Kopf-Verbrauch an Mineralwasser der Sorten kohlensäurefrei und wenig Kohlensäure.

d) Gib die prozentualen Anteile von Wasser und Schorle/Limonaden am Gesamtverbrauch an. Was stellst du fest?

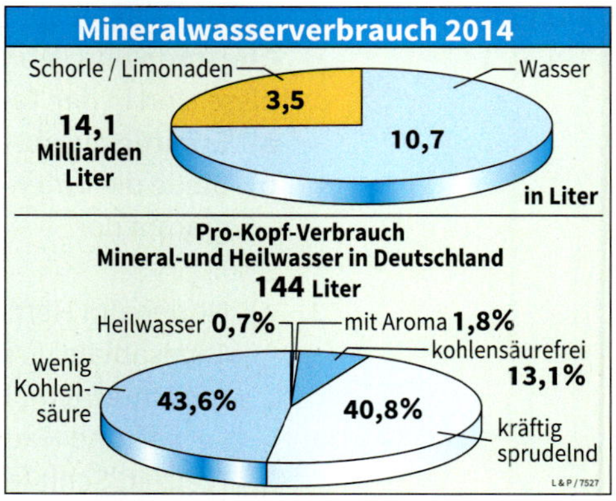

8. a) Welche Arten von Diagrammen eignen sich zur Darstellung der Daten aus der Tabelle rechts?

b) Zeichne ein geeignetes Diagramm, wenn

(1) die Reihenfolge der Bundesländer „auf einen Blick“ erkennbar sein soll;

(2) Ost- und Westdeutschland getrennt betrachtet werden sollen.

Beachte die Gütekriterien.

Stichprobe von Ganztagsschulen in Deutschland (bereits realisierte und geplante Schulen) 2012					
Land	real.	geplant	Land	real.	geplant
BaWü	83	116	Nieders.	142	177
Bayern	159	225	NRW	234	398
Berlin	36	70	Rheinl.-Pf.	88	101
Brandenb.	52	77	Saarland	40	75
Bremen	37	57	Sachsen	97	130
Hamburg	37	75	Sach.-Anh.	31	48
Hessen	96	115	Schl.-Hol.	59	80
Meck.-V.	37	51	Thüringen	64	90

9. Von den im Jahr 2010 neu gebauten Wohnungen wurden 50 % mit Gas, 24 % mit Wärmepumpen, 13 % mit Fernwärme, 2 % mit Heizöl, 1 % mit Strom und 10 % mit sonstigen Energiearten beheizt.
Die Beheizung aller im Jahr 2010 vorhandenen Wohnungen kannst du der Tabelle rechts entnehmen.

a) Berechne für die Beheizung der insgesamt vorhandenen Wohnungen die Prozentsätze.

b) Zeichne für die neu genehmigten und die insgesamt vorhandenen Wohnungen ein Diagramm und vergleiche die beiden. Formuliere in einem Satz, was dir auffällt.

Beheizung	Wohnungen
insgesamt	36 089 000
davon	
Gas	17 543 000
Öl	10 148 000
Holz	1 258 000
Strom	1 429 000
Fernwärme	4 741 000
Erdwärme	269 000
Kohle	282 000

10. Die *Kinowelt* hatte in der letzten Woche insgesamt 5 895 Besucher. Diese verteilen sich folgendermaßen auf die Wochentage:

Montag	Dienstag	Mittwoch	Donnerstag	Freitag	Samstag	Sonntag
587	634	868		764	1 212	1 122

a) Wie viele Besucher gingen am Donnerstag in die *Kinowelt*?

b) Ermittle die relativen Häufigkeiten der Besucher an den einzelnen Wochentagen.

c) Stelle die Daten in einem geeigneten Diagramm dar.

11.

Taschengeld auf hohem Niveau

Im Jahr 2015 erhielten die 6- bis 13-Jährigen durchschnittlich ein monatliches Taschengeld von über 26 €. Damit befindet sich die Taschengeldhöhe nach wie vor auf einem sehr hohen Niveau.

Jahr	2005	2006	2007	2008	2009	2010	2011	2012	2013	2014	2015
Taschengeld (in €)	22,62	22,04	23,90	25,05	23,20	23,04	24,79	27,18	27,56	27,50	26,35

Dazu bekommen Kinder auch zu besonderen Anlässen noch Geld geschenkt: im Schnitt 75 € zum Geburtstag, 28 € zu Ostern und sogar 87 € zu Weihnachten.

a) Veranschauliche die Taschengeld-Entwicklung der letzten Jahre grafisch.

b) Berechne, um wie viel Prozent sich die Taschengeldhöhe in den letzten Jahren verändert hat.

c) Zeichne in einem Diagramm, wie sich das Geld, das die Kinder zur Verfügung haben, aus dem Taschengeld und Geschenken zu den verschiedenen Anlässen zusammensetzt.

12. Lies den Zeitungstext und veranschauliche die Zahlen in geeigneten Diagrammen.

Obst- und Gemüseverzehr: Trotz Rekordhöhe noch zu niedrig

Ernährungsexperten empfehlen, täglich 450 g Obst und Gemüse zu verzehren, der Durchschnittsdeutsche schafft aber nur 250 g. Im Jahr 2010 hat jeder Privathaushalt im Schnitt 127,34 € für insgesamt 81,5 kg Obst ausgegeben, davon 19,5 kg Äpfel, 14,7 kg Bananen, 9,2 kg Orangen, 5,9 kg Easy Peeler, 4,4 kg Weintrauben, 4,1 kg Melonen, 3,3 kg Erdbeeren, 3,1 kg Nektarinen, 2,9 kg Birnen und 2,6 kg Ananas. Für insgesamt 61,4 kg Gemüse wurden 121,85 € ausgegeben: Spitzenreiter waren Tomaten mit 10,0 kg. Es folgten 7,8 kg Möhren, 6,3 kg Salatgurken, 6,2 kg Zwiebeln, 4,8 kg Paprika, 2,8 kg Eissalat, 1,9 kg Blumenkohl, 1,8 kg Spargel, 1,4 kg Porree und 1,2 kg Weißkohl.

13. Stimmen die folgenden Aussagen mit der rechts abgebildeten Grafik überein? Berichtige gegebenenfalls.

(1) Im Jahre 2014 verunglückten in Deutschland 28 674 Kinder.

(2) Das waren durchschnittlich 90 Kinder pro Tag.

(3) Zwischen 12 und 18 Uhr verunglückten etwa fünfmal mehr Kinder als zwischen 0 und 6 Uhr.

(4) Die meisten Unfälle passierten zwischen 16 und 18 Uhr.

(5) Fast die Hälfte aller Kinder verunglückte zwischen 10 und 20 Uhr.

(6) In der ersten Tageshälfte verunglückten mehr als ein Drittel der Kinder.

Bei Straßenverkehrsunfällen verunglückte Kinder 2014 nach der Uhrzeit

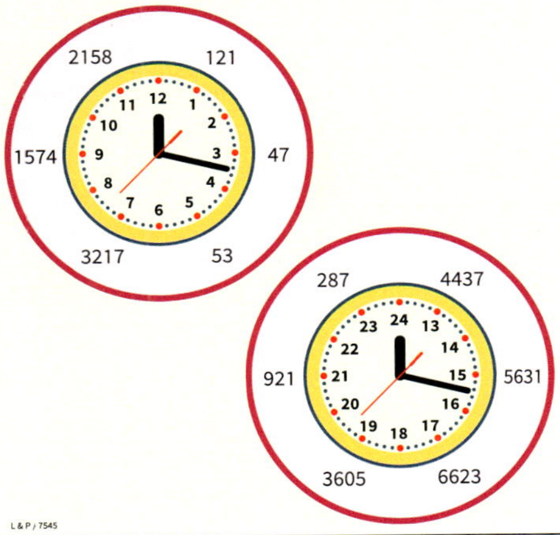

4.3 Maximum – Minimum – Spannweite

Ziel

In diesem Abschnitt wirst du Kenngrößen kennenlernen, um Daten auszuwerten.

Zum Erarbeiten

Vergleich von Daten

Im Trainingslager ihres Vereins haben Max und Yusuf intensiv für einen Hochsprungwettbewerb trainiert. Ihre täglichen Bestwerte (in m) sind in der Tabelle dargestellt.

Tag	Montag	Dienstag	Mittwoch	Donnerstag	Freitag
Max	1,11	1,15	1,18	1,25	1,20
Yusuf	1,15	1,21	1,23	1,21	1,22

Am Wettkampf kann nur einer der beiden Sportler teilnehmen. Nach welchen Kriterien könnte der Trainer entscheiden, wer zum Wettkampf fahren soll?

→ Wenn man sich die Trainingsleistungen anschaut sieht man, dass Max mit 1,25 m die größte Höhe geschafft hat. Das ist das Maximum aller Werte.
Den kleinsten Wert, das Minimum, hat aber auch Max erzielt.
Yusuf ist sehr gleichmäßig gesprungen, die Differenz zwischen seinem besten und schlechtesten Wert beträgt nur 8 cm, während es bei Max 14 cm sind.
Der Trainer muss abwägen zwischen Yusuf, mit den konstant guten Sprüngen und Max, der den absolut größten Wert erreicht hat, dessen Leistungen aber stark schwanken.

Information

Maximum, Minimum, Spannweite

Den größten Wert einer Datenmenge nennt man **Maximum**, den kleinsten Wert **Minimum**. Die Differenz aus dem Maximum und dem Minimum der Datenmenge nennt man **Spannweite** der Datenmenge.

Beispiel: Daten: 5; 2; 7; 9; 3; 8; 4; 3; 10; 1; 12
Maximum: 12
Minimum: 1
Spannweite: $12 - 1 = 11$

Zum Üben

1. Ein Urlaubsort wirbt mit der Höhe des Neuschnees in der letzten Woche. Bestimme das Maximum, das Minimum und die Spannweite der Neuschneehöhe.

2. Julia notiert sich täglich, wie lange sie für ihre Joggingrunde gebraucht hat.

12 min 30 s	11 min 50 s	12 min 05 s	12 min 21 s	11 min 43 s
12 min 32 s	11 min 34 s	12 min 08 s	11 min 55 s	12 min 12 s

a) Bestimme das Maximum, Minimum sowie die Spannweite.
b) Welche Zeit müsste sie laufen, wenn sie ihre Bestzeit um 20 s verbessern möchte? Welche Auswirkung hätte das auf die Spannweite?
c) Laras Bestzeit ist 30 s schlechter als die von Julia. Dafür hat sie nur eine Spannweite von 32 s. Welche Zeit hat Lara im schlechtesten Fall erzielt?

Planen, Durchführen und Auswerten einer statistischen Erhebung

Zu vielen Vorgängen im Alltag hat man Vermutungen, deren Richtigkeit man mit statistischen Erhebungen überprüfen kann. Damit diese aussagekräftig sind, muss man in mehreren Schritten geeignet vorgehen.

Beispiel: Die Schüler einer Schule meinen, dass trotz der Begrenzung auf Tempo 30 und eines elektronischen Geschwindigkeits-Messgerätes zu viele Autofahrer vor der Schule zu schnell fahren.

(1) Planen der statistischen Erhebung

Zunächst muss überlegt werden, wie man feststellen will, ob ein Autofahrer zu schnell ist. Vor dieser Schule bietet es sich an, die Messergebnisse der Messtafel zu nehmen. Man muss weiter festlegen, wann gemessen werden soll, da das Verkehrsaufkommen sicher von der Tageszeit abhängt und vielleicht auch die Geschwindigkeit der Autofahrer: Beispielsweise könnte es sein, dass sie langsamer fahren, wenn viele Kinder auf dem Schulweg sind, und schneller nachmittags im Nachhauseverkehr. Man muss also festlegen, wann man die Daten erheben will. Weiter muss man über einen genügend langen Zeitraum erheben, damit die Ergebnisse nicht zu stark vom Zufall beeinflusst sind, sondern repräsentativ für das Fahrverhalten der Autofahrer sind. Innerhalb der Klasse werden die Schüler sicher Gruppen bilden, die sich die Messungen aufteilen.

(2) Erheben der Daten

Man muss die ermittelten Geschwindigkeitsergebnisse übersichtlich in einen einheitlichen Erhebungsbogen eintragen, damit man am Ende die Ergebnisse der verschiedenen Gruppen gut zusammenfassen kann.

(3) Daten aufbereiten und auswerten

Die gemessenen Geschwindigkeiten kann man z. B. in einer Tabelle zusammenfassen. Das Ergebnis ist aber noch deutlicher erkennbar, wenn man es in einem Diagramm veranschaulicht.

(4) Folgerungen ziehen

Als erstes wird man feststellen, ob die Vermutung, von der man ausgegangen ist, durch die statistische Erhebung bestätigt werden kann. Dann wird man überlegen, ob man aktiv werden muss: Die Schüler könnten z.B. ihre Daten an die Stadtverwaltung übergeben und diese um Abhilfe bitten.

1. Welche Sportarten sind bei Schülern am beliebtesten? Gibt es einen Unterschied, ob man mit einer Sportart antwortet, die man betreibt, oder mit einer anderen? Plant dazu eine Befragung in euer Klasse, führt sie durch und wertet sie aus.

2. Gibt es einen Unterschied in der Zeit, die Jungen und Mädchen mit Computerspielen verbringen? Plant dazu eine Befragung in euer Klasse, führt sie durch und wertet sie aus.

3. Wie viel Zeit müsst ihr für das Anfertigen der Hausaufgaben aufbringen? Plant dazu eine Befragung in euer Klasse, führt sie durch und wertet sie aus.

4. Wie hoch ist der Anteil der Linkshänder und Rechtshänder unter den Schülern deiner Schule? Da es sicher zu aufwändig ist, alle Schülerinnen und Schüler zu befragen, wählt beispielsweise eine Klassenstufe aus. Führt die Umfrage durch und wertet sie aus.

5. Marie vermutet, dass Schüler umso mehr Bücher lesen, desto älter sie sind. Überlegt, wie man diese Vermutung überprüfen kann. Plant eine statistische Ergebung dazu, führt sie durch und wertet sie aus.

6. Welche Jungen- und Mädchenvornamen sind zur Zeit am beliebtesten?
   a) Plant eine statistische Erhebung, führt sie durch und wertet sie aus.
   b) Vergleicht mit Ergebnissen, die ihr im Internet finden könnt. Welche Ursache könnten Abweichungen haben?

4.4 Geschicktes Bestimmen von Anzahlen – Zählprinzip

Einstieg

Ein Fahrradgeschäft wirbt mit der nebenstehenden Anzeige.
Unter wie vielen verschiedenen Ausführungen kann Christiana wählen?

Einführung

Allgemeines Zählprinzip

Janina steht vor dem Getränkeautomaten und wählt gesüßten Tee. Sie meint, dass es viele Möglichkeiten der Getränkewahl gibt.
Alexander findet die Anzahl schnell heraus: „Du hast 3 Möglichkeiten ein Getränk zu wählen. Bei jedem der 3 Getränke kannst du dich für süß oder pur entscheiden, also *jeweils* zwischen 2 Möglichkeiten. Du erhältst insgesamt $3 \cdot 2$, also 6 Möglichkeiten."

Die verschiedenen Möglichkeiten kann man übersichtlich in einem *Baumdiagramm* darstellen. Zu jeder Entscheidungsmöglichkeit gehört eine Verzweigung im Baumdiagramm. Jeder der 6 Wege gehört zu einer der 6 Möglichkeiten.

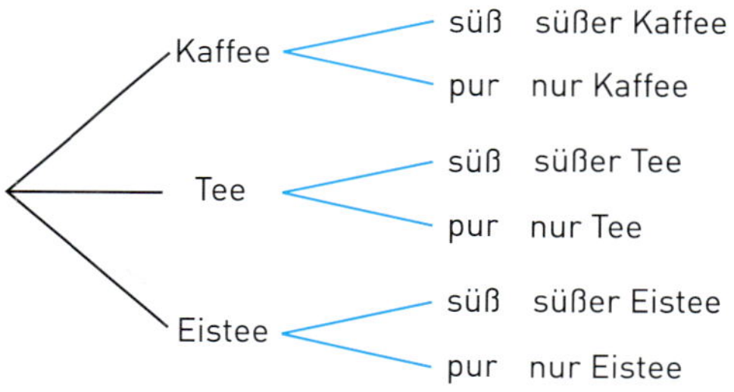

Information

Baumdiagramm – Allgemeines Zählprinzip

In der Einführung gab es bei jedem der drei möglichen Getränke zwei weitere Möglichkeiten: süß oder pur.

Das Kombinieren verschiedener Möglichkeiten kann man übersichtlich in einem Baumdiagramm darstellen.
Man erkennt dann, dass man die Anzahl der Möglichkeiten bei den einzelnen Auswahlen miteinander multiplizieren muss, um die Gesamtanzahl aller Kombinationen zu erhalten.

Beispiel:

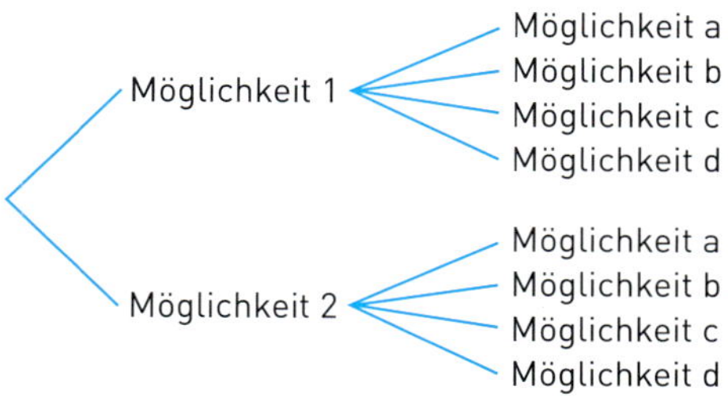

$2 \cdot 4$ Kombinationen

Aufgabe 1 **Anwenden des allgemeinen Zählprinzips**

Für eine Flagge aus drei Streifen stehen fünf unterschiedliche Farben zur Verfügung.
Wie viele Gestaltungsmöglichkeiten gibt es, wenn

a) alle Streifen unterschiedlich gefärbt sind;
b) die beiden äußeren Streifen dieselbe Farbe besitzen?

Lösung

a) Näht man die Flagge von links nach rechts zusammen, so kann man für den linken Streifen aus fünf Farben eine beliebige Farbe wählen. Für den mittleren Streifen bleiben vier Farben zur Auswahl, für den rechten Streifen nur noch drei Farben übrig.
Ergebnis: Insgesamt sind es $5 \cdot 4 \cdot 3 = 60$ Gestaltungsmöglichkeiten.

b) Für den linken Streifen gibt es fünf Möglichkeiten, für den mittleren vier. Da der rechte Streifen dieselbe Farbe haben soll wie der linke Streifen, gibt es nur eine Möglichkeit.
Ergebnis: Insgesamt sind es $5 \cdot 4 \cdot 1 = 20$ Gestaltungsmöglichkeiten.

Übungsaufgaben

2. In einer Radtourenkarte sind drei Wege von Lisas Standort nach Unterstein und vier Wege von Unterstein nach Oberstein eingezeichnet.
Wie viele Möglichkeiten hat Lisa, um über Unterstein nach Oberstein zu fahren?

3. a) Aus wie vielen Möglichkeiten kann Fabian ein Menü aus Salat, Pizza und Eis zusammenstellen?
b) Wie viel muss er für das billigste [teuerste] Menü bezahlen?
c) Eine kleine Portion Eis besteht aus drei Kugeln. Es gibt die Sorten Vanille, Schoko, Erdbeer, Himbeer und Zitrone.
Wie viele Zusammenstellungen für kleine Portionen gibt es, wenn alle Kugeln verschieden sein sollen?

4. Bei einem Zahlenschloss lassen sich an jeder der vier Positionen die Ziffern 0, 1, …, 9 einstellen.
Wie viele verschiedene Einstellungsmöglichkeiten für das Zahlenschloss gibt es, wenn man keine Ziffer doppelt verwenden will?

5. Bei einem Spiel sind 10 Tierbilder in je vier Teile (Kopf, Hals, Rumpf, Beine) zerlegt. Man kann daraus verschiedene lustige Tiere zusammensetzen.

a) Wie viele verschiedene Tiere kann man insgesamt zusammenstellen?
b) Drei der zehn Tiere sind Vögel.
Wie viele verschiedene Möglichkeiten gibt es, Vögel zusammenzustellen?
c) Wie viele verschiedene Möglichkeiten gibt es, ein Tier mit einem Vogelkopf, aber mit Beinen, die nicht zu einem Vogel gehören, zusammenzustellen?

6. Beim Werfen einer Münze kann entweder Zahl (Z) oder Wappen (W) oben liegen. Eine Münze wird dreimal nacheinander geworfen.

a) Ergänze das nebenstehende Baumdiagramm.

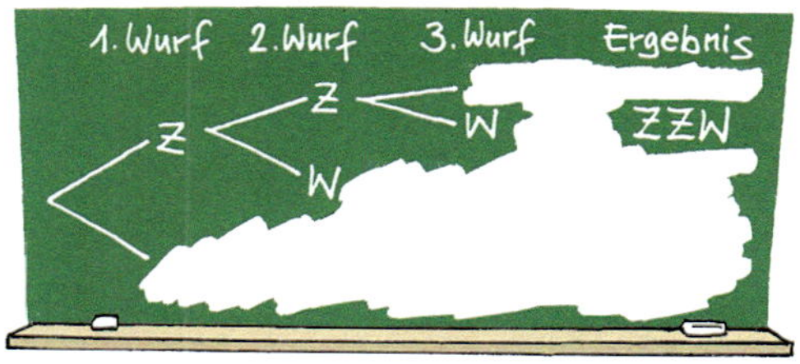

b) Das Gesamtergebnis einer dreimal nacheinander geworfenen Münze haben wir im Baumdiagramm durch ZZW angegeben. Was bedeutet ZZW? Wie unterscheidet sich ZWZ von ZZW?

c) Wie viele verschiedene Ergebnisse für den dreimaligen Münzwurf gibt es?

Tetraeder (lat.) Vierflächner

7. Ein Tetraederwürfel mit den Zahlen 1 bis 4 wird zweimal nacheinander geworfen. Es wird jeweils die geworfene Zahl notiert.

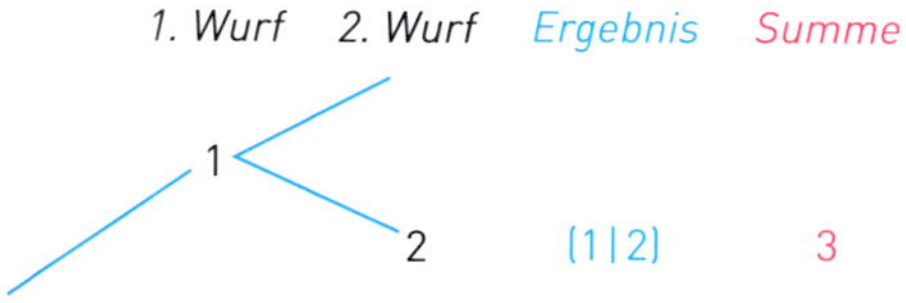

a) Die Ergebnisse schreibt man als Zahlenpaare:
(4|3) bedeutet: erstes Ergebnis ist eine 4, zweites Ergebnis ist eine 3.
Wie viele solcher Ergebnisse gibt es?

b) Zeichne ein Baumdiagramm. Notiere neben jedem Ergebnis die Summe der beiden Zahlen. Welche Summenwerte sind möglich?

c) Welche Ergebnisse führen zu denselben Summenwerten? Lege eine Tabelle an.

8. Ohne zu schauen nimmt Michael nacheinander zwei Murmeln aus dem Beutel links.

a) Wie viele unterschiedliche Farbkombinationen gibt es?

b) In wie vielen Fällen dieser Farbkombinationen haben die Murmeln die gleiche Farbe?

9. Eine Fußballjugend hat 2 Jungen, die als Torwart geeignet sind, 4 Spieler für die Abwehr, 6 für das Mittelfeld und 4 für den Sturm. Es soll eine Mannschaft mit der abgebildeten Aufstellung zusammengestellt werden. Wie viele verschiedene Möglichkeiten gibt es?

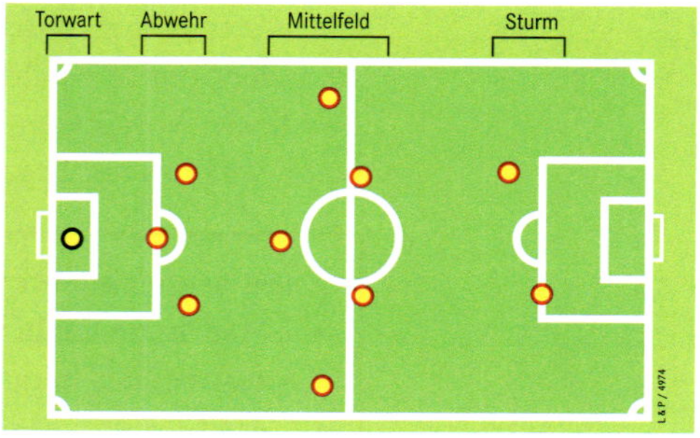

10. Nimm an, du hast 2 blaue und 3 gelbe Bausteine. Wie viele Möglichkeiten gibt es, damit einen 4 Steine hohen Turm zu bauen?

Das kann ich noch!

A) Warum sind folgende Angaben so nicht sinnvoll? Schreibe in einer passenden Einheit und runde auf diese Einheit.

1) Onkel Rudis Masse beträgt 82 567 235 mg.
2) Die Eiche ist 24 399 mm hoch.
3) Ein Vormittag in der Schule dauert etwa 18 213 s.
4) Die Entfernung von Bayern nach Sizilien beträgt 1 139 875 m.

4.5 Zufallsexperimente

Einstieg

Anne und Robin spielen mit Glückskreiseln. Sie vereinbaren, dass derjenige gewinnt, der die Zahl 1 erdreht. Anne dreht Kreisel 1 und Robin Kreisel 2.
Vergleicht die Gewinnchancen der beiden? Begründet.

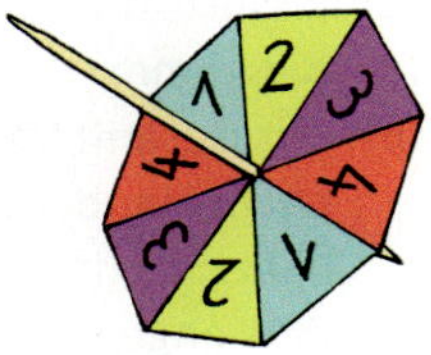

Glückskreisel 1

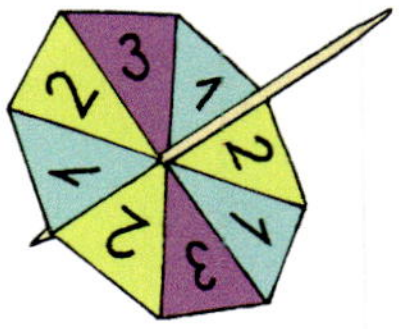

Glückskreisel 2

Aufgabe 1

Rechts siehst du die Netze zweier Würfel. Joanne und Max wollen auswürfeln, wer in der nächsten Woche im Haushalt helfen soll. Beide vereinbaren, dass derjenige, der zuerst die Augenzahl 1 wirft, nicht hilft. Da Joanne bereits in der letzten Woche im Haushalt geholfen hat, kann sie den Würfel auswählen.
Für welchen Würfel sollte sie sich entscheiden?

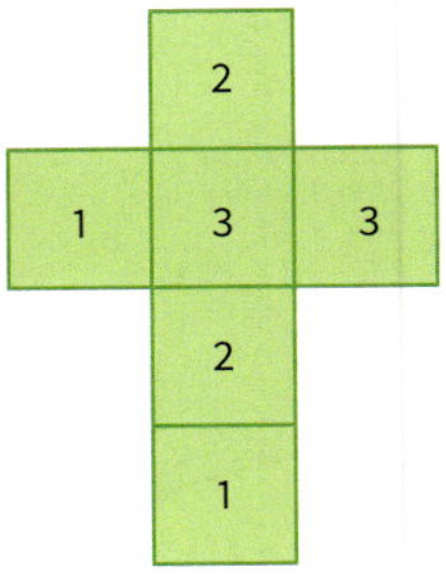

Lösung

Joanne sollte sich für den Würfel entscheiden, bei dem sie die größten Gewinnchancen hat.
Die möglichen Ergebnisse bei beiden Würfeln sind die Augenzahlen 1, 2 und 3.
Auf dem roten Würfel kommt die Augenzahl 1 dreimal, auf dem grünen Würfel nur zweimal vor.
Damit ist die Chance mit dem roten Würfel eine 1 zu würfeln größer als mit dem grünen Würfel.
Joanne sollte sich für den roten Würfel entscheiden.

Information

Zufallsexperimente

Das Werfen eines Würfels oder einer Münze, das Ziehen eines Loses aus einer Lostrommel oder auch der Shuffle-Mode bei einem Streamingdienst sind Zufallsexperimente.
Bei diesen Vorgängen kennt man die möglichen Ergebnisse, weiß aber vor der Durchführung nicht, welches der Ergebnisse dann tatsächlich eintritt. Das hängt vom Zufall ab.

Zufallsexperimente sind Versuche mit folgenden Eigenschaften:

- Man kann nicht vorhersagen, welches **Ergebnis** bei der Durchführung des Versuches auftritt; das hängt vom Zufall ab.
- Aber schon vor dem Versuch lassen sich alle möglichen Ergebnisse angeben. Man fasst sie zusammen zur **Ergebnismenge** S.
  Beispiel: Beim Würfeln ist $S = \{1, 2, 3, 4, 5, 6\}$.
- Der Versuch kann unter den gleichen Bedingungen (beliebig oft) wiederholt werden.

Man unterscheidet zwei Arten von Zufallsexperimenten: Zufallsexperimente, bei denen alle Ergebnisse die gleiche Chance haben und solche, bei denen die Ergebnisse unterschiedliche Chancen besitzen.

Beispiele:
Zufallsexperiment mit gleichen Chancen: Werfen eines Würfels
Zufallsexperiment mit unterschiedlichen Chancen: Werfen eines Kegelmännchens

Übungsaufgaben

2. Zufall oder nicht. Begründe.
(1) Sarah wirft eine Münze.
(2) Eis schmilzt bei 0 °C.
(3) Der 1. Mai ist ein Feiertag.
(4) Jan gewinnt beim Spiel UNO.
(5) Toms Vater hat das Sudoku gelöst.

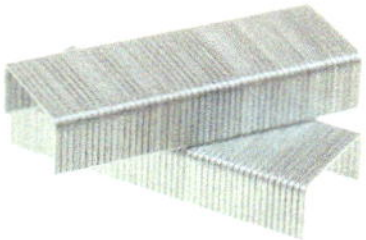

3. Gib für die Zufallsexperimente die Ergebnismenge an. Entscheide jeweils auch, ob die Chancen für das Eintreten aller Ergebnisse gleich groß sind.
(1) Werfen einer Münze;
(2) Werfen einer Reißzwecke;
(3) Werfen eines Blocks Heftklammern.

4. Auf der Geburtstagsfeier von Anne dürfen die Gäste ein Glücksrad drehen. Anne hat folgende Regeln festgelegt. Clara gewinnt bei einer geraden Zahl, Niklas bei einer ungeraden Zahl. Bei einer Zahl kleiner als 5 gewinnt Susanne, bei einer Primzahl gewinnt Andrej.

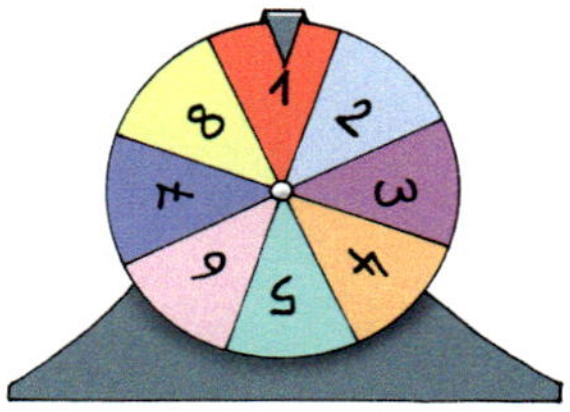

a) Wer gewinnt, wenn eine (1) 1, (2) 2, (3) 5, (4) 8 gedreht wird?
b) Vergleiche die Gewinnchancen der Gäste.
c) Anne möchte eine größere Chance als jeder ihrer Gäste haben. Formuliere eine Regel für den Gewinnfall von Anne.

5. Außer mit Würfeln kann man auch mit anderen Zufallsgeräten, wie z. B. Kronkorken würfeln. Besorgt euch jeder einen Kronkorken.
a) Welche Ergebnisse sind beim Werfen eines Kronkorkens möglich? Äußert eine Vermutung über die Häufigkeiten der Ergebnisse bei 100 Würfen.
b) Werft nun jeder euren Kronkorken 100-mal und bestimmt die absoluten Häufigkeiten eurer Ergebnisse. Vergleicht eure Vermutung mit eurem Wurfergebnis und den Ergebnissen eurer Mitschüler. Nennt Gründe für mögliche Unterschiede.

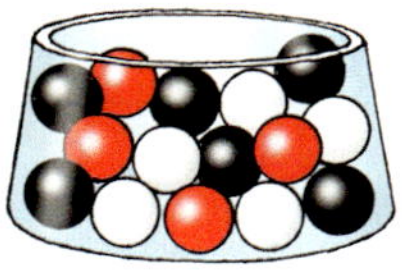

6. In einem Becher befinden sich sechs schwarze, vier rote und fünf weiße Kugeln. Es wird blind eine Kugel gezogen.
a) Vergleiche die Gewinnchancen für die drei Farben.
b) Nenne zwei Möglichkeiten, die Anzahl der Kugeln im Gefäß zu ändern, damit alle Farben die gleiche Chance haben.
c) Wie viele Kugeln von welcher Farbe müsste man hinzufügen, damit die Chance eine weiße Kugel zu ziehen doppelt so groß ist, wie die eine schwarze Kugel zu ziehen?

7. Ein Lego-Vierer wird geworfen. Wir vereinbaren, dass die vier Noppen oben liegend 4 Augen und die vier Noppen unten liegend 1 Auge bedeuten. Die Seitenflächen werden mit den Zahlen 2, 3, 5 und 6 beschriftet.

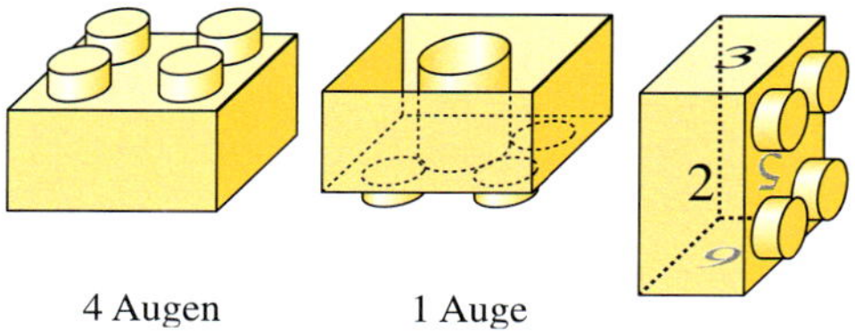

4 Augen 1 Auge

Werft den Legostein 100-mal und notiert die absoluten Häufikgeiten. Berechnet die relativen Häufigkeiten und stellt diese in einem Diagramm dar. Welche Lage hat die größte Chance?

8. Ein Würfel wird geworfen. Ordne die Gewinnchancen der Ergebnisse des Münzwurfs. Beginne mit der geringsten Chance.
(1) Es wird eine 1 geworfen.
(2) Es wird eine gerade Zahl geworfen.
(3) Es wird eine Zahl größer als 4 geworfen.
(4) Eine gerade Zahl größer als 4 wird geworfen.
(5) Eine 2 oder eine ungerade Zahl wird geworfen.
(6) Die geworfene Zahl ist eine Primzahl.
(7) Die geworfene Zahl ist größer als 3 oder gerade.

9. Auf einem Straßenfest steht das abgebildete Glücksrad.

a) Begründe, dass nicht alle Ergebnisse die gleiche Chance haben.
b) Welche Ergebnisse haben die gleiche Chance?
c) Luisa sagt: *„Die Chance eine ungerade Zahl zu erhalten ist größer als die für eine gerade Zahl."*
Was sagst du dazu?
d) Tine setzt darauf, dass eine 1 gedreht wird. Worauf könnte ihre Freundin Annalena setzen, um die gleiche Gewinnchance zu haben?

10. In einer Urne befinden sich vier Kugeln, die mit den Ziffern 1, 2, 3 und 4 beschriftet sind. Kamila und Ben ziehen abwechselnd 3 Kugeln. Die gezogenen Ziffern setzen sie zu dreistelligen Zahlen zusammen. Dabei entspricht die zuerst gezogene Ziffer der Hunderterstelle, die zweite Ziffer der Zehnerstelle, die dritte gezogene Ziffer ist der Einer.

a) Wie viele dreistellige Zahlen können gebildet werden?
b) Kamila gewinnt, wenn die dreistellige Zahl kleiner als 200 ist. Formuliere eine Spielregel, sodass Ben gleiche Gewinnchancen wir Kamila hat. Begründe deine Regel.

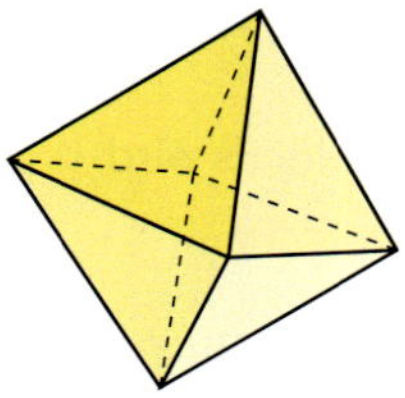

11. Rechts siehst du das Netz eines Oktaeders. Übertrage es in dein Heft. Beschrifte die Seiten mit den Zahlen 1, 2, 3 und 4 so, dass für die Gewinnchancen beim Würfeln folgendes gilt:
Die Zahlen 1 und 2 haben die gleiche Chance. Die Gewinnchance der Zahl 4 ist halb so groß wie die der Zahl 2; die Gewinnchance der 3 ist dreimal so groß wie die der Zahl 4.

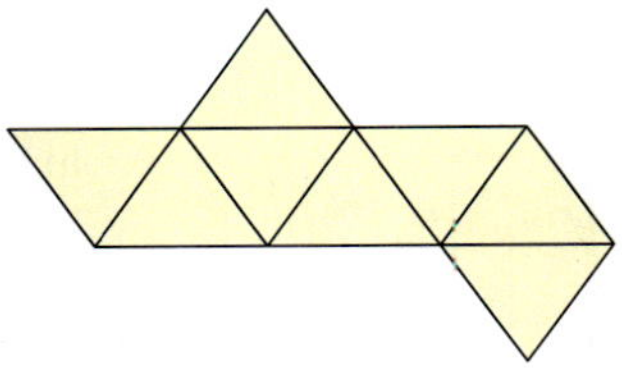

12. Auf einem Tisch liegen verdeckt 10 Zahlkarten mit den Ziffern 0 bis 9. Es werden zufällig zwei Karten aufgedeckt.

a) Welche Ergebnisse sind möglich, wenn man die Summe der Zahlen bildet?
b) Notiere alle Ergebnisse, wenn man das Produkt der Zahlen bildet.
c) Vergleiche die Gewinnchancen der beiden Ergebnisse: „Die Augensumme beträgt 10" und „Das Produkt der Zahlen ist 18".

Das Wichtigste auf einen Blick

Absolute und relative Häufigkeit

Die **absolute Häufigkeit** gibt an, wie oft etwas vorkommt. Die **relative Häufigkeit** gibt den Anteil an.
Relative Häufigkeiten gibt man als Brüche, Dezimalzahlen oder in Prozent an. Die Summe der relativen Häufigkeiten ist immer 1.

Beispiel:
430 Befragte (in einer Stichprobe aus 1 000 Personen) haben als Lieblingsverein Füchse Berlin angegeben. Die relative Häufigkeit der Füchse-Fans ist:
$\frac{430}{1\,000} = 0{,}43 = 43\,\%$

Diagramme

Daten kann man übersichtlich in Diagrammen darstellen. Es gibt verschiedene Arten von Diagrammen, z. B. **Säulen-**, **Balken-**, und **Kreisdiagramme**.

Beispiel:
Lieblingsessen

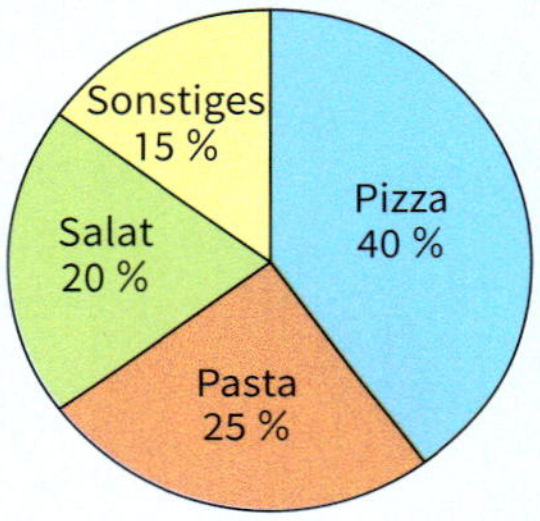

Minimum

Das Minimum ist der kleinste Wert einer Datenmenge.

Maximum
Spannweite

Das Maximum ist der größte Wert einer Datenmenge.
Die Differenz zwischen dem Maximum und dem Minimum einer Datenmenge heißt Spannweite.

Beispiel:
Datenmenge: 3; 5; 3; 7; 3; 3
Minimum: 3
Maximum: 7
Spannweite: $7 - 3 = 4$

Allgemeines Zählprinzip

In einem **Baumdiagramm** kann man die Kombination verschiedener Möglichkeiten übersichtlich darstellen.
Um die Gesamtzahl aller Kombinationen zu erhalten, muss man die Anzahlen der Möglichkeiten bei den einzelnen Auswahlen miteinander multiplizieren.

Beispiel:

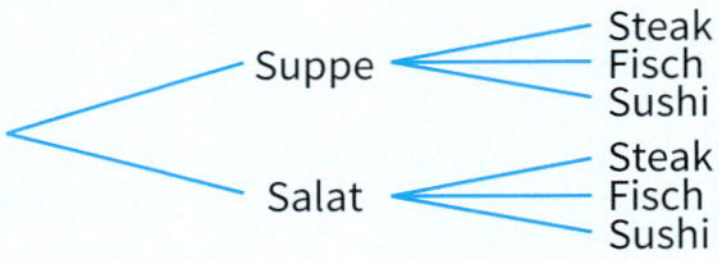

Zufalls-experiment

Ein Zufallsexperiment ist ein Versuch, dessen Ausgang nicht vorhersehbar ist. Die möglichen Ergebnisse fasst man in der **Ergebnismenge S** zusammen. Man unterscheidet Zufallsexperimente bei denen alle Ergebnisse die gleiche Chance haben und solche, bei denen die Ergebnisse unterschiedliche Chancen haben.

Beispiel:
Werfen eines Tetraeders
S = {1; 2; 3; 4}

Werfen einer Streichholzschachtel S = {1; 2; 3; 4; 5; 6}

Bist du fit?

1. In der Tabelle sind die Anzahlen der Haushalte mit Haustieren in Deutschland im Jahr 2015 notiert.
Erstelle ein Balken- und ein Säulendiagramm.

Haustier	Anzahl der Haushalte (in Millionen)
Katze	12,9
Hund	7,9
Kleintiere	5,1
Ziervögel	4,2
Fische	3,6

2. Der nächste Wandertag wird vorbereitet. Die Klasse 6 c plant eine Tagesfahrt. Drei Ziele stehen zur Auswahl.

a) Bestimme die absolute und die relative Häufigkeit, für die einzelnen Ziele.

b) Zeichne ein Säulendiagramm und ein Kreisdiagramm.

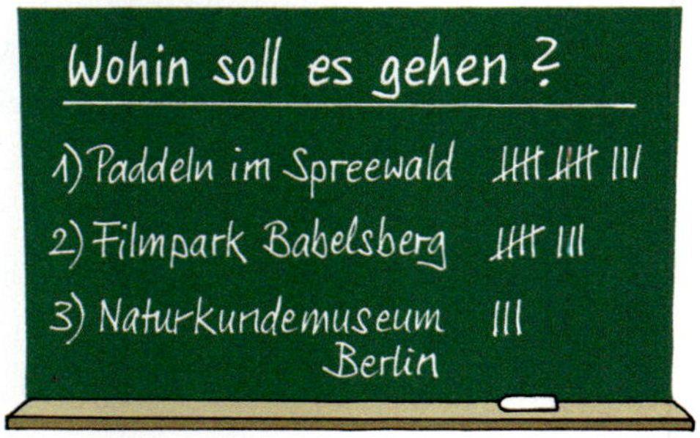

3. Beschreibe, was im Diagramm rechts dargestellt ist. Werte es aus.

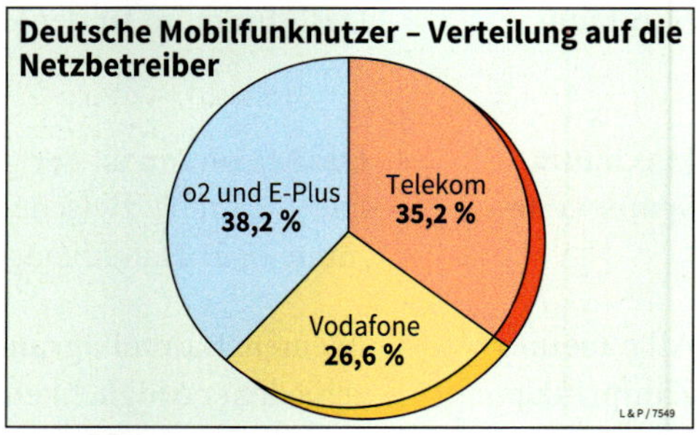

4. Die Schülerinnen und Schüler der Klasse 6 a haben ihre Körpergrößen (Angaben in cm) gemessen.

155	142	166	154	154	150	156	149	148	152	153	158	157
144	161	156	150	156	148	150	152	156	158	153	157	157

Bestimme Maximum, Minimum und Spannweite.

5. Das abgebildete Glücksrad wird gedreht.

a) Gib die Ergebnismenge an.

b) Vergleiche die Gewinnchancen der einzelnen Ergebnisse.

c) Wie könnte das Glücksrad aussehen, damit die Chance von gelb, rot und grün gleich groß ist, die Chance von blau aber dreimal so groß wie die von grün ist?

5. Direkt proportionale Zuordnungen

In vielen Sachsituationen des Alltags setzt man Größen in Beziehung zueinander und notiert dies in Tabellen oder grafischen Darstellungen.

Mountain-Bike	
Schrittlänge	Rahmenhöhe
70 cm	39 cm
72 cm	40 cm
74 cm	41 cm
76 cm	42 cm
78 cm	43 cm
80 cm	44 cm
82 cm	45 cm
84 cm	46 cm
86 cm	47 cm
88 cm	48 cm
90 cm	49 cm
92 cm	50 cm
94 cm	51 cm
96 cm	52 cm
98 cm	53 cm

Bei Rennrädern sollte die Rahmenhöhe zwei Drittel der Schrittlänge betragen.

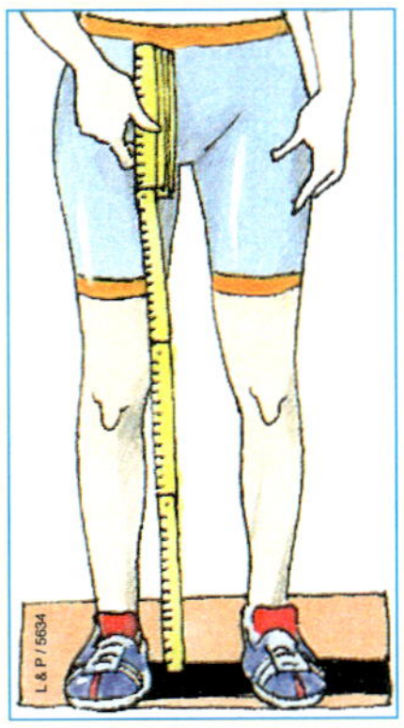

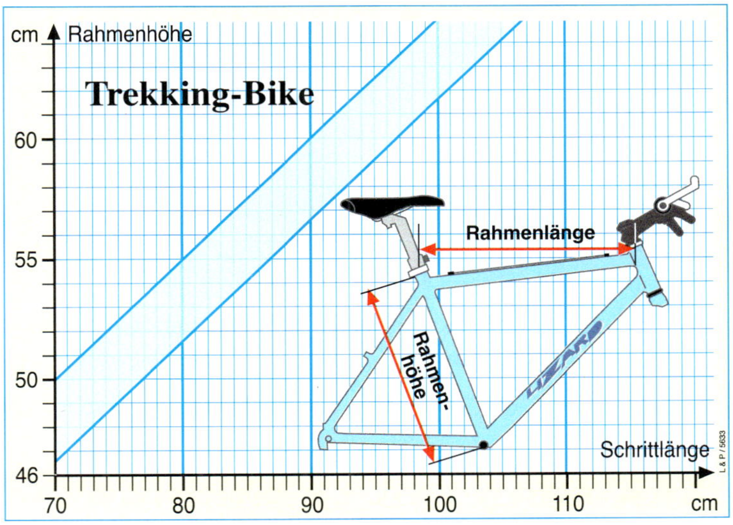

➔ Bestimme die Rahmenhöhe, die ein Rennrad, Mountain-Bike und Trekking-Bike für dich haben sollte.
➔ Welche weiteren Informationen kannst du den obigen Darstellungen entnehmen?

In diesem Kapitel …
lernst du, wie man Zuordnungen zwischen Größen beschreiben kann.
Für besondere Zuordnungen lernst du Verfahren kennen, mit denen du Berechnungen in Sachsituationen ausführen kannst.

Lernfeld: Abhängigkeiten darstellen und nutzen

Grafiken überall

Viele Zusammenhänge kann man durch eine Abbildung besonders übersichtlich darstellen.

Gigawattstunde (GWh) ist eine Einheit für elektrische Energie.

Erneuerbare Energien auf dem Vormarsch

Beitrag erneuerbarer Energien zur Strombereitstellung in Deutschland

	Wasserenergie: GWh	Windenergie: GWh	Biomasse: GWh	Photovoltaik: GWh	Sonstige: GWh
1995	20.747	1.500	665	11	1.348
1997	18.453	2.966	880	26	1.397
1999	20.686	5.528	1.849	42	1.740
2001	23.241	10.509	3.348	76	1.859
2003	17.722	18.713	6.086	313	2.161
2005	19.576	27.229	10.978	1.282	3.047
2007	21.169	39.713	19.760	3.075	4.521
2009	19.036	38.639	25.989	6.583	4.370
2011	19.500	46.500	31.920	19.000	5.018
2013	22.998	51.708	41.156	31.010	5.500
2015	19.600	57.300	42.200	36.100	6.100

L&P/7546

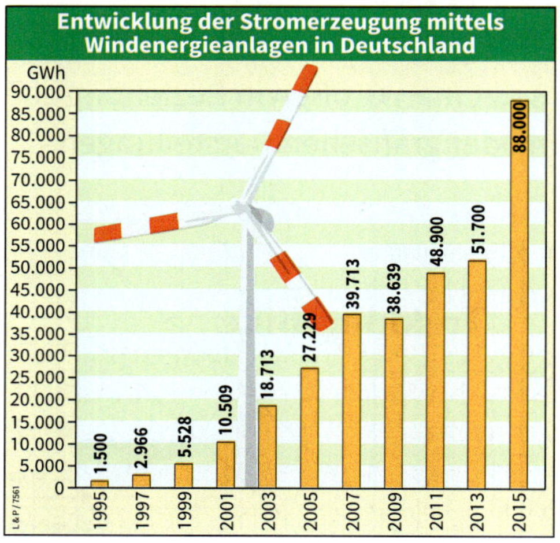

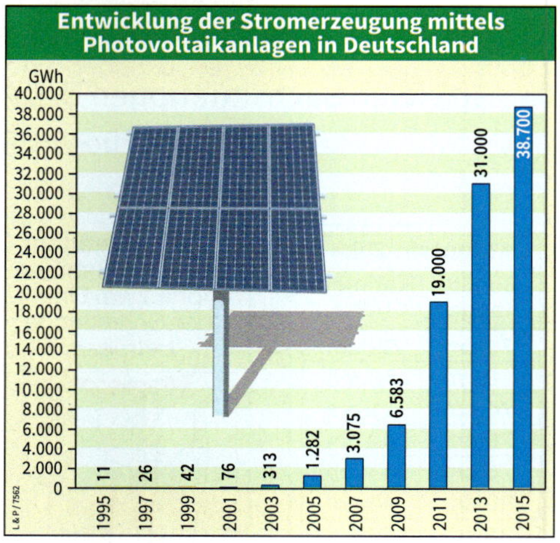

→ Vergleicht die Darstellungen zur Stromerzeugung aus erneuerbaren Energien und gebt an, welcher Sachverhalt jeweils dargestellt ist.

→ Nennt Vor- und Nachteile der verschiedenen Darstellungsformen.

Große Verpackung – kleiner Preis?

→ Erfrischungsgetränke werden im Kiosk in verschiedenen Flaschen oder Dosen verkauft. Welche Flasche ist besonders teuer?

→ Wie viel müssten die verschiedenen Flaschen kosten, damit alle den gleichen Preis für 1 l haben?

5.1 Zuordnungstabellen

Einstieg

Killeralgen im Mittelmeer

Caulerpa Taxifolia, auch „Killeralge“ genannt, ist in den Gewässern der Karibik und des Pazifiks beheimatet. Auffällige Merkmale sind ihre frische grüne Farbe und ihre federartigen Blätter. Da die Alge giftig ist, hat sie keine natürlichen Feinde, mit ihrem Gift schadet sie vielen Pflanzen- und Tierarten. Zu Beginn der Achtzigerjahre wurde Caulerpa Taxifolia aufgrund ihrer auffälligen Färbung als Dekoration für Aquarien mit tropischen Fischen eingesetzt. Bei einer Filterreinigung im Ozeanografischen Institut in Monaco im Jahre 1984 gelang es der Killeralge, ins offene Meer zu entkommen.
Seitdem breitet sie sich unkontrollierbar im Mittelmeerraum aus: Nach nur drei Jahren war der Meeresboden vor der französischen Mittelmeerküste großflächig überwuchert. Sie erwies sich schnell als äußerst aggressiver Eindringling: Mit Wurzeln, die sich auf nahezu jedem Untergrund festsetzen können, ist die Killeralge praktisch unverwundbar. Experten rechnen mit einer Versechsfachung der bedeckten Fläche von Jahr zu Jahr.

Beschreibt das Wachstum der Killeralge in einer Tabelle, in der ihr im Jahr 2010 mit einer Fläche von $0{,}5\,\text{m}^2$ startet.

Aufgabe 1

Zuordnung zweier Größen

Die Länge des Bremswegs eines Fahrzeugs hängt davon ab, wie schnell es fährt.
Aus Sicherheitsgründen sind daher in bestimmten Bereichen, z. B. in Wohngebieten, Höchstgeschwindigkeiten vorgeschrieben.
In einem Lehrbuch für Fahrschulen ist eine Faustformel, mit der man den Bremsweg eines Autos aus seiner Geschwindigkeit berechnen kann, angegeben.

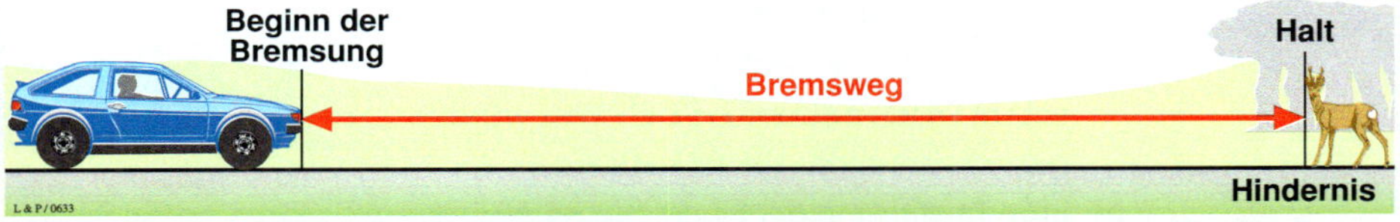

Vom Niedertreten des Bremspedals bis zum Stillstand des Fahrzeugs legt es einen bestimmten Weg zurück. Dieser Weg wird Bremsweg genannt. Für seine Länge gilt die Faustformel:

$$\text{Bremsweg (in m)} = \frac{\text{Geschwindigkeit}\left(\text{in } \frac{\text{km}}{\text{h}}\right)}{10} \cdot \frac{\text{Geschwindigkeit}\left(\text{in } \frac{\text{km}}{\text{h}}\right)}{10}$$

a) Lege eine Tabelle an, in der du zu den Geschwindigkeiten $10\,\frac{\text{km}}{\text{h}}$, $20\,\frac{\text{km}}{\text{h}}$, …, $100\,\frac{\text{km}}{\text{h}}$ den zugehörigen Bremsweg (in m) angibst.

b) Untersuche, wie sich eine Erhöhung der Geschwindigkeit $\left(\text{z. B. um } 10\,\frac{\text{km}}{\text{h}}\right)$ auf den Bremsweg auswirkt.

Lösung

a) Bei einer Geschwindigkeit von $10\,\frac{km}{h}$ beträgt der Bremsweg (in m): $\frac{10}{10} \cdot \frac{10}{10} = 1$

Zu einer Geschwindigkeit von $20\,\frac{km}{h}$ gehört der Bremsweg (in m): $\frac{20}{10} \cdot \frac{20}{10} = 4$

Entsprechend erhältst du die übrigen Werte in der Tabelle.

b) Erhöht man die Geschwindigkeit von $20\,\frac{km}{h}$ auf $30\,\frac{km}{h}$, so verlängert sich der Bremsweg um 5 m. Erhöht man dagegen die Geschwindigkeit von $90\,\frac{km}{h}$ auf $100\,\frac{km}{h}$, so verlängert sich der Bremsweg sogar um 19 m.
Je größer die Geschwindigkeit ist, desto mehr verlängert sich der Bremsweg bei einer Erhöhung der Geschwindigkeit um $10\,\frac{km}{h}$.

Geschwindigkeit (in $\frac{km}{h}$)	Bremsweg (in m)
10	1
20	4
30	9
40	16
50	25
60	36
70	49
80	64
90	81
100	100

Information

Zur Beschreibung der Abhängigkeit des Bremswegs von der Geschwindigkeit hast du in einer Tabelle jeder Geschwindigkeit den zugehörigen Bremsweg zugeordnet.
Wir schreiben für diese Zuordnung: *Geschwindigkeit → Bremsweg.*

Eine **Zuordnungstabelle** hat zwei Spalten. In der linken Spalte stehen die Werte der *Ausgangsgröße* und in der rechten Spalte die Werte der *zugeordneten Größe*. Jedem Wert der ersten Spalte ist der daneben stehende Wert in der zweiten Spalte zugeordnet.
Durch eine solche Tabelle ist eine **Zuordnung** zwischen den beiden Größen gegeben:
Größe in der ersten Spalte → Größe in der zweiten Spalte

Beachte: Statt in Spalten kann man Zuordnungstabellen auch in Zeilen anlegen.

Weiterführende Aufgaben

Mehrere Zuordnungen in einer Tabelle

2. An einem Urlaubsort bietet ein Taxiunternehmen feste Preise für Fahrten in die Umgebung an, für Fahrten am Tage zwischen 6 Uhr und 20 Uhr Tarif A und für Fahrten zwischen 20 Uhr und 6 Uhr Tarif B.

SECURI-TAXI		
Entfernung (in km)	Tarif A (in €)	Tarif B (in €)
bis 2	4,00	6,00
über 2 bis 4	5,60	8,40
über 4 bis 6	7,00	10,80
über 6 bis 8	8,40	13,00
über 8 bis 10	10,00	15,00
über 10 bis 15	13,60	20,00
über 15 bis 20	17,20	24,80
über 20 bis 25	20,60	29,60
über 25 bis 30	24,00	34,40
über 30 bis 35	25,40	37,20
über 35 bis 40	26,80	38,00

a) Was kostet eine Taxifahrt am Tage zu einem 24 km entfernten Ziel? Was würde diese Fahrt in der Nacht kosten?

b) Eine Taxifahrt in der Nacht hat 34,40 € gekostet. Wie lang war die Strecke?

c) Frau Wolter war mit dem Taxi zwischen 19 Uhr und 20 Uhr unterwegs und stellt fest, dass die Fahrt eine Stunde später um 6,40 € teurer gewesen wäre. Wie weit kann sie gefahren sein?

d) Herr Seltig hatte dem Taxifahrer 16 € gegeben und behauptet, in diesem Betrag seien 1,80 € Trinkgeld enthalten. Was meinst du dazu?

e) Stellt euch Fragen und beantwortet sie mithilfe der Tabelle.

f) Gebt die Zuordnungen an, die die Preistabelle enthält.

Aufstellen einer Zuordnungstabelle aus einem Diagramm

3. 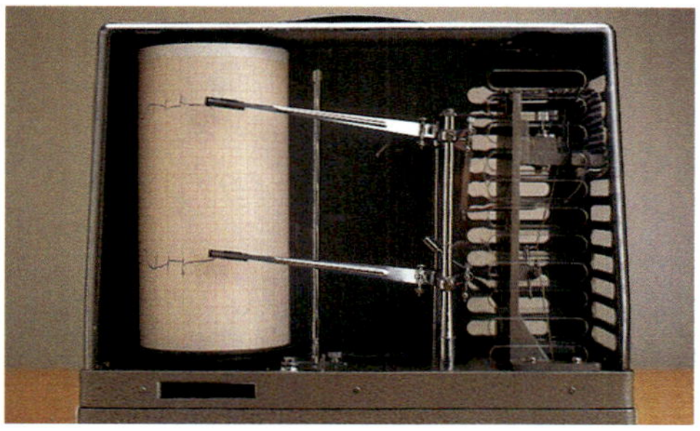

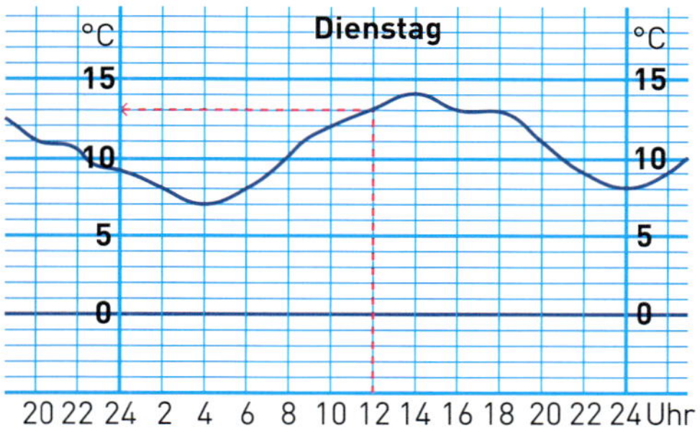

In Wetterstationen zeichnet man täglich mit einem Temperaturschreiber den Temperaturverlauf auf. Das abgebildete Blatt des Schreibers beschreibt die Zuordnung
Zeitpunkt → Temperatur.
Aus ihm kannst du ersehen, dass am Dienstag um 12 Uhr die Temperatur 13 °C betrug.

a) Lege eine Zuordnungstabelle an, aus der man die Temperaturen um 0 Uhr, 2 Uhr, 4 Uhr, …, 22 Uhr, 24 Uhr ablesen kann.
b) Wann betrug die Temperatur 12 °C?
c) Wann war es an diesem Tag am wärmsten, wann am kältesten? Gib auch die Temperaturen an.
d) Stellt euch weitere geeignete Fragen und beantwortet sie.

Information In den Aufgaben 1, 2 und 3 hast du erkannt:

Eine Zuordnung kann angegeben werden durch
- eine Tabelle oder
- ein Diagramm oder
- eine Vorschrift, wie man die zugeordneten Werte aus den Ausgangswerten berechnet.

Übungsaufgaben

4. a) Welche Parkgebühren sind bei einer Reisezeit von 7 Tagen, 21 Tagen oder 30 Tagen zu bezahlen?
b) Frau Flügler muss 45 € Parkgebühren zahlen.
Wie lange kann sie geparkt haben?
c) Herr Lauer überlegt: „Hätte ich 7 Tage länger geparkt, hätte ich 15 € mehr bezahlen müssen. Bei 3 Tagen weniger hätte ich 5 € gespart.“

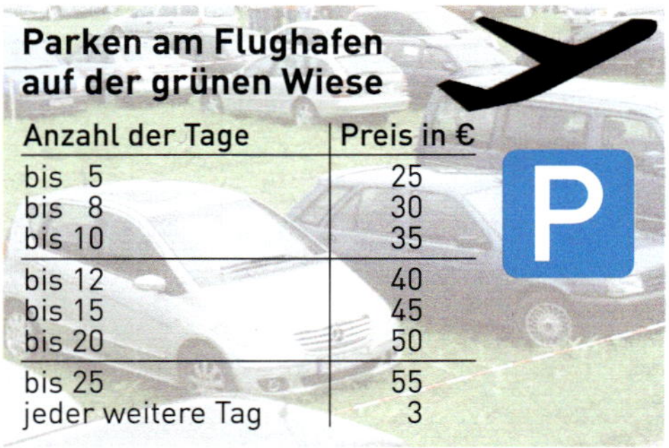
Parken am Flughafen auf der grünen Wiese

Anzahl der Tage	Preis in €
bis 5	25
bis 8	30
bis 10	35
bis 12	40
bis 15	45
bis 20	50
bis 25	55
jeder weitere Tag	3

5. Ein Großhändler in Berlin soll nach Lübbenau vier Küchengeräte desselben Modells liefern. Jedes Gerät wiegt 4,3 kg. Der Großhändler kann entweder vier Pakete mit je einem Gerät oder zwei Pakete mit je zwei Geräten oder auch ein Paket mit allen vier Geräten versenden. Die Verpackung wiegt für jedes Gerät zwischen 500 g und 700 g.
Die Versandkosten betragen für ein Paket bis 6 kg nur 5,80 €, für ein Paket über 6 kg bis 10 kg schon 7,50 €. Für Pakete über 10 kg wird zuzüglich zu 7,50 € für jedes weitere (angefangene) kg noch 0,30 € berechnet. Für welchen Fall sind die gesamten Versandkosten am kleinsten, für welchen am größten?

6. Der Energiewert eines Nahrungsmittels wird in Kilojoule (kJ) angegeben. Auf einer Diätscheibe mit mehreren Skalen kann man durch Drehen eines Zeigers für bestimmte Nahrungsmittel zur Menge in Gramm den zugehörigen Energiewert in Kilojoule ablesen. Im Bild rechts siehst du zwei Skalen. Dabei ordnet der Zeiger jeder Nahrungsmittel-Menge den zugehörigen Energiewert zu. Welchen Energiewert haben 150 g, 350 g, 500 g, 650 g Haferflocken?

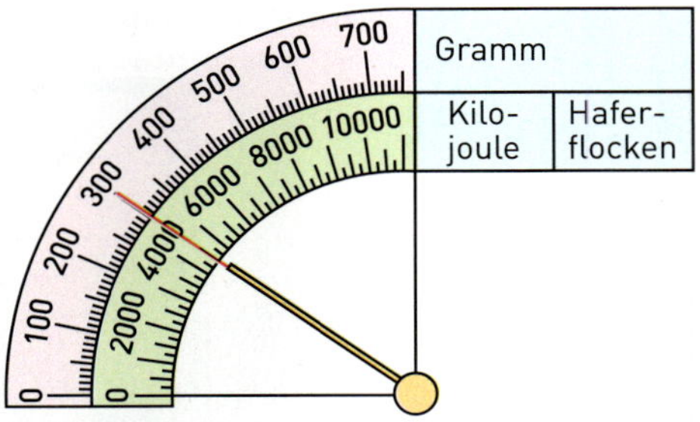

7. Eine 30 cm lange Kerze brennt pro Stunde um 6 cm ab. Lege für die Zuordnung *Brenndauer → Kerzenlänge* eine Tabelle an. Wähle als Brenndauer 0, $\frac{1}{2}$, 1, $1\frac{1}{2}$, 2, …, 5 Stunden.

8. Im *Somatogramm* rechts ist dargestellt, ob ein Kind bei einer bestimmten Körpergröße zu leicht oder zu schwer ist.
Wie viel sollte ein Kind bei einer Größe von 100 cm, 110 cm, …, 170 cm mindestens wiegen, wie viel höchstens?
Erstellt eine Tabelle für die Zuordnungen
(1) *Körpergröße → Mindestgewicht;*
(2) *Körpergröße → Höchstgewicht.*

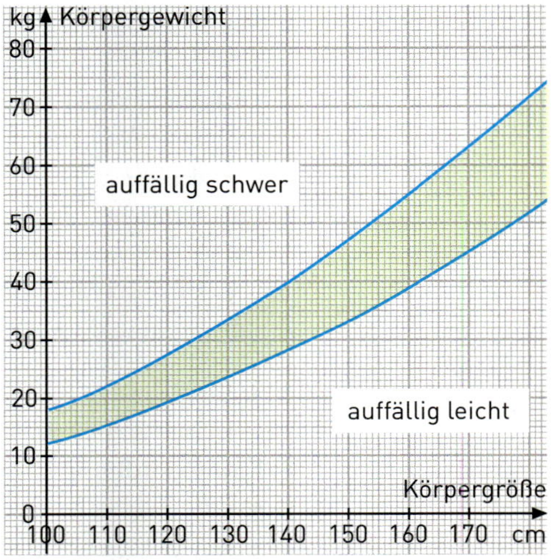

9. Hier siehst du das Höhenprofil der 9. Etappe der Tour de France vom 10. Juli 2016.

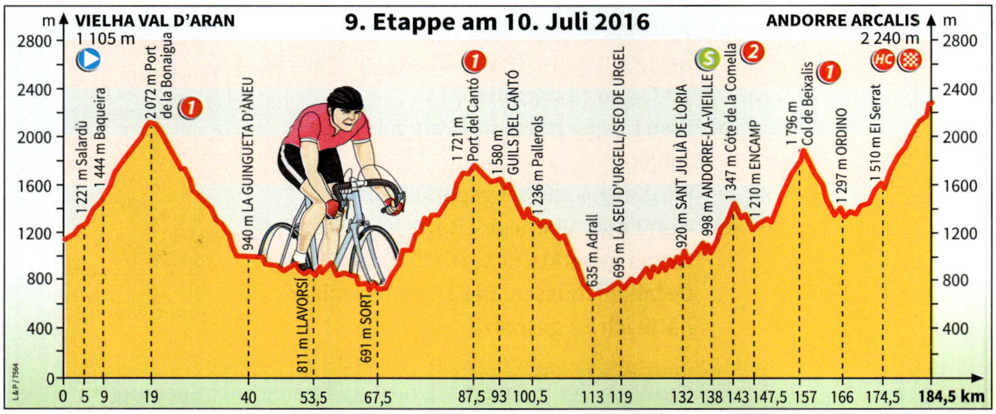

a) Welche Zuordnung kann man aus diesem Höhenprofil ablesen?
b) Gib für die mit Bergwertungen gekennzeichneten Stellen an:
(1) Entfernung von Vielha Val d'Aran; (2) Höhe über dem Meeresspiegel (NN).
c) Ein Fahrer ist in 1200 m Höhe. Wie weit kann er von Vielha Val d'Aran entfernt sein?
d) Stellt euch weitere geeignete Fragen und beantwortet sie.
e) Das Bild vermittelt einen falschen Eindruck von den Steigungen. Woran liegt das?

5.2 Darstellen einer Zuordnung im Koordinatensystem

Einstieg

Sebastians Vater vergleicht zwei Handy-Tarife. Er stöhnt: „Das ist ja furchtbar kompliziert, wie soll ich denn da erkennen, welche Gebühren für mich günstiger sind?“ Sebastians Mutter erwidert: „Mach dir doch eine Zeichnung, dann siehst du alles auf einen Blick.“
Überlegt gemeinsam, wie eine solche Zeichnung aussehen kann. Fertigt sie dann an.

Einführung

Graph einer Zuordnung

In Aufgabe 1 auf Seite 213 wurde mithilfe einer Faustformel der Bremsweg für bestimmte Geschwindigkeiten berechnet:

Geschwindigkeit (in $\frac{km}{h}$)	10	20	30	40	50	60	70	80	90	100
Bremsweg (in m)	1	4	9	16	25	36	49	64	81	100

Sebastian möchte diese Zuordnung in einem Diagramm darstellen. Er erinnert sich an das Temperaturdiagramm für die Zuordnung *Zeitpunkt → Temperatur* (Aufgabe 3 auf Seite 215).

In einem Koordinatensystem trägt er auf der nach rechts gerichteten Achse (x-Achse) die Geschwindigkeiten und auf der nach oben gerichteten Achse (y-Achse) die Bremswege ab.

Der Geschwindigkeit $60\,\frac{km}{h}$ ist der Bremsweg 36 m zugeordnet. Dies stellt Sebastian mit einem rechtwinklig abgeknickten Pfeil dar, der von $60\,\frac{km}{h}$ auf 36 m weist.

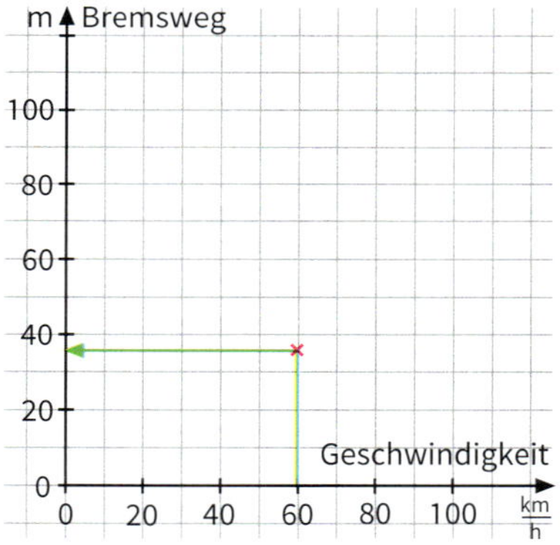

Sophia meint dazu: „Einen solchen Pfeil konnte man im Temperaturdiagramm zum bequemen Ablesen eintragen. Aber der Temperaturschreiber zeichnet diesen nicht, sondern nur dessen Knickpunkt mit den Koordinaten (60 | 36). Allein aus der Lage des Knickpunktes kannst du die Ausgangsgröße auf der nach rechts gerichteten Achse (x-Achse) und die zugeordnete Größe auf der nach oben gerichteten Achse (y-Achse) ablesen. Es reicht also, wenn du nur die Knickpunkte einträgst. Die Knickpunkte ergeben dann den Graphen der Zuordnung.“

Mithilfe der Tabelle erhalten wir die rot gezeichneten Punkte. Sie dürfen nicht geradlinig verbunden werden: Würde man die Punkte $P_1(10\,|\,1)$ und $P_2(20\,|\,4)$ nämlich geradlinig verbinden, so ginge die Verbindungslinie durch den Punkt $P(15\,|\,2{,}5)$. Laut Faustformel gehört zur Geschwindigkeit $15\,\frac{km}{h}$ aber als Bremsweg (in m):

$\frac{15}{10} \cdot \frac{15}{10} = 2{,}25$

Daher verbinden wir die Punkte mit einer passenden Kurve (blaue Linie).

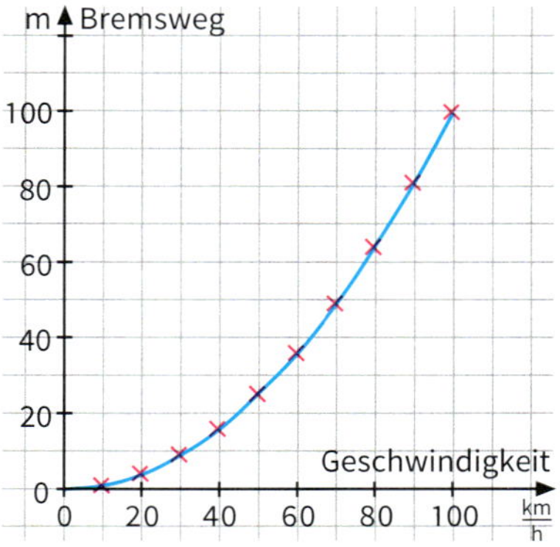

Information

Das Diagramm, das in der Einführung gezeichnet wurde, stellt den *Graphen* der Zuordnung dar.

Eine Zuordnung zwischen Größen kann man durch einen **Graphen** im Koordinatensystem darstellen.
Auf der nach rechts gerichteten Achse *(x-Achse)* werden die Werte der Ausgangsgröße markiert, auf der nach oben gerichteten Achse *(y-Achse)* die Werte der zugeordneten Größe.
Jedem Paar einander zugeordneter Werte entspricht ein Punkt.
Dem Paar (4 kg | 3 €) entspricht der Punkt P.
Der Punkt P wird auch durch P(4 | 3) angegeben.

Beispiel: Kartoffeln kaufen
Menge (in kg) → Preis (in €)

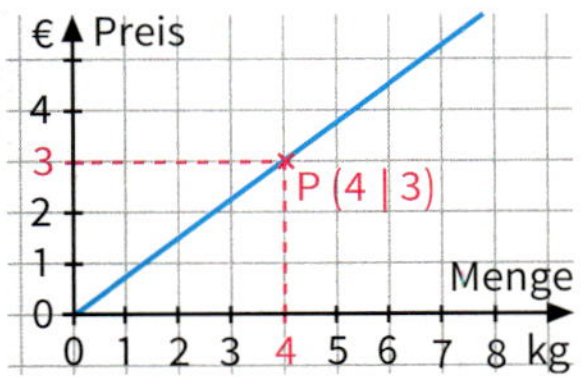

Weiterführende Aufgabe

Sinnlose Zwischenwerte

1. Ein Kaufhaus bietet DVD-Rohlinge an. Ein DVD-Rohling kostet 1,10 €, eine Fünferpackung kostet 4,50 €.
   a) Wie viel kosten 1, 2, …, 10 DVD-Rohlinge bei günstigem Einkauf? Lege eine Tabelle für die Zuordnung *Anzahl der DVD-Rohlinge → Gesamtpreis* an.
   b) Zeichne den Graphen der Zuordnung. Verbinde die Punkte. Welche Informationen liefern die Verbindungslinien? Begründe, dass es korrekter wäre, die Punkte nicht zu verbinden. Warum ist es trotzdem häufig üblich, sie zu verbinden?
   c) In Zeitungen wird für eine Zuordnung, bei der es keine Zwischenwerte gibt, oft ein *Säulendiagramm* gezeichnet (siehe Bild oben). Zeichne für die Zuordnung *Anzahl der DVD-Rohlinge → Gesamtpreis* ein Säulendiagramm.

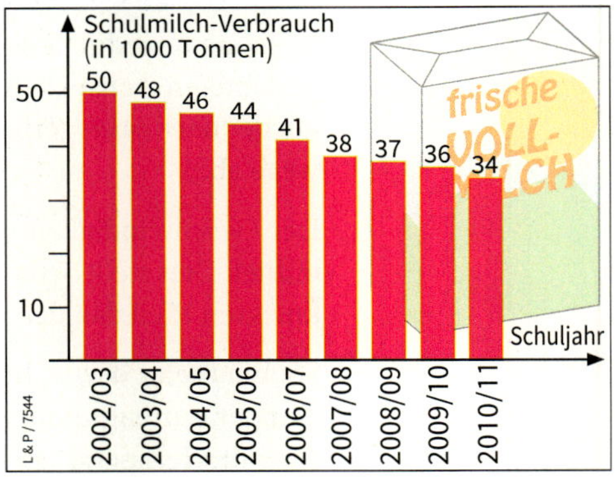

Der Graph einer Zuordnung kann eine Linie sein oder nur aus einzelnen Punkten bestehen.

(1) Ist bei einer Zuordnung die Frage nach Zwischenwerten für die Werte in der Tabelle sinnvoll, so werden die gezeichneten Punkte miteinander verbunden. Dazu muss man prüfen, ob das Verbinden der Punkte mit Strecken oder mit einer Kurve sinnvoll ist. Die gezeichneten Zwischenwerte sollten brauchbare Schätzwerte für die tatsächlichen Werte sein.

(2) Gibt es bei einer Zuordnung keine Zwischenwerte, so kann man nur einzelne Punkte zeichnen. Häufig verbindet man die Punkte dennoch mit Strecken, um Veränderungen der Werte zu verdeutlichen. In diesem Fall haben jedoch die Punkte auf den Verbindungsstrecken keine Bedeutung für die Zuordnung.
Oft ist es daher geschickter, ein Säulendiagramm zu zeichnen, wenn es keine Zwischenwerte gibt.

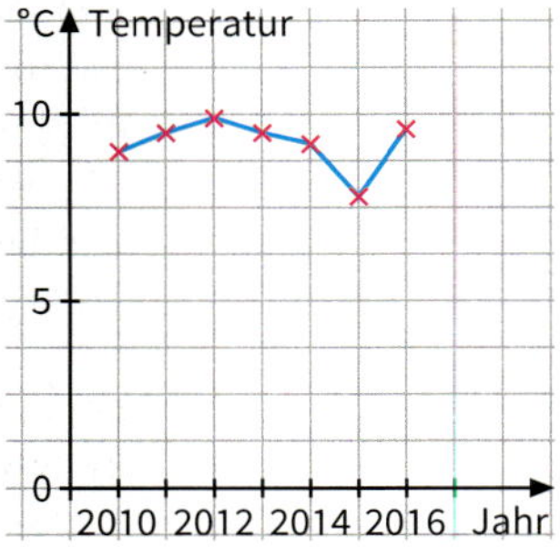

Übungsaufgaben

2. a) Zeichne einen Graphen für die Zuordnung *Geschwindigkeit → Sicherheitsabstand.*

b) Bestimme aus dem Graphen den Sicherheitsabstand bei $70\,\frac{km}{h}$, $110\,\frac{km}{h}$, $145\,\frac{km}{h}$, $200\,\frac{km}{h}$.

Sicherheitsabstand schützt

Für den Sicherheitsabstand, den ein(e) Kraftfahrer(in) vom Vordermann halten soll, sind Mindestwerte empfohlen. Als Mindestabstand wird der Weg gerechnet, den das Fahrzeug in $1\frac{1}{2}$ Sekunden zurücklegt.

Geschwindigkeit $\left(\text{in } \frac{km}{h}\right)$	Abstand (in m)
20	8
40	17
60	25
80	33
100	42
120	50
140	58
160	67
180	75

3. Für eine Lohnerhöhung werden folgende Vorschläge unterbreitet:

(1) Jeder Wochenlohn wird um 50 € erhöht.

(2) Jeder Wochenlohn wird um ein Zehntel erhöht.

(3) Löhne unter 400 € werden auf 400 € erhöht; alle anderen Löhne bleiben unverändert.

a) Lege eine gemeinsame Zuordnungstabelle für alle drei Vorschläge an. Wähle als Ausgangsgrößen die alten Wochenlöhne 100 €, 200 €, …, 1 000 €.

b) Zeichne für die Vorschläge (1) bis (3) durchgehende Graphen, alle drei in ein gemeinsames Koordinatensystem. Prüfe für die alten Wochenlöhne 350 € und 530 €, ob die durchgehenden Graphen die Zuordnungen richtig darstellen.

c) Für welche Arbeitskräfte ist Vorschlag (1) am günstigsten, für welche der Vorschlag (2), für welche der Vorschlag (3)?

d) Erläutere an diesem Beispiel die Vorteile der Darstellung von mehreren Zuordnungen durch Graphen in einem gemeinsamen Koordinatensystem.

4. a) Lege eine Tabelle für die Zuordnung
(1) *Seitenlänge a eines Quadrats → Flächeninhalt A;* **(2)** *Seitenlänge a → Umfang u* an.
Wähle für a: 0,5 cm; 1 cm; 1,5 cm; …; 5 cm.

b) Zeichne einen Graphen der Zuordnung. Prüfe, ob es sinnvoll ist, die Punkte zu verbinden. Darf man die Punkte geradlinig verbinden?

5. Im Bild siehst du die Graphen von drei Zuordnungen.

Textmarker: *Anzahl → Preis*

Distelöl: *Volumen → Preis*

Produktion von Autos: *Jahr → Produktionszahl*

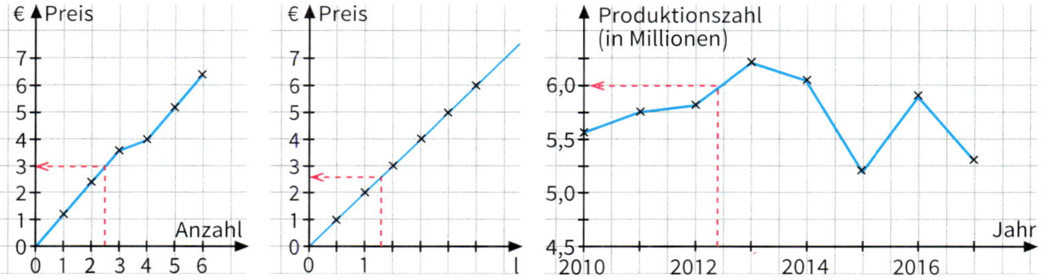

a) Welches Größenpaar gehört jeweils zu dem roten Pfeil?

b) Für welche Zuordnungen haben die Zwischenwerte (Punkte der durchgezeichneten Strecken) einen Sinn, für welche nicht? Begründe deine Antwort.

c) Zeichne gegebenenfalls sinnvollere Darstellungen.

6. Eine Klasse untersucht, ob sich das Klima geändert hat.
Beschreibt und vergleicht ihre Diagramme für die jährlichen Durchschnittstemperaturen in Berlin. (Quelle: Deutscher Wetterdienst)

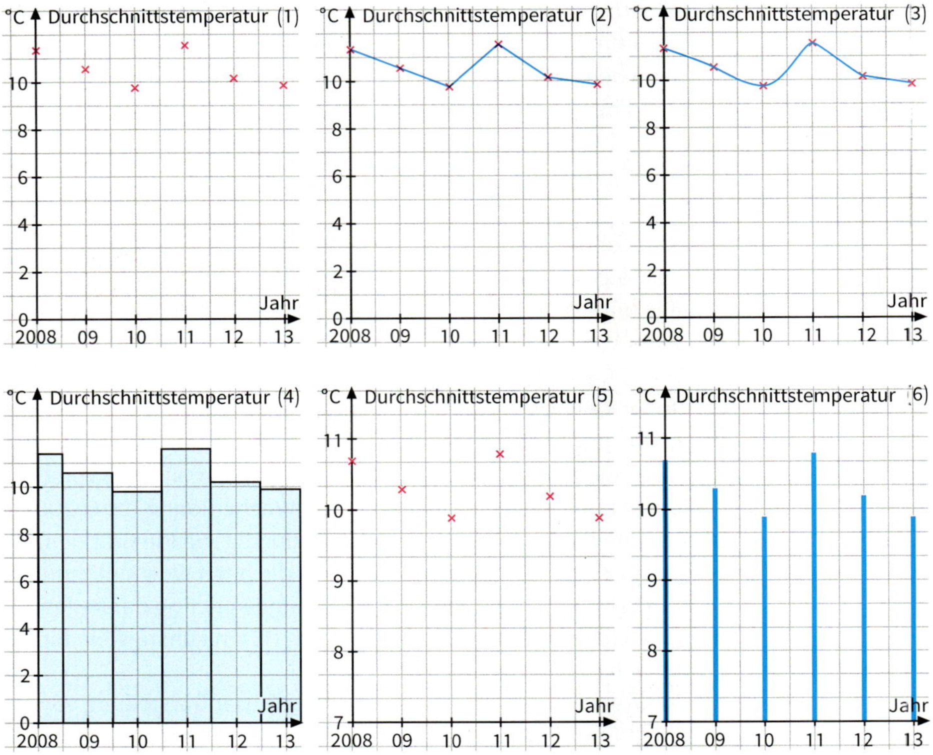

7. Eine Reinigungsfirma zahlt ihren Mitarbeitern einheitlich 10,50 € pro Stunde.
Zeichne den Graphen der Zuordnung *Anzahl der Stunden → Arbeitslohn*; wähle als Ausgangsgrößen 10, 15, 20, …, 40 Stunden.
Bestimme (ohne zu rechnen) mithilfe des Graphen den Arbeitslohn für 19 Stunden, für 37 Stunden, für 28 Stunden. Überprüfe jeweils durch Rechnung.

8. Ein Freibad hat besondere Eintrittspreise für Schüler.
Notiere in einer Tabelle, wie viel der Eintritt für eine Gruppe von 2, 3, …, 15 Schülern im günstigsten Fall kostet.
Zeichne dann den Graphen dieser Zuordnung.

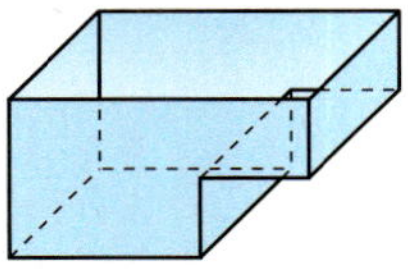

9. **a)** Links siehst du die Form eines Schwimmbeckens. In dieses Becken wird gleichmäßig Wasser eingelassen. Welcher der Graphen (1) bis (4) kann dazu passen? Begründe.

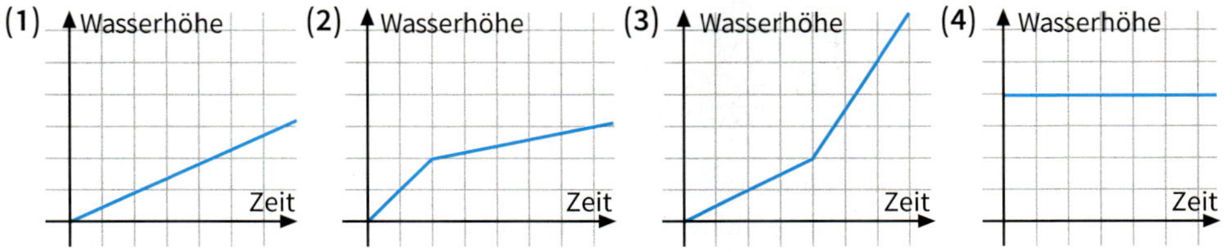

b) Skizziere zu den übrigen Graphen ein passendes Schwimmbecken.

10. a) Tobias und Laura haben ihren Schulweg heute Morgen beschrieben und auch einen Graphen für die Zuordnung *Uhrzeit* → *Entfernung* von zu Hause gezeichnet.
Welchen Graphen hat Tobias gezeichnet, welchen Laura?

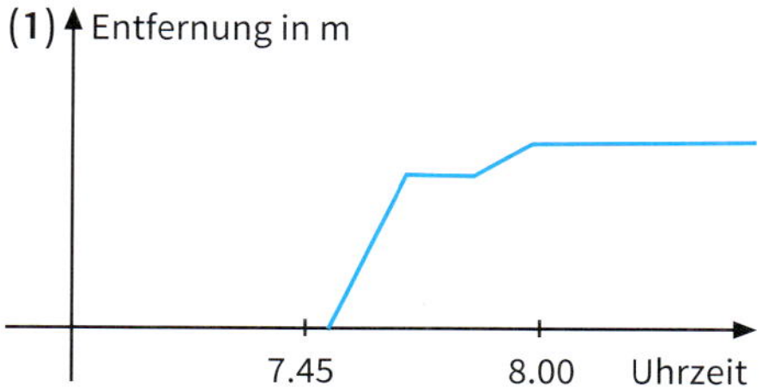

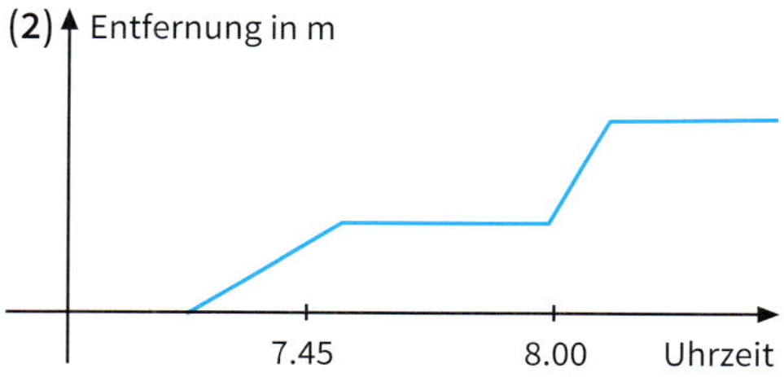

b) Schreibe Schulweg-Geschichten zu folgenden Graphen:

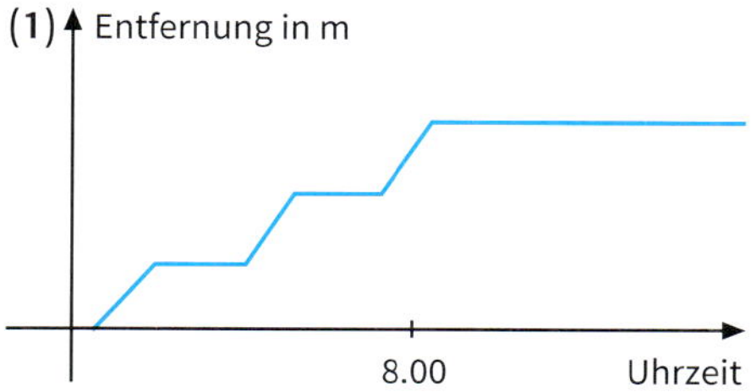

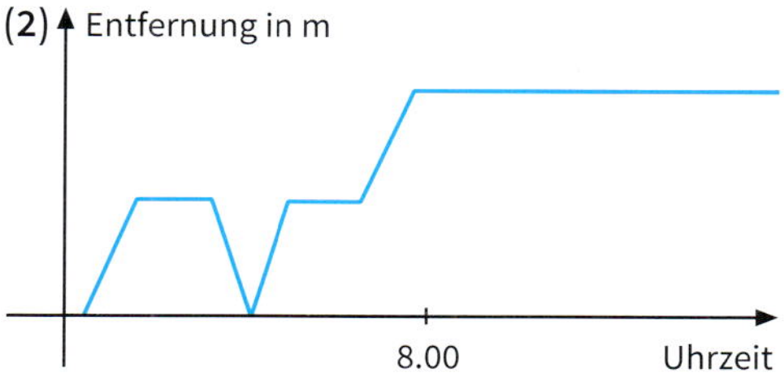

c) Zeichne solch einen Graphen für deinen Schulweg.
Lass deinen Nachbarn dazu eine Geschichte schreiben.

11. Der Graph rechts unten zeigt die Geschwindigkeit eines Formel 1-Rennwagens während der ersten Runde. Welche Rennstrecke passt dazu?

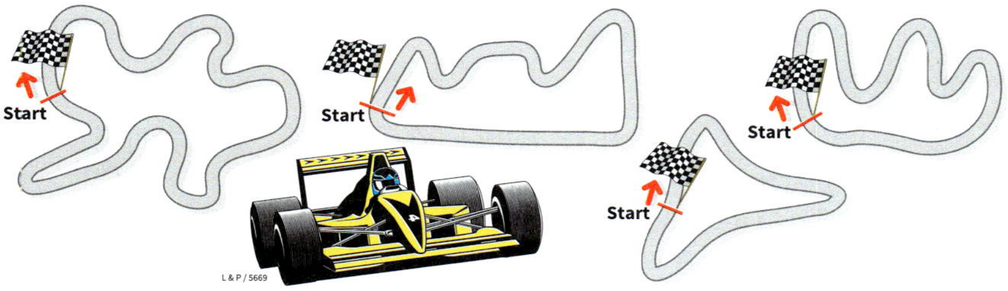

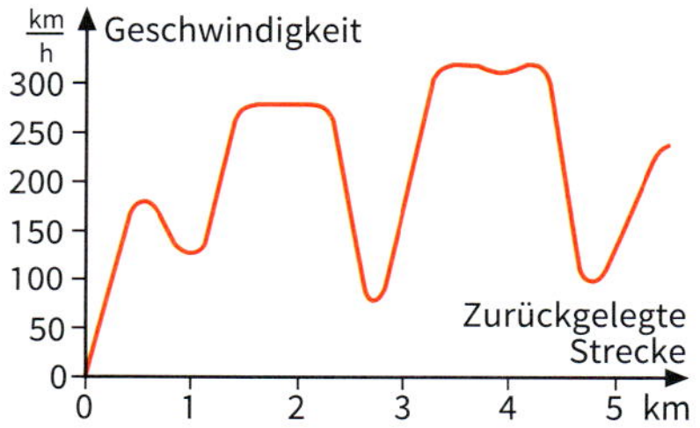

5.3 Zueinander direkt proportionale Größen – direkt proportionale Zuordnungen

Einstieg

Auf einem Basar kann man Kerzen aus flüssigem Wachs durch „Ziehen“ herstellen. Der Preis richtet sich anschließend danach, wie schwer die Kerze ist. Eine 60 g schwere Kerze kostet 0,80 €. Stellt euch Fragen zu Preisen anderer Kerzen und beantwortet sie.

Aufgabe 1

Direkt proportionale Zuordnung

Lea kauft im Biomarkt ein spezielles Früchtemüsli, das dort abgepackt wird.
Wie viel kosten 300 g, 150 g, 600 g und 120 g dieses Müslis?
Berechne die Preise im Kopf. Lege dazu eine Tabelle an, in der du verdeutlichst, wie du die Preise berechnest. Begründe deine Überlegungen.

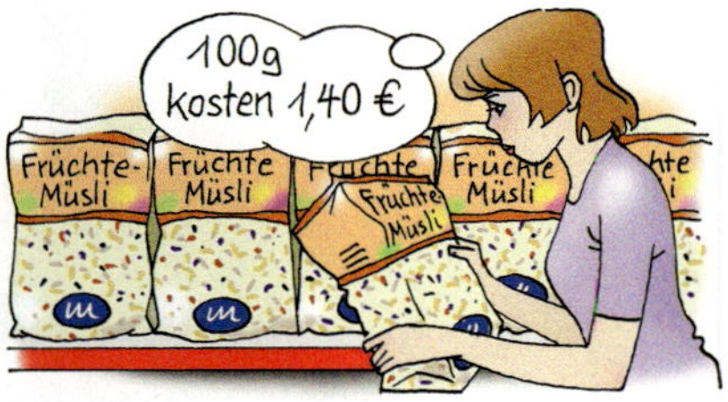

Lösung

Zur doppelten Müslimenge gehört der doppelte Preis.
Zur dreifachen Müslimenge gehört der dreifache Preis.
Zur vierfachen Müslimenge gehört der vierfache Preis, …
Kauft man andererseits nur die Hälfte (ein Drittel, …), so bezahlt man auch nur die Hälfte (ein Drittel, …) des Ausgangspreises.
Daher kann man die gesuchten Preise wie in der Tabelle rechts einfach im Kopf ermitteln.

	Müslimenge	Preis	
	100 g	1,40 €	
·3	300 g	4,20 €	·3
:2	150 g	2,10 €	:2
·4	600 g	8,40 €	·4
:5	120 g	1,68 €	:5

Information

Bei der Lösung der Aufgabe 1 haben wir vorausgesetzt, dass es beim Kauf größerer Mengen keinen Rabatt gibt. Damit gilt für die beiden Größen *Menge* und *Preis*:
Eine Verdoppelung (Verdreifachung, …) einer Menge führt zu der entsprechenden Verdoppelung (Verdreifachung, …) des dazugehörigen Preises.

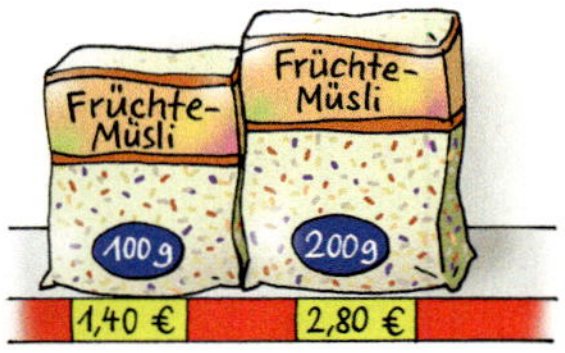

Wir sagen: Die Zuordnung *Müslimenge → Preis* ist eine *direkt proportionale Zuordnung* – oder auch: Für diese Müsliportionen ist der Preis *direkt proportional* zur Menge.

Vielfachenregel

Eine Zuordnung heißt **direkt proportional**, wenn die folgende Regel gilt:
Verdoppelt (verdreifacht, vervierfacht, …) man eine Ausgangsgröße, so verdoppelt (verdreifacht, vervierfacht, …) sich auch die zugeordnete Größe.

Mithilfe der obigen Regel kann man feststellen, ob eine Zuordnung direkt proportional ist. Betrachtet man die Pfeile für das Vervielfachen in umgekehrter Richtung, so erkennt man die folgende Regel für das Teilen. Ist eine Zuordnung direkt proportional, so gilt also auch:

Halbiert (drittelt, viertelt, …) man eine Ausgangsgröße, so halbiert (drittelt, viertelt, …) sich auch die zugeordnete Größe.

Weiterführende Aufgaben

Nicht jede „Je mehr – desto mehr"-Zuordnung ist direkt proportional

2. Bei der Heimtier-Futterzentrale kann man zwischen fertigen Packungen und lose gekauftem Futter wählen. Das Nager-Futter kann nur in Packungen zu 200 g, 400 g, 750 g und 1 000 g gekauft werden. Diese kosten 1,20 €, 1,80 €, 3,50 € und 4,20 €.
Prüfe für das Sittich-Futter und für Nager-Extra, ob die Zuordnung *Menge → Preis* direkt proportional ist.

> Zuordnungen, bei denen eine Erhöhung eines Wertes der Ausgangsgröße auch zu einer Erhöhung des zugehörigen Wertes führt, nennt man **„Je mehr – desto mehr"-Zuordnungen**.
> Nicht jede „Je mehr – desto mehr"-Zuordnung ist eine direkt proportionale Zuordnung.
> Umgekehrt gilt aber: Jede direkt proportionale Zuordnung ist eine „Je mehr – desto mehr"-Zuordnung.

Addieren und Subtrahieren bei direkt proportionalen Zuordnungen

3. Banken verteilen zum Umrechnen von Preisen in ausländischen Währungen in deutsche Preise Kurstabellen. Die nebenstehende Tabelle dient zum Umrechnen von Schweizer Franken (SFR) in Euro.

a) Rechne mithilfe der Kurstabelle im Kopf folgende Preise in Euro um:
160 SFR, 130 SFR, 31 SFR, 63 SFR, 99 SFR, 179 SFR, 207 SFR.

b) Bestätige die Gültigkeit folgender Regeln:
(1) Zur Summe zweier Preise in SFR gehört auch die Summe der dazugehörigen Preise in Euro.
(2) Zur Differenz zweier Preise in SFR gehört auch die Differenz der dazugehörigen Preise in Euro.

Kurstabelle (Schwankungen möglich)

Schweizer Franken	Euro
5	4,70
10	9,4
20	18,80
30	28,20
40	37,59
50	46,99
60	56,39
70	65,79
80	75,19
90	84,59

c) Bestätige an mehreren Beispielen, dass die Zuordnung *Preis in SFR → Preis in Euro* direkt proportional ist.

Summenregel

> Für direkt proportionale Zuordnungen gilt:
> (1) Zur Summe zweier Werte der ersten Größe gehört die Summe der dazugehörigen Werte der zweiten Größe.
> (2) Zur Differenz zweier Werte der ersten Größe gehört die Differenz der dazugehörigen Werte der zweiten Größe.

Graph einer direkt proportionalen Zuordnung

4. Im Fahrschulbuch sind Faustformeln für den Reaktionsweg und den Bremsweg angegeben.

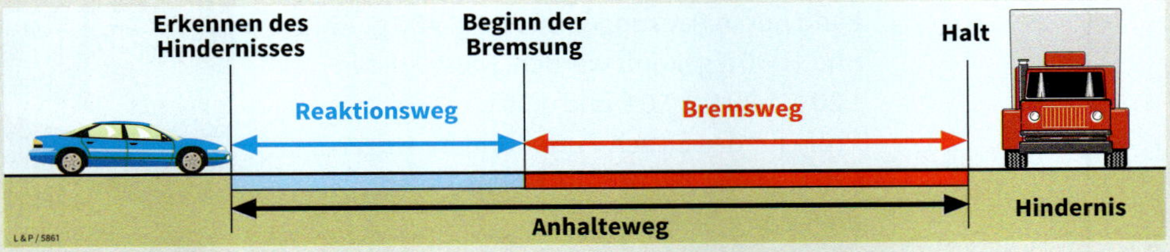

Vom Sehen eines Hindernisses bis zum Niedertreten des Bremspedals legt das Fahrzeug einen bestimmten Weg zurück. Dieser Weg wird Reaktionsweg genannt. Für seine Länge gilt die Faustformel:

$$\text{Reaktionsweg (in m)} = \frac{\text{Geschwindigkeit}\left(\text{in } \frac{\text{km}}{\text{h}}\right)}{10} \cdot 3$$

Vom Niedertreten des Bremspedals bis zum Stillstand des Fahrzeugs legt es einen bestimmen Weg zurück. Dieser Weg wird Bremsweg genannt. Für seine Länge gilt die Faustformel:

$$\text{Bremsweg (in m)} = \frac{\text{Geschwindigkeit}\left(\text{in } \frac{\text{km}}{\text{h}}\right)}{10} \cdot \frac{\text{Geschwindigkeit}\left(\text{in } \frac{\text{km}}{\text{h}}\right)}{10}$$

a) Lege für die Zuordnung *Geschwindigkeit → Reaktionsweg* eine Tabelle für die Geschwindigkeiten $10\,\frac{\text{km}}{\text{h}}$, $20\,\frac{\text{km}}{\text{h}}$, …, $100\,\frac{\text{km}}{\text{h}}$ an.
Ist die Zuordnung direkt proportional? Zeichne den Graphen dieser Zuordnung.

b) Zeichne auch den Graphen der Zuordnung *Geschwindigkeit → Bremsweg*.
Vergleiche dann beide Graphen.

Bei jeder direkt proportionalen Zuordnung liegen die Punkte des Graphen auf einem Strahl, der im Achsenschnittpunkt, dem Koordinatenursprung O(0|0), beginnt.

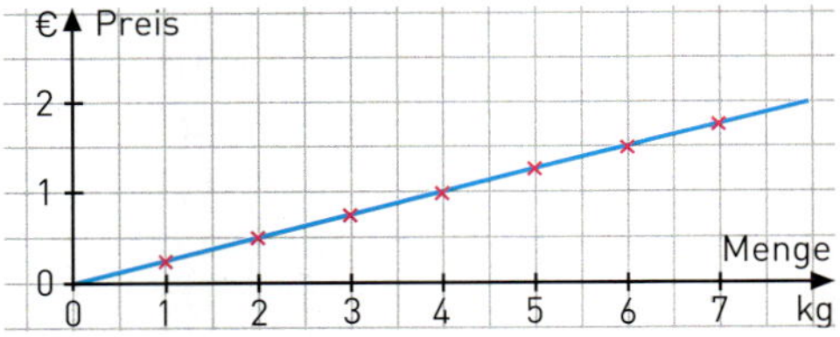

Graph einer direkt proportionalen Zuordnung

Übungsaufgaben

5. Auf dem Jahrmarkt gibt es gebrannte Mandeln.
Anna kauft 150 g, Pablo 120 g, Finn 80 g und Sarah 75 g.
Wie viel muss jeder bezahlen?
Stelle die Mengen und Preise in einer Tabelle zusammen.

6. Die Tabellen geben Preise für das Tanken oder das Laden von Elektroautos an. Vervollständige sie im Heft. Verdeutliche dein Vorgehen durch Pfeile.

Autogas	
Volumen	Preis
42 l	23,10 €
14 l	
70 l	
10 l	
	27,50 €
	19,25 €
25 l	
	46,75 €

Ladesäule	
Ladezeit	Preis
1 h	4,20 €
4 h	
$1\frac{1}{2}$ h	
30 min	
	10,50 €
	12,60 €
15 min	
	0,70 €

Super	
Volumen	Preis
36 l	51,12 €
18 l	
27 l	
5 l	
	35,50 €
	59,64 €
	14,20 €
85 l	

7. Im Schulgarten möchte die Klasse 6 f ein großes Beet mit Frühlingsblumen anlegen. Die Klasse rechnet mit 40 Blumenzwiebeln je Quadratmeter.

a) Welche Fläche kann mit 100, 150, 200, 500 Blumenzwiebeln bepflanzt werden?

b) Wie viele Blumenzwiebeln benötigen sie für 4,5 m², 6 m², 7,2 m² und $1\frac{3}{4}$ m²?

8. Erwärmt man die Flüssigkeit in einem Thermometer, so dehnt sie sich aus. Die Verlängerung der Flüssigkeitssäule ist direkt proportional zur Temperaturerhöhung. Eine Erwärmung um 12 °C führt zu einem Anstieg der Flüssigkeitssäule um 15 mm. Wie hoch steigt die Flüssigkeitssäule bei Erwärmung um 6 °C, 18 °C, 9 °C, 27 °C an?

9. Eine bestimmte Teppichboden-Sorte ist recht schwer. Fülle die Tabelle im Heft aus.

Größe (in m²)	48	24	12	36	9	18
Masse (in kg)	68					

10. Auf einer Apfelsaftflasche sind die durchschnittlichen Nährwerte je 100 ml angegeben. Ein kleines Glas Saft fasst etwa 150 ml. Nicole trinkt ein kleines Glas Saft, Paula zwei Gläser, Konrad eine ganze Flasche (0,7 l).
Stellt für diese Mengen in einer Tabelle zusammen:

(1) Energiewert
(2) Ballaststoff-Menge
(3) Kohlenhydrat-Menge
(4) Zucker-Menge

Vergleicht euer Vorgehen.

11. a) Auf einem Wochenmarkt kauft Nessrin 13 Eier. Der Verkäufer rechnet wie in der Abbildung dargestellt.
Wie rechnet er weiter?

b) Berechne ebenso den Preis für 18, 15 und 7 Eier.

12. Muriel plant für die Ferien mit der Familie die gemeinsame Reise nach Norwegen.

a) Im Internet findet sie eine Umrechnungstabelle für Norwegische Kronen. Ergänzt die Währungstabelle im Heft.

Norwegische Kronen (NOK)	Euro (€)
10,00 NOK	1,12 €
15,00 NOK	
20,00 NOK	
50,00 NOK	
100,00 NOK	
125,00 NOK	

b) Auch nach Preisen hat Muriel im Internet gesucht.

(1) Postkarte 12 NOK **(5)** Hundeschlittenfahrt 1 600 NOK
(2) Pommes 35 NOK **(6)** Souvenirs 115 NOK
(3) Softdrink 18 NOK **(7)** Norwegerpulli 1 450 NOK
(4) Pizza 120 NOK **(8)** Zugticket 450 NOK

Zur Umrechnung überschlägt ein Partner den Preis, der andere rechnet genau. Tauscht nach jeder Rechnung die Rollen.

13. Ein quaderförmiges Aquarium wird mit Wasser gefüllt. Im Bild siehst du den Graphen der Zuordnung *Wasservolumen → Höhe des Wasserspiegels.*

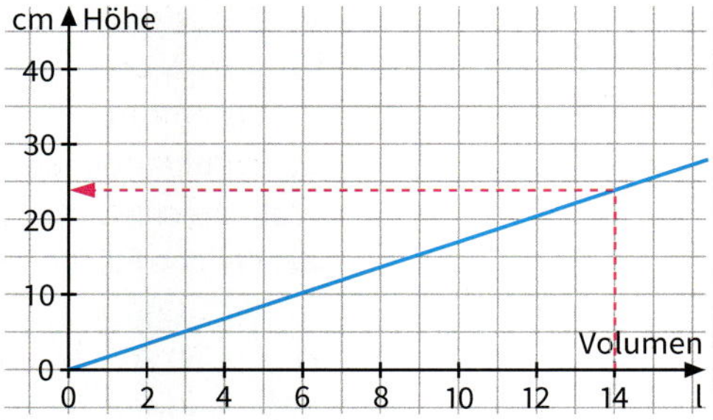

a) Wie hoch steht das Wasser im Aquarium, wenn man 14 l; 6 l; 2 l; 5 l; 7 l; 15 l; 12 l einfüllt?

b) Wie viel l Wasser enthält das Aquarium bei einem Wasserstand von 30 cm; 15 cm; 19 cm; 24 cm; 9 cm?

14. Im Feinkostladen wird eine Thunfischcreme verkauft. Der 150 g-Becher kostet 5,70 €. Man kann die Creme aber auch lose kaufen.

a) Zeichne den Graphen der Zuordnung *Menge (in g) → Preis (in €)* in ein Koordinatensystem. (x-Achse für die Menge: 1 cm für 100 g; y-Achse für den Preis: 1 cm für 1 €).

b) Lies den Preis für **(1)** 200 g; **(2)** 350 g aus dem Graphen ab.

c) Im Supermarkt gibt es eine vergleichbare Spezialität. Dort kostet der 200 g-Becher 7,20 €. Zeichne auch hier den zugehörigen Graphen in das gleiche Koordinatensystem und vergleiche die beiden Graphen.

Das kann ich noch!

A) Berechne den Umfang und den Flächeninhalt.

1) **2)** **3)**

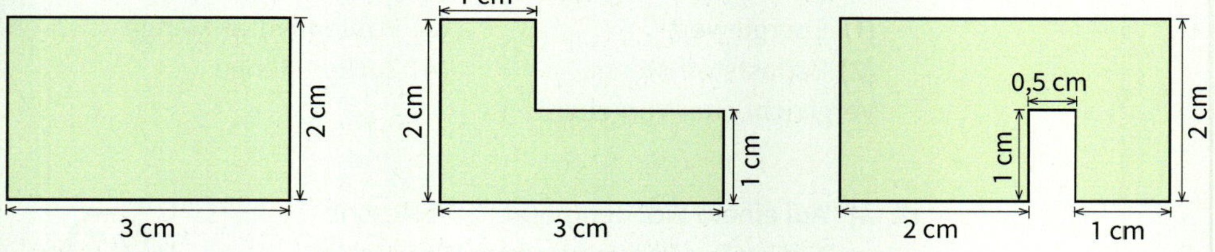

B) Verwandle sowohl in die nächstkleinere als auch in die nächstgrößere Einheit.

1) 23 cm **2)** 0,5 dm **3)** 0,71 m **4)** 20,01 m

C) Verwandle sowohl in die nächstkleinere als auch in die nächstgrößere Einheit.

1) 200 cm^2 **2)** 5 m^2 **3)** 2,5 dm^2 **4)** 3 ha

15. Ein Testzug benötigt bei gleich bleibender Geschwindigkeit auf einer Strecke ohne Haltepunkte für 40 km genau 15 min.
  a) Zeichne einen Graphen für die zugehörige Zuordnung *Fahrzeit* → *Streckenlänge*.
  b) Zeichne in das gleiche Koordinatensystem den Graphen für einen Testzug, der 45 km in 25 min durchfährt. Vergleiche beide Graphen.
  c) Ein anderer Testzug durchfährt 65 km in 35 min. Verfahre wie in Teilaufgabe a) und b).

16. Aus 50 kg Äpfeln erhält man 15 Flaschen Most.
  a) Wie viel Most erhält man aus 40 kg Äpfeln?
  b) Wie viel kg Äpfel benötigt man für 6 Flaschen Most?

17. Gib für den Sachverhalt eine Zuordnung an. Handelt es sich um eine „Je mehr – desto mehr"-Zuordnung? Ist sie auch direkt proportional? Begründe.
  a) Zur Seitenlänge eines Quadrats gehört ein bestimmter Umfang.
  b) Beim Biobauern kostet ein Kilogramm Kartoffeln 2,40 €. Bei Lieferungen mit einem Gesamtpreis unter 30 € kommen noch 4,90 € Versandkosten hinzu.
  c) In der Fertigbackmischung sind in jeder Packung die Zutaten für 12 Muffins. Der Anzahl an Packungen ist eine bestimmte Anzahl an Muffins zugeordnet.
  d) Bei den Bundesjugendspielen wird jeder Laufzeit im 75-m-Lauf eine bestimmte Punktzahl zugeordnet.
  e) Der Anzahl der Seiten eines Buches wird der Preis zugeordnet.

18. Gib für den Sachverhalt eine Zuordnung an. Handelt es sich um eine „Je mehr – desto mehr"-Zuordnung? Ist sie auch direkt proportional? Zeichne auch den Graphen der Zuordnung.

  a) Eine Limonade gibt es in verschiedenen Flaschen.

Inhalt der Flasche	Gesamtmasse
0,25 l	440 g
0,5 l	880 g
0,75 l	1320 g
1,5 l	1670 g

  b) Herr Zoll hat seine Tochter Tina gemessen.

Alter	Größe
1 Jahre	75 cm
2 Jahre	88 cm
3 Jahre	97 cm
4 Jahre	104 cm

  c) Eine Zeitschrift ist nicht immer gleich dick.

Anzahl der Seiten	Dicke
64	3 mm
128	6 mm
192	9 mm
256	12 mm

19. Die beiden angegebenen Größen sind nicht in jedem Fall direkt proportional zueinander. Arbeite mit einem Partner zusammen. Der eine gibt Bedingungen dafür an, dass sie direkt proportional zueinander sind, der andere dafür, dass sie nicht direkt proportional zueinander sind. Vergleicht eure Bedingungen.
  a) Malte, Greta und Louis fahren mit dem Fahrrad zur Schule. Sie vergleichen die Länge der Fahrstrecke mit der dafür benötigten Zeit.
  b) Firma Sonnenklar reinigt Fenster auch im Haushalt und berechnet die Preise nach der geputzten Fläche. Herr Sparsam lässt 4, 7 und 12 Fenster putzen und vergleicht die Preise.
  c) Bei einer Radtour notiert die Jugendgruppe täglich die Fahrstrecken und vergleicht die zurückgelegte Gesamtstrecke mit der Anzahl der Tage.

5.4 Dreisatz bei direkt proportionalen Zuordnungen

Einstieg

Dominik möchte nicht 3 kg, sondern 5 kg dieser Äpfel kaufen. Wie viel muss er bezahlen? Welche Voraussetzung müsst ihr machen, um den Preis zu berechnen?

Einführung

Sophie hat ihre Freundinnen zum Mittagessen eingeladen und will ihr Lieblingsessen kochen. Wie viel Sechskorn muss sie für 7 Personen abwiegen?

Sophie überlegt: Das Rezept legt für jede Person die gleiche Menge einer Zutat zugrunde. Für doppelt so viele Personen benötigt man also die doppelte Menge der Zutaten.

Folglich ist die Zuordnung

Anzahl der Personen → Sechskornmenge

direkt proportional.

Da 7 kein Vielfaches von 4 ist, kann man aber die Vielfachenregel für direkt proportionale Zuordnungen nicht unmittelbar anwenden. Es ist also nötig, mit einem Zwischenschritt vorzugehen.

Sechskorn-Frikadellen mit Kartoffeln und Brokkoli

Zutaten (4 Personen):
140 g Sechskorn,
600 ml Gemüsebrühe,
4 Eier, 4 Zwiebeln,
Kräutersalz,
400 g Brokkoli,
8 Kartoffeln, Pfeffer, Koriander, gehackter Schnittlauch, 20 g Mandelblättchen
Zubereitung:

Sophie rechnet in 3 Schritten:

4 Personen benötigen 140 g.
1 Person benötigt 140 g : 4 = 35 g.
7 Personen benötigen 35 g · 7 = 245 g.

Darstellung in einer Tabelle:

Personenzahl	Sechskornmenge (in g)
4	140
:4 ↓ 1	35 ↓ :4
·7 ↓ 7	245 ↓ ·7

Ergebnis: Für 7 Personen werden 245 g Sechskorn benötigt.

Solche Aufgaben heißen **Dreisatzaufgaben**, da man die drei Zeilen der Tabelle als drei Sätze lesen kann.

Weiterführende Aufgaben

Dreisatz auch mit umgekehrter Fragestellung

1. 250 g lose verkaufter Bonbons kosten 3,00 €. Löse folgende Aufgaben mithilfe einer Tabelle im Heft.
(1) Wie viel kosten 600 g dieser Bonbons?
(2) Wie viel Bonbons kann man für 10,50 € kaufen?

Bonbonmenge	Preis
250 g	3,00 €
600 g	€
g	10,50 €

Unterschiedliche Lösungswege bei Dreisatzaufgaben

2. Andrea hat für 36 besondere Farbmalstifte 27,00 € bezahlt.
Wie viel kosten 24 dieser Stifte? Vervollständige die Rechnungen im Heft und vergleiche die Lösungswege der Schülerinnen und Schüler.

Sören

	Anzahl	Preis
	36	27,00 €
:36	1	
·24	24	

Ole

	Anzahl	Preis
	36	27,00 €
:6	6	
·4	24	

Emmi

	Anzahl	Preis
	36	27,00 €
·2	72	
:3	24	

Prüfen der Voraussetzungen für eine direkt proportionale Zuordnung

3. Mariella hat von ihrer Memorycard mit 24 Aufnahmen je ein Foto anfertigen lassen. Sie hat dafür 8,50 € bezahlt. Kannst du berechnen, wie viel Jan für seine 36 Aufnahmen bezahlen muss? Begründe.

Lösungsverfahren für Dreisatzaufgaben bei direkt proportionalen Zuordnungen

Prüfe zuerst, ob die Zuordnung direkt proportional ist.

Löse die Aufgabe dann mit einer Tabelle:

- Trage das gegebene Wertepaar und den dritten bekannten Wert ein.
- Suche einen geeigneten Hilfswert.
- Fülle die Lücken entsprechend der Regeln für direkt proportionale Zuordnungen aus.

Ist die Zuordnung nicht direkt proportional, so kann man die Aufgabe nicht mit dem Dreisatzverfahren lösen.

Darstellung in einer Tabelle:

	Benzin-Volumen (in l)	Preis (in €)	
	40	67,12	
:			:
:	51		·

Doppelt so viel Benzin kostet doppelt so viel.

Doppelter Dreisatz

4. Für ein 3-tägiges Seminar mit 18 Personen musste eine Firma 4 860 € an den Veranstalter zahlen. Wegen des großen Erfolgs plant die Firma nun ein 5-tägiges Seminar für 30 Personen durchzuführen.
Erläutere das Vorgehen rechts zur Bestimmung der Kosten dieses Seminars und vervollständige die Tabelle.
Welche Voraussetzung ist dabei gemacht worden?

Anzahl der Personen	Anzahl der Tage	Kosten (in €)
18	3	4 860
18	1	
18	5	
1	5	
30	5	

Übungsaufgaben

5. Bestimme die übrigen Zutaten des Rezeptes in der Einführung auf Seite 228 für 7 Personen.

6. Bei einem Gewitter sieht man den Blitz fast sofort und hört den Donner erst etwas später. Der Schall benötigt nämlich 3 s, um einen Kilometer zurückzulegen. Wie weit ist das Gewitter entfernt, wenn man den Donner 8 s nach dem Aufleuchten des Blitzes hört?

7. 6 Eier kosten 0,87 €.
   a) Wie viel kosten 10 Eier?
   b) Wie viele Eier erhält man für 5,80 €?
   c) Was meinst du: Was kosten 10 000 Eier?

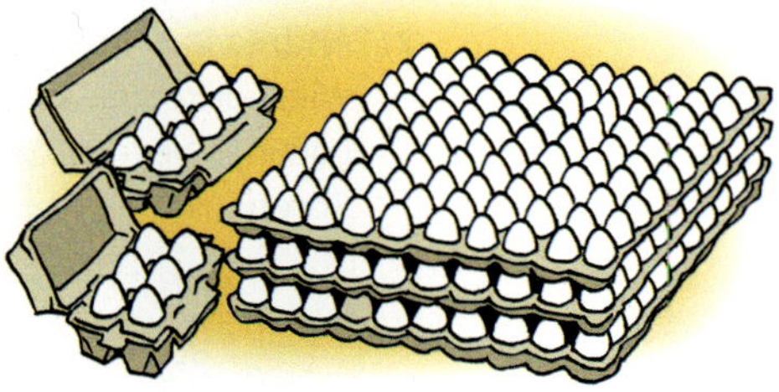

8. 10 Musiker spielen einen Tanz in 4 Minuten. Wie lange brauchen 5 Musiker?

9. Man benötigt 2 Minuten, um ein 12-l-Gefäß zu füllen. Wie lange braucht man, um ein 8-l-Gefäß aus derselben Leitung zu füllen?

10. Die Bilder zeigen, wie hoch jeweils 100 ml Flüssigkeit in einem Messbecher stehen. Versuche jeweils die Flüssigkeitsstände für 200 ml, 300 ml, 400 ml aus dem Flüssigkeitsstand für 100 ml zu ermitteln.

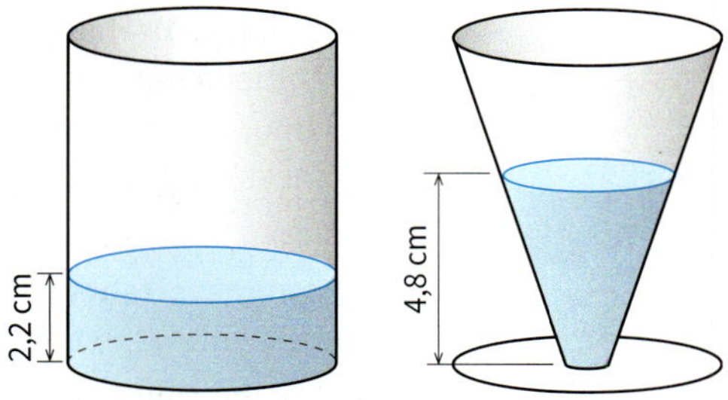

11. Eine Henne braucht zum Ausbrüten von 6 Eiern 21 Tage. Wie lange braucht eine Henne um 3 [4; 5] Eier auszubrüten?

12. Konfitüre wird durch Kochen von Früchten mit Gelierzucker hergestellt. Die nebenstehende Tabelle dient zur Beantwortung von zwei Fragen. Stelle diese und beantworte sie.

Sauerkirschen – Masse	Gelierzucker – Masse
2,5 kg	2 kg
:2,5 → 1 kg	
·4 → 4 kg	:2
	1 kg
	·5 → 5 kg

13. Ein Fuhrunternehmer soll 180 m^3 Erde abtransportieren. Mit 18 Fuhren hat er schon 108 m^3 Erde abgefahren.
   a) Wie viele Fuhren sind für den Rest noch erforderlich?
   b) Wie viele Fuhren sind notwendig, um 258 m^3 Erde abzutransportieren?

14. Familie Richter renoviert ihre Terrasse und den Weg ums Haus.
   a) Herr Richter verlegt neue Betonplatten auf der Terrasse. 17 Platten wiegen 510 kg. Wie schwer sind 12 Platten?
   Eine Palette mit Betonplatten trägt die Aufschrift 1320 kg. Wie viele Platten sind das?
   b) Frau Richter will entlang des Weges Rosen pflanzen. Sie hat für 12 Pflanzen 93,60 € bezahlt. Um auch noch an der Terrasse Rosen zu pflanzen, kauft sie 5 Pflanzen nach. Wie viel hat sie insgesamt ausgegeben?
   c) Die Pergola ist 6 m lang. Herr Richter hat die ersten 20 cm in 20 Minuten gestrichen. Wie lange dauert seine Arbeit noch?

15. In der Zuschnitt-Abteilung eines Baumarktes kann man Holzplatten nach Maß kaufen.

a) Frau Bruns hat für eine Buchenplatte, die 80 cm lang und 30 cm breit ist, genau 6,00 € bezahlt. Wie viel muss Herr Wasner für eine Buchenplatte, die 50 cm lang und 40 cm breit ist, bezahlen?

b) Stefan hat ein Kiefernholzbrett mit den Maßen 75 cm × 40 cm zuschneiden lassen und dafür 5,25 € bezahlt. Wie viel kostet 1 m^2 dieser Kiefernholzplatte?

16. Die Prämie für eine Gebäudeversicherung richtet sich nach dem Volumen des umgebauten Raumes. Für ein Haus mit dem Volumen 500 m^3 sind jährlich 270 € zu zahlen.
Welche Prämie ist für den Flachdach-Bungalow zu zahlen?

17. Herr Reiser hat für die 130 km lange Fahrt auf der Autobahn von Cottbus nach Berlin 1 Stunde und 40 Minuten benötigt. Welche Zeit sollte er für die 35 km lange Weiterfahrt nach Oranienburg einrechnen? Von welchen Voraussetzungen muss er dazu ausgehen?

18. Frau Renz ist in der letzten Woche viel mit dem Auto unterwegs gewesen. Sie ist 525 km gefahren. Sie hat beim Tanken festgestellt, dass sie dafür 42 l Benzin verbraucht hat.
Sie musste 44,50 € bezahlen. Sie rechnet damit, dass sie in der nächsten Woche sogar 750 km fahren muss.
Stellt einander Fragen und beantwortet sie unter geeigneten Voraussetzungen; gebt diese an.

19. In einem neuen Baugebiet werden die Grundstücke zu einem festen Preis pro Quadratmeter verkauft. Ein 30 m langes und 20 m breites Grundstück kostet 81 000 €.
Wie viel kostet dort ein 24 m langes und 18 m breites Grundstück?

20. Ein quaderförmiger Block aus Stahl ist 25 cm × 22 cm × 17 cm groß und wiegt 73,865 kg.
Wie schwer ist ein zweiter quaderförmiger Block aus dem gleichen Stahl mit den Maßen 35 cm × 32 cm × 27 cm?

21. a) Wie viel kosten
(1) $1\frac{1}{4}$ kg; (2) $1\frac{3}{4}$ kg; (3) $2\frac{1}{4}$ kg; (4) $\frac{3}{8}$ kg Krautsalat?

b) Wie viel kosten
(1) $\frac{1}{4}$ kg; (2) $1\frac{1}{2}$ kg; (3) $\frac{3}{4}$ kg; (4) $\frac{3}{8}$ kg Käsesalat?

c) Wie viel kosten
(1) $\frac{1}{8}$ kg (2) $1\frac{1}{2}$ kg; (3) $1\frac{1}{4}$ kg; (4) 750 g Fleischsalat?

Masse (in kg)	Preis (in €)
$\frac{3}{4}$	3,96
:3 ↓ $\frac{1}{4}$	
·5 ↓ $1\frac{1}{4}$	

Das Wichtigste auf einen Blick

Zuordnung – Zuordnungstabelle – Graph

Eine *Zuordnung* zwischen zwei Größen kann man in einer *Zuordnungstabelle* darstellen. Jedem Wert der ersten Größe *(Ausgangsgröße)* ist ein Wert der zweiten Größe *(zugeordnete Größe)* zugeordnet. Wir schreiben für diese Zuordnung: *Ausgangsgröße → zugeordnete Größe*
Eine Zuordnung kann man im Koordinatensystem auch als *Graph* darstellen. Jedem Paar einander zugeordneter Größen entspricht ein Punkt mit der Ausgangsgröße als erster und der zugeordneten Größe als zweiter Koordinate.

Beispiel:
Beladen eines Anhängers mit Torf
Zuordnung: *Volumen (in m^3) → Gesamtmasse des Anhängers (in kg)*

Direkt proportionale Zuordnungen

Eine Zuordnung heißt *direkt proportional*, wenn gilt: Verdoppelt (verdreifacht, ...) man eine Ausgangsgröße, so verdoppelt (verdreifacht , ...) sich auch die zugeordnete Größe.
Der Graph ist ein *Strahl durch den Koordinatenursprung*.
Fragestellungen zu direkt proportionalen Zuordnungen können mit dem *Dreisatz* tabellarisch gelöst werden.

- Trage dazu das gegebene Wertepaar und den dritten bekannten Wert ein.
- Suche einen geeigneten Hilfswert.
- Nutze die Regeln für direkt proportionale Zuordnungen zum Ausfüllen der Lücken.

Beispiel:
Seillänge (in m) → Preis (in €)

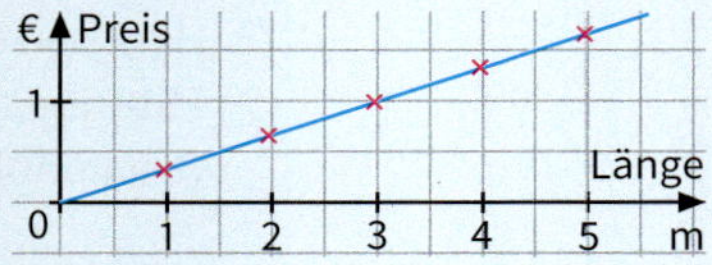

	Länge (in m)	Preis (in €)	
:6	6	2,10	:6
	1	0,35	
·9	9	3,15	·9

Bist du fit?

1. Entscheide bei (1) und (2), ob eine direkt proportionale Zuordnung vorliegt und ergänze (3) im Heft zu einer direkt proportionalen Zuordnung. Zeichne den Graphen zu (1) und (3).

(1)

Birnen	Preis
1 kg	2,45 €
2 kg	4,90 €
5 kg	12,25 €

(2)

Tickets	Preis
4 Tage	23,20 €
5 Tage	29,00 €
7 Tage	37,50 €

(3)

Himbeeren	Preis
250 g	
400 g	3,60 €
1,3 kg	

2. Ein Eimer mit 12 l Wandfarbe reicht für 72 m^2 Wandfläche.
a) Wie viel Farbe ist für 85 m^2 nötig?
b) Welche Fläche kann man mit dem Eimer aus dem Sonderangebot „+ 3 l Extra“ streichen?
c) Herr Jedro möchte eine Wandfläche von 180 m^2 streichen.
Wie viel Liter Wandfarbe benötigt er? Wie viele Eimer muss er kaufen?

3. Im Gartenmarkt kann man Rollrasen für 8,50 € pro Quadratmeter bestellen.
a) Welche Kosten entstehen für einen 17,5 m^2 große Rasenfläche?
b) Um wie viel teurer wäre es, wenn man den besonders belastbaren Spezialrasen „Spiel&Sport-Extra“ zu 11,20 € verwenden würde?
c) Welche Fläche kann man mit Rollrasen auslegen, wenn maximal 200 € zur Verfügung stehen? Welche Seitenlängen könnte eine solche rechteckige Rasenfläche haben?

Lösungen zu Bist du fit?

Seite 51

1. a) $<$ b) $=$ c) $>$ d) $<$ e) $=$ f) $<$

2. a) $4\frac{5}{8}$; $5\frac{7}{9}$; $2\frac{5}{6}$; $4\frac{7}{12}$; $3\frac{1}{6}$ $\quad 2\frac{5}{6} < 3\frac{1}{6} < 4\frac{7}{12} < 4\frac{5}{8} < 5\frac{7}{9}$

b) $5\frac{1}{3}$; $4\frac{4}{9}$; $3\frac{5}{7}$; $4\frac{12}{17}$; $5\frac{4}{15}$ $\quad 3\frac{5}{7} < 4\frac{4}{9} < 4\frac{12}{17} < 5\frac{4}{15} < 5\frac{1}{3}$

c) $4\frac{5}{12}$; $2\frac{7}{18}$; $3\frac{7}{15}$; $6\frac{3}{25}$; $5\frac{3}{5}$; $2\frac{5}{12}$; $3\frac{7}{25}$; $6\frac{3}{4}$; $5\frac{6}{11}$ $\quad 2\frac{7}{18} < 2\frac{5}{12} < 3\frac{7}{25} < 3\frac{7}{15} < 4\frac{5}{12} < 5\frac{6}{11} < 5\frac{3}{5} < 6\frac{3}{25} < 6\frac{3}{4}$

Seite 52

3. $\frac{9}{20} < \frac{8}{15}$; Nichte Eva erbt also mehr.

4. a) $\frac{5}{12} > \frac{3}{10} > \frac{3}{20} > \frac{2}{15}$

b) 300 Karten: 40 Karten Klasse 6 a, 90 Karten Klasse 6 b, 125 Karten Klasse 6 c

5. a) $\frac{3}{4}$ b) $\frac{1}{2}$ c) $\frac{13}{12} = 1\frac{1}{12}$ d) $\frac{2}{15}$

e) $\frac{3}{2} = 1\frac{1}{2}$ f) $\frac{3}{10}$ g) $\frac{17}{12} = 1\frac{5}{12}$ h) $\frac{1}{12}$

i) $\frac{39}{50}$ j) $\frac{7}{12}$ k) $\frac{75}{56} = 1\frac{19}{56}$ l) $\frac{5}{56}$

m) $\frac{116}{15} = 7\frac{11}{15}$ n) $\frac{43}{8} = 5\frac{3}{8}$ o) 5 p) $\frac{47}{6} = 7\frac{5}{6}$

q) $\frac{25}{9} = 2\frac{7}{9}$ r) $\frac{61}{10} = 6\frac{1}{10}$ s) $\frac{19}{8} = 2\frac{3}{8}$ t) $\frac{19}{5} = 3\frac{4}{5}$

u) $5\frac{3}{4}$ v) $6\frac{1}{9}$ w) $5\frac{3}{5}$ x) $\frac{2}{5}$

6. *Überschlag:* $2\,kg + \left(\frac{1}{2}\,kg + \frac{5}{2}\,kg\right) + \left(\frac{3}{4}\,kg + \frac{2}{5}\,kg\right) \approx 2\,kg + 3\,kg + 1\,kg = 6\,kg$

Rechnung: $\frac{1}{2}\,kg + 2\,kg + \frac{5}{2}\,kg + \frac{3}{4}\,kg + \frac{2}{5}\,kg = 6\frac{3}{20}\,kg$

Der Inhalt der Tasche ist $6\frac{3}{20}$ kg schwer.

7. 0,2 = 0,20 = 0,200; 0,02 = 0,020; 0,202 = 0,2020

8. $0{,}06 = \frac{6}{100} = \frac{3}{50}$; $0{,}15 = \frac{15}{100} = \frac{3}{20}$; $0{,}29 = \frac{29}{100}$; $0{,}29 = \frac{29}{100} = \frac{23}{25}$; $1{,}21 = \frac{121}{100} = 1\frac{21}{100}$; $1{,}5 = \frac{150}{100} = \frac{3}{2} = 1\frac{1}{2}$;
$1{,}84 = \frac{184}{100} = \frac{46}{25} = 1\frac{21}{25}$; $2{,}08 = \frac{208}{100} = \frac{52}{25} = 2\frac{2}{25}$; $2{,}36 = \frac{236}{100} = \frac{59}{25} = 2\frac{9}{25}$

9. a) 2,769 b) 5,79 c) 0,09 d) 7,8 e) 4 f) 7,1

10. Wir wählen 1 mm für 1 Million Einwohner. Vorher runden wir auf ganze Millionen.

Deutschland	82 Mio.;	Frankreich	65 Mio.;	Spanien	47 Mio.;
Niederlande	17 Mio.;	Schweden	10 Mio.;	Dänemark	6 Mio.

11. 0,07 < 0,25 < 0,52 < 1,03 < 1,0998 < 1,3 = 1,30 < 1,976 < 1,98 < 1,984 < 2,75

12. a) 7,5 b) 5,7 c) 1,15 d) 4,94 e) 6,48 f) 1,18

13. a) 27,246 b) 1,0215 c) 27,428 d) 56,517

Seite 117

1. a) Achsensymmetrisch: alle Punktsymmetrisch: Israel

b) Bahamas: Das Dreieck bzw. der gelbe Streifen weisen Achsensymmetrie auf. Israel: Der Stern weist Achsensymmetrie, Drehsymmetrie und Punktsymmetrie auf. Bangladesch: Das grüne Feld weist Achsensymmetrie auf. Der rote Punkt weist Achsensymmetrie, Drehsymmetrie und Punktsymmetrie auf. Dänemark: Die roten Felder weisen jeweils Achsen- und Punktsymmetrie auf. Die weißen Streifen weisen einzeln Achsen- und Punktsymmetrie auf, insgesamt zusammen aber nur Achsensymmetrie.

2.

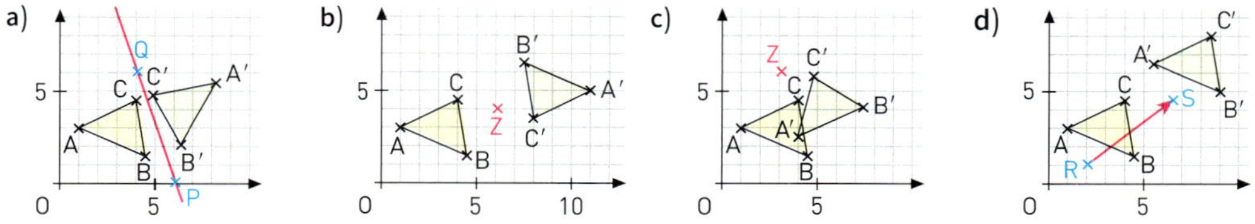

Seite 117

3. a)

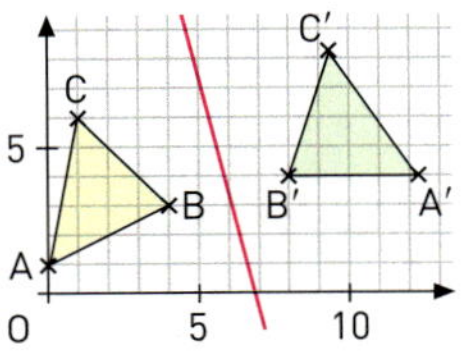

b)

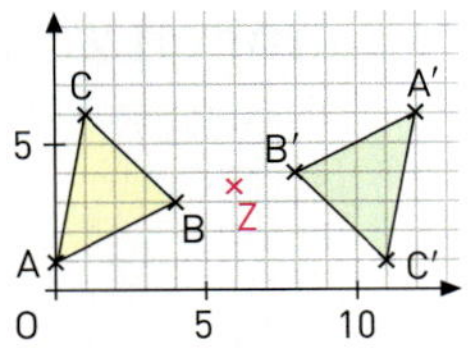

4. a) Kleinster Drehwinkel: 120° **b)** Nicht drehsymmetrisch **c)** Nicht drehsymmetrisch

5. Die Mittelsenkrechte geht durch den Punkt M(3|5). Ein weiterer Punkt auf der Mittelsenkrechten ist zum Beispiel der Punkt P(9|1).

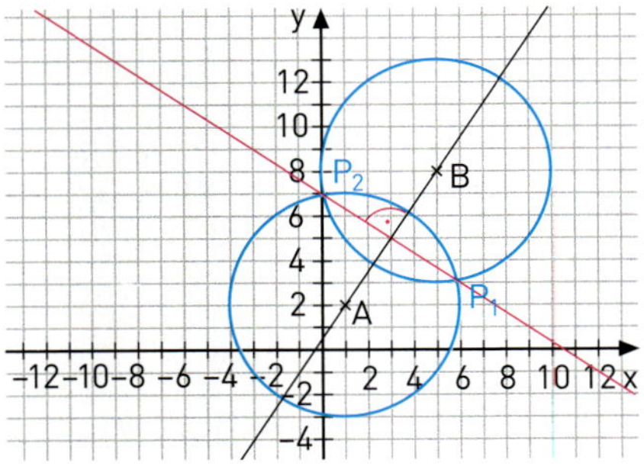

6.

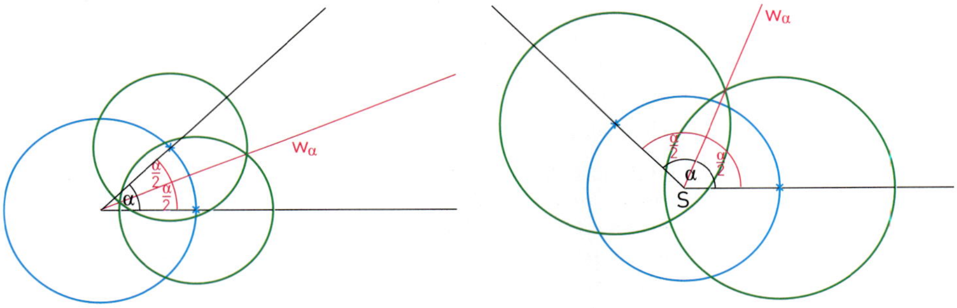

7. Zeichnung links: $\alpha = \beta = 35°$, also $\alpha + \beta = 70°$
Zeichnung rechts: $\alpha = 46°$; $\beta = 134°$

8. a) Die Winkel sind 45° und 135° groß. **b)** $\alpha = \beta$; $\alpha + \beta + 40° = 180°$. Nebenwinkel von β ist 70° groß.

Seite 118

9. a) $\alpha = 180° - 134° = 46°$ (α ist Nebenwinkel); $\beta = 134°$ (β ist Stufenwinkel.)
b) $\alpha = 180° - 39° - 53° = 88°$ (Winkelsumme im Dreieck)
c) $\delta = 180° - 57° = 123°$ (δ ist Nebenwinkel zum Stufenwinkel)
$\alpha = 180° - 123° = 57°$ (α ist Nebenwinkel zum Stufenwinkel von δ)
$\beta = 180° - 57 = 123°$ (β ist Nebenwinkel zum Stufenwinkel von α)
d) $\beta = 180° - 120° = 60°$ (β ist Nebenwinkel zum Stufenwinkel von α);
$\delta = 180° - 70° = 110°$ (δ ist Nebenwinkel zum Stufenwinkel von γ, also Nebenwinkel von γ.)

10. a) $\beta = 90°$ **b)** $\gamma = 35°$ **c)** $\alpha = 80°$ **d)** $\gamma = 91°$

11. a) $\alpha = 30°$ **b)** $\alpha = 115°$ **c)** $\alpha = 55°$

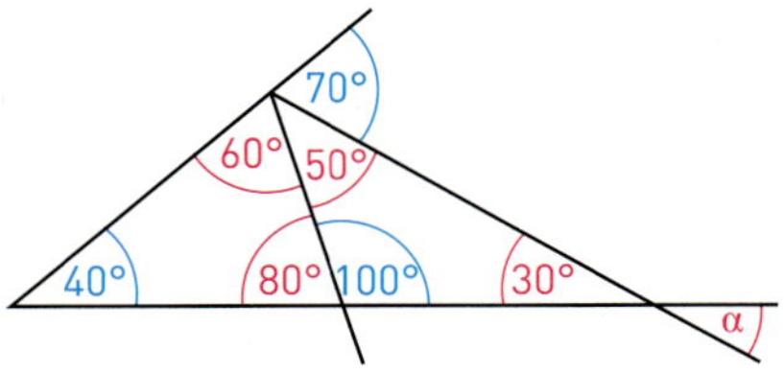

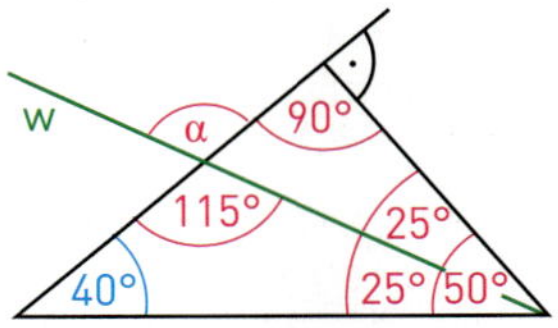

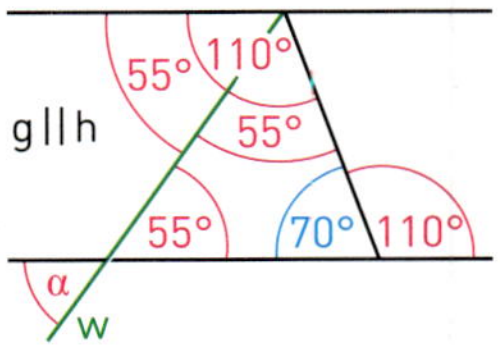

12. Beide Neigungswinkel sind zusammen 60° groß. Der Winkel an der Spitze ist höchstens $180° - 60° = 120°$ groß.

Seite 118

13. Der dritte Winkel ist auch 45° groß. Das Dreieck ist also gleichschenklig.

14. **(1)** Wahr; jedes Quadrat hat sogar 2 Paare zueinander paralleler Seiten.
(2) Wahr; alle Rauten sind Trapeze.
(3) Wahr; alle Quadrate sind Rauten.
(4) Wahr; alle Quadrate sind Trapeze.
(5) Falsch; z.B. in gleichschenkligen Trapezen sind die gegenüberliegende Seiten nicht parallel zueinander.
(6) Wahr; alle Quadrate sind Rechtecke.

15. (1) Gleichschenkliges Trapez (2) Drachenviereck (3) Rechteck (4) Raute

16. Es sind jeweils die gleichfarbigen Flächen kongruent zueinander.

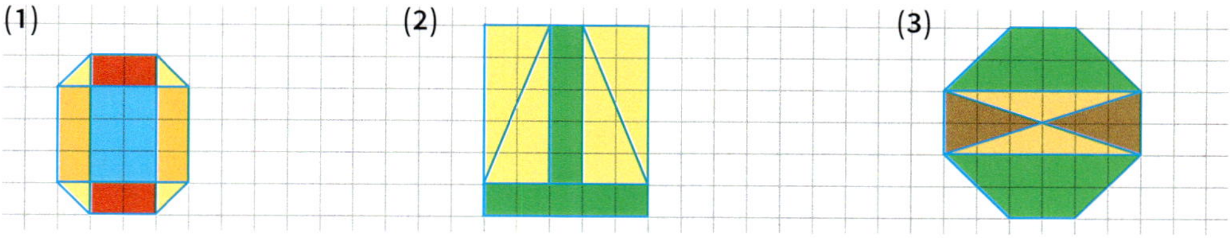

17. Nach der ersten Spiegelung lauten die Koordinaten: A′(5|5), B′(3|4), C′(3|3), D′(5|2)

Nach der zweiten Spiegelung lauten die Koordinaten: A′′(7|5), B′′(9|4), C′′(9|3), D′′(7|2)

Seite 187

1. a) $\frac{7}{2} = 3\frac{1}{2}$ b) $\frac{16}{3} = 5\frac{1}{3}$ c) $\frac{35}{72}$ d) $\frac{8}{5} = 1\frac{3}{5}$ e) $\frac{3}{20}$ f) $\frac{15}{28}$ g) $\frac{25}{12} = 2\frac{1}{12}$ h) $\frac{5}{6}$ i) $\frac{14}{15}$ j) $\frac{10}{7} = 1\frac{3}{7}$ k) $\frac{81}{56} = 1\frac{25}{56}$ l) $\frac{9}{20}$ m) $\frac{4}{9}$ n) 48 o) $\frac{2}{3}$ p) $\frac{1}{4}$ q) $\frac{4}{9}$ r) $\frac{49}{16} = 3\frac{1}{16}$

2. *Beispiele:*
a) *Frage:* Wie viel Liter Milch kauft Jan?
Rechnung: $\frac{1}{2}\,l \cdot 5 = \frac{5}{2}\,l = 2\frac{1}{2}\,l = 2{,}5\,l$
Antwort: Jan kauft $2\frac{1}{2}\,l$ Milch.
b) *Frage:* Wie viel Pizza erhält jeder?
Rechnung: $2\frac{1}{4} : 3 = \frac{9}{4} : 3 = \frac{3}{4}$
Antwort: Jeder erhält $\frac{3}{4}$ Pizza.
c) *Frage:* Wie viele Päckchen Butter muss Tom kaufen?
Rechnung: $1\frac{3}{4}\,kg : \frac{1}{4}\,kg = \frac{7}{4}\,kg : \frac{1}{4}\,kg = 7$
Antwort: Tom muss 7 Päckchen Butter kaufen.

3. a) 156,7 b) 0,7834 c) 0,034711 d) 3,69 e) 15 f) 3,74

Seite 188

4. a) 397,76 b) 62,04 c) 220,11 d) 321,526 e) 13,56 f) 0,27 g) 15,37 h) 56

5. a) $51{,}75\,€ : 25 = 2{,}07\,€$ Jeder muss 2,07 € bezahlen.
b) $3\,t : 2{,}5\,kg = 3\,000\,kg : 2{,}5\,kg = 1200$ Es können 1200 Dachziegel geladen werden.

6. a) $A = 9{,}60\,m \cdot 4{,}50\,m + 2 \cdot (9{,}60\,m + 4{,}50\,m) \cdot 1{,}80\,m = 93{,}96\,m^2$
$93{,}96\,m^2 \approx 94\,m^2$ müssen gestrichen werden.
b) $V = 9{,}60\,m \cdot 4{,}50\,m \cdot (1{,}80\,m - 0{,}20\,m) = 69{,}12\,m^3$
Es werden $69{,}12\,m^3 = 69\,120\,l$ Wasser benötigt.

7. a) $0{,}\overline{5}$; $0{,}8\overline{3}$; $0{,}2\overline{142857}$; $1{,}\overline{81}$; $1{,}\overline{285714}$ b) $2\frac{7}{9}$; $2\frac{7}{99}$; $2\frac{108}{999} = 2\frac{12}{111}$

8. $1\frac{1}{2}\,l \cdot 6 = 9\,l$; $9\,l : 0{,}2\,l = 45$, also 45 Gläser

9. $7 \cdot 2\frac{3}{4}\,kg + 9 \cdot 1\frac{4}{5}\,kg = \frac{77}{4}\,kg + \frac{81}{5}\,kg = \frac{709}{20}\,kg = 35\frac{9}{20}\,kg$ Die Gesamtmasse beträgt $35\frac{9}{20}\,kg$.

10. a) $\frac{1}{18}$ b) $2\frac{1}{2}$ c) $2\frac{1}{8}$ d) 1,92 e) $1\frac{1}{2}$ f) 0,5 g) 7,7 h) $\frac{11}{12}$ i) 2,38 j) $2\frac{1}{6}$ k) $2\frac{1}{20}$ l) $\frac{2}{15}$ m) $\frac{5}{6}$ n) 4 o) 25 p) $2\frac{1}{3}$

Seite 188

11. **a)** $\left(\frac{5}{9}+\frac{5}{6}\right)\cdot 1\frac{4}{5}=\frac{25}{18}\cdot 1\frac{4}{5}=\frac{5}{2}=2\frac{1}{2}$

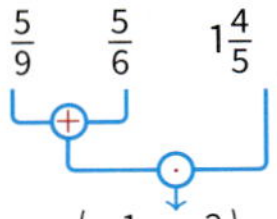

b) $10:\left(2\frac{1}{2}-1\frac{2}{3}\right)=10:\frac{5}{6}=12$

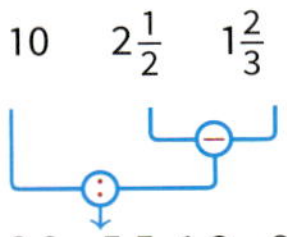

c) $8{,}9-5{,}5\cdot 1{,}2=8{,}9-6{,}6=2{,}3$

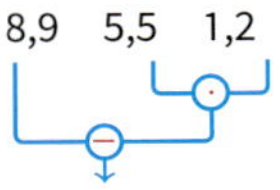

d) $\left(\frac{9}{10}\right)^2+6\frac{3}{5}:3\frac{1}{7}=\frac{81}{100}+\frac{21}{10}=\frac{81}{100}+\frac{210}{100}=2\frac{91}{100}$

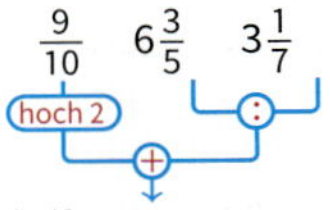

e) $\left(\frac{2}{5}\right)^2+1{,}23=\frac{4}{25}+1{,}23=0{,}16+1{,}23=1{,}39$

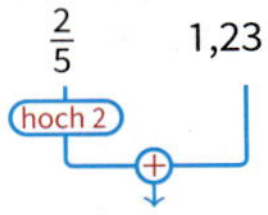

12. **a)** $12\frac{1}{9}$ **b)** $12\frac{2}{3}$ **c)** $5\frac{1}{2}$ **d)** 9,1

13. **a)** $\frac{200}{25}=8$ **b)** $\frac{221}{17}=13$ **c)** $\frac{52}{91}$ **d)** $\frac{21}{40}:\frac{3}{4}=\frac{7}{10}$ **e)** $2:3\frac{9}{14}=\frac{28}{51}$

14. Gilt $a:(b+c)=a:b+a:c$? Beispiel für $a=4,\ b=2,\ c=3$:
$4:(2+3)=4:5=\frac{4}{5}$ und $4:2+4:3=2+1\frac{1}{3}=3\frac{1}{3}$ Dieses Distributivgesetz gilt nicht.

Seite 210

1.

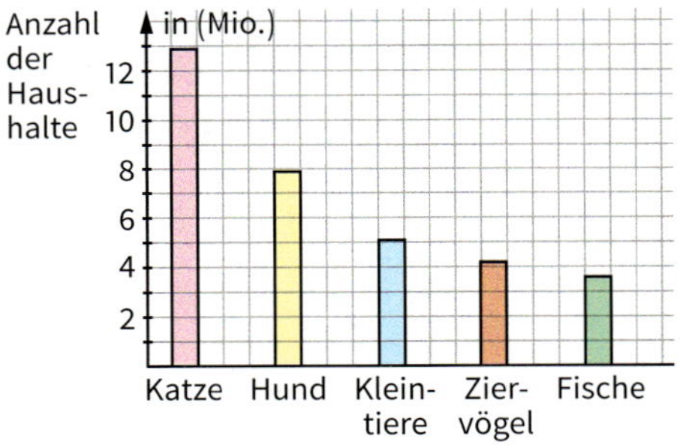

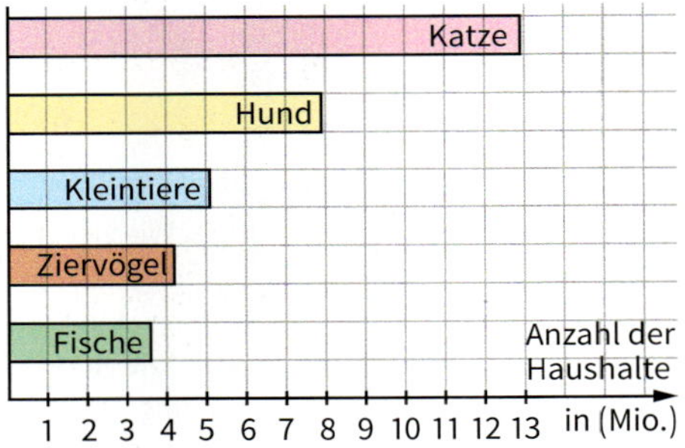

2. **a)**

Ziele	absolute Häufigkeit	relative Häufigkeit
Paddeln im Spreewald	13	54,17 %
Filmpark Babelsberg	8	33,33 %
Naturkundemuseum Berlin	3	12,50 %

b)

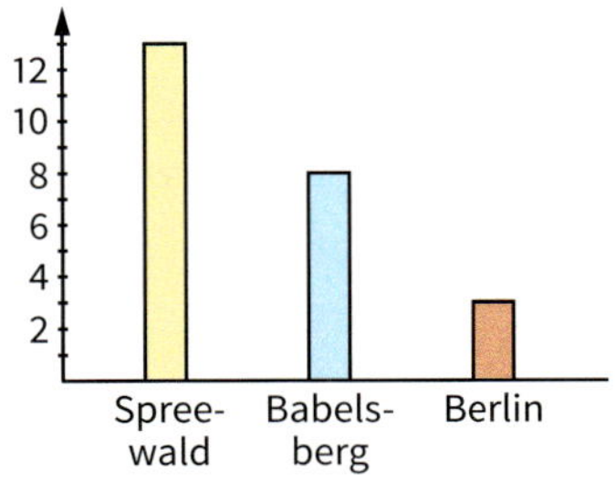

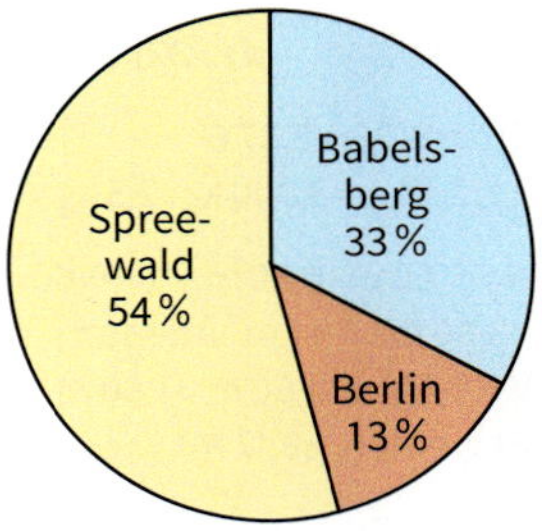

3. Das Diagramm stellt dar, auf welche Netzbetreiber sich die Deutschen Mobilfunknutzer zu welchen relativen Häufigkeiten verteilen. Bei dem Diagramm handelt es sich um ein Kreisdiagramm. Deutlich wird, dass es insgesamt drei Netzbetreiber gibt: o2 und E-Plus, Telekom und Vodafone. Mit 38,2 % wählen die meisten Deutschen o2 und E-Plus, dicht gefolgt von der Telekom mit 35,2 %. Mit 26,6 % haben die wenigsten deutschen Mobilfunknutzer einen Vertrag bei Vodafone.

4. Maximum: 166; Minimum: 142; Spannweite: 24

Seite 210

5. **a)** Ergebnismenge: E = {grün, lila, gelb, blau}

b) $P(\text{grün}) = \frac{2}{12} = \frac{1}{6}$ $P(\text{lila}) = \frac{5}{12}$ $P(\text{gelb}) = \frac{1}{12}$ $P(\text{blau}) = \frac{4}{12} = \frac{1}{3}$

Die Gewinnchance von lila ist mit $\frac{5}{12}$ am größten, darauf folgt blau mit einer Chance von $\frac{4}{12}$, dann grün mit $\frac{2}{12} = \frac{1}{6}$ und schließlich die niedrigste Gewinnchance von gelb mit $\frac{1}{12}$.

c) Das Glücksrad müsste dann jeweils 2 gleich große Felder mit den Farben gelb, rot und grün haben und 6 gleichgroße blaue Felder.

Seite 232

1. **(1)** direkt proportional **(2)** nicht direkt proportional **(3)**

Himbeeren	Preis
250 g	2,25 €
400 g	3,60 €
1,3 kg	11,70 €

2. **a)** $\frac{12\,l}{72\,m^2} \cdot 85\,m^2 = 14\frac{1}{6}\,l \approx 14{,}17\,l$

Es sind etwa 14,2 Liter Farbe nötig.

b) $\frac{15\,l}{12\,l} \cdot 72\,m^2 = 90\,m^2$

Man könnte dann eine Fläche von $90\,m^2$ streichen.

c) Herr Jedro benötigt dann $\frac{180\,m^2}{72\,m^2} = 2{,}5$ Eimer. Er braucht somit $2{,}5 \cdot 12\,l = 30$ Liter Farbe und muss drei Eimer kaufen. Dann bleibt noch ein halber Eimer übrig.
Wenn es gerade das Sonderangebot aus b) gibt, reichen auch zwei Eimer und es bleibt nichts übrig.

3. **a)** $8{,}50\frac{€}{m^2} \cdot 17{,}5\,m^2 = 148{,}75\,€$ Es entstehen Kosten in Höhe von 148,75 €.

b) $11{,}20\frac{€}{m^2} \cdot 17{,}5\,m^2 = 196\,€$; $196\,€ - 148{,}75\,€ = 47{,}25\,€$ Es wäre um 47,25 € teurer.

c) $\frac{200\,€}{8{,}50\frac{€}{m^2}} \approx 23{,}53\,m^2$

Man könnte etwa $23{,}5\,m^2$ mit Rollrasen auslegen.
Eine solche rechteckige Rasenfläche könnte zum Beispiel die Seitenlängen 1 m und 23,5 m oder 2,9375 m und 8 m haben.

Verzeichnis mathematischer Symbole

$a = b$	a gleich b
$a \neq b$	a ungleich b
$a < b$	a kleiner b
$a > b$	a größer b
$a \approx b$	a ungefähr gleich b
$a + b$	a plus b; Summe aus a und b
$a - b$	a minus b; Differenz aus a und b
$a \cdot b$	a mal b; Produkt aus a und b
$a : b$	a durch b; Quotient aus a und b
$\lvert a \rvert$	Betrag von a
a^n	a hoch n; Potenz aus Basis a und Exponent n
p %	p Prozent
p ‰	p Promille
{1; 5; 8}	Menge mit den Elementen 1, 5, 8
{ }	leere Menge
$\mathbb{N}$ [$\mathbb{N}^*$]	Menge der natürlichen Zahlen [ohne null]
AB	Verbindungsgerade durch die Punkte A und B; Gerade durch A und B
$\overline{AB}$	Verbindungsstrecke der Punkte A und B; Strecke mit den Endpunkten A und B
	Länge der Strecke $\overline{AB}$
$g \parallel h$	g ist parallel zu h
$g \nparallel h$	g ist nicht parallel zu h
$g \perp h$	g ist senkrecht zu h
$g \perp h$	g ist nicht senkrecht zu h
ABC	Dreieck mit den Eckpunkten A, B und C
ABCD	Viereck mit den Eckpunkten A, B, C und D
$A(a \vert b)$	Punkt mit dem x-Wert a und dem y-Wert b.
/	a ist die x-Koordinate, b die y-Koordinate von A.
h_a [h_b; h_c]	Höhe eines Dreiecks zur Seite a [Seite b; Seite c]
w_α [w_β; w_γ]	Länge der Abschnitte der Winkelhalbierenden im Dreieck

Stichwortverzeichnis

Bildquellenverzeichnis

Umschlag: mauritius images, Mittenwald (Danita Delimont); 3.1, 11.1: Getty Images, München (Christel Rosenfeld); 3.2, 55.1: Getty Images, München (Christophe Boisvieux); 4.1, 119.1: Getty Images, München (Sami Sarkis); 4.2, 189.1: Bildagentur Schapowalow, Hamburg (Guenter Graefenhain); 5.1, 211.1: Thinkstock, Sandyford/Dublin (Getty images); 8.1: Getty Images, München (iStockvectors/Tom Nulens); 11.2: Langner & Partner, Hemmingen; 12.1-4: Michael Fabian, Hannover; 13.1: 123RF, Berlin (bobostefanov); 13.2: Picture-Alliance, Frankfurt (dpa/Peter Kneffel); 14.1: Michael Fabian, Hannover; 15.1: fotolia.com, New York (Sergej Toporkov); 24.1, 25.3, 28.1-2: Michael Fabian, Hannover; 25.1 ff.: Getty Images, München (iStockvectors); 25.2 ff.: Getty Images, München (Dorling Kindersley); 28.3-4: Friedrich Suhr, Lüneburg; 29.1: ullstein bild, Berlin (Heritage Images); 29.2: Friedrich Suhr, Lüneburg; 32.1: Langner & Partner, Hemmingen; 34.1: iStockphoto.com, Calgary (TebNad); 34.2: Pferdefotoarchiv Lothar Lenz, Dohr; 34.3: fotolia.com, New York (Fotoschlick); 34.4: mauritius images, Mittenwald; 36.1: Michael Fabian, Hannover; 38.1: Picture-Alliance, Frankfurt (dpa/Andrew Gombert); 40.1, 42.1: Michael Fabian, Hannover; 43.1: Imago, Berlin (Baering); 44.1-3, 45.1-4: Michael Fabian, Hannover; 46.1: Andreas Franke, Welzow; 48.1: fotolia.com, New York (rupbilde); 50.1: © Camille-Graeser-Stiftung/VG Bild-Kunst, Bonn 2017; 54.1: Visum, Hannover (Michael Kneffel); 55.2: panthermedia.net, München (erikdegraaf); 56.1-3: Michael Fabian, Hannover; 56.4: Shutterstock.com, New York (Pavel L Photo and Video); 56.5: Science Photo Library, München (SPL); 56.6: fotolia.com, New York (oraziopuccio); 55.3, 59.1-2: dreamstime.com, Brentwood (© Walentain 2012); 60.1: fotolia.com, New York (Florian Andronache); 61.1-2: Magdalena Tooren-Wolff, Hannover; 62.1: fotolia.com, New York (SyB); 63.1: V. Wenzel, Löhne; 65.1: Hans Tegen, Hambühren; 65.2: S. Werner, Hannover; 66.1: Hans Tegen, Hambühren; 67.1: Michael Fabian, Hannover; 67.2: Picture-Alliance, Frankfurt (dpa/Rolf Hai); 71.1: Blickwinkel, Witten (A. Hartl); 72.1: akg-images, Berlin (Erich Lessing); 78.1: Imago, Berlin (blickwinkel); 78.2: Layer - Naturfotografie, Mannheim; 78.3: mauritius images, Mittenwald (Dr. Eckart Pott); 80.1-2: Dr. Eckhard Globig, Jülich; 81.1-3: Langner & Partner, Hemmingen; 81.4: Getty Images, München (Richard Soberka/hemis.fr); 83.1: Getty Images, München (Cavan Images); 83.2: Getty Images, München (Darlyne A. Murawski); 83.3: mauritius images, Mittenwald (IPS); 84.1: wikipedia.commons (Zefram/GFDL, Cc-by-3.0,2.5,2.0,1.0); 84.2: Getty Images, München (Dorota Jarymowicz and Mariusz Jarymowicz); 84.3: Getty Images, München (Craig Pershouse); 86.1: fotolia.com, New York (acanthurus666); 86.2: Picture-Alliance, Frankfurt (ZB/Arno Burgi); 86.3: fotolia.com, New York (Ziorosso); 86.4: Sperlich, Northeim; 91.1: J. Justen, Walsrode; 92.1: fotolia.com, New York (sonne fleckl); 92.2: Mathias Popko, Meine; 93..1: Michael Fabian, Hannover; 99.1: Michael Fabian, Hannover; 100.1: Picture-Alliance, Frankfurt (CHROMORANGE/TipsImages); 100.2: alamy images, Abingdon/Oxfordshire (Bildagentur Hamburg); 101.1: fotolia.com, New York (Butch); 102.1, 103.1-2: Michael Fabian, Hannover; 103.3: fotolia.com, New York (twystydigi); 103.4: iStockphoto.com, Calgary (Dan Eckert); 103.5-7: Michael Fabian, Hannover; 105.1: iStockphoto.com, Calgary (Kateryna Moskalenko); 110.1: iStockphoto.com, Calgary (S. Greg Panosian); 110.2: Shutterstock.com, New York (Igor Zubkis); 110.3: panthermedia.net, München (ralfgosch); 113.1: Michael Fabian, Hannover; 117.1: Shutterstock.com, New York (Jorg Hackemann); 120.1: panthermedia.net, München (Kati Neudert); 120.2, 122.1, 128.1: Michael Fabian, Hannover; 130.1: fotolia.com, New York (HLPhoto); 133.1: Langner & Partner, Hemmingen; 133.1: Imago, Berlin (imagebroker); 136.1, 137.1: Michael Fabian, Hannover; 138.1: Hans Tegen, Hambühren; 139.1: Langner & Partner, Hemmingen; 140.1: Regionalmuseum Wolfhagen, Wolfhagen; 140.2-7: Langner & Partner, Hemmingen; 140.8: Staatsarchiv Bremen, Bremen; 141.1: Michael Fabian, Hannover; 141.2: Torsten Warmuth, Berlin; 142.1: Science Photo Library, München (SPL/Robert Markus); 143.1, 144.1: Michael Fabian, Hannover; 145.1: Langner & Partner, Hemmingen; 150.1: Torsten Warmuth, Berlin; 153.1: Michael Fabian, Hannover; 156.1: iStockphoto.com, Calgary (ElementalImaging/Christopher Tompkins); 158.1: Druwe & Polastri, Cremlingen/Weddel; 159.1: iStockphoto.com, Calgary (frytka); 159.2: Michael Fabian, Hannover; 168.1, 168.3-6: AMIGO Spiel + Freizeit, Dietzenbach; 169.1: TopicMedia Service, Mehring-Öd (Silvestris); 171.1-2: Michael Fabian, Hannover; 174.2: imagetrust, Koblenz (Markus Matzel); 185.1: Langner & Partner, Hemmingen; 190.1: Bildagentur Geduldig, Maulbronn; 193.1: Shutterstock.com, New York (Maridav); 193.2: LOOK-foto, München (Thomas Grundner); 193.3-7: Dr. Eckhard Philipp, Berlin; 194.1-2: Michael Fabian, Hannover; 197.1: fotolia.com, New York (Monkey Business); 200.1: Rainer Jahns, Schleching; 201.1: Picture-Alliance, Frankfurt (chromorange); 201.2: Caro, Berlin (Bastian); 201.3-4: A1PIX - Your Photo Today, Ottobrunn; 202.1: Shutterstock.com, New York (Monkey Business Images); 202.2: vario images, Bonn; 202.3: Visum, Hannover (Christoph Busse); 202.4: Okapia, Frankfurt (Val Thoermer/imagebroker); 205.1: Langner & Partner, Hemmingen; 206.1: Zoonar.com, Hamburg (Peter Jobst); 207.1: Shutterstock.com, New York (vchal); 207.2: Shutterstock.com, New York (Joy Tasa); 207.3: Torsten Warmuth, Berlin; 209.1: Gerda Werth, Bad Lippspringe; 209.2: fotolia.com, New York (devulderj); 213.1: Langner & Partner, Hemmingen; 215.1: Michael Fabian, Hannover; 222.1: Getty Images, München (Peter Ptschelinzew); 225.1: fotolia.com, New York (M. Schuppich); 227.1: mauritius images, Mittenwald (Harald Schön); 229.1: TopicMedia Service, Mehring-Öd (Michael Weber); 230.1: fotolia.com, New York (Margit Power); 230.2, 231.1: Michael Fabian, Hannover.

Es war nicht in allen Fällen möglich, den Inhaber der Bildrechte ausfindig zu machen und um Abdruckgenehmigung zu bitten. Berechtigte Ansprüche werden selbstverständlich im Rahmen der üblichen Konditionen abgegolten.